하루 30개, 한 달 PLAN

하루
상식

시대에듀

머리말

상식은 소통이다!

'상식 밖의 행동', '상식에 어긋나다'라는 말이 있듯이 상식(常識)은 사람들이 알고 있거나 알아야 할 일상적인 지식을 말합니다. 하지만 일상과 밀접한 관련이 있는 지식들을 책상에만 앉아 머리를 싸매고 공부한다고 해서 내 것으로 만들 수 있을까요?

상식은 소통입니다. 세상과 적극적으로 소통하고 다방면에 관심을 갖다보면 얻을 수 있는 지식들이죠. 우리는 다양한 사람들과 대화를 나눠야 하고, 신문과 뉴스를 보면서 세상 돌아가는 일에 꾸준히 관심을 가져야 합니다. TV 시청, 영화·공연 관람 등 잠깐의 여유와 취미생활 역시 꼭 필요한 시간입니다. 그 과정을 통해 상식을 쌓고 익혀야 시시각각 변화하는 최신 이슈를 계속해서 업데이트해 나갈 수 있습니다.

'글로만 읽으면 쉬워 보이는 상식공부가 왜 나에게만 어려운 걸까' 궁금하신가요? 상식공부를 어떻게 시작해야 하는지 그 방법을 잘 모르기 때문일 것입니다. 하지만 괜찮습니다. 꼭 필요한 내용만 압축적으로 정리한 〈하루상식〉만 있다면 독자 여러분은 이미 세상과의 소통이 준비된 사람입니다. 아는 만큼 보이고 아는 만큼 들린다는 유명한 속담이 있습니다. 도서에 수록된 다방면의 상식용어를 하루 30개씩 가볍게 읽다보면 세상의 이야기가 더 풍부하게 느껴질 것입니다. 꼭 필요한 상식을 엄선해 담아낸 〈하루상식〉과 상식이라는 천 리길의 첫걸음을 함께 하시길 바랍니다.

시사상식연구소 씀

효율적인 구성

⊙ 학교폭력 근절 종합대책
학폭 가해학생의 처분결과를 입시에 의무 반영하는 내용을 골자로 한 대책

국가수사본부장에 임명됐다가 낙마한 정순신 변호사 아들의 학교폭력(학폭) 사건 논란을 계기로 2023년 4월 12일 정부가 11년 만에 새롭게 발표한 학폭 근절 종합대책을 말한다. 중대한 학폭 사건에 엄정하게 대처하고 피해학생을 중심으로 한 보호조치 개선을 목적으로 한다. 이에 2024년 기준 고등학교 2학년 학생들이 치르게 될 2026학년도 대입부터 학폭 가해학생에 대한 처분결과가 수시는 물론 수능점수 위주인 정시 전형에도 의무적으로 반영된다. 또 중대한 처분결과는 학교생활기록부(학생부) 보존기간이 졸업 후 2년에서 최대 4년으로 연장돼 대입은 물론 취업에도 영향을 미칠 수 있게 됐다.

⊙ 이해충돌방지법
공직자가 직위를 통해 얻는 사적 이익을 방지하기 위한 법안

공직자가 자신의 직위를 이용해 사적 이익을 얻는 것을 방지하기 위한 법안이다. 2013년 처음 발의된 뒤 국회에서 8년간 계류했다. 이후 2021년 3월 LH(한국토지주택공사) 현·전 직원들의 부동산 투기사태를 계기로 법 추진이 급물살을 타면서 같은 해 4월 29일 국회를 통과했다. 첫 발의 당시 공직자의 이해충돌 방지하는 이유로 부정청탁금지법 일부분만 통과돼 김영란법이라는 이름으로 제정됐다. 법의 대상이 되는 범위는 국회의원을 포함한 직원, 국공립학교 임직원 등 200만명이다. 법의 주요 내용은 ▲직무상 비밀을 이용한 재산상 이득을 위득한 이익 몰수 내지 추징 ▲직무와 관련한 가족의 수의계약 금지 등이다. 이 때문에 토지·부동산 관련 부동산을 매수하는 경우 의무적으로 14일 이내에 신고 정보로 사적 이득을 가지는 공무원은 최고 7년 이하의 징역 하의 벌금에 처한다. 퇴직 3년 내에 업무상 비밀을 활용 은 1년간의 준비기간을 가진 뒤 2022년 5월 19일부터 본

4   하루상식

핵심만 콕콕콕! ✏️

책이 작다고 내용도 부실하다고 생각하면 오산! 핵심만 집약해놓은 상세한 설명이 〈하루상식〉의 장점입니다.

하루상식

Day 02

Step 1 정치·법률

01 보궐선거

지역구 국회의원·지역구 지방의회의원, 지방자치단체장 및 교육감의 임기 개시 후에 사퇴·사망·피선거권 상실 등으로 신분을 상실해 궐원 또는 궐위가 발생한 경우에 실시하는 선거를 말한다. 임기 개시 후에 발생한 사퇴·사망 등으로 인해 실시하는 선거라는 점에서 재선거와 구별된다. 일반적으로 보궐선거의 선거일은 4월과 10월의 첫 번째 수요일로 법정화되어 있다. 임기 만료에 의한 국회의원 선거 및 대통령 선거, 지방선거가 있는 때에는 선거일에 동시 실시한다. 비례대표 국회의원, 비례대표 지방의회의 의원의 궐원 시에는 보궐선거를 실시하지 않고 의석승계를 하게 된다. 대통령이 궐위된 때에는 보궐선거라고 하지 않고 '궐위로 인한 선거'라 하며, 궐위로 인한 선거에서 당선된 대통령은 임기는 전임자의 잔임기간이 아니라 당선이 결정된 때부터 새로 임기가 개시돼 5년간 재임하게 된다.

> **✏️ 상식 더하기** 재선거
> 후보자 또는 당선자가 없거나 선거의 전부무효 판결 또는 결정이 있는 때, 당선인이 임기 개시 전에 사퇴·사망하거나 피선거권이 상실된 때 그리고 선거범죄로 당선이 무효가 된 때에 실시하는 선거이다. 임기 개시 전 사퇴·사망·피선거권 상실이라는 점에서 보궐선거와 구별된다.

한 달 PLAN 65

상식 더하기 ✏️

해당 용어와 함께 알아두면 좋은 관련 상식을 덤으로 드립니다. 상식이 두 배로 풍성해집니다.

핫!이슈 시사상식

핫!이슈 시사상식

다가올 각종 상식시험에 출제가 유력한! 최근 떠오른 이슈들을 핫!이슈 시사상식에 담아 최신 시사상식 문제에 완벽하게 대비할 수 있도록 했습니다.

핫!이슈 시사상식

Step 1 정치 · 법률

⊙ 임대차 3법
전월세상한제 · 계약갱신청구권제 · 전월세신고제를 핵심으로 하는 법안

임대차 3법은 계약갱신청구권과 전월세상한제를 담은 '주택임대차보호법' 개정안과 전월세신고제를 담은 '부동산 거래신고 등에 관한 법률' 개정안을 말한다. 이 중 '주택임대차보호법' 개정안은 2020년 7월 30일 본회의를 통과한 다음 날부터 시행됐다. 이에 따라 세입자는 기존 2년에서 4년(2+2)의 계약연장을 요구할 수 있고 집주인은 실거주 등의 특별한 이유가 없으면 이를 받아들여야 하는데, 임대료는 종전 계약액의 5% 이내에서만 인상할 수 있다. 계약 당사자가 계약 30일 이내에 임대차 계약정보를 신고해야 하는 '부동산 거래신고 등에 관한 법률' 개정안은 2020년 8월 4일 본회의를 통과해 2021년 6월 1일부터 시행됐다.

⊙ 중대재해기업처벌법
중대한 인명피해를 주는 산업재해 발생 시 사업주에 대한 형

중대한 인명피해를 주는 산업재해 발생 시 사업주에 대한 처벌 내용의 법안이다. 이 법에 따라 안전사고로 근로자가 사망할 경우 영업책임자에게 1년 이상의 징역 혹은 10억원 이하의 벌금을 부과할 수 있다. 또 노동자가 사망하는 경우 7년 이하의 징역 또는 1억원 이하의 벌금에 처해진다. 근로자 50인 이상 기업, 2024년 1월 27일부터 50인 미만 사업장에도 적용된다. 단, 5인 미만 사업장은 적용대상에서 제외된다.

시험에 유용한 필수 상식

처음에 관한 모든 것

- 우리나라 최초의 우주인 – 이소연 박사
- 우리나라에서 처음 금메달을 획득한 선수 – 양정모 선수
- 우리나라 최초의 여왕 – 선덕여왕
- 우리나라 최초의 근대적 헌법 – 홍범 14조
- 우리나라가 태극기를 처음 사용한 시점 – 제물포 조약 이후
- 우리나라가 '대한'이란 국호를 처음 사용한 시점 – 아관파천 이후
- 우리나라를 처음으로 유럽에 알린 문헌 – 〈하멜표류기〉
- 우리나라의 독립을 최초로 언급한 것 – 카이로 선언
- 우리나라 최초의 한국형 구축함 – 광개토대왕함
- 우리나라 최초로 실전 배치된 잠수함 – 장보고함
- 우리나라 최초의 국산 자동차 – 시발(始發)자동차
- 우리나라 최초의 순 한글 신문 – 〈독립신문〉
- 우리나라 최초의 국문소설 – 홍길동전
- 우리나라 최초의 민간 극장 – 원각사(圓覺社)
- 우리나라 최초로 한글이 새겨진 현존 최고의 금석문 – 이윤탁 한글 영비
- 세계 최초 금속활자로 인쇄된 책 – 〈직지심체요절〉
- 세계에서 쌀이 가장 먼저 드는 나라 – 키르키스공화국
- 세계 최초 여성 대통령을 배출한 나라 – 아르헨티나

시험에 유용한 필수 상식

시험이 코앞이라면 머릿속에 쏙쏙 들어오는 유용한 필수 상식으로 마무리하세요!

오늘 하루 마스터한 상식용어를 체크해보세요. 한 달이면 완벽한 상식정복을 이룰 수 있습니다!

※ 내가 원하는 답에 맞게 일(日)을 적어 활용해보세요.

하루 30개
한 달 PLAN

___의 마루상식

예문

일요일	월요일	화요일	수요일	목요일	금요일	토요일
___일	___일	___일	___일	___일	___일	___일
Refresh	□ 정치·법률 □ 국제·외교 □ 경제·경영 □ 사회·노동·환경 □ 문화·미디어 □ 과학·IT	□ 정치·법률 □ 국제·외교 □ 경제·경영 □ 사회·노동·환경 □ 문화·미디어 □ 과학·IT	□ 정치·법률 □ 국제·외교 □ 경제·경영 □ 사회·노동·환경 □ 문화·미디어 □ 과학·IT	□ 정치·법률 □ 국제·외교 □ 경제·경영 □ 사회·노동·환경 □ 문화·미디어 □ 과학·IT	□ 정치·법률 □ 국제·외교 □ 경제·경영 □ 사회·노동·환경 □ 문화·미디어 □ 과학·IT	□ 복습
___일	___일	___일	___일	___일	___일	___일
Refresh	□ 정치·법률 □ 국제·외교 □ 경제·경영 □ 사회·노동·환경 □ 문화·미디어 □ 과학·IT	□ 정치·법률 □ 국제·외교 □ 경제·경영 □ 사회·노동·환경 □ 문화·미디어 □ 과학·IT	□ 정치·법률 □ 국제·외교 □ 경제·경영 □ 사회·노동·환경 □ 문화·미디어 □ 과학·IT	□ 정치·법률 □ 국제·외교 □ 경제·경영 □ 사회·노동·환경 □ 문화·미디어 □ 과학·IT	□ 정치·법률 □ 국제·외교 □ 경제·경영 □ 사회·노동·환경 □ 문화·미디어 □ 과학·IT	□ 복습

일 _____ | 일 _____ | 일 _____

□ 복습 | □ 복습 | □ 복습

일 _____

□ 정치·법률
□ 국제·외교
□ 경제·경영
□ 사회·노동·환경
□ 문화·미디어
□ 과학·IT

일 _____

□ 정치·법률
□ 국제·외교
□ 경제·경영
□ 사회·노동·환경
□ 문화·미디어
□ 과학·IT

일 _____

□ 정치·법률
□ 국제·외교
□ 경제·경영
□ 사회·노동·환경
□ 문화·미디어
□ 과학·IT

일 _____

Refresh

목차

✎ 핫!이슈 시사상식

✎ 상식 완전정복! 하루 30개 한 달 PLAN

✎ 시험에 유용한 필수 상식

핫!이슈
시사상식

하루
상식

핫!이슈 시사상식

정치 · 법률

⊙ 임대차 3법

전월세상한제 · 계약갱신청구권제 · 전월세신고제를 핵심으로 하는 법안

임대차 3법은 계약갱신청구권과 전월세상한제를 담은 '주택임대차보호법' 개정 안과 전월세신고제를 담은 '부동산 거래신고 등에 관한 법률' 개정안을 말한다. 이 중 '주택임대차보호법' 개정안은 2020년 7월 30일 본회의를 통과한 다음 날 부터 시행됐다. 이에 따라 세입자는 기존 2년에서 4년(2+2)의 계약연장을 요구 할 수 있고 집주인은 실거주 등의 특별한 이유가 없으면 이를 받아들여야 하는 데, 임대료는 종전 계약액의 5% 이내에서만 인상할 수 있다. 계약 당사자가 계약 30일 이내에 임대차 계약정보를 신고해야 하는 '부동산 거래신고 등에 관한 법 률' 개정안은 2020년 8월 4일 본회의를 통과해 2021년 6월 1일부터 시행됐다.

⊙ 중대재해기업처벌법

중대한 인명피해를 주는 산업재해 발생 시 사업주에 대한 형사처벌을 강화하는 법안

중대한 인명피해를 주는 산업재해 발생 시 사업주에 대한 형사처벌을 강화하는 내용의 법안이다. 이 법에 따라 안전사고로 근로자가 사망할 경우 사업주 또는 경 영책임자에게 1년 이상의 징역 혹은 10억원 이하의 벌금을 부과할 수 있고, 법인 에는 50억원 이하의 벌금을 부과할 수 있다. 또 노동자가 다치거나 질병에 걸리는 경우 7년 이하의 징역 또는 1억원 이하의 벌금에 처해진다. 2022년 1월 27일부터 근로자 50인 이상 기업, 2024년 1월 27일부터 50인 미만 사업장에 적용되고 있 다. 단, 5인 미만 사업장은 적용대상에서 제외된다.

⟩ 학교폭력 근절 종합대책

학폭 가해학생의 처분결과를 입시에 의무 반영하는 내용을 골자로 한 대책

국가수사본부장에 임명됐다가 낙마한 정순신 변호사 아들의 학교폭력(학폭) 사건 논란을 계기로 2023년 4월 12일 정부가 11년 만에 새롭게 발표한 학폭 근절 종합대책을 말한다. 중대한 학폭 사건에 엄정하게 대처하고 피해학생을 중심으로 한 보호조치 개선을 목적으로 한다. 이에 2024년 기준 고등학교 2학년 학생들이 치르게 될 2026학년도 대입부터 학폭 가해학생에 대한 처분결과가 수시는 물론 수능점수 위주인 정시 전형에도 의무적으로 반영된다. 또 중대한 처분결과는 학교생활기록부(학생부) 보존기간이 졸업 후 2년에서 최대 4년으로 연장돼 대입은 물론 취업에도 영향을 미칠 수 있게 됐다.

⟩ 이해충돌방지법

공직자가 직위를 통해 얻는 사적 이익을 방지하기 위한 법안

공직자가 자신의 직위를 이용해 사적 이익을 얻는 것을 방지하기 위한 법안이다. 2013년 처음 발의된 뒤 국회에서 8년간 계류했다. 이후 2021년 3월 LH(한국토지주택공사) 현·전 직원들의 부동산 투기사태를 계기로 법 추진이 급물살을 타면서 같은 해 4월 29일 국회를 통과했다. 첫 발의 당시 고위공직자의 범위가 모호하다는 이유로 부정청탁금지법 일부분만 통과돼 김영란법이라고 불리는 법률로 제정됐다. 법의 대상이 되는 범위는 국회의원을 포함한 공무원, 공공기관 임직원, 국공립학교 임직원 등 200만명이다. 법의 주요 내용은 ▲ 사적 이해관계 신고 및 직무회피제도 ▲ 직무상 비밀을 이용한 재산상 이익 취득 금지 ▲ 부정으로 취득한 이익 몰수 내지 추징 ▲ 직무와 관련해 가족을 비롯한 이해관계인과의 수의계약 금지 등이다. 이 때문에 토지·부동산 관련 직무를 담당하는 공직자가 부동산을 매수하는 경우 의무적으로 14일 이내에 신고해야 한다. 또한 미공개 정보로 사적 이득을 가지는 공무원은 최고 7년 이하의 징역형이나 7,000만원 이하의 벌금에 처한다. 퇴직 3년 내에 업무상 비밀을 활용하는 것도 금지된다. 법은 1년간의 준비기간을 가진 뒤 2022년 5월 19일부터 본격 시행됐다.

⊙ 고위공직자범죄수사처(공수처)

고위공직자의 범죄 사실을 수사하는 독립된 기관

대통령을 비롯해 국회의원, 국무총리, 검사, 판사, 경무관급 이상 경찰 등 고위공직자들이 직무와 관련해 저지른 범죄에 대한 수사를 전담하는 기구다. 문재인 전 대통령의 '1호 공약'으로 꼽히는 공수처 설치는 1996년 참여연대가 고위공직자비리수사처를 포함한 부패방지법안을 입법 청원한 지 23년, 고(故) 노무현 전 대통령이 2002년 대선공약으로 내건 지 17년 만인 2019년 12월 30일 입법화가 이뤄졌다. 공수처는 고위공직자의 부정부패 수사라는 목적 외에 기소권을 독점해온 검찰을 견제한다는 점에서 검찰 권한 분산을 골자로 한 '검찰 개혁의 핵심'으로 평가받았다. 공수처 검사는 공수처장과 차장 각 1명을 포함해 25명 이내로 한다. 공수처 설치법안이 2020년 1월 국무회의에서 의결된 지 1년 만인 2021년 1월 21일 공수처가 공식 출범했다.

💚 상식 더하기 ◀ 수사 대상 고위공직자 및 범죄

수사 대상 고위공직자는 대통령, 국회의장 및 국회의원, 대법원장 및 대법관, 헌법재판소장 및 헌법재판관, 국무총리와 국무총리 비서실 정무직 공무원, 중앙선거관리위원회의 정무직 공무원, 판사 및 검사, 경무관 이상 경찰공무원 등이다. 국회사무처·국회도서관·국회예산정책처·국회입법조사처·대법원장 비서실 등의 정무직 공무원과 시도지사 및 교육감 등도 포함된다. 이 중 검사, 판사, 경찰에 대해서는 직접 기소할 수 있다. 수사 대상 범죄는 뇌물, 배임, 범죄은닉, 위증, 친족 간 특례, 무고와 고위공직자 수사 과정에서 인지한 해당 고위공직자의 범죄 등이다.

⊙ 탄소중립기본법

2050 탄소중립이라는 국가목표 달성을 위해 규정한 법

중장기 국가온실가스 감축목표(NDC)를 2018년 대비 40%로 명시한 법안으로 정식 명칭은 '기후위기 대응을 위한 탄소중립, 녹색성장기본법'이다. 2022년 3월 25일부터 시행됐다. 2050년 탄소중립을 국가비전으로 명시하고 이를 달성하기 위한 국가전략, 기본계획 수립 및 이행점검 등의 법정 절차를 체계화했다. 이에 따라 정부 관계부처와 민관 협치기구인 탄소중립녹색성장위원회(탄녹위)는 과학기술계, 노동계, 지역사회, 청년·시민단체 등 다양한 이해관계자와의 토론 및 간담회를 통해 정리된 의견을 반영해 2023년 4월 '제1차 국가 탄소중립 녹색성장 기본계획'을 발표했다. 이는 법안 제정 이후 최초로 수립한 탄소중립·녹색성장과 관련된 최상위 법정계획으로서 경제·사회 여건과 실행가능성 등을 종합적으로 고려한 합리적 이행방안을 마련해 반영한 것이다. 해당 법안 제정으로 우리나라는 유럽연합(EU)·스웨덴·영국·프랑스·독일·덴마크·스페인·뉴질랜드·캐나다·일본 등에 이어 전 세계에서 14번째로 2050 탄소중립 비전과 이행체계를 법제화한 국가가 됐다.

⊙ 노란봉투법

노조 파업으로 발생한 손실에 대한 사측의 손해배상을 제한하는 내용을 담은 법안

기업이 노조의 파업으로 발생한 손실에 대해 무분별한 손해배상소송 제기와 가압류 집행을 제한하는 등의 내용을 담은 법안이다. '노동조합 및 노동관계조정법 개정안'이라고도 한다. '노란봉투법'이라는 명칭은 2014년 법원이 쌍용차 파업에 참여한 노동자들에게 47억원의 손해를 배상하라는 판결을 내리자 한 시민이 언론사에 4만 7,000원이 담긴 노란봉투를 보내온 데서 유래했다. 해당 법안은 19·20대 국회에서 발의됐으나 모두 폐기됐고, 21대 국회에서는 야당의 주도로 2023년 11월 19일 국회 본회의를 통과했으나 윤석열 대통령이 거부권을 행사, 재투표 결과 '재적의원 3분의 2 찬성' 요건을 충족하지 못해 결국 폐기됐다.

⊙ 연동형 비례대표제

정당 득표율에 비례해 의석을 배분하는 제도

지역구 당선자수와 전체 의석수를 연동해 정당 득표율로 총 의석수를 배분하는 선거제도다. 먼저 정당 득표율에 비례해 정당별 총 의석수를 배분하고 여기에 지역구 당선자 수를 뺀 만큼을 비례대표 의석으로 배정하는 방식이다. 예를 들어 전체 의석이 300석일 때 특정 정당이 50%의 정당 득표율을 얻으면 이 당은 총 150석의 의석을 갖는다. 이때 이 당이 120명의 지역구 당선자를 배출한다면 정당 득표율을 통해 배분된 150석에서 120석을 뺀 나머지 30석을 비례대표로 채운다.

⊙ 검경 수사권 조정안

검찰과 경찰의 수사 권한에 변화를 준 형사소송법과 검찰청법 개정안

검찰 권한을 분산시키는 내용을 골자로 한 형사소송법·검찰청법 개정안이다. 국회는 2020년 1월 13일 이 같은 내용의 검경 수사권 조정법안을 통과시켰다. 이로 인해 검찰의 수사 지휘권은 1954년 형사소송법이 제정된 지 66년 만에 폐지됐다. 그간 형사소송법은 검사를 수사권의 주체로, 사법경찰관은 검사의 지휘를 받는 보조자로 규정해왔다. 그러나 개정안 통과로 검경 관계는 '지휘'에서 '협력'으로 바뀌었다. 경찰에 1차적 수사 종결권을 부여한 점도 개정안의 핵심이다. 경찰은 혐의가 인정되지 않는다고 판단한 사건을 자체 종결할 수 있다. 검찰의 직접수사 범위도 제한됐다. 이에 따라 검찰의 직접수사 사건은 부패범죄, 경제범죄, 공직자범죄, 선거범죄, 방위사업범죄, 대형참사 등 대통령령으로 정하는 6대 범죄와 경찰공무원이 범한 범죄로 한정됐다. 여기에 2022년 4~5월 검찰의 직접 수사 범위를 부패범죄와 경제범죄로 제한하는 내용을 핵심으로 한 개정 검찰청법과 검찰이 경찰이 송치한 사건에 대해 '동일성이 인정되는 범위 내에서'만 보완 수사가 가능하도록 한 개정 형사소송법도 국회를 통과(검찰 수사권 완전 박탈법)하면서 검찰의 수사권이 대폭 축소됐다. 그러나 윤석열 정부가 들어선 이후 법무부는 이러한 수사권 조정 조치로 경찰 수사 지연과 부실 수사 등의 부작용이 나타났다고 보고 '검찰 수사권 원상 복구(검수원복)' 시행령과 개정 수사 준칙 마련 등을 통해 검찰의 수사권을 회복하겠다는 입장을 밝혔다.

⊙ 전세사기 특별법

전세사기 피해자를 지원하기 위해 마련된 법안

대규모 전세사기 피해자가 급증하면서 사회적 파장이 커진 가운데 전세사기 피해지원을 위한 특별법 제정안이 2023년 5월 25일 국회 본회의를 통과해 6월 1일부터 시행됐다. 이에 따라 피해자들은 일정 요건을 충족하면 ▲ 보증금 기준 최대 5억원 상향 ▲ 최우선변제금 최장 10년간 무이자 대출(최대 4,800만원) ▲ 초과 대출금 1.2~2.1%(2억 4,000만원 한도)로 대출 ▲ 전세사기 피해주택 구입 희망자 우선매수권 부여, 지속 거주 희망자는 한국토지주택공사(LH)가 주택 매입 후 장기 임대 등의 피해지원을 받을 수 있다.

⊙ 교권회복 4법

교사의 정당한 교육활동을 보호하기 위해 제정된 4개의 법률 개정안

'교사의 정당한 생활지도는 아동학대로 보지 않는다'는 내용을 골자로 한 교원지위법, 초 · 중등교육법, 유아교육법, 교육기본법 등 4개 법률 개정안을 말한다. 2023년 7월 서울 서초구 서이초등학교 교사 사망사건 이후 교권침해 논란이 잇따라 불거지면서 추진됐다. 교원이 아동학대로 신고돼도 마땅한 사유가 없는 한 직위해제 처분을 금지하며, 교장은 교육활동 침해행위를 축소 · 은폐할 수 없고, 교육지원청이 교권침해 조치 업무를 전담한다는 내용 등이 포함됐다.

⊙ 비토권

사안을 거절할 수 있는 권리

한 사안에 대해 거부 · 거절할 수 있는 권리를 말한다. 'Veto'는 '거부'라는 뜻의 영단어다. 국제연합(UN)의 안전보장이사회(안보리)는 비토권 5개국으로 불린다. 만약 5개국 중 1개국이라도 비토권을 행사하면 해당 국가를 제외하고 만장일치를 이뤄도 안건이 통과되지 않는다. 우리나라에도 비토권이 존재한다. 국회, 즉 입법부에서 의결된 안건을 대통령이 재의 요구할 수 있다. 재의라고 명시되어 있지만 비토권과 같은 역할을 한다. 법률안이 재의되더라도 다시 국회로 넘어와 재적의원 과반수 출석과 출석의원 3분의 2 이상의 동의를 얻으면 법률로서 제정된다.

⊙ 인플레이션감축법(IRA)

전기차 구매 시 일정 조건을 만족해야 보조금을 받을 수 있도록 한 법안

미국 정부가 급등한 인플레이션을 완화하기 위해 마련한 법안으로 2022년 8월 16일 조 바이든 미국 대통령이 법안에 서명하며 발효됐다. 그러나 발표된 법안에 따르면 전기차 구매 시 보조금(세액공제 혜택)을 받기 위해서는 중국 등 우려대 상국의 배터리 부품 및 광물을 일정 비율 이하로 사용해야 하고, 북미에서 최종 조립된 전기차에만 보조금을 지급한다는 조건을 걸어 국내 자동차업계의 전기차 수출이 차질을 빚을 것으로 전망됐다.

⊙ 칩4(Chip4)

미국이 한국, 일본, 대만에 제안한 반도체 동맹

2022년 3월 미국이 한국, 일본, 대만과 함께 안정적인 반도체 생산 · 공급망 형 성을 목표로 제안한 반도체 동맹으로 미국에서는 '팹4(Fab4)'라고도 한다. '칩'은 반도체를, '4'는 총 동맹국의 수를 의미한다. 미국이 추진하고 있는 프렌드쇼어링 전략에 따른 것으로 중국을 배제한 채 반도체 공급망을 구축하겠다는 의도로 풀 이된다. 미국은 반도체 제조공정 중 설계가 전문화된 팹리스업체들이 있고, 대만 과 한국은 설계된 반도체를 생산 · 공급하는 파운드리 분야에서 1, 2위를 다투고 있다. 일본 역시 반도체 소재 시장에서 큰 비중을 차지한다.

> ♡ **상식 더하기** 프렌드쇼어링(Friend-shoring)
>
> 코로나19와 러시아의 우크라이나 침공, 중국의 봉쇄정책 등이 촉발한 글로벌 공급 망 위기로 세계 경제가 출렁이자 미국이 동맹국 간 공급망을 구축하기 위해 전략적 으로 움직이는 것을 말한다. 이를 통해 '믿을 만한 동맹국끼리 뭉쳐 상품을 안정적 으로 확보'하겠다는 목적이지만, 중국과 러시아를 공급망에서 배제하려는 의도가 반영됐다는 분석도 있다.

⊙ 인도–태평양 경제프레임워크(IPEF)

조 바이든 미국 행정부가 제안한 다자 경제협력체

2021년 10월 동아시아정상회의(EAS)에서 조 바이든 미국 행정부가 제안한 다자 경제협력체다. 인도와 태평양 지역의 공동번영을 목적으로 추진됐으며, 디지털 경제 및 기술표준, 공급망 회복, 탈탄소·청정에너지, 사회간접자본 등 신(新)통상의제에 대해 논의한다. 일괄타결이 아닌 항목별 협상이 가능하며 행정협정이기 때문에 국회 비준을 받지 않아도 된다. 미국을 비롯해 한국, 일본, 호주, 인도, 브루나이, 인도네시아, 말레이시아, 뉴질랜드, 필리핀, 싱가포르, 태국, 베트남, 피지 등 14개국이 참가하며 2022년 5월 23일 공식 출범했다. IPEF 참여국의 국내총생산(GDP)을 합치면 전 세계의 40%를 차지한다.

⊙ 디리스킹(Derisking)

중국에 대한 외교적·경제적 의존도를 낮춰 위험요소를 줄이겠다는 서방의 전략

'위험제거'를 뜻하는 영단어로 2023년 3월 30일 우르줄라 폰데어라이엔 유럽연합(EU) 집행위원장이 대중정책 관련 연설에서 언급하면서 주목받기 시작했다. 원래는 금융기관이 테러나 자금세탁 제재와 관련해 위험을 관리하기 위해 광범위하고 무차별적으로 거래를 중단하는 것을 가리키는 말이었다. 그러나 우르줄라 위원장의 연설 이후 경쟁 또는 적대관계의 세력으로부터의 탈동조화를 뜻하는 '디커플링(Decoupling)'을 대신하는 개념으로 본격 사용되면서 의미가 확대됐다. 이는 중국과 경제적 협력관계를 유지하면서도 중국에 대한 과도한 외교적·경제적 의존도를 낮춰 위험요소를 관리하겠다는 의도로 풀이된다.

⊙ 글로벌 사우스(Global South)

개발도상국과 신흥국을 총칭하는 말

북반구의 저위도나 남반구에 위치한 아시아·아프리카·남아메리카(남미)·오세아니아의 개발도상국과 신흥국을 총칭하는 말로 미국, 유럽, 일본, 호주, 한국 등의 선진국을 일컫는 '글로벌 노스(Global North)'와 대비되는 개념으로 사용한다. 글로벌 사우스에 속한 국가들은 대부분 과거 서구열강의 식민통치를 경험하고 독립한 지 얼마 되지 않은 국가들인데, 인도를 비롯해 동남아시아와 아프리카, 중남미 120여 개 국가가 해당된다. 2022년 2월 러시아-우크라이나 전쟁이 시작된 이후 국제연합(UN) 총회에서 잇따라 이뤄진 러시아 관련 표결에서 많은 글로벌 사우스 국가들이 기권 입장을 나타내는 등 중립 입장을 취하면서 주목을 받았다.

⊙ P4G

녹색성장 및 글로벌목표 2030을 위한 연대(Partnering For Green Growth and the Global Goals 2030)

녹색성장 및 글로벌목표 2030을 위한 연대다. 기후변화에 적절하게 대응하면서 식량, 도시, 에너지, 물, 순환경제에 대한 해결책을 만들어 개도국이 지속가능한 발전을 하도록 돕는 것이 목적이다. 2011년 덴마크 주도로 출범한 3GF(Global Green Growth Forum : 글로벌녹색성장포럼)를 모태로 한다. 2015년 채택한 파리 협정과 국제연합(UN)의 지속가능한 발전 목표의 내용을 확대해 접목시켰고 2017년 글로벌 이니셔티브인 P4G가 출범했다. 국가뿐만 아니라 국제기구, 기업, 시민사회 등도 참여하고 있다. 2024년 기준 회원국은 9개국으로 한국, 인도네시아, 베트남, 덴마크, 네덜란드, 남아프리카공화국, 에티오피아, 케냐, 콜롬비아다.

⊙ 반도체지원법

미국이 반도체·첨단기술 생태계 육성에 2,800억달러를 투자하는 내용을 담은 법안

정식 명칭은 '반도체 칩과 과학법'으로 칩스법(CHIPS and Science Act)이라고도
한다. 미국 정부가 중국을 견제하고 자국의 기술 우위를 강화하기 위해 반도체·
첨단기술 생태계 육성에 총 2,800억달러를 투자하는 내용을 골자로 한 법안으로,
2022년 8월 9일 조 바이든 미국 대통령이 서명하면서 시행됐다. 법안에 따르면
미국 내 반도체 시설 건립에 보조금 390억달러, 연구 및 노동력 개발에 110억달
러, 국방 관련 반도체 칩 제조에 20억달러 지원 등 반도체 관련 산업에만 527억달
러가 지원된다. 또 미국에 반도체 공장을 건설하는 글로벌 기업에 25%의 세액공
제를 적용하는 방안도 포함됐다. 2023년 2월 28일 미국 상무부는 ▲ 경제·국가
안보 ▲ 사업 상업성 ▲ 재무 건전성 ▲ 기술 준비성 ▲ 인력 개발 ▲ 사회공헌 등
의 6가지 보조금 심사기준을 공개했는데, 해당 기준에 따라 지원금을 받은 기업이
미국의 전망치를 초과하는 경우 초과이익을 미국 정부와 공유해야 한다는 내용과
함께 지원금을 받기 위해서는 중국을 비롯한 우려대상국에 첨단기술을 투자해서
는 안 된다는 내용이 포함된 사실이 알려지면서 파장이 일었다.

⊙ 저항의 축(Resistance Axis)

이란의 지원을 받는 반이스라엘 단체 및 국가

이란과 이란이 지원하는 하마스와 헤즈볼라, 시리아, 예멘 등을 일컫는 말이다.
원래 미국을 비롯해 이스라엘, 사우디아라비아 등 미국의 동맹국에 반대·저항
하는 국가들을 뜻하는 용어였으나, 최근 이슬람권 언론이 미국이 만들어낸 '악의
축(Axis of Evil)'에 반감을 드러내는 의미로 자주 언급된다. 1979년 이슬람혁명
이후 이란에 들어선 이슬람 정부는 레바논의 헤즈볼라와 팔레스타인 가자지구의
하마스를 지원하며 중동정세에 관여하기 시작했으며, 이후 이슬람 시아파 계열
의 시리아 정부군과 예멘의 후티 반군까지 지원하며 영향력을 확대해왔다.

⊙ RE100(Renewable Energy 100%)

필요한 전력을 재생에너지로만 충당하겠다는 기업들의 자발적인 약속

2050년까지 필요한 전력의 100%를 태양광, 풍력 등 재생에너지로만 충당하겠다는 기업들의 자발적인 약속이다. 2014년 영국의 비영리단체인 기후그룹과 탄소공개프로젝트가 처음 제시했다. RE100 가입 기업은 2024년 기준 전 세계에 걸쳐 총 430여 곳에 이른다. 우리나라의 경우 제조업의 에너지 사용량 중 전력에 대한 의존도가 48%나 돼 기업이 부담해야 할 비용이 막대하다는 이유로 2020년 초까지만 해도 RE100 참여 기업이 전무했다. 그러나 RE100의 세계적 확산에 따라 2020년 말부터 LG화학, SK하이닉스, SK텔레콤, 한화큐셀 등이 잇따라 참여를 선언했다.

⊙ 페그제

자국의 통화가치를 달러가치에 고정하는 제도

각국 화폐 사이의 환율을 일정 수준에 고정시키는 제도다. 달러 등 기축통화에 대해 자국 화폐의 교환비율을 고정시키고 이 환율로 무한정의 교환을 약속하는 환율제도로 원래는 19세기 영국 식민지에 적용된 제도였다. 이 제도에서는 한 국가의 통화와 연계되는 통화 사이의 환율은 변하지 않으나 연계된 통화와 다른 통화들 사이의 환율은 변하기에 다른 통화와는 간접적으로 변동환율제도를 택한 것과 동일한 효과를 가진다.

페그제 장점	페그제 단점
• 환율 변동에 대한 불확실성이 제거됨으로써 대외교역과 자본유출입이 원활해진다. • 수입품 가격이 변동해도 자국 물가에 큰 영향을 미치지 않기 때문에 물가가 안정된다.	• 달러의 가치 변동에 영향을 많이 받아 통화 자체의 가치가 적절히 반영되지 못한다. • 국제 환투기 세력의 표적이 되기 쉽고, 엄청난 손실을 입는 사례가 발생한다.

⊙ NFT(Non-Fungible Token : 대체불가토큰)

다른 토큰과 대체 · 교환될 수 없는 가상화폐

하나의 토큰을 다른 토큰과 대체하거나 교환할 수 없는 가상화폐를 말한다. 2017년 처음 시장이 만들어진 이래 미술품과 게임아이템 거래를 중심으로 빠르게 성장했는데, 이처럼 NFT가 폭발적으로 성장한 이유는 NFT가 가진 희소성 때문이다. 기존 토큰의 경우 같은 종류의 코인은 한 코인당 가치가 똑같았고, 종류가 달라도 똑같은 가치를 갖고 있다면 등가교환이 가능했다. 하지만 NFT는 토큰마다 고유의 가치와 특성을 갖고 있어 코인당 가격이 천차만별이다. 또한 어디서, 언제, 누구에게 거래가 됐는지 모두 기록돼서 위조가 쉽지 않다는 것이 장점으로 꼽힌다.

⊙ ESG

환경(Environmental), 사회(Social), 지배구조(Governance)

환경(Environmental), 사회(Social), 지배구조(Governance)의 머리글자로 무디스가 고안한 투자가치와 성장가능성의 지속가능 여부를 알려주는 새로운 투자기준이다. 기업이 환경보호에 앞장서는지, 사회적 약자에 대한 지원 및 사회공헌 활동을 활발히 하는지, 법과 윤리를 철저히 준수하는 윤리경영을 실천하는지를 평가한다. 2000년 영국의 ESG 정보공시의무제도 도입을 시작으로 프랑스, 독일 등에서도 해당 제도를 시행하고 있다. 2023년 10월 금융위원회는 우리나라도 2025년부터 유가증권시장 상장사 중 자산이 2조원 이상인 경우에 의무적으로 ESG를 공시하도록 한 것을 2026년 이후로 연기하기로 했다. 이후 단계적으로 모든 코스피 상장사로 공시 의무가 확대될 예정이다.

> 💗 **상식 더하기** ◀ ESG 채권
>
> • 녹색채권(Green Bond)
> • 사회적 채권(Social Bond)
> • 지속가능채권(Sustainability Bond)

⟩ 피지털(Phygital) 경제

물리적 매장을 디지털화하는 소비형태

디지털을 활용해 오프라인 공간에서의 육체적 경험을 확대한다는 뜻으로 최근 소비형태의 각 단계에 적용되고 있다. 피지털 경제에서는 오프라인 매장에서 마음에 드는 물건을 찾고 상품에 부착된 QR코드를 스캔해 상품정보 및 리뷰를 간편하게 찾을 수 있다. 픽업 단계에서도 온라인에서 주문한 제품을 오프라인 매장에서 연중무휴 24시간 찾아갈 수 있도록 변화하고 있다.

⟩ 사모펀드

소수의 투자자로부터 투자금을 모아 비공개로 운영되는 펀드

소수의 투자자로부터 모은 자금을 주식·채권 등에 운용하는 펀드로, 경영참여형 사모투자펀드(PEF)를 줄여서 사모펀드라고 한다. '투자신탁업법'에서는 최대 100인 이하, '자본시장법'에서는 49인 이하의 소수 투자자에게 비공개로 자금을 모아 투자한다. 반대로 50인 이상의 불특정 다수를 대상으로 하는 것은 공모펀드라 한다. 사모펀드는 공모펀드와 달리 투자 대상이나 투자비중 등에 제한이 없어 유동성은 낮지만 수익률이 높은 자산에 안정적인 투자와 운용을 할 수 있다. 또 금융 당국의 투자자 보호 등의 규제에서 상대적으로 자유로워 공모펀드에 비해 고수익, 고위험을 추구하는 펀드로 평가된다.

[사모펀드와 공모펀드의 차이점]

구분	사모펀드	공모펀드
투자자	50인 미만	50인 이상의 불특정 다수
모집방법	비공개	광고 등 공개적인 방법
규제	증권신고서 제출 의무 없음	상품 출시 전 증권신고서 금감원에 제출 및 승인 필요
투자제한	투자 대상이나 편입 비율 등 제한 없음	제한 있음
투자금액	대개 1억원 고액	제한 없음

⊙ 클라우드 소비

물건, 공간, 정보 등을 여러 사람과 공유하는 소비형태

구매를 통해 필요한 물품이나 공간, 정보 등을 소유하기보다 제약 없이 어디에서나 연결돼 여러 사람과 공유하는 소비형태를 말한다. 클라우드 소비는 구름(Cloud)처럼 눈에 보이지 않지만 어딘가에 존재하는 중앙 하드웨어 저장장치나 소프트웨어에 인터넷을 연결해 일정 금액을 지불하고 사용하는 '클라우드 컴퓨팅'의 개념을 소비에 접목한 것이다. 특히 MZ세대에서 많이 볼 수 있는 특성으로, 최근 정보통신기술의 발달로 언제 어디서나 구매와 지불이 용이해지면서 클라우드 소비가 새로운 소비 트렌드로 각광받고 있다. 대표적인 클라우드 소비로 '따릉이'와 '에어비앤비', OTT 서비스 등을 들 수 있다.

⊙ 유턴기업

인건비가 저렴한 해외로 생산시설을 이전했다가 다시 자국으로 복귀하는 기업

'해외 진출기업의 국내 복귀 지원에 관한 법률(유턴기업지원법)'에 따르면 2년 이상 운영하던 국외 제조사업장을 청산하거나 25% 이상 축소하고, 국내에 동일 제품 생산 사업장을 신·증설하는 기업을 말한다. 한국은 해외 진출기업의 국내 복귀를 촉진하기 위해 2013년 8월부터 '유턴기업지원법'을 시행하고 있다. 유턴기업으로 선정되면 ▲ 청산컨설팅 지원 ▲ 산업단지 및 경제자유구역 우선입주 ▲ 국내 입지·설비투자 보조금, 고용보조금, 해외 인력에 대한 비자 지원 ▲ 자금융자 ▲ 신용보증 ▲ 수출보증 등 다양한 지원을 받을 수 있다. 산업통상자원부에 따르면 2022년에 국내로 복귀한 유턴기업의 투자계획 규모가 처음으로 1조원을 돌파한 것으로 알려졌다. 2022년 국내 복귀를 결정한 기업은 24개사로 이들 기업의 투자계획 규모는 총 1조 1,089억원에 달했다. 특히 반도체 등의 첨단·공급망 핵심기업과 중견·대기업의 복귀가 늘어나면서 유턴기업의 질적 수준이 높아졌다는 분석이 나왔다. 다만 다른 국가들과 비교했을 때 유턴기업의 증가세가 더딘 것으로 나타났다. 이에 전문가들은 유턴기업에 대한 혜택을 늘리는 한편 안정적인 경영환경을 위해 정책 지원을 강화해야 한다고 지적했다.

⊙ 스태그플레이션(Stagflation)

경기침체와 물가 상승이 동시에 나타나는 현상

경기침체를 의미하는 '스태그네이션(Stagnation)'과 물가 상승을 의미하는 '인플레이션(Inflation)'을 합성한 용어로, 경제활동이 침체되고 있는 상황에서도 물가가 지속적으로 상승하고 있는 현상을 말한다. 스태그플레이션이 발생할 경우 경제성장과 물가안정 어느 쪽도 달성하기 어렵다.

⊙ 그린오션(Green Ocean)

친환경정책을 바탕으로 새로운 경제적 부가가치를 창출하는 시장

경제 · 사회 · 환경 분야에서 '지속 가능한 성장'을 달성하기 위한 핵심개념으로, 친환경정책을 바탕으로 새로운 경제적 부가가치를 창출하는 경영전략이나 시장을 말한다. 레드오션이 경쟁이 치열한 시장, 블루오션이 새로운 시장 개척을 의미했다면 그린오션은 환경 분야의 새로운 시장을 개척하는 것을 의미한다. 최근 기업들이 정부가 주도하는 친환경정책에 관심을 가지면서 그린오션의 중요성도 점점 커지고 있다.

⊙ K-택소노미(K-Taxonomy)

한국형 산업 녹색분류체계

어떤 경제활동이 친환경적이고 탄소중립에 이바지하는지를 규정한 한국형 녹색분류체계다. 환경개선을 위한 재화 · 서비스를 생산하는 산업에 투자하는 녹색금융의 '투자 기준'으로서의 역할을 한다. 환경에 악영향을 끼치면서도 '친환경인 척'하는 위장행위를 막는 데 도움이 된다. 녹색분류체계에 포함됐다는 것은 온실가스 감축, 기후변화 적응, 물의 지속가능한 보전, 자원순환, 오염방지 및 관리, 생물다양성 보전 등 '6대 환경목표'에 기여하는 경제활동이라는 의미다.

⊙ 일반특혜관세제도(GSP)

개발도상국에서 수입하는 제품에 무관세 또는 낮은 세율을 부과하는 제도

선진국이 개발도상국으로부터 수입하는 농수산품·완제품 및 반제품에 대하여 일반적·무차별적·비상호주의적으로 관세를 철폐 또는 세율을 인하해주는 제도를 의미한다. 여기서 일반적이라 함은 기존 특혜가 몇 개 국가에 국한된 데 비해 일반특혜관세제도는 범세계적인 것임을 의미하며, 무차별적·비상호주의적이란 지역통합·자유무역지역 및 관세동맹으로 동맹에 가입되지 않은 국가들로부터의 수입품에 관세를 부과하는 차별을 배제한다는 것을 내포한다. 특혜관세의 편익은 ① 경제 개발도상 단계에 있는 국가로서, ② 특혜의 편익을 받기를 희망하는 국가 중에서, ③ 공여국이 적당하다고 인정하는 국가에 대해서 공여된다.

⊙ 캐리 트레이드(Carry Trade)

국가별 금리 차이를 이용해 수익을 내고자 하는 투자 행위

금리가 낮은 국가에서 자금을 차입해 이를 환전한 후 상대적으로 금리가 높은 국가의 자산에 투자해 수익을 올리고자 하는 거래를 말한다. 이때 저금리 국가의 통화를 '조달통화', 고금리 국가의 통화를 '투자통화'라고 부른다. 수익은 국가 간의 금리 또는 수익률 차에 의해 발생하는 부분과 환율 변동으로 인해 발생하는 환차익으로 나누어진다. 캐리 트레이드가 통상적인 금리 차 거래와 구분되는 점은 금리 차에 의한 수익과 환율 변동에 의해 발생하는 수익을 동시에 추구한다는 데 있다.

⊙ 보호무역주의

자국의 산업 보호를 위해 타국 기업을 제재하는 것

자유무역에 반대되는 개념으로 자국의 경제적 이익과 산업의 보호를 위해 무역 수출입에 정부가 관여하는 것을 말한다. 국가가 특정 산업을 육성하고 싶으나 국제경쟁력이 떨어져 조치를 취하지 않으면 자연히 도태될 우려가 있는 경우, 해당 산업이 경쟁력을 가질 수 있도록 여러 방법을 취하게 된다. 보호무역을 시행하는 방법으로는 수입 경쟁물품에 강한 관세를 매기거나 수입량을 제한하는 방식, 수입업체에 페널티를 가하는 방식 등을 들 수 있다.

> **⏱ 상식 더하기** CPTPP(포괄적·점진적 환태평양경제동반자협정)
>
> 도널드 트럼프 미국 전 대통령의 보호무역주의와 이로 인해 촉발된 미·중 무역전쟁에 위기감을 느낀 아시아·태평양 주요 국가들이 의기투합한 새로운 경제동맹체다. 일본 주도로 아시아·태평양 11개국이 출범시켰으며, 2018년 12월 30일 발효됐다. 2023년 7월 영국이 12번째 회원국으로 가입하면서 경제권이 아시아·태평양에서 유럽까지 확장됐다.

⊙ 버티컬 커머스(Vertical Commerce)

특정 상품이나 서비스를 전문적으로 판매하는 상업형태

다양한 상품과 서비스를 모두 제공하는 것이 아니라 특정 상품이나 서비스를 전문적으로 판매·제공하는 상업형태를 말한다. 'Vertical(수직)'과 'Commerce(상업)'의 합성어로 특정 카테고리에 한정해 특화된 상품과 서비스를 제공한다는 의미에서 '카테고리 킬러(Category Killer)'라고 부르기도 한다. MZ세대가 소비의 주체로 떠오르고 소비자의 취향이 점차 세분화되는 추세 속에서 하나의 카테고리에서 다양한 선택지를 제공하는 버티컬 커머스의 성장세가 가속화하고 있다. 특히 맞춤형 상품을 선호하는 MZ세대의 소비성향과 버티컬 커머스의 전문성 및 신뢰성이 맞물리면서 유통업계에서 새로운 틈새시장으로 부상했다. 국내에는 신선식품 분야의 컬리, 패션 분야의 무신사·지그재그, 여행 및 숙박 분야의 여기어때·야놀자, 인테리어 분야의 오늘의집 등이 있다.

⊘ 빅스텝(Big Step)

기준금리를 한번에 0.5%p 인상하는 것

금리를 한꺼번에 많이 올리는 경제정책을 뜻하는 경제용어로 국내 언론에서 미국 연방준비제도(Fed, 연준)가 물가를 조정하기 위해 기준금리를 인상하는 정책을 시행할 때 주로 언급된다. 경제에 미치는 영향을 최소화하기 위해 통상적으로 기준금리는 0.25%포인트(p)씩 올리거나 내리는 것(Baby Step, 베이비스텝)이 일반적이나 인플레이션(물가 상승) 등의 우려가 커질 때는 이보다 큰 폭으로 금리를 올린다. 이를 빅스텝이라고 하는데, 보통 0.50%p 이상 올릴 때를 말한다. 또 기준금리를 한번에 0.75%p 인상하는 것은 자이언트스텝(Giant Step), 1%p 인상하는 것은 울트라스텝(Ultra Step)이라고 한다. 2022년 들어 코로나19 팬데믹과 러시아의 우크라이나 침공 등의 영향으로 글로벌 공급망이 붕괴되면서 원자재 가격이 상승하고 전 세계적으로 물가상승률이 대폭 상승함에 따라 연준은 같은 해 6월부터 2023년까지 기준금리를 연달아 인상하는 결정을 내렸다.

⊘ 인앱 결제(In-app Purchase)

앱마켓 운영업체가 자체 개발한 내부결제 시스템

구글과 애플 등의 앱마켓 운영업체가 자체 개발한 내부결제 시스템이다. 자사 앱 안에서 유료 앱이나 콘텐츠를 각국의 신용카드, 각종 간편결제, 이동통신사 소액결제 등으로 결제하는 것을 말한다. 2020년 9월, 구글은 2021년 10월부터 구글플레이에서 유통되는 모든 디지털 콘텐츠 앱에 인앱 결제 방식을 의무화한다고 발표했다. 이에 모바일 서비스 및 콘텐츠를 제공하는 사업자들의 수수료 부담(30% 지급)이 커지면서 관련 콘텐츠의 판매가격 인상이 불가피해지고, 이것이 소비자 이용료 인상으로 이어질 가능성이 높아지자 거센 반발을 받았다. 비판이 이어지자 결국 구글은 인앱 결제 강제적용 시점을 2022년 4월로 연기했다.

⊙ 리셀테크

한정판 상품으로 수익을 창출하는 재테크

명품이나 운동화 등 한정판 상품을 구입한 후 이를 되팔아 수익을 창출하는 형태의 재테크를 말한다. 다시 되판다는 뜻의 '리셀(Resell)'과 재테크의 합성어다. 여기서 한정판은 특정 기간, 특정 수량만 판매하는 제품뿐만 아니라 희소성이 있는 상품까지 포함하는 개념이다. 높은 수익률에 비해 초기 투자비용이 적어서 진입 장벽이 낮고, 손해비용도 적다는 장점 때문에 주로 MZ세대를 중심으로 유행하고 있다. 이들은 신상품도 구입하는 순간 중고제품이 된다는 인식이 있어 신상품에 집착하지 않고 중고제품을 합리적인 가격에 구매하는 소비형태를 보인다. MZ세대의 명품소비가 증가함에 따라 백화점들도 리셀시장에 뛰어드는 추세다. 단, 일반적으로 거래 과정에서 안전성이 보장되지 않는 경우가 많아 불법과 합법을 구분해야 하고, 시장의 수요를 정확히 파악하고 있어야 하며, 사기를 주의해야 한다.

⊙ 리퀴드 소비(Liquid Consumption)

변화가 많아 예측이 어려운 소비

구매패턴이 정해져 있지 않고 순간순간 변화하는 소비를 일컫는 용어로 고정적이고 예상 가능한 소비를 뜻하는 '솔리드(Solid) 소비'에 반대되는 개념이다. 두 개념 모두 2017년 영국의 경제학자 플로라 바디 교수와 지아나 에커트 교수가 논문을 통해 처음 제시했다. 리퀴드 소비의 가장 큰 특징은 소비자의 제품·서비스 선택주기가 짧고 단시간에 다음 소비로 이동한다는 점이다. 현대사회의 소비자는 상품이나 브랜드에서도 어느 하나에 충성심을 보이는 것이 아니라 그때그때 마음에 드는 것을 소비한다. 물품이나 서비스를 소유하지 않고 빌려 쓰는 공유경제도 마음에 드는 동안만 소비하겠다는 뜻을 담고 있어 리퀴드 소비의 특징으로 꼽힌다.

⊙ 뉴노멀(New Normal)

시대 변화에 따라 새롭게 부상하는 기준이나 표준

2008년 글로벌 경제위기 이후 등장한 새로운 경제질서를 의미한다. 2003년 벤처투자가인 로저 맥너미가 처음 제시했고 2008년 세계 최대 채권운용회사 '핌코'의 경영자인 무하마드 앨 에리언이 다시 언급하면서 확산됐다. 주로 과거에 대한 반성과 새로운 질서를 모색하는 시점에 등장하는데 2008년 경제위기 이후 나타난 저성장, 높은 실업률, 규제 강화, 미국 경제 역할 축소 등이 뉴노멀로 지목된 바 있다. 최근에는 사회 전반적으로 새로운 기준이나 표준이 보편화되는 현상을 이르기도 하며 우리말로는 '새 일상', '새 기준'으로 대체할 수 있다.

⊙ 슈링크플레이션(Shrinkflation)

기업이 제품의 가격은 유지하는 대신 수량·무게를 줄이는 것

기업들이 자사 제품의 가격은 유지하는 대신 수량과 무게, 또는 용량을 줄여 사실상 가격을 올리는 전략을 말한다. 영국의 경제학자 '피파 맘그렌'이 제시한 용어로 '줄어들다'라는 뜻의 '슈링크(Shrink)'와 '인플레이션(Inflation)'의 합성어다. 최근 국내에서도 슈링크플레이션 현상이 확산함에 따라 정부가 용량이 변경된 사실을 제품 포장에 3개월 이상 의무적으로 표기하도록 하고, 이를 어길 경우 과태료를 부과하기로 했다.

⊙ CSR(Corporate Social Responsibility)

기업의 사회적 책임을 강조하는 경영방침

기업이 지역사회 및 이해관계자들과 공생할 수 있도록 의사결정을 해야 한다는 윤리적 책임의식을 말한다. 기업이 경제적·법적 책임 이외에도 인권유린이나 환경파괴 등 비윤리적인 행위를 하지 않는 등의 경영방침을 통해 사회적 책임을 적극적으로 수행하는 것을 일컫는다. 기업활동이 사회적 가치 창출과 경제적 수익을 동시에 추구하는 것은 'CSV(Creating Shared Value : 사회적 가치 창출)'라고 한다.

⊙ 알파세대(Alpha Generation)

2010년대 초~2020년대 중반에 출생한 세대

2010년 이후에 태어난 이들을 지칭하는 용어로 다른 세대와 달리 순수하게 디지털 세계에서 나고 자란 최초의 세대로도 분류된다. 어릴 때부터 기술적 진보를 경험했기 때문에 스마트폰이나 인공지능(AI), 로봇 등을 사용하는 것에 익숙하다. 그러나 사람과의 소통보다 기계와의 일방적 소통에 익숙해 정서나 사회성 발달에 부정적인 영향이 나타날 수 있다는 우려도 있다. 알파세대는 2025년 약 22억명에 달할 것으로 예측되고 있으며, 소비시장에서도 영향력을 확대하는 추세다.

> **♡ 상식 더하기** ◀ 잘파세대(Zalpha Generation)
>
> 1990년대 중반~2000년대 초에 태어난 Z세대와 2010년대 이후 출생한 알파세대의 합성어로 1990년대 중반 이후에 태어난 세대를 통칭하는 말로 사용된다. 이들은 스마트폰이 대중화되면서 디지털 기기에 익숙한 환경에서 성장해 최신 기술을 가장 빠르게 받아들인다는 특징이 있다.

⊙ 포모(FOMO ; Fear Of Missing Out) 증후군

최신 트렌드를 파악하지 못할 때 느끼는 불안함

최신 트렌드를 파악하지 못하거나 타인으로부터 소외 · 단절되는 것에 불안함을 느끼는 것을 말한다. 포모(FOMO) 증후군에 걸린 이들은 SNS에 손을 떼지 못하거나 자신의 모든 일상을 습관적이고 강박적으로 타인에게 공유하는 모습을 보인다. FOMO는 원래 마케팅 분야에서 사용하던 용어로 홈쇼핑에서 흔히 볼 수 있는 '한정수량', '매진임박' 등의 문구가 FOMO 전략의 예시다. 최근에는 비트코인, 주식이 성황하는데 본인만 돈을 벌지 못하는 것 같아 무작정 투자하거나 초조함, 열등감을 느끼는 이들에게도 사용하고 있다.

⊙ 고교학점제

고교의 이수 과목을 학생들의 선택에 맞기는 교과방식

교육부에서 발표한 고교 교육 전면 개편안이다. 대학교에서 강의를 수강하는 것처럼 학생들이 자신들의 진로계획에 따라 수업을 듣고 싶은 과목을 학기 초에 선택해 수강하는 방식으로 진행된다. 현재 시범학교로 선정된 학교에서 다양하게 고교학점제가 운영되고 있다. 교육부는 2021년까지 고교학점제의 도입 기반을 마련하기 위해 연구 · 선도학교를 운영하고, 운영 모형 및 제도개선 사항을 파악했다. 2022~2024년까지는 현행 교육과정을 고교학점제에 적합하게 수정해 전국 고등학교를 대상으로 제도를 도입하고, 2025년에는 전국 고등학교에 완성된 형태의 고교학점제를 본격 시행한다.

[고교학점제 국외 사례]

구분	미국	핀란드	영국	캐나다	프랑스	싱가포르
졸업 요건	학점이수, 졸업시험	학점이수, 졸업시험	졸업시험	학점이수, 졸업시험	졸업시험	학점이수, 졸업시험
내신	절대평가	절대평가	절대평가	절대평가	절대평가	절대평가
대입	SAT, 고교내신	고교내신, 졸업시험, 대학별 시험	고교내신, 졸업시험	고교내신, 졸업시험	고교내신, 졸업시험	고교내신, 졸업시험

⊙ 특수형태근로종사자

자영업자로서 계약을 맺는 근로자

특수형태근로종사자의 근로방식은 일반근로자와 같으나, 사업주와 개인 간의 도급으로 근로계약을 맺고 있다. 특수고용노동자, 준근로자 등으로 불리기도 한다. 독자적 사업장이 없고 계약된 사용자에게 종속되어 자율적으로 일한다. 택배 · 대리운전기사, 보험설계사, 학습지 교사, 골프장 캐디 등의 직종은 정식노동자로 근로계약을 맺을 수도 있으나 대부분이 특수고용직으로 일한다.

⊙ 윤리적 소비(Ethical Consumption)

환경이나 인간, 동물에 해를 끼치지 않는 공정무역 물품을 구매하는 소비자 운동

소비행위가 인류, 사회, 환경에 가져올 영향을 고려하여 윤리적인 가치판단을 가지고 소비행위를 하는 것을 뜻한다. 소비자들이 직접적인 가치판단에 따라 사전 정보를 토대로 비교해보고 구매하는 가치소비의 일종이다. 윤리적 소비의 주요시장은 '공정무역(Fair Trade)', '친환경 농식품', '로컬푸드', '유기농 생활용품' 등이며 대안적 소비활동으로 '지속가능한 가치실천'을 목표로 한다. 따라서 동물복지인증 식품, 안심 먹거리의 구매운동 뿐만 아니라 해로운 제품 불매, 로컬소비나 공동체화폐 사용하기 등이 윤리적 소비의 대표적인 예에 속한다.

💚 상식 더하기 ◀ 미닝아웃

자신의 신념을 세상 밖에 내비친다는 뜻으로 '신념'을 뜻하는 '미닝(Meaning)'과 '커밍아웃(Coming out)'의 합성어다. 소비 하나에도 자신의 정치적 · 사회적 신념을 내비치는 MZ세대의 소비형태를 말한다. 타인에게 선한 영향력을 끼친 점주나 브랜드의 매출을 올려주며 돈으로 혼쭐을 내준다는 '돈쭐'도 미닝아웃의 한 형태다. 미닝아웃은 제품 자체를 구매하는 것보다 자신의 신념을 산다는 경향이 강하다.

⊙ 이퓨얼(E-fuel)

물을 전기분해해 얻은 수소를 이산화탄소, 질소 등과 혼합해 만든 친환경 연료

'전기기반 연료(Electricity-based Fuel)'의 약자로 물을 전기로 분해하여 얻은 수소를 이산화탄소, 질소 등과 결합하여 만드는 친환경 연료를 뜻한다. 대기 중의 이산화탄소를 포집해 사용하기 때문에 온실가스 감축에도 효과가 있어 탄소중립 시대의 대체연료로 부상하고 있다. 또 화학적 구성이 석유와 같고 에너지 밀도는 경유와 유사해 선박용 디젤이나 비행기용 제트엔진 등 기존 내연기관에 바로 사용할 수 있을 정도로 호환성이 좋다.

⊘ 인구절벽(Demographic Cliff)

생산가능인구(15세~64세) 비율이 급격히 줄어드는 현상

한 국가의 미래 성장을 예측하게 하는 인구지표에서 생산가능인구인 만 15세 ~64세 비율이 줄어들어 경기가 둔화하는 현상을 가리킨다. 이는 경제예측 전문 가인 해리 덴트의 저서 〈인구절벽(Demographic Cliff)〉에서 처음 사용됐다. 우리나라에서는 출생자 수보다 사망자 수가 많아지면서 인구가 자연감소하는 인구데드크로스 현상이 2020년 인구통계상에서 처음 나타나며 인구절벽이 가속화됐다. 인구절벽이 발생하면 의료서비스의 수요가 늘어나며 개인의 공공지출 부담이 증가한다. 또한 국가 입장에서는 노동력 감소, 소비위축, 생산 감소 등의 현상이 동반돼 경제에 큰 타격을 받는다.

⊘ 녹색기후기금(GCF ; Green Climate Fund)

개발도상국의 기후변화 대응과 온실가스 감축을 지원하는 국제금융기구

국제연합(UN) 산하의 국제기구로서 선진국이 개발도상국들의 온실가스 규제와 기후변화 대응을 위해 세운 특화 기금이다. 2010년 멕시코에서 열린 UN 기후변화협약(UNFCCC) 제16차 당사국 총회에서 녹색기후기금(GCF) 설립을 공식화하고 기금 설립을 승인했다. UN 기후변화협약에 따라 만들어진 GCF는 선진국을 중심으로 2012년에서 2020년까지 매년 1,000억달러씩, 총 8,000억달러의 기금을 조성하여 개발도상국을 지원하기로 했지만 목표를 달성하진 못했다. 본부는 우리나라 인천광역시 송도국제도시에 위치해 있다.

> **⊙ 상식 더하기** UN 기후변화협약(UNFCCC)
>
> 지구온난화를 방지하기 위해 세계 각국이 이산화탄소를 비롯한 온실가스의 배출을 제한하기로 동의한 협약이다. 이 협약이 채택된 브라질 리우의 지명을 따 리우 환경협약이라 부르기도 한다.

⊙ 그린워싱(Green Washing)

친환경 제품이 아닌 것을 친환경 제품인 척 홍보하는 행위

친환경 제품이 아닌 것을 친환경 제품으로 속여 홍보하는 것이다. 초록색을 뜻하는 '그린(Green)'과 영화 등의 작품에서 백인 배우가 유색인종 캐릭터를 맡을 때 사용하는 '화이트 워싱(White Washing)'의 합성어로 '위장 환경주의'라고도 한다. 기업이 제품을 만드는 과정에서 환경오염을 유발하지만 친환경 재질을 이용한 제품 포장 등만을 부각해 마케팅에 강조하는 것이 대표적 사례다.

⊙ 논바이너리(Non-binary)

한 성별에만 국한되지 않는 성 정체성

여성과 남성 둘로 구분되는 기존의 성별기준에 속하지 않는 것이다. 여성과 남성 정체성을 다 갖고 있는 바이젠더, 자신이 어떤 성별도 아니라고 생각하는 젠더리스, 남성에서 여성으로나 여성에서 남성으로 전환하는 트랜스젠더 등도 논바이너리에 속한다. 외국에서는 논바이너리의 정체성을 가진 이들에게 'She(그녀)'나 'He(그)'와 같은 특정 성별을 지칭하는 단어를 사용하지 않고 'They(그들)'라는 중립적인 표현을 쓴다.

⊙ 리터루족(Returoo族)

독립해서 따로 살다가 경제적인 이유 등으로 본가로 다시 돌아가는 자녀세대

'Return(돌아가다)'과 부모에게 경제적으로 의존하는 청년세대를 뜻하는 '캥거루족'의 합성어다. 학업이나 취업 등을 이유로 독립을 하거나 결혼한 후 부모님 집에서 나와 가정을 이룬 자녀세대가 육아의 어려움이나 주택 문제, 경제적 부담 등으로 다시 부모님과 재결합해 사는 것을 가리키는 말이다. 최근 경기침체에 따른 고물가·고금리 상황이 지속되자 독립을 했던 청년세대들이 경제적 어려움을 호소하면서 본가로 돌아가는 현상이 확산하고 있다.

⊚ 직장 내 괴롭힘 금지법

직장 내 괴롭힘을 금지하는 근로기준법으로 2019년 7월 16일부터 시행

직장 내 괴롭힘은 사용자 또는 근로자가 직장에서의 지위 또는 관계 등의 우위를 이용해 업무상 적정범위를 넘어 다른 근로자에게 신체적 · 정신적 고통을 주거나 근무환경을 악화시키는 행위를 의미한다.

['직장 내 괴롭힘' 판단 기준]

행위자	• 근로기준법상 규정된 사용자 및 근로자 • 나이, 학벌, 성별, 근속연수, 고용형태 등 모든 관계에서 가능
행위 장소	• 반드시 사업장 내일 필요는 없음 • 사내 메신저, SNS 등 온라인도 해당
행위 요건	• 직장에서의 지위 또는 관계 등의 우위를 이용할 것 • 업무상 적정범위를 넘을 것 • 신체적 · 정신적 고통을 주거나 근무환경을 악화시키는 행위일 것

⊚ 트리플 인구절벽

학령인구 감소로 유치원, 초등학교, 대학교가 동시에 직격탄을 맞는 현상

2000년대에 접어들면서 심각한 사회 문제로 대두된 저출산의 영향으로 유치원, 초등학교, 대학교가 동시에 인구감소의 직격탄을 맞게 된 현상을 일컫는 말이다. 2024년에 유치원과 초등학교, 대학교에 입학한 2020년생, 2017년생, 2005년생은 모두 전년 대비 출생아가 급감한 해에 태어났다. 특히 코로나19가 유행했던 2020년도 출생아는 27만 2,000명으로 연간 출생아 수가 처음으로 20만명 대로 떨어졌으며, 2021년 26만명, 2022년 24만 9,000명, 2023년 23만명으로 계속 감소하는 추세다.

> **♡₊ 상식 더하기** ◁ **학령인구**
>
> 정해진 교육과정을 이수하거나 특정 교육기관에 다닐 수 있는 6~21세 아동 · 청소년의 총 인원 수를 말한다. 통계청에 따르면 장기화한 저출산의 영향으로 국내 학령인구가 꾸준히 감소하고 있다.

⊘ 밀프렙족

도시락을 직접 싸서 다니는 사람을 일컫는 신조어

'밀프렙(Meal Prep)을 하는 사람들'을 뜻하는 말로, 여기서 밀프렙이란 식사를 뜻하는 영단어 'Meal'과 준비를 뜻하는 'Preparation'이 합쳐진 용어다. 일정 기간 동안 먹을 식사를 한번에 미리 준비해두고 끼니마다 먹는 사람을 일컫는 신조어다. 시중에서 사먹는 것보다 건강한 식단을 구성할 수 있고, 시간과 식비를 절감할 수 있다. 특히 최근 고물가시대가 지속되면서 1만원에 육박하는 점심비용을 아끼려는 직장인 등을 중심으로 밀프렙족이 증가하고 있다.

⊘ 출생통보제

지자체가 부모 대신 아동의 출생신고를 할 수 있도록 한 제도

의료기관이 출생정보를 건강보험심사평가원(심평원)을 통해 지자체에 통보하고, 지자체가 부모 대신 아동의 출생신고를 하도록 하는 제도다. 원래 부모에게만 있던 출생신고 의무를 의료기관에도 부과함으로써 부모가 고의로 출생신고를 누락하는 등의 '유령아동'이 생기지 않도록 하기 위한 조치다. 출생통보제 법안이 2023년 6월 30일 국회를 통과한 이후 산모가 신원을 숨기고 출산해도 정부가 아동의 출생신고를 할 수 있도록 하는 '보호출산제'도 같은 해 10월 6일 국회를 통과해 두 법안 모두 2024년 7월부터 시행된다.

⊘ 미이즘(Meism)

자기중심주의

스스로를 위한 삶을 추구하는 자기중심주의를 뜻하는 말로 이러한 자기중심적인 사고를 가진 세대를 '미 제너레이션(Me Generation)'이라고 부른다. 기술의 발전속도가 빨라지고 1인 가구가 증가함에 따라 혼자만의 생활에 익숙해진 젊은 세대 및 1인 가구가 새로운 소비집단으로 떠오르고 있는데, 이들은 다른 사람이 아닌 '나'만을 위한 소비활동에 가치를 둔다는 점이 특징이다.

⊙ CF100(Carbon Free 100%)

전력의 100%를 무탄소 에너지원으로 공급받아 사용하자는 캠페인

공식 명칭은 '24/7 Carbon-Free Energy'로 24시간 7일 내내 무탄소 전력을 사용한다는 의미다. 사용전력의 100%를 풍력, 태양광, 수력, 지열, 원자력발전 등의 무탄소 에너지원으로 공급받자는 국제 캠페인이며, 전력의 탈탄소화가 목표다. RE100(Renewable Electricity 100)으로는 탄소중립 달성이 어렵다는 지적에 따라 구글과 UN에너지, 지속가능에너지기구 등이 발족했다. 전력 부문에서 탄소를 완전히 제거한다는 점에서 전력 100%를 재생에너지로 충당하는 RE100과는 차이가 있다. 탄소배출을 줄인다는 목적은 같지만 RE100은 수단이 한정적인 데 비해 CF100은 탄소를 배출하지 않는 원자력발전과 연료전지 등도 수단에 포함된다.

⊙ 소비기한

식품을 섭취해도 이상이 없을 것으로 판단되는 소비의 최종기한

소비자가 식품을 섭취해도 건강이나 안전에 이상이 없을 것으로 판단되는 소비의 최종기한을 말한다. 식품의 제조과정부터 유통과정과 소비자에게 전달되는 기간을 모두 포함한다. 단, 식품의 유통과정에서 문제가 없고 보관방법이 철저하게 지켜졌을 경우에 해당하며, 식품이 제조된 후 유통될 수 있는 기간을 의미하는 유통기한보다 길다. 2021년 7월 24일 국회가 기존의 유통기한 표시제를 2023년 1월 1일부터 소비기한 표시제로 변경하는 내용의 '식품 등의 표시·광고에 관한 법률' 개정안을 통과시키면서 1985년 도입된 유통기한 표기가 38년 만에 사라지게 됐다. 다만 식품의약품안전처(식약처)는 영업자의 비용부담을 완화하고 자원낭비를 방지하기 위해 별도의 스티커 처리 없이 기존 포장지를 사용할 수 있도록 2023년 말까지 1년간 계도기간을 부여했다. 또 우유류의 경우에는 위생 관리와 품질 유지를 위한 냉장보관 기준에 개선이 필요한 점을 고려해 다른 품목보다 적용시점을 늦춰 2031년부터 소비기한으로 표시한다.

⊙ 조용한 사직(Quiet Quitting)

정해진 시간과 범위 내에서만 일하고 초과근무를 거부하는 노동방식

직장을 그만두지는 않지만 정해진 업무시간과 업무범위 내에서만 일하고 초과근무를 거부하는 노동방식을 뜻하는 신조어다. 'Quiet Quitting'을 직역하면 '직장을 그만두겠다'는 의미이지만 실제로는 '직장에서 최소한의 일만 하겠다'는 뜻이다. 미국 뉴욕에 거주하는 20대 엔지니어기사 자이드 플린이 자신의 틱톡 계정에 올린 동영상이 화제가 되면서 전 세계로 확산됐다. 워싱턴포스트는 이에 대해 직장인들이 개인의 생활보다 일을 중시하고 일에 열정적으로 임하는 '허슬 컬쳐 (Hustle Culture)'를 포기하고 직장에서 주어진 것 이상을 하려는 생각을 중단하고 있다는 것을 보여주는 현상이라고 분석했다.

⊙ 만 나이 통일법

우리나라 나이계산을 '만 나이'로 통일하는 내용을 규정한 법안

우리나라의 나이계산을 일부 현행법을 제외하고는 모두 '만 나이'로 통일하도록 하는 내용을 담은 민법 및 행정기본법 일부 개정법률을 말한다. 이 법은 2022년 12월 8일 국회 본회의를 통과해 같은 달 27일 공표됐고, 2023년 6월 28일부터 정식 시행됐다. 만 나이는 대부분의 국가에서 통용되는 나이계산법으로 출생 직후 0살에서 시작해 생년월일을 기점으로 1년이 지날 때마다 1살씩 늘어난다. 그동안 우리나라는 일부 법률과 일상생활에서 만 나이와 연 나이, 세는 나이를 혼용해서 사용하면서 사회적 혼란 및 법적 분쟁의 여지가 있었다. 그러나 만 나이 통일법 시행으로 나이계산법이 통일되면서 이로 인한 분쟁의 여지는 줄어들 것으로 전망됐다. 다만 청소년보호법과 병역법, 시험응시 나이와 교육 분야 등에서는 연 나이를 준용하기로 했다.

⊙ 힙트래디션(Hiptradition)

전통과 젊은 세대 특유의 감성이 만나 만들어진 새로운 트렌드를 뜻하는 신조어

고유한 개성을 지니면서도 최신 유행에 밝고 신선하다는 뜻의 'Hip'과 전통을 뜻하는 'Tradition'을 합친 신조어로 우리 전통문화를 재해석해 즐기는 것을 의미한다. 한국의 전통문화를 MZ세대 특유의 감성으로 해석해 새로운 트렌드를 만드는 것으로 최근 소셜네트워크서비스(SNS)를 중심으로 인기를 끌고 있다. 대표적으로 반가사유상 미니어처, 자개소반 모양의 무선충전기, 고려청자의 문양을 본떠 만든 스마트폰 케이스 등 전통문화재를 기반으로 디자인된 상품의 판매율이 급증하면서 그 인기를 입증하고 있다. 관련 상품을 기획 · 판매하고 있는 국립박물관문화재단에 따르면 국립문화재를 모티브로 한 상품의 매출액은 2020년 38억원, 2021년 66억원에서 2022년 117억원, 2023년 149억원으로 급증한 것으로 나타났다.

⊙ 스페드 업(Sped Up)

특정 노래의 속도를 빠르게 편집해 만든 2차 창작물

노래의 속도를 원곡보다 130~150%가량 배속해 만든 2차 창작물을 말한다. 가수의 목소리가 달라지는 등 원곡과 다른 분위기를 낼 수 있으며, 청자에게도 원곡과 다른 느낌을 전달할 수 있다. 틱톡, 유튜브 숏츠, 인스타그램 릴스 등 숏폼 영상이 주된 콘텐츠 소비방식으로 부상하면서 주목받고 있다. 영상분량이 짧아짐에 따라 배경음악으로 사용되는 노래도 빠른 버전으로 편집됐는데, 이렇게 알려진 스페드 업 버전이 호응을 얻자 정식음원으로 발매하는 가수들도 등장했다.

⊙ 코드커팅(Cord-cutting)

유료방송 서비스를 해지하고 OTT로 이동하는 것

'TV 선 자르기'로, 케이블TV 가입을 해지하고 인터넷TV나 동영상 스트리밍 서비스 등으로 옮겨가는 것을 말한다. 이는 TV나 PC, 태블릿PC, 스마트폰 등 다양한 기기에서 하나의 콘텐츠를 끊김없이 이용할 수 있게 해주는 서비스인 N스크린과 기존 통신 및 방송사가 아닌 새로운 사업자가 인터넷으로 드라마나 영화 등 다양한 미디어 콘텐츠를 제공하는 서비스인 OTT(Over The Top)의 발달에 따른 것이다. TV 선을 자르지 않고 OTT 서비스에 추가로 가입하는 것을 '코드스태킹(Cord-stacking)'이라고 한다.

⊙ 팬더스트리(Fandustry)

팬덤을 상대로 하는 산업

연예인, 스포츠 스타 등을 좋아하는 무리를 뜻하는 팬덤을 상대로 하는 산업을 의미한다. '팬(Fan)'과 '산업'을 뜻하는 '인더스트리(Industry)'의 합성어다. 특히 팬더스트리 산업이 두드러지는 것은 플랫폼, 콘서트, 굿즈 분야 등인데 굿즈의 경우 연예인의 얼굴이나 팬덤의 상징색을 넣은 생활용품부터 응원봉까지 다양한 제품을 출시해 판매한다. 전 세계적으로 K-POP 열풍이 불면서 팬더스트리 규모도 커지고 있어 지속적인 성장이 기대되고 있다.

⊙ 빈지 워칭(Binge Watching)

방송 프로그램이나 드라마, 영화 등을 한꺼번에 몰아보는 현상

'폭식·폭음'을 의미하는 '빈지(Binge)'와 '보다'를 의미하는 '워치(Watch)'를 합성한 단어로 주로 휴일, 주말, 방학 등에 콘텐츠를 몰아보는 것을 폭식에 비유한 말이다. 빈지 워칭은 2013년 넷플릭스가 처음으로 자체 제작한 드라마 〈하우스 오브 카드〉의 첫 시즌 13편을 일시에 선보이면서 알려졌고, 이용자들은 전편을 시청할 수 있는 서비스를 선호하기 시작했다. 이러한 빈지 워칭 현상은 구독경제의 등장으로 확산되고 있다.

⊙ 확증편향(Confirmation Bias)

자신의 생각을 확인하려 하는 인지적 편향성

통계학과 심리학에서 사용되는 사람의 인지적 편향성을 말한다. 심리학적으로 사람은 주변 환경에 노출되었을 때 자신이 알고 있는 것에 더 쉽게 반응하는 경향을 보이며, 자신의 평소 신념과 반대되는 정보를 얻게 되더라도 그 정보를 부정해버리고 오히려 자신의 신념을 더욱 확고히 하는 경향을 보이게 된다. 기존의 신념에 부합되는 정보는 취하고, 그렇지 않은 정보들은 걸러냄으로써 개인은 신속한 의사결정을 내릴 수 있다.

⊙ 버튜버

가상의 아바타를 대신 내세워 활동하는 유튜버

사람이 직접 출연하는 대신 표정과 행동을 따라 하는 가상의 아바타를 내세워 시청자와 소통하는 '버추얼 유튜버(버튜버)'가 콘텐츠업계를 달구고 있다. 초창기에는 소수의 마니아층만 즐기던 콘텐츠였으나 코로나19를 계기로 시청자가 대폭 증가하면서 대기업과 지방자치단체도 관련 콘텐츠를 주목하고 있다. 콘텐츠 제작자가 얼굴을 직접 드러내지 않아도 되기 때문에 부담 없이 다양한 시도를 할 수 있고, 시청자 입장에서도 사람이 아닌 캐릭터를 상대하는 느낌을 주기 때문에 더 편안하게 받아들일 수 있다는 점이 장점으로 꼽힌다.

⊙ FAST 플랫폼

광고 기반의 무료 스트리밍 플랫폼

'Free Ad-supported Streaming TV'의 줄임말로 광고를 기반으로 하는 무료 스트리밍 플랫폼이다. 넷플릭스처럼 콘텐츠를 스트리밍하지만 광고가 나오기 때문에 무료로 시청이 가능한 실시간 채널 서비스다. 이용자들이 구독료를 지불해야 하는 OTT와 달리 FAST 플랫폼은 가입비가 없어 이용자 수 확보가 용이하고 OTT에 비해 해지율이 낮다는 특징이 있다.

⊙ 제로 웨이스트(Zero Waste)

일상생활 속 쓰레기 줄이기

일상생활에서 쓰레기가 나오지 않도록 하는(Zero Waste) 생활습관을 이른다. 재활용 가능한 재료 사용, 쓰레기를 줄이기 위한 최소한의 포장, 그것을 넘어 아예 썩지 않는 생활쓰레기를 없애는 것이 제로 웨이스트의 사례다. 비닐을 쓰지 않고 장을 보거나 포장용기를 재활용하고, 대나무 칫솔과 천연 수세미를 사용하는 등의 방법으로 이뤄진다. 친환경 제품을 사는 것도 좋지만 무엇보다 소비를 줄이는 일이 중요하다는 의견도 공감을 얻고 있다. 환경보호가 중요시되면서 전 세계적으로 관련 캠페인이 벌어지는 중이다. SNS 사용자는 본인의 계정에 '제로 웨이스트' 해시태그를 단 인증 게시물을 공유하며 일상생활 속 쓰레기 줄이기 운동에 적극적으로 참여하기도 한다.

⊙ 팔길이 원칙(Arm's Length Principle)

정부가 지원은 하되 운영엔 간섭하지 않음으로써 자율권을 보장하는 원칙

정부가 공공정책이나 특정 기관에 어느 정도 거리를 두고 지원은 하되, 그 운영에는 간섭하지 않아 자율권을 보장하는 방안이다. 문화산업 육성의 중요원칙으로 정부가 예술활동을 지원하되 간섭하지 않도록 팔길이만큼 거리를 둔다는 의미다. 정치권력으로부터 예술의 독립을 보장하기 위해 1945년 영국에서 '예술평의회(Arts Council)'를 창설하며 처음 고안됐다. 우리나라도 이 정책을 벤치마킹하여 1972년 문화예술진흥법을 제정하며 한국문화예술진흥원(ARKO ; Arts Council Korea)을 세웠다. 현재는 한국문화예술위원회로 불린다.

⊙ 어드레서블 TV

사용자의 알고리즘에 맞춘 TV 광고

사용자의 알고리즘에 맞춘 TV 광고를 말한다. 이전에는 모든 가정마다 똑같은 시간대에 똑같은 광고가 송출됐다면 어드레서블 TV는 빅데이터를 활용해 시청자에게 맞춤 광고를 선보인다. IPTV사가 셋톱박스에 저장된 시청이력을 토대로 시청자의 관심 또는 흥미를 끌 수 있는 주제를 분석하는 원리다. 이를 통해 광고주는 광고가 송출되는 연령대, 가구를 쉽게 집계할 수 있고, 필요한 곳에만 광고를 하기 때문에 저비용으로 고효율의 광고 효과를 낼 수 있다.

⊙ MICE산업

부가가치가 큰 복합전시산업

회의(Meeting), 포상관광(Incentive Travel), 컨벤션(Convention), 전시(Exhibition)의 영문 첫 글자를 딴 용어로 부가가치가 큰 복합전시산업을 의미한다. MICE는 주로 싱가포르 같은 동남아 지역에서 먼저 쓰였고 21세기에 들어서며 대중적인 용어가 됐다. MICE산업은 발전을 거듭하면서 전시산업뿐만 아니라 국제회의 등 비즈니스 분야까지 포괄한다. 유럽과 아시아, 태평양 지역의 전시컨벤션 선진국가들에 중요한 산업으로 인식되고 있다.

⊙ 숏케팅

빠르게 변화하는 유행에 대응하는 광고전략

빠르게 변화하는 유행에 대응하는 광고전략을 말한다. '짧음'을 뜻하는 '숏(Short)'에 '마케팅'을 더했다. 숏케팅은 완성도가 조금 떨어지더라도 인터넷을 휩쓰는 밈(Meme)을 재빨리 파악해 소비자의 구매력을 공략하는 것에 집중한다. 밈을 제품에 적용해 대중의 관심을 사로잡을 경우 SNS 등에서 다시 모방 및 재가공되어 확산되면서 파급력을 키울 수 있다.

⊙ 보편적 시청권

전 국민적 관심을 받는 스포츠를 시청할 수 있는 권리

전 국민적 관심을 받는 스포츠를 시청할 수 있는 권리다. 이 권리가 보장되기 위
해서는 무료 지상파 채널이 우선으로 중계권을 소유해야 한다. 해당 제도는 유럽
의 '보편적 접근권'을 원용한 것으로 2007년 방송법이 개정되면서 처음 도입됐
다. 방송통신위원회는 모호한 의미였던 '국민적 관심이 매우 큰 체육경기대회'를
구체화하면서 2016년 방송수단을 확보해야 하는 시청범위를 90%와 75%를 기준
으로 나눴다.

시청범위 90% 이상 종목	시청범위 75% 이상 종목
• 동·하계 올림픽 • 남자, 여자 성인 월드컵 　(국가대표 출전경기)	• 동·하계 아시안게임 • WBC(월드베이스볼클래식) 중 국가대표 　팀이 출전한 경기 • 남자 국가대표팀 A매치(동아시아컵, 아시 　안컵 포함)

⊙ 드랙 아티스트(Drag Artist)

규정된 성역할에서 벗어나 자유롭게 자아를 표출하는 예술가

사회가 규정하는 이분법적인 성별, 지위 등에서 벗어나 자신을 꾸미는 퍼포먼스
를 행하는 예술가를 가리키는 말이다. 이들은 성(Gender)을 이분법적으로 나누
는 시선에 머무르지 않고 과장된 메이크업과 패션 등으로 겉모습을 화려하게 꾸
미고 퍼포먼스를 통해 자아를 표출한다. '드랙(Drag)'이란 사회적으로 고정된 성
역할에서 벗어나 자유로운 자아를 표출하는 예술행위를 뜻하는 말이다.

⊙ NFT 아트

미술작품의 증명서로서 존재하는 아트작품

실물이 아닌 미술작품의 증명서(토큰)로서 존재하는 아트작품을 말한다. 블록체인으로 유통되는 토큰이 지니고 있는 고유값으로 인해 다른 토큰으로 대체하는 것이 불가능하며, 소유권·저작권·판매이력 등을 기록할 수 있어 지적재산권 보호에 효과적이다. 기존의 디지털 아트는 원본과 사본을 구별하기 힘들어 작가들이 작품에 대한 저작권이나 수익성을 보장받지 못했지만, NFT 아트는 디지털상에서도 원본을 입증할 수 있어 작품으로서도 가치를 인정받고 있다.

⊙ 플렉시테리언(Flexitarian)

가장 낮은 단계의 식습관을 가진 유연한 채식주의자

채식주의자 중에서도 가장 낮은 단계의 식습관을 지닌 '유연한 채식주의자'를 뜻한다. '유연한'이라는 뜻의 '플렉시블(Flexible)'과 '채식주의자'를 뜻하는 '베지테리언(Vegetarian)'의 합성어다. 이들은 육식을 완전히 배제하지는 않지만 기본적으로 채식을 지향하며 간헐적으로 고기와 생선, 유제품 등을 섭취한다. 또한 채식을 기반으로 한 생활방식과 식습관의 변화를 통해 환경 문제, 건강관리, 동물복지 등에 대해 유연하게 대처하는 모습을 보인다.

⊙ 스텔스 럭셔리(Stealth Luxury)

브랜드 로고가 드러나지 않는 소박한 디자인의 명품

영단어 'Stealth(살며시)'와 'Luxury(명품)'의 합성어로 '조용한 명품'을 의미한다. 브랜드 로고가 없거나 매우 작게 표시돼 있고 디자인이 소박한 명품을 말한다. 눈에 띄는 디자인으로 브랜드의 존재감을 부각하고자 했던 기존의 트렌드에서 벗어나 단조로운 색상과 수수한 디자인으로 고전적인 감성을 살리는 것이 특징이다. 코로나19 이후 불확실한 경제상황과 혼란스러운 분위기가 지속되면서 패션업계에서는 본인의 경제력을 감추기 위해 스텔스 럭셔리가 유행하고 있다.

⊙ 챗GPT(ChatGPT)

대화형 인공지능 챗봇

2022년 11월 30일 미국의 인공지능(AI) 연구재단 오픈AI(Open AI)가 출시한 대화형 AI 챗봇이다. 사용자가 대화창에 텍스트를 입력하면 그에 맞춰 대화를 나누는 서비스로 오픈AI에서 개발한 대규모 인공지능 모델 'GPT-3.5' 언어기술을 기반으로 처음 개발됐다. 챗GPT는 방대한 데이터베이스를 기반으로 한 강화학습을 통해 스스로 언어를 생성하고 추론할 수 있는 능력을 지니고 있어 마치 사람과 이야기하는 것처럼 자연스러운 대화가 가능하고, 다양한 형태의 창작물을 새롭게 만들어낼 수도 있다는 점에서 전 세계적인 열풍을 불러일으켰다.

⊙ 하이퍼튜브(Hyper Tube)

공기저항이 거의 없는 튜브 속에서 자기력으로 주행하는 미래형 교통수단

공기저항이 거의 없는 아진공(0.001~0.01 기압) 튜브 내에서 자기력으로 차량을 추진 · 부상하여 시속 1,000km 이상으로 주행하는 교통시스템을 말한다. 항공기와 유사한 속도로 달리면서 열차처럼 도심 접근성을 충족시킬 수 있다는 점에서 차세대 운송시스템으로 주목받고 있다. 하이퍼튜브를 실현하기 위해서는 아진공 환경이 제공되고 주행통로가 되는 아진공 튜브, 자기력으로 차량을 추진 · 부상하는 궤도, 아진공으로부터의 객실의 기밀을 유지하며 주행하는 차량 등 3가지 구성요소가 확보돼야 한다. 현재 많은 국가에서 기술선점을 위한 노력이 계속되고 있으며 국내에서도 핵심기술 연구가 진행되고 있다.

⊙ 딥페이크(Deep Fake)

인공지능을 기반으로 한 인간 이미지 합성 기술

인공지능(AI) 기술을 이용해 제작된 가짜 동영상 또는 제작 프로세스 자체를 의미한다. 적대관계생성신경망(GAN ; Generative Adversarial Network)이라는 기계학습 기술을 사용, 기존 사진이나 영상을 원본에 겹쳐서 만들어낸다. '딥페이크'란 단어의 유래는 합성 포르노 영상을 조작한 이의 인터넷 아이디 'Deepfakes'에서 비롯됐다. 연예인, 정치인 등 유명인은 물론 일반인의 얼굴까지 포르노 영상에 합성하여 유포하는 사례가 발생하면서 사회적 문제가 되고 있다.

⊙ 총유기탄소(TOC ; Total Organic Carbon)

유기물에 의한 수질오염도를 측정하는 가장 좋은 방식

총탄소(TC)는 총유기탄소(TOC)와 총무기탄소(TIC)로 구성되며, 이중에서 반응성이 없는 총무기탄소를 제외한 물질을 총유기탄소라고 한다. TOC는 시료의 유기물을 측정하기 위해 시료를 태워 발생하는 이산화탄소(CO_2) 가스의 양을 측정하여 수질오염도를 측정한다. 시료를 직접 태워 발생하는 CO_2 가스의 양으로 수질오염도를 측정하는 방식이므로 난분해성 유기물의 측정에 매우 적합하며, 유기물에 의한 수질오염도를 측정하는 가장 좋은 방식이다. COD(Chemical Oxygen Demand), BOD(Biochemical Oxygen Demand)에 비해 높은 유기물 산화력을 나타낸다.

> **상식 더하기** ◁ COD와 BOD의 차이
>
> COD는 화학적으로 분해 가능한 유기물을 산화시키기 위해 필요한 산소의 양이며, BOD는 미생물이 유기물을 산화시키는 데 필요한 산소의 양이다.

⟩ 프롭테크(Proptech)

빅데이터 분석, VR 등 하이테크 기술을 결합한 서비스

'부동산(Property)'과 '기술(Technology)'의 합성어로, 기존 부동산 산업과 IT의 결합으로 볼 수 있다. 프롭테크의 산업 분야는 크게 중개 및 임대, 부동산 관리, 프로젝트 개발, 투자 및 자금조달 부분으로 구분할 수 있다. 프롭테크 산업 성장을 통해 부동산 자산의 고도화와 신기술 접목으로 편리성이 확대되고, 이를 통한 삶의 질이 향상될 전망이다. 무엇보다 공급자 중심의 기존 부동산시장을 넘어 정보 비대칭이 해소되어 고객 중심의 부동산시장이 형성될 것으로 보인다.

> ### 💚 상식 더하기 │ 핀테크(FinTech)
>
> '금융(Finance)'과 '기술(Technology)'이 융합된 신조어로, 금융과 기술을 융합한 각종 신기술을 의미한다. 핀테크의 핵심은 기술을 통해 기존의 금융기관이 제공하지 못했던 부분을 채워주고 편의성 증대, 비용 절감, 리스크 분산, 기대수익 증가 등 고객에게 새로운 가치를 주는 데 있다.

⟩ e심(eSIM)

내장형 가입자 식별 모듈

메인보드에 내장되는 '내장형 가입자 식별 모듈'이다. 유심(USIM)은 스마트폰 슬롯에 꽂아야 하는 반면 e심은 단말기 메인보드에 내장된 모듈에 번호를 등록하여 소프트웨어를 다운받고 가입자 식별정보를 단말기에 저장하는 방식이다. e심은 스마트폰뿐만 아니라 크기가 작은 웨어러블 기기나 사물인터넷(IoT) 기기에도 활용도가 높아 해외에서는 이미 e심이 상용화되는 추세다. 특히 해외여행 시 별도로 유심칩을 구매할 필요가 없고, 이용자가 이동통신사를 따로 방문하지 않고도 가입이나 해지가 간편하다는 장점이 있다. 국내에도 2022년 9월 1일부터 e심 서비스가 도입되어 KT와 LG유플러스, SK텔레콤 등 이동통신 3사와 알뜰폰 업체에서 e심으로 스마트폰을 개통할 수 있다.

⊙ 멀티모달 인터페이스(Multi-Modal Interface)

다양한 입력방식을 통해 인간과 컴퓨터가 의사소통하는 기술

키보드나 마우스 등 전통적 텍스트 외에 음성, 시선, 표정 등 여러 입력방식을 융합해 인간과 컴퓨터가 의사소통하는 기술을 말한다. 정보기술(IT)이 발전함에 따라 초거대 인공지능(AI) 시대가 다가오면서 멀티모달 AI에 대한 연구 · 개발도 빠르게 진행되고 있다. 멀티모달 AI는 시각, 청각 등 다양한 감각기관을 상호작용해 사람처럼 사고하는 기술로 2차원 평면정보를 3차원 정보로 추론 · 해석할 수 있으며, 다양한 형태의 정보를 인간처럼 동시에 학습하고 활용할 수 있다.

⊙ 크리덴셜 스터핑(Credential Stuffing)

사용자의 계정을 탈취해 사용자의 개인정보를 유출하는 수법

사용자의 계정을 탈취해 사용자의 개인정보를 유출하는 수법이다. 크리덴셜은 정보시스템에서 사용하는 암호학적 개인정보를 뜻하고, 크리덴셜 스터핑은 이러한 개인정보를 탈취해 공격하는 유형 중 하나다. 해커가 이미 확보한 사용자의 로그인정보를 여러 웹사이트에 무작위로 대입시켜 로그인이 될 경우 사용자의 개인정보 등이 유출되는 것을 말한다. 이는 대부분의 사용자가 다양한 인증시스템에서 동일한 로그인정보를 사용한다는 점을 악용한 것으로 이를 막기 위해 다중인증 옵션을 사용하고, 사이트마다 서로 다른 패스워드를 사용하는 등의 방법이 권장되고 있다.

> **♥ 상식 더하기** 패스워드리스(Passwordless)
>
> 사용자가 직접 비밀번호를 만들고 계정에 접속했던 방식이 아니라 일회용 비밀번호(OTP), 지문인식, 생체인식, 안면인식 등의 방식으로 로그인하는 것을 말한다. 크리덴셜 스터핑의 표적이 되기 쉬웠던 기존의 로그인 방식을 개선하고 보안성과 편의성을 향상시키기 위해 등장했다.

⊙ 할루시네이션(Hallucination)

인공지능이 정보를 생산하는 과정에서 발생하는 오류

원래 '환청'이나 '환각'을 뜻하는 단어였으나 최근에는 인공지능(AI)이 잘못된 정보나 허위정보를 생성하는 오류가 발생하는 것을 일컫는다. 실제로 생성형 AI의 사용이 증가하면서 이를 이용해 정보를 검색·활용하는 과정에서 AI가 질문의 맥락에 맞지 않는 내용으로 답변하거나 사실이 아닌 내용을 마치 사실인 것처럼 답변해 논란이 된 바 있다. 이러한 오류는 데이터학습을 통해 이용자의 질문에 맞는 답변을 제공하는 AI가 해당 데이터값의 진위 여부를 매번 정확하게 확인하지는 못해 나타나는 현상이라고 알려져 있다. 이로 인해 일각에서는 AI의 허점을 이용해 악의적으로 조작된 정보가 사회적 문제를 일으킬 수 있다는 우려를 나타냈다.

⊙ 디지털서비스법(DSA)

거대 IT기업에 유해콘텐츠 검열의무를 규정한 법

유럽연합(EU)이 월별 활성이용자가 4,500만명 이상인 거대 글로벌 IT기업에 유해콘텐츠 검열의무를 규정한 법이다. 2020년부터 논의됐으며 2022년 4월 벨기에 브뤼셀에서 열린 의회에서 유럽의회가 제정에 합의했다. 규제 대상인 기업들은 자사 플랫폼에서 미성년자를 대상으로 한 부적절한 콘텐츠, 허위정보, 특정 인종·성·종교에 대한 차별적 콘텐츠, 아동학대, 테러선전 등의 불법 유해콘텐츠를 의무적으로 제거해야 하며, 이를 이행하지 못하는 경우 글로벌 매출의 최대 6%에 달하는 벌금을 부과받거나 서비스가 중단될 수 있다. 또 2022년 등장해 전 세계적인 열풍을 불러일으킨 생성형 인공지능(AI)에 관한 조항도 포함돼 플랫폼 업체들은 생성형 AI가 악용되지 않도록 안전장치를 마련해야 한다. EU 집행위원회는 2023년 8월 25일부터 페이스북, 인스타그램, 틱톡, X(이전 트위터) 등 초대형 온라인 플랫폼 및 검색엔진을 대상으로 규제를 시행하고 있으며, 2024년 3월 7일부터는 빅테크 기업들의 시장지배력 남용을 방지하기 위해 이들을 '게이트키퍼'로 지정해 특별 규제하는 '디지털시장법(DMA)'도 시행하고 있다.

⊙ 버추얼 프로덕션(Virtual Production)

가상의 이미지와 실제 촬영이미지를 실시간으로 결합하는 것

크로마키의 발전된 버전으로 가상의 이미지와 실제 촬영한 이미지를 실시간으로 결합하는 것을 말한다. 촬영하면서 컴퓨터그래픽(CG) 요소를 실시간으로 확인할 수 있어 원하는 장면을 비교적 정확하게 만들어낼 수 있다. 특히 CG 합성절차가 생략된다는 점에서 제작시간 및 비용 절감 효과가 있고 현실감 있는 영상구현이 가능해 배우의 연기몰입도가 상승하는 효과가 있다. 또한 혁신기술을 활용해 수정을 여러 번 거치지 않아도 즉각적이고 창의적인 작업이 가능하다.

⊙ 그로스 해킹(Growth Hacking)

상품 및 서비스의 개선사항을 계속 점검하고 반영해 성장하는 온라인 마케팅 기법

그로스 해킹이라는 개념은 수많은 스타트업이 인터넷 기반 산업 분야에 뛰어들기 시작하면서 본격적으로 쓰이게 되었다. 마케팅과 엔지니어링, 프로덕트 등 다양한 각도에서 생각해낸 창의적 방법으로 고객에게 마케팅적으로 접근해 스타트업의 고속 성장을 추구하는 것을 의미한다. 페이스북(Facebook), 인스타그램(Instagram), X(이전 트위터), 에어비앤비(AirBnB), 드롭박스(Dropbox) 등이 그로스 해킹 기술을 사용하고 있다.

> **♥상식 더하기** ◁ 그로스 해커
>
> 2010년대 페이스북, 트위터 등 인터넷에 기반한 스타트업이 본격 성장하기 시작한 미국에서 처음으로 등장했다. 'Growth(성장)'와 'Hacker(해커)'의 합성어로 인터넷과 모바일로 제품 및 서비스를 이용하는 소비자들의 사용패턴을 빅데이터로 분석해 적은 예산으로 효과적인 마케팅 효과를 구사하는 마케터를 의미한다.

⊙ 뉴로모픽 반도체

인간의 두뇌 구조와 활동 방법을 모방한 반도체 칩

인공지능, 빅데이터, 머신러닝 등의 발전으로 인해 방대한 데이터의 연산과 처리를 빠른 속도로 실행해야 하는 필요성에 따라 개발되었다. 뇌신경을 모방해 인간 사고과정과 유사하게 정보를 처리하는 기술로 하나의 반도체에서 연산과 학습, 추론이 가능해 인공지능 알고리즘 구현에 적합하다. 또한 기존 반도체 대비 전력 소모량이 1억분의 1에 불과해 전력 확보 문제를 해결할 수 있는 장점이 있다.

구분	기존 반도체	뉴로모픽 반도체
구조	셀(저장 · 연산), 밴드위스(연결)	뉴런(신경 기능), 시냅스(신호 전달)
강점	저장과 연산	이미지와 소리 느끼고 패턴 인식
기증	각각의 반도체가 정해진 기능만 수행	저장과 연산 등을 함께 처리
데이터 처리방식	직렬 (입출력을 한 번에 하나씩)	병렬 (다양한 데이터 입출력을 동시에)

⊙ 도요샛(SNIPE)

세계 최초의 편대비행 나노위성

한국천문연구원이 총괄기관으로 사업을 주도해 개발된 세계 최초의 편대비행 나노위성이다. 2021년 12월 실제 비행모델이 공개됐으며, 2022년 러시아 소유즈-2 로켓에 탑재돼 발사될 예정이었으나 러시아의 우크라이나 침공으로 발사가 무기한 연기됐다. 결국 2023년 5월 25일 누리호 3차 발사 때 4기가 발사체에 탑재돼 최종 발사됐다. 이 중 1 · 2 · 4호기는 정상사출 돼 신호를 받는 데 성공했으나 3호기는 사출되지 않은 것으로 최종 확인됐다. 한편 도요새는 작은 체구에 비해 오래 날 수 있는 비행능력을 지닌 새인데, 작지만 높이 나는 위성이라는 의미에서 도요샛으로 명명됐다. 10kg의 초소형 위성 4기로 구성돼 있으며 고에너지 입자 검출기, 전리권 플라스마 측정센서, 정밀 지구자기장 측정기 등의 과학 탑재체가 실렸다. 한국천문연구원이 우주환경 관측 탑재체를, 한국항공우주연구원이 본체와 시스템을, 연세대학교가 편대비행 임무 설계와 알고리즘을 개발했다. 도요샛은 우주날씨 예보와 분석 정확도를 향상시키는 데 기여할 전망이다.

⊙ 제임스 웹 우주망원경(JWST ; James E. Webb Space Telescope)

허블 우주망원경을 대체할 우주 관측용 망원경

1990년 우주로 쏘아 올린 허블 우주망원경을 대체할 망원경으로 2021년 12월 25일 발사됐다. 2002년 NASA의 제2대 국장인 제임스 웹의 업적을 기리기 위해 '제임스 웹 우주망원경'이라고 명명됐으며 차세대 우주망원경(NGST ; Next Generation Space Telescope)'이라고도 한다. 제임스 웹 우주망원경은 허블 우주망원경보다 반사경의 크기가 더 커지고 무게는 더 가벼워진 한 단계 발전된 우주망원경이다. 미국 NASA와 유럽우주국(ESA), 캐나다우주국(CSA)이 함께 제작했다. 우주 먼 곳의 천체를 관측하기 위한 것으로 허블 우주망원경과 달리 적외선 영역만 관측할 수 있지만, 더 먼 거리까지 관측할 수 있도록 제작됐다.

⊙ 누리호(KSLV-II)

국내 독자 기술로 개발된 한국형 발사체

한국항공우주연구원 등이 국내 독자 기술로 개발한 한국형 발사체다. 탑재 중량 1,500kg, 길이 47.2m의 3단형 로켓으로 설계부터 제작, 시험, 발사운용 등 모든 과정이 국내기술로 진행됐다. 2018년 11월 시험발사체 발사에 성공한 데 이어 2021년 10월에 1차 발사를 시도했으나 위성모사체가 목표궤도에 안착하지 못해 최종 실패했다. 2022년 6월 21일 진행된 2차 발사에서 발사부터 목표궤도 안착까지의 모든 과정을 완벽히 수행한 뒤 성능검증위성과의 교신에도 성공하면서 마침내 우리나라는 전 세계에서 7번째로 1톤(t)급 실용위성을 우주발사체에 실어 자체 기술로 쏘아 올리는 데 성공한 나라가 됐다. 또 2023년 5월 25일에 진행된 3차 발사이자 첫 실전 발사에서는 주탑재위성인 '차세대소형위성 2호'를 고도 550km 지점에서 정상분리한 데 이어 부탑재위성인 큐브위성 7기 중 6기도 정상분리한 것으로 확인돼 이륙부터 위성 작동까지 성공적으로 마쳤다는 평가가 나왔다.

상식 완전정복!

하루 30개 한 달 PLAN

하루
상식

Day 01

Step 1 **정치 · 법률**

01 국가의 3요소

- **주권(主權)** : 나라의 주인으로서 갖는 권리
- **영토(領土)** : 국가의 주권을 가진 사람들이 모여 사는 땅. 한 나라의 주권이 미치는 땅
- **국민(國民)** : 한 나라의 주권을 가진 사람들

02 국민의 4대 의무

대한민국 헌법은 국민의 기본적 의무인 납세 · 국방 · 교육 · 근로 · 재산권의 행사 · 환경보전의 의무 6가지에 대해 규정하고 있다. 그중 근로의 의무, 납세의 의무, 국방의 의무, 교육의 의무를 국민의 4대 의무라 한다.

03 민주선거의 4대 기본 원칙

- **보통선거** : 만 18세 이상 국민에게 성별 · 재산 · 종교 · 교육과 관계없이 선거권을 주는 제도 ↔ 제한선거
- **평등선거** : 모든 유권자에게 한 표씩 주고, 그 한 표의 가치를 평등히 인정하는 제도 ↔ 차등선거
- **직접선거** : 선거권자가 대리인을 거치지 않고 자신이 직접 투표 장소에 나가 투표하는 제도 ↔ 대리선거
- **비밀선거** : 누구에게 투표했는지 알 수 없게 하는 제도 ↔ 공개선거

04 선거구(選擧區)

독립적으로 선거를 시행할 수 있는 단위 구역을 의미하며 선거구마다 선출하는 의원의 수에 따라 소선거구, 중·대선거구로 나뉜다.

- **소선거구제** : 선거구별 1인을 선출하는 제도로 다수대표제와 연관된다.

장점	• 군소정당의 난립을 방지하여 정국의 안정 촉진 • 후보자에 대한 판단이 쉬워 정확한 선택 가능 • 투표율이 높고 선거공영제 실시에 유리
단점	• 사표가 많이 발생함 • 부정선거가 이뤄질 수 있으며 소수당에 불리함

- **중·대선거구제** : 선거구별 2~4인을 선출하는 제도로 소수대표제와 연관된다.

장점	• 사표를 방지할 수 있음 • 지연·혈연에 의한 당선을 줄이고 신진세력 진출에 용이
단점	• 선거비용의 증가, 관리가 어려움 • 후보자 난립 우려, 후보자에 대한 판단이 어려움

05 우리나라 국회의원 선거 채택제도

- **직접선거** : 선거권자가 후보자에게 직접 투표하는 제도
- **소선거구제** : 선거구마다 한 사람의 대표를 선출하는 제도
- **다수대표제** : 한 선거구에서 최다 득표자 한 사람만을 당선시키는 제도
- **선거구 법정주의** : 특정 정당·후보자에게 유리하지 않도록 국회가 선거구를 법률로 정함
- **준(準)연동형 비례대표제** : 정당 득표율에 연동(연동률 50%)해서 국회 의석을 나누는 제도
- **선거공영제** : 국가기관(선거관리위원회)이 선거를 관리하는 제도로, 선거의 공정성 확보를 목적으로 하며 선거운동의 기회균등·선거비용의 국가부담을 내용으로 한다.
- **지역대표제** : 일정 지역을 기준으로 선거구를 확정하여 대표자를 선출하는 제도

06 UN 해양법협약(UNCLOS ; UN Convention on the Law Of the Sea)

제3차 UN 해양법회의 결과로 1982년 12월 10일 자메이카의 몬테고베이에서 채택된 해양법에 관한 조약을 말한다. 해양 및 대양의 평화적인 사용, 자원의 적정하고 효율적인 활용 및 해양환경의 연구·보호 및 보전 등을 주요 내용으로 한다. 그중 협약 제5부는 통상정책과 관련된다. 통상 연안선을 따라서 수심이 낮은 연안으로부터 200해리를 초과하여 배타적 경제수역(EEZ)을 획정하지 못하도록 하고 있다. EEZ 내에서 연안국은 해양 및 해저에 대한 천연자원의 개발·획득·보전 및 관리 등에 관한 주권적인 권리를 가진다. 또한 수력, 조류 및 풍력 등의 에너지 생산과 같은 EEZ 내의 경제자원 개척 및 개발을 위한 권리를 보유한다.

〈UN 해양법협약의 주요 내용〉

• 영해의 폭을 최대 12해리로 확대
• 200해리 배타적 경제수역제도를 신설
• 심해저 부존광물자원을 인류의 공동유산으로 정의
• 해양오염 방지를 위한 국가의 권리와 의무를 명문화
• 연안국의 관할수역에서 해양과학조사 시의 허가
• 국제해양법재판소의 설치 등 해양 관련 분쟁 해결의 제도화

상식 더하기 　국제해양법재판소(ITLOS)

'International Tribunal for the Law Of the Sea'의 약자로 UN 해양법협약에 근거하여 해양과 관련한 국가 간의 분쟁을 해결하기 위해 설립된 국제사법기구로 1995년 8월에 설립되었고, 재판소는 독일의 함부르크에 있다. 당사국 총회에서 선출한 21명의 재판관으로 구성되고 재판소장의 책임 하에 운영되는 독립적 성격의 기구이다.

07 이슬람국가(IS ; Islamic State)

수니파 극단주의 무장단체이다. 1999년 '타위드 왈 지하드(JTJ)'라는 이름으로 처음 조직되어 2004년 알카에다로부터 충성을 맹세하며 조직을 확장했다. 2014년 모술을 비롯한 이라크 도시들을 점령하고, 조직 명칭을 'IS(이슬람국가)'로 바꾼 후 잔혹한 살해행위와 테러로 전 세계를 공포에 빠뜨렸다. 이에 2016년 이라크 정부는 미군이 주도하는 연합군과 IS를 소탕하기 위한 작전에 돌입했고, 그 후 2017년 연합군이 IS의 주요 영토 기반인 이라크 모술에 이어 그들이 수도로 여겼던 시리아의 락까까지 탈환하며 세력이 급속히 약화됐다. 여기에 2019년 3월 23일 시리아민주군(SDF)이 IS의 마지막 근거지였던 시리아 동부 접경도시 바구즈를 완전히 탈환하면서 IS의 영토는 100% 상실됐다.

08 배타적 경제수역(EEZ ; Exclusive Economic Zone)

자국 연안으로부터 200해리까지의 수역에 대해 천연자원의 탐사 · 개발 및 보존, 해양환경의 보존과 과학적 조사활동 등 모든 주권적 권리를 인정하는 UN 해양법상의 개념이다. 배타적 경제수역은 영해와 달리 영유권은 인정되지 않는다. 따라서 어업행위 등 경제활동의 목적이 없는 외국 선박의 항해와 통신 및 수송을 위한 케이블이나 파이프의 설치는 허용되지만 자원탐사 및 개발, 어업활동 등의 경제활동은 연안국의 허가를 받아야 하며, 이를 위반했을 때는 처벌을 받는다.

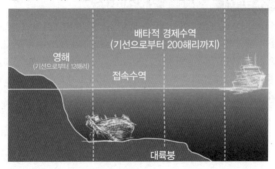

09 방공식별구역(ADIZ ; Air Defense Identification Zone)

자국 영공에 접근하는 군용기를 미리 식별하기 위해 설정한 임의의 공역을 말한다. 방공식별구역은 임의로 선포하는 것으로 국제법적으로 인정되는 것은 아니다. 하지만 다른 나라가 이를 인정한 이후에는 해당 공역에 진입하기 전에 미리 비행계획을 제출하고 진입 시 위치 등을 통보해야 한다. 2013년 중국이 이어도와 댜오위다오(조어도, 센카쿠)를 포함하는 새로운 CADIZ를 선포한 데 대응하여 우리나라도 이어도를 포함하는 KADIZ를 선포한 바 있다.

10 파리 기후변화협약(Paris Climate Change Accord)

2015년 12월 프랑스 파리에서 열린 21차 UN 기후변화협약 당사국 총회 본회의에서 채택한 신 기후체제로, 2020년에 만료된 교토 의정서 체제를 대체하는 기후협정이다. 교토 의정서에서는 선진국만 온실가스 감축 의무가 있었지만 파리 협약에서는 참여하는 195개 당사국 모두가 감축 목표를 지켜야 한다. 2100년까지 지구 평균온도의 산업화 이전 대비 상승폭을 '섭씨 2도보다 훨씬 작게(Well Below 2℃)' 제한하며, 나아가 섭씨 1.5도로 제한하는 노력도 포함됐다. 2017년 6월 도널드 트럼프 미국 전 대통령이 돌연 미국의 탈퇴를 선언하여 파리 협약이 위기에 봉착했지만 조 바이든 대통령이 취임 후 파리 협약에 복귀하는 행정명령에 서명했다. 세계 7위의 온실가스 배출 국가인 한국은 2030년까지 전망치 대비 40%의 온실가스 감축을 목표로 온실가스 감축에 동참하고 있다.

[교토 의정서와 파리 기후변화협약의 비교]

구분	교토 의정서(1997)	파리 기후변화협약(2015)
범위	온실가스 감축	온실가스 감축, 재정 지원, 기술 이전, 역량 강화 등
대상	37개 선진국 + 유럽연합	모든 당사국
적용 시기	1차 공약기간 : 2008~2012년 2차 공약기간 : 2013년~2020년	2021년 이후 적용

11 통화량 · 금리 · 물가 · 환율 · 원자재 가격과 주가의 관계

주가는 경기변동의 선행지표이며 경제성장률은 주가와 양(+)의 상관관계를 갖는다.

- **통화량과 주가**
  - 통화량 증가 → 유동성 풍부 → 명목소득 상승 → 주식수요 증가 → 주가 상승
  - 통화량 감소 → 인플레이션 압박 → 주가 하락
- **금리와 주가**
  - 금리 하락 → 자금조달 확대 → 설비투자 확대 → 수익성 상승 → 주가 상승
  - 금리 상승 → 자금조달 축소 → 설비투자 축소 → 수익성 하락 → 주가 하락
- **물가와 주가**
  - 완만한 물가 상승 → 기업 판매이윤 증가 → 주가 상승
  - 급격한 물가 상승 → 제조비용 증가 → 실질구매력 감소 → 기업수지 악화 → 주가 하락
- **환율과 주가**
  - 환율 인하 → 수입 증가, 수출 감소 → 기업의 수익성 하락 → 주가 하락
  - 환율 상승 → 수입 감소, 수출 증가 → 기업의 수익성 증가 → 주가 상승
- **원자재 가격과 주가**
  - 원자재 가격 상승 → 제조비용 상승 → 국내제품 가격 상승 → 판매 하락 → 주가 하락
  - 원자재 가격 하락 → 제조비용 하락 → 국내제품 가격 하락 → 판매 상승 → 주가 상승

12 경제성장률(Rate of Economic Growth)

한 나라의 경제가 일정 기간(보통 1년) 동안 실질적으로 성장한 규모를 전년도와 비교하여 산출한 비율을 말한다.

$$경제성장률(\%) = \frac{당해\ 연도\ 실질\ GDP - 전년도\ 실질\ GDP}{전년도\ 실질\ GDP} \times 100$$

13 시장의 종류

- **완전경쟁시장** : 수많은 판매자와 수많은 구매자가 주어진 조건에서 동일한 재화를 사고파는 시장
- **독점적 경쟁시장** : 기업들이 독점적 입장의 강화를 꾀하면서도 서로 경쟁하는 시장
- **독점시장** : 특정 기업이 생산과 판매를 지배하고 있는 시장

14 국내총생산(GDP ; Gross Domestic Product)

일정 기간 동안에 한 나라의 국경 안에서 생산된 모든 최종생산물의 시장가치를 말한다. 그러나 계산상의 어려움으로 시장을 통하지 않고 거래되는 재화나 용역은 제외시킨다는 점, 총량의 개념이기 때문에 소득의 분배에 대해서는 알 수 없다는 점 등이 한계로 지적된다.

- **일정 기간** : 유량개념을 의미하며 보통 1년 단위로 측정
- **한 나라의 국경 안** : 속지주의 원칙으로, 외국인이 국내에서 생산한 것은 포함되지만 내국인이 국외에서 생산한 것은 제외
- **최종생산물** : 중간생산물은 제외
- **시장가치** : 시장에서 거래된 것만 포함

15 경제활동인구

만 15세 이상의 인구 가운데 취업한 사람과 취업의 의사가 있어 취업이 가능한 인구를 의미한다. 경제활동인구는 다시 조사대상 주간 중 1시간 이상 일한 임금근로자, 무급가족종사자, 일시휴직자를 포함하는 취업자 와 실업자로 나뉜다.

> **상식 더하기** 비경제활동인구
>
> 일을 할 수 있는 능력은 있으나 일할 의사가 없거나 일할 능력이 없어 노동에 기여하지 못하는 사람을 말한다. 조사대상 주간 중에 취업자도 실업자도 아닌 만 15세 이상인 자로, 취업할 의사와 능력이 있지만 취업난으로 구직을 단념한 사람도 포함된다. 집안에서 가사와 육아를 전담하는 가정주부, 학교에 다니는 학생, 일을 할 수 없는 연로자와 심신장애자 그리고 자발적으로 자선사업이나 종교단체에 관여하는 자 등을 말한다.

Step 4 **사회 · 노동 · 환경**

16 탄소중립

기업이나 개인이 발생시킨 이산화탄소 배출량만큼 이산화탄소 흡수량도 늘려 실질적인 이산화탄소 배출량을 '0(Zero)'으로 만든다는 개념이다. 다시 말하면 대기 중으로 배출한 이산화탄소의 양을 상쇄할 정도의 이산화탄소를 다시 흡수하는 대책을 세움으로써 이산화탄소 총량을 중립상태로 만든다는 뜻이다. 각 나라에서는 지구온난화의 주범인 이산화탄소의 배출량을 조절하기 위해 탄소중립 운동을 활발히 시행하고 있다.

17 기본소득

국가나 지방자치단체가 구성원 모두에게 아무런 조건 없이 지급하는 소득을 말한다. 소득불균형과 기술발달에 따른 일자리 부족, 저출산 등의 문제를 해소하기 위한 복지제도로 세계 각국에서 논의하고 있다. 특히 북유럽은 경제적 무기력증을 탈출할 해법의 일환으로 1980년대 일부 좌파 정치세력의 주도 하에 기본소득 연구를 시작했다. 2016년 6월 스위스에서 성인에게 월 2,500스위스프랑(약 300만원)을 최저생계비로 주는 방안이 국민투표에 부쳐지면서 세계적으로 기본소득이 주목받았다. 우리나라에서는 코로나19 확산에 따른 위기 극복을 위해 각 지자체별로 재난기본소득 지급기준을 마련해 지급한 바 있다.

18 유니언 숍(Union Shop)

고용이 확정되면 일정 기간 내에 반드시 노동조합에 가입해야 한다고 명시한 제도를 말한다. 채용된 근로자가 일정 기간 내에 조합에 가입하지 않거나 조합에서 제명 혹은 탈퇴하게 되면 해고함으로써 조직을 강화시키겠다는 취지다. 채용 단계에서 조합원의 자격을 고용 조건으로 하는 클로즈드 숍과 조합 가입에 있어 강제가 없는 오픈 숍을 절충한 것이다.

🏷 상식 더하기 ◀ 오픈 숍과 클로즈드 숍

오픈 숍(Open Shop)	클로즈드 숍(Closed Shop)
• 근로자의 노동조합 가입과 탈퇴를 자신의 의사에 따라 결정하게 하는 제도 • 조합원과 비조합원을 차별 없이 동등하게 대우 • 우리나라에서는 모든 근로자에게 오픈 숍 적용(공무원 제외)	• 사용자가 근로자를 고용할 때 노동조합의 가입을 필수조건으로 하는 제도 • 조합 탈퇴 또는 제명 시 해고 • 직업별 조합이 노동시장을 완전히 지배하기 위한 하나의 방안으로 도입했으나 기술이 진보하면서 직종의 다양화, 산업별 조합의 등장 등으로 퇴보됨

19 베버리지 보고서

영국의 경제학자이며 사회보장제도 · 완전고용제도의 주창자인 윌리엄 헨리 베버리지(William Henry Beveridge)가 정부의 위촉을 받아 사회 보장에 관한 문제를 조사 · 연구한 보고서이다. 이 보고서는 국민의 최저 생활 보장을 목적으로 5대악(결핍, 질병, 무지, 불결, 나태)의 퇴치를 주 장하였으며 사회보장제도상의 6원칙도 제시했다.

> **♡ 상식 더하기** ◀ 사회보장제도상의 6원칙
>
> • 포괄성의 원칙(Principle of the comprehensiveness)
> • 급여 적절성의 원칙(Principle of the benefit adequacy)
> • 정액 갹출의 원칙(Principle of the flat rate contribution)
> • 정액 급여의 원칙(Principle of the flat rate benefit)
> • 행정 통일의 원칙(Principle of the administrative uniformity)
> • 피보험자 분류의 원칙(Principle of the classification)

20 아웃플레이스먼트(Outplacement)

해고된 근로자가 단기간에 재취업을 할 수 있도록 실질적인 지원과 컨설 팅을 해주는 전직지원 서비스와 정년퇴직 등 비자발적인 상황에 의해 퇴 직한 근로자가 새로운 일자리를 찾거나 직접 창업을 할 수 있도록 지원하 는 서비스 등을 말한다. 구조조정에 대한 거부감을 줄이고 인력을 효율적 으로 관리해 기업의 경쟁력을 높일 수 있다는 장점이 있다. 또한 퇴직한 근로자는 자신의 적성을 고려한 새로운 일자리를 구할 가능성이 커진다 는 점에서 긍정적으로 작용하고 있다. 미국의 DBM사가 1967년에 처음 고안하여 도입돼 80년대 이후 널리 확산되었다. 미국과 일본 등 선진국 에서는 보편화한 제도이며, 우리나라의 경우 2001년부터 아웃플레이스 먼트 서비스의 하나로 '전직지원장려금' 제도를 시행하고 있다.

21 블랙 프라이데이(Black Friday)

매년 11월 마지막 목요일인 추수감사절 다음 날로, 미국 각지에서 최대 규모의 쇼핑이 이뤄지는 날을 말한다. 이날 시작되는 쇼핑시즌은 연말까지 세일이 이어지는데 이때 미국 연간 소비의 약 20%가 이루어진다고 한다. 매출장부가 '적(Red)자'에서 '흑(Black)자'로 전환되는 금요일이라고 하여 블랙 프라이데이라는 이름이 붙었다.

01

> **상식 더하기** 코리아 세일 페스타(Korea Sale Festa)
>
> 2015년에 시작된 대한민국의 쇼핑관광축제를 말한다. 이 행사는 정부 부처인 산업통상자원부가 직접 참가업체 200여 개의 신청을 받고 진행했다는 점에서 다른 나라의 블랙 프라이데이와 차이가 있다. 'FESTA'는 'Festival(축제)', 'Entertainment(한류)', 'Shopping(쇼핑)', 'Tour(관광)', 'Attraction(즐길거리)'이 모두 어우러진 축제라는 의미를 담고 있다. 하지만 2018 '코리아 세일 페스타' 기간에 백화점 '빅3(롯데 · 신세계 · 현대)'의 매출 신장률이 한 자릿수에 그친 것으로 나타나면서 축제의 실효성에 대한 회의론이 높아졌다. 이에 따라 2019년부터 참가 기업의 매출 증대를 위한 판매 계기를 마련하고 소비자에게는 다양한 상품을 비교 · 선택할 수 있는 기회를 제공하기 위해 정부에서 민간 주도로 바뀌었다. 행사 기간도 2019년부터 매년 11월에 개최하고 있다.

22 노벨상(Nobel Prize)

다이너마이트를 발명한 스웨덴의 화학자 알프레드 노벨(Alfred B. Nobel)
이 인류복지에 가장 구체적으로 공헌한 사람들에게 나누어주도록 그의 유
산을 기부하자 스웨덴의 왕립과학아카데미는 노벨재단을 설립해 1901년
노벨상을 제정하였다. 해마다 물리학 · 화학 · 생리의학 · 경제학 · 문학 ·
평화 6개 부문에서 인류 문명의 발달에 공헌한 사람이나 단체를 선정하여
수여한다. 물리학 · 화학 · 생리의학 · 경제학 · 문학상 시상식은 노벨의 사
망일인 매년 12월 10일에 스톡홀름에서, 평화상 시상식은 같은 날 노르웨
이 오슬로에서 열린다. 노벨상은 생존자 개인에게 주는 것이 원칙이나 평
화상은 단체나 조직에 줄 수 있다.

23 카피레프트(Copyleft)

창작물을 무료로 공유하는 것을 말한다. 1984년 리처드 스톨먼이 주장했
으며 저작권(Copyright)에 반대되는 개념이다. 카피레프트를 주장하는
사람들은 지식과 정보는 소수에게 독점되어서는 안 되며, 모든 사람에게
열려 있어야 한다고 말한다.

상식 더하기 카피라이트(Copyright)

문학 · 학술 · 예술 등의 저작물에 대한 독점적이고 배타적인 권리를 말한
다. 음악, 영화, 예술품이나 기술과 같은 지적 활동의 결과로 만들어진 창
작물을 원작자의 동의 없이 함부로 인용하거나 복제할 수 없도록 하는 것
이다. 예를 들면, 소설을 창작했을 때 저자는 소설을 책으로 인쇄하고 배
포하거나 영화로 만드는 등의 모든 행위에 대한 권리를 보호받을 수 있다.
우리나라의 경우에는 저작권법으로 보호하는데, 저작권의 보호기간은 보
통 저작권자의 사망 후 70년까지로 한다.

24 세계 4대 뮤지컬

캣츠	영국의 대문호 T. S. 엘리엇의 시 〈지혜로운 고양이가 되기 위한 지침서〉를 뮤지컬로 만든 것이다. 시적 상상력을 바탕으로 고양이로 분장한 배우들이 '인간 구원'이라는 주제를 표현한 작품이다. 30여 개국에서 공연되어 관람객 8,000만명에 공연 수입 35억달러를 올리는 등 경이로운 기록을 세웠다.
레 미제라블	우리나라에서는 〈장발장〉이라고 알려진 빅토르 위고의 소설을 뮤지컬화한 작품으로, 프랑스 혁명기를 배경으로 한다. 너무 긴 시간대를 다루고 있고 난해한 소재임에도 문학성을 잘 살린 가사와 아름다운 음악, 그리고 잘 표현된 캐릭터들로 인해 오랫동안 사랑받고 있다. 1987년 뉴욕 공연 후 그해 토니상에서 작품상, 남우조연상, 여우조연상, 연출상, 극본상, 작곡상을 비롯한 8개 부문에서 수상했다.
미스 사이공	클로드 미셸 숀베르크가 작곡하고, 니콜라스 아리트너가 연출한 것으로 베트남전쟁을 배경으로 하여 미군 병사와 베트남 여인의 슬픈 사랑을 애절하게 표현한 작품이다. 1989년 런던에서 초연되었는데 당시 미국의 베트남전쟁 참가를 미화했다는 비난을 받기도 했다.
오페라의 유령	프랑스의 작가 가스통 르루의 원작 소설을 찰스 하트가 뮤지컬 극본으로 만들어 무대에 올린 작품이다. 한때 오페라 작곡가로 명성을 날렸으나 잊힌 천재가 되어버린 '오페라의 유령'이 호숫가에서 은둔 생활을 하던 중 미모의 오페라 가수 크리스틴에게 반하지만 결국 사랑은 실패로 끝난다는 내용을 담고 있다. 1988년 토니상에서 작품상을 비롯해 남우조연상, 여우조연상, 연출상, 무대디자인상, 조명디자인상, 의상디자인상 등을 수상했다.

♡ **상식 더하기** ◀ 토니상(Tony Awards)

매년 미국 브로드웨이에서 상연된 연극과 뮤지컬의 우수한 업적에 대해 수여하는 상으로, 연극의 아카데미상이라고도 불린다. 해마다 5월 하순~6월 상순에 최종 발표와 시상식을 하는데, 연극 부문인 스트레이트 플레이와 뮤지컬 부문인 뮤지컬 플레이로 나뉘어 작품상, 남녀 주연상, 연출상 등이 수여된다.

25 스낵컬처(Snack Culture)

짧은 시간에 손쉽게 즐길 수 있는 문화콘텐츠와 이러한 문화를 즐기는 트렌드를 나타내는 말이다. 일상에서 짧은 시간에 틈틈이 즐길 수 있는 문화를 '언제 어디서나 간편하게 먹을 수 있고 들고다니기 쉬운 스낵'에 비유한 표현이다. 경제적 · 시간적 여유를 갖기 쉽지 않지만 문화생활은 즐기고 싶은 욕구를 반영한 경향이다. 이러한 문화는 스마트 기기의 대중화로 패션, 음식, 방송 등 사회 여러 분야로 확대되었다.

Step 6 **과학 · IT**

26 스마트 그리드(Smart Grid)

기존의 전력망에 정보기술을 접목해 전력 공급자와 소비자가 양방향으로 실시간 정보를 교환함으로써 가장 효율적으로 전력을 생산 · 소비할 수 있는 시스템을 말한다. 전체적인 전력 사용 상황에 따라 5~10분마다 전기요금 단가가 바뀌는 것이 특징이다. 산업통상자원부는 2030년까지 국내 전역에 스마트 그리드 설치를 완료하는 것을 골자로 한 스마트 그리드 확산 사업을 진행 중이다.

27 사물인터넷(IoT ; Internet of Things)

인터넷에 연결된 기기들이 센서 등을 통해 수집한 정보를 가지고 스스로 일을 처리하는 것을 말한다. 1999년 케빈 애시튼 미국 MIT대 교수가 처음 사용한 용어다. 이 기술은 가전기기부터 자동차, 물류, 유통, 헬스케어 등 다양한 분야에서 활용할 수 있다. 가령 어디서나 스마트폰만 있으면 집 안의 전자기기 제어, 가스검침 등을 할 수 있다. 물류에서는 상품 등 자산의 위치추적, 현황파악, 원격지 운영관리에 사용할 수 있다.

28 DNA 바코드

동식물이 보유한 고유의 DNA 정보를 이용해 생물종을 빠르고 정확하게 식별하게 하는 일종의 '유전자 신분증'을 말한다. 보통의 바코드들은 검은선과 흰색의 여백을 이용한 2진법으로 구성된 반면 DNA 바코드는 아데닌, 티민, 구아닌, 사이토신의 4가지 염기 요소를 이용한 4진법으로 구성된다. 생물체는 비슷한 종이라도 DNA는 모두 다르기에 이렇게 생물이 가지는 고유 유전정보를 이용해 빠르고 정확하게 식별한다. 비행기 충돌사고의 주범인 새의 종류를 판단할 때나 마약범죄의 단속 등에 활용한다.

29 알파고(AlphaGo)

구글 딥마인드에서 개발한 인공지능(AI) 바둑 프로그램으로, 프로기사와 맞바둑을 두어 최초로 승리한 기록을 갖고 있다. 2016년 3월 한국기원은 알파고가 정상 프로기사 실력인 입신(入神)의 경지에 올랐다며 명예 프로 9단을 수여하기도 했다. 이후 여러 차례 전 세계 프로기사들과 대결을 이어가다 2017년 5월 구글 딥마인드사가 더이상 알파고가 바둑 대국에 참가하지 않는다는 것을 밝히며 바둑계에서 사실상 은퇴를 선언했다. 아울러 같은 해 교육 툴 공개를 마지막으로 알파고 프로그램 개발 역시 종료됐다. 알파고의 핵심연구팀이 다른 프로젝트로 이관되면서 구글 딥마인드의 범용 AI 개발 작업이 본격화됐다.

30 분산원장기술(DLT)

분산네트워크 참여자가 암호화 기술을 사용하여 거래정보를 검증하고 합의한 원장(Ledger)을 공동으로 분산·관리하는 기술이다. 중앙관리자나 중앙데이터 저장소가 없으며, 데이터 관리의 신뢰성을 높이기 위해 분산네트워크 내의 모든 참여자(Peer)가 거래정보를 합의 알고리즘에 따라 서로 복제하여 공유하고 있다. 거래정보를 분산·관리하기 때문에 위조 방지가 가능하다. 분산원장기술(DLT ; Distributed Ledger Technology)을 구현한 대표적인 예로 가지치기를 통해 하나의 블록 연결만 허용하는 블록체인과 그물처럼 거래를 연결하는 방향성 비순환 그래프 분산원장기술 등이 있다.

Step 1 정치 · 법률

01 보궐선거

지역구 국회의원 · 지역구 지방의회의원, 지방자치단체장 및 교육감의 임기 개시 후에 사퇴 · 사망 · 피선거권 상실 등으로 신분을 상실해 궐원 또는 궐위가 발생한 경우에 실시하는 선거를 말한다. 임기 개시 후에 발생한 사퇴 · 사망 등으로 인해 실시하는 선거라는 점에서 재선거와 구별된다. 일반적으로 보궐선거의 선거일은 4월과 10월의 첫 번째 수요일로 법정화되어 있다. 임기 만료에 의한 국회의원 선거 및 대통령 선거, 지방선거가 있는 때에는 선거일에 동시 실시한다. 비례대표 국회의원, 비례대표 지방의회 의원의 궐원 시에는 보궐선거를 실시하지 않고 의석승계를 하게 된다. 대통령이 궐위된 때에는 보궐선거라고 하지 않고 '궐위로 인한 선거'라 하며, 궐위로 인한 선거에서 당선된 대통령의 임기는 전임자의 잔임기간이 아니라 당선이 결정된 때부터 새로 임기가 개시돼 5년간 재임하게 된다.

> **♥ 상식 더하기 ◁ 재선거**
>
> 후보자 또는 당선자가 없거나 선거의 전부무효 판결 또는 결정이 있는 때, 당선인이 임기 개시 전에 사퇴 · 사망하거나 피선거권이 상실된 때 그리고 선거범죄로 당선이 무효가 된 때에 실시하는 선거이다. 임기 개시 전 사퇴 · 사망 · 피선거권 상실이라는 점에서 보궐선거와 구별된다.

02 게리맨더링(Gerrymandering)

1812년 미국 매사추세츠 주지사 게리가 당시 공화당 후보에게 유리하도록 선거구를 재조정하였는데 그 모양이 마치 그리스 신화에 나오는 괴물 샐러맨더와 비슷하다고 한 데서 유래한 말이다. 이는 특정 정당이나 후보자에게 유리하도록 선거구를 인위적으로 획정하는 것을 의미하는데, 우리나라에서는 이를 방지하기 위해 선거구 법정주의를 채택하고 있다.

03 국회에서 하는 일

- **입법에 관한 일** : 법률제정, 법률개정, 헌법개정 제안·의결, 조약체결·비준 동의
- **재정에 관한 일** : 예산안 심의·확정, 결산심사, 재정입법, 기금심사, 계속비 의결권, 예비비 지출승인권, 국채동의권, 국가의 부담이 될 계약의 체결에 대한 동의권
- **일반 국정에 관한 일** : 국정감사·조사, 탄핵소추권, 헌법기관구성권, 긴급명령·긴급재정경제처분 및 명령 승인권, 계엄해제요구권, 일반 사면에 대한 동의권, 국무총리·국무위원 해임건의권, 국무총리·국무위원·정부위원 출석요구권 및 질문권

04 대통령의 지위와 권한

대통령은 한 나라의 원수이자 외국에 대해 국가를 대표하는 자로서 국가 원수로서의 권한과 행정부 수반으로서의 권한을 가지는데, 선출방식이나 임기는 나라 또는 정부 형태에 따라 다르다.

- **국가 원수로서의 권한** : 긴급명령권, 조약체결·비준권, 국민투표 부의권, 국가 대표 및 외교에 관한 권한 등
- **행정부 수반으로서의 권한** : 국군통수권, 법령집행권, 정부구성원·공무원 임면권 등

05 국회의원의 특권

우리나라 헌법 제44조 각 항과 제45조에서는 국회의원의 특권에 대하여 규정하고 있다.

- **불체포특권** : 국회의원은 현행범인 경우를 제외하고는 회기 중에 국회의 동의 없이 체포 또는 구금되지 아니하며 회기 전에 체포 · 구금된 때에는 현행범이 아닌 한 국회의 요구가 있으면 회기 중 석방된다.
- **면책특권** : 국회의원이 국회에서 직무상 행한 발언과 표결에 관하여 국회 외에서 책임을 지지 아니한다.

Step 2 **국제 · 외교**

06 핵확산금지조약(NPT ; Nuclear non-Proliferation Treaty)

핵보유국이 비핵보유국에 핵무기를 이양하거나 비핵보유국의 핵무기보유를 금지하는 다자간 조약으로 1968년 미국, 소련, 영국 등 총 56개국이 핵무기 보유국의 증가 방지를 목적으로 체결하여 1970년에 발효됐다. 핵보유국에 대해서는 핵무기 등의 제3자로의 이양을 금지하고 핵군축을 요구한다. 비핵보유국에 대해서는 핵무기 개발 · 도입 · 보유 금지와 원자력시설에 대한 국제원자력기구(IAEA)의 사찰을 의무화하고 있다. 우리나라는 1975년 86번째로 정식 비준국이 되었으며, 북한은 1985년 가입했으나 IAEA가 임시 핵사찰 이후 특별 핵사찰을 요구한 데 반발하여 1993년 3월 탈퇴 선언을 했다. 같은 해 6월 미국과의 고위급회담 후에 탈퇴를 보류했으나, 2002년에 불거진 핵개발 문제로 2003년 1월 다시 탈퇴를 선언했다.

07 한미 방위비분담 특별협정(SMA)

한미 양국은 1991년 제1차 협정을 시작으로 2021년까지 총 11차례의 협정을 맺어왔다. 이 협정은 주한미군 주둔 비용에 관한 방위비분담을 위해 체결하고 있는 특별협정에 기본을 두고 있다. 세부적인 내용을 살펴보면 미군이 한국에서 고용하는 근로자의 인건비(비중 약 40%), 군사건설 및 연합방위 증강사업(40%), 군수지원비(20%) 등의 명목으로 지원되고 있다. 2019년 10월에 시작한 '제11차 한미 방위비분담 특별협정(SMA)'은 2021년 3월 5~7일 미국 워싱턴에서 개최된 9차 회의에서 마무리됐다. 해당 협정은 2020년부터 2025년까지 6년 동안 유효한 다년도 협정으로 2021년부터 2025년까지의 방위비에 매년 한국의 국방비 인상률을 반영한다. 2023년 방위비분담금은 2022년 분담금(1조 2,472억원)에서 약 3.4% 인상된 1조 2,896억원이었다.

08 북한의 국무위원회

2016년 6월 29일 북한의 최고인민회의 제13기 제4차 회의에서 기존의 국방위원회를 폐지하고 만든 국가주권의 최고정책적 지도기관이다. 국방위원회를 폐지함에 따라 김정은의 직책도 국방위원회 제1위원장에서 국무위원장으로 바뀌게 되었다. 국무위원회는 국방건설사업을 비롯한 국가의 중요정책을 토의·결정하고, 국무위원장 명령과 국무위 결정, 지시집행정형을 감독하며 대책을 수립한다. 또한 국무위원장의 명령 혹은 국무위 결정·지시에 어긋나는 국가기관의 결정·지시를 폐지하는 임무와 권한도 가지고 있다. 국무위원장은 대내외 사업을 비롯한 국가사업 전반을 지도하며 국무위원회 사업을 직접 지도한다.

09 조선노동당

1945년 10월 10일 창당하여 북한의 국가 · 사회 · 군대를 유일적으로 통제하는 최고의 권력기구이다. 북한 헌법은 '조선민주주의인민공화국은 조선노동당의 영도 밑에 모든 활동을 진행한다'라고 규정하고 있으며 당 중앙위원회는 당의 노선과 정책 또는 전략 및 전술에 관한 긴급한 문제를 토의 · 결정하기 위해 당 대표자회의를 소집할 수 있도록 되어 있다. 북한은 2016년 5월 36년 만에 개최한 제7차 노동당대회에서 김정은을 '당 위원장'으로 추대하고, 당 규약을 개정했으며, 당 중앙지도기관 선거 등을 진행했다. 2021년 개최된 제8차 노동당대회에서는 김정은을 '노동당 총비서'로 추대하고 핵잠수함 개발을 처음으로 공식화했으며, 남측의 합의 이행 여부에 따른 관계 개선을 표명하기도 했다.

10 개성공단

남북이 합의하여 북측 지역인 개성시 봉동리 일대에 조성한 공업단지를 말한다. 2000년 8월 현대와 북한 조선아시아태평양평화위원회가 합의한 사업으로 한국토지공사와 현대아산이 북한으로부터 토지를 50년간 임차해 공장구역으로 건설하고 국내외 기업에 분양해 관리하는 방식으로 전개되었다. 북측은 2002년 11월 남측 기업의 개성공단 진출을 위해 '개성공업지구법'을 제정하여 공포하였고, 2003년 6월 30일에 착공식이 열렸다. 이후 남북은 실질적인 부지조성공사에 들어가 2004년 12월에는 남측의 자본과 기술 그리고 북측의 노동력이 합쳐져 남북합작품 1호를 선보이기도 했으나, 2016년 2월 10일 안보상의 이유로 통일부는 '개성공단 전면중단' 조치를 발표했다. 이후 업체들의 피해 문제와 재가동에 대한 논란이 끊이지 않고 있다.

11 오픈 이노베이션(Open Innovation)

기업이 기술과 아이디어, 연구개발(R&D) 자원을 내 · 외부와 공유하면서 새로운 기술을 발전시킬 수 있다는 용어이다. 미국 버클리대학의 헨리 체스브로(Henry Chesbrough) 교수가 2003년에 처음 만든 개념으로, 그는 기술이나 아이디어를 기업 내외의 경계를 넘나들며 공유하면 상호 간의 영향으로 기술혁신이 추진된다고 봤다.

12 리디노미네이션(Redenomination)

한 나라에서 통용되는 화폐의 액면가(디노미네이션)를 동일한 비율의 낮은 숫자로 변경하는 조치를 말한다. 이전에는 '디노미네이션(Denomination)' 이라 불렸으나 디노미네이션이 화폐, 채권, 주식 등의 액면금액을 의미 하는 것이라 하여 한국은행은 화폐단위 변경을 영어로 표현하려면 '리디 노미네이션' 또는 '디노미네이션의 변경'이라는 표현을 사용하도록 독려 하였다.

13 시가렛 효과(Cigarette Effect)

소액을 꾸준히 저축하는 행위의 중요성을 나타내는 것으로 일반적으로 4,500~5,000원 하는 기호식품 담배에 들이는 비용을 줄여 매일 저축을 하면 한 달에 15만원가량을 절약할 수 있고, 이 금액만큼을 30년 동안 저 축하게 되면 약 2억원이라는 자금을 모을 수 있다는 이론이다.

> **상식 더하기** 카페라떼 효과
>
> 하루 한 잔의 카페라떼를 줄이고, 그 돈을 30년간 저축하면 약 2억원의 자 금을 마련할 수 있다는 의미의 용어이다. 적은 금액이라도 장기적으로 투 자하면 큰 효과를 거둔다는 것으로 저축하는 습관의 중요성을 강조한다.

14 스크루플레이션(Screwflation)

'돌려 조인다', '쥐어짜다'라는 의미의 '스크루(Screw)'와 물가 상승을 뜻하는 '인플레이션(Inflation)'을 합성하여 만든 표현이다. 물가 상승과 실질임금 감소, 주택가격 하락과 임시직의 증가 및 주가 정체 등으로 중산층의 가처분 소득이 줄어들었을 때 발생한다. 중산층의 소비가 살아나야 생산과 고용이 증가하게 되고 궁극적으로 경제가 성장하기 마련이지만 물가 상승과 실질임금 감소 등의 원인으로 중산층이 활발한 소비를 하지 않게 되면서 스크루플레이션이 나타난다.

15 버블경제

특정 상황이나 투자자산 또는 기업의 가치 등에 있어서 그것이 갖고 있는 내재적 가치에 비해 시장에서 형성된 가격이 과대평가된 것을 말한다. 흔히 시장이 과열되었다고 말하며 비이성적인 투기행위로 나타난다. 최초의 버블경제로 여겨지는 것은 17세기 네덜란드의 튤립파동이며, 파장이 가장 컸던 사례는 1980년대 일본의 부동산버블이다. 당시 일본에서는 주가가 상승하면서 집값이 실제 자산가치에 비해 폭등하였으나 주가와 지가가 하락하면서(거품이 빠지면서) 일본 경제는 1990년대 초부터 침체기에 접어들었다.

> **♡ 상식 더하기** 튤립파동(Tulip Mania)
>
> 17세기 네덜란드에서 벌어진 과열 투기현상으로, 최초의 자본주의 버블경제로 평가되고 있다. 당시 호황을 누리고 있던 네덜란드에 튤립이라는 식물이 새롭게 알려졌다. 튤립의 수요가 증가하며 튤립의 구근은 숙련된 장인이 버는 연간 소득의 10배보다 높은 값에 팔려나갔다. 그러나 법원에서 튤립의 재산적 가치를 인정할 수 없다고 판결하자 순식간에 가격이 하락하며 거품이 꺼졌다.

16　코브라 효과(Cobra Effect)

어떤 문제를 해결하기 위해 추진한 정책이 오히려 상황을 악화시키는 결과를 가져오는 것을 말한다. 과거 영국이 인도를 식민지배할 때 인도의 코브라를 없애기 위해 영국이 추진한 정책에서 유래했다. 당시 인도에는 코브라가 사람을 해치는 일이 빈번했다고 한다. 이를 해결하기 위해 영국 정부는 코브라를 잡아오면 포상금을 지급하겠다고 발표했는데, 처음에는 코브라가 줄어드는 것 같았지만 시간이 지날수록 코브라는 오히려 증가했다. 포상금을 받기 위해 코브라를 키우는 사람이 생겼던 것이다. 이 사실이 밝혀져 정책은 폐기되었지만 코브라를 키우던 사람들이 쓸모없어진 코브라를 버리면서 코브라의 수는 더 증가하게 되었다.

17　제노비스 신드롬(Genovese Syndrome)

'방관자 효과'라고도 부르는 이 현상은 미국 뉴욕에서 발생한 '키티 제노비스 살해사건'에서 유래됐다. 범죄현장에서는 주위에 사람이 많을수록 책임감이 약해져 '내가 아니어도 누군가 돕겠지'라는 생각을 하는 경향이 강해진다고 한다. 즉, 개인의 이기심에서 생겨난 타인에 대한 무관심을 의미한다.

18　케빈 베이컨의 6단계 법칙

할리우드 영화배우 케빈 베이컨이 한 토크쇼에 출연해 다른 배우와 관계가 어떻게 연결되는지를 보여주면서 케빈 베이컨의 6단계 법칙이 만들어졌다. 이는 전혀 관계없는 사람들도 6단계만 거치면 모두 연결고리를 갖고 있다는 것으로, 넓고도 좁은 세상과 그 속에서의 인간관계를 의미한다.

19 매슬로우의 동기이론(Maslow's Motivation Theory)

인간의 욕구는 타고난 것이라 하며 욕구를 강도와 중요성에 따라 5단계로 분류한 아브라함 매슬로우(Abraham H. Maslow)의 이론이다. 계층적(하위 단계에서 상위 단계)으로 배열되어 하위 단계의 욕구가 충족되면 그 다음 단계의 욕구가 발생한다는 것이다. 매슬로우에 따르면 욕구는 행동을 일으키는 동기요인이며 인간의 욕구는 그 충족도에 따라 낮은 단계에서부터 높은 단계로 성장해간다.

> **상식 더하기** 매슬로우 욕구 5단계
>
> • 1단계 : 생리적 욕구 → 먹고 자는 것, 종족 보존 등 최하위 단계의 욕구
> • 2단계 : 안전에 대한 욕구 → 추위 · 질병 · 위험 등으로부터 자신을 보호하는 욕구
> • 3단계 : 애정과 소속에 대한 욕구 → 가정을 이루거나 친구를 사귀는 등 어떤 조직이나 단체에 소속되어 애정을 주고받는 욕구
> • 4단계 : 자기존중의 욕구 → 소속단체의 구성원으로 명예나 권력을 누리려는 욕구
> • 5단계 : 자아실현의 욕구 → 자신의 재능과 잠재력을 충분히 발휘하여 자기가 이룰 수 있는 모든 것을 성취하려는 최고 수준의 욕구

20 칵테일파티 효과(Cocktail Party Effect)

'나'와 관계있는 정보에 대해서는 나도 모르게 주의를 기울이게 되는 것을 말한다. 칵테일파티에서 여러 사람들이 모여 한꺼번에 이야기하고 있어도 관심 있는 이야기를 골라 듣게 된다고 하여 이러한 이름이 붙여졌다. 즉, 다수의 음원이 공간적으로 산재하고 있을 때 그 안에 특정 음원 또는 특정인의 음성에 주목하게 되면 여러 음원으로부터 분리되어 특정음만 들리게 된다는 것이다.

21 트랜스미디어(Transmedia)

장동련 교수가 '횡단 · 초월(Trans)'과 '미디어(Media)'를 합성하여 창안한 용어이다. '미디어를 초월한 미디어', 즉 미디어 간의 경계선을 넘어 서로가 결합 · 융합되는 현상을 의미한다. 방송 · 신문 · 인터넷 · 모바일 등의 미디어를 유기적으로 연결한 콘텐츠를 제공하며 시청자의 요구에 다각적으로 반응할 수 있는 양방향 소통이 가능해져 시청자의 편의를 도모할 수 있다. 또한 기술과 감성이 조화를 이룬 미디어 단계를 일컫는다.

22 레거시 미디어(Legacy Media)

'레거시(Legacy)'의 사전적 의미는 '조상으로부터 물려받은 유산이나 유물'이다. 이를 정보시스템 분야에서는 과거에 개발된 오래된 하드웨어나 소프트웨어를 이르는 말로 써왔다. 레거시 미디어는 이와 같은 선상에서 TV, 라디오, 신문처럼 비교적 오래된 미디어 경로를 의미한다. 소셜네트워크서비스(SNS), 유튜브 등으로 상징되는 이른바 '뉴미디어'에 대비되는 개념으로, 기성 언론 혹은 정통 언론 등으로 불리기도 한다. 최근 콘텐츠 플랫폼의 다양화로 레거시 미디어의 위기론이 고개를 들고 있다.

23 미디어셀러(Media Seller)

영화나 드라마, 예능, CF 등 미디어에 노출된 이후 주목을 받으면서 베스트셀러가 된 책을 말한다. 특히 봉준호 감독의 영화 〈기생충〉(2019)의 각본집이 인기를 끈 이후부터는 여러 드라마나 영화의 대본집 및 각본집의 판매율이 꾸준히 증가하면서 흥행을 이어가고 있다. 전문가들은 독자들이 작품을 더 잘 이해하거나 몰입감을 높이기 위해 이를 구매하는 것으로 분석했다.

24 판소리

한 명의 소리꾼이 창(소리)·아니리(말)·발림(몸짓)을 섞어가면서 긴 이야기를 노래하는 우리나라 고유의 공연으로 2003년 유네스코 인류무형문화유산에 등재되었다.

- 판소리의 유파

동편제	전라도 동북 지역의 소리, 단조로운 리듬, 짧고 분명한 장단, 씩씩하고 담백한 창법
서편제	전라도 서남 지역의 소리, 부드럽고 애절한 창법, 수식과 기교가 많아 감상적인 면이 강조됨
중고제	경기도와 충청도 지역의 소리, 동편제와 서편제의 절충형, 상하성(上下聲)이 분명함

- 판소리의 3요소

창	판소리에서 광대가 부르는 노래이자 소리로 음악적인 요소에 해당함
아니리	창자가 한 대목에서 다음 대목으로 넘어가기 전에 장단 없이 자유로운 리듬으로 말하듯이 사설을 엮어가는 것으로 문학적인 요소에 해당함
발림	판소리 사설의 내용에 따라 몸짓을 하는 것으로 춤사위나 형용 동작을 가리키는 연극적 요소에 해당함. 비슷한 말인 '너름새'는 몸짓으로 하는 모든 동작을 의미함

- 판소리 5마당 : 〈춘향가〉, 〈심청가〉, 〈흥보가〉, 〈적벽가〉, 〈수궁가〉

25 유커

본래 관광객을 통칭하는 중국어이나 우리나라에서는 한국을 찾는 중국인 관광객, 특히 단체 관광객을 가리키는 용어로 사용한다. 유커들은 다량의 물건 구입은 물론이고, 고급제품을 싹쓸이해 1등 고객으로 선호되고 있다. 그러나 정치적·외교적 외부변수에 민감해 한중 외교의 흐름에 따라 그 변동 추이가 극심해지는 경향이 있다.

개별적으로 한국을 찾은 중국인 관광객을 말한다. 주로 1980년대~2000년대 초반 출생한 밀레니얼 세대로 트렌드를 쫓으며 많은 소비를 한다. 단체 관광보다는 가족이나 친구들끼리 한국에 방문해 쇼핑이나 관광을 하는 것이 특징이다.

Step 6 과학 · IT

26 낸드플래시(Nand Flash)

반도체 내부의 회로 형태가 'Not AND' 게이트인 플래시메모리 제품을 낸드플래시라고 한다. 셀이 직렬로 배치된 데이터 저장형으로 전원이 끊기면 데이터가 지워지는 D램 또는 S램과 달리 전원 공급이 없어도 기존에 저장한 데이터가 지워지지 않는다. 또한 제조 단가가 저렴하고 읽기 · 쓰기 · 삭제가 가능하다. 이러한 특성으로 디지털 카메라, 스마트폰, USB드라이브 등에 사용되고 있다.

27 로보어드바이저(Robo-Advisor)

로보어드바이저는 '로봇(Robot)'과 '조언자(Advisor)'의 합성어로 컴퓨터 알고리즘을 기반으로 투자자 개인의 성향을 분석해 맞춤형 자산관리나 투자포트폴리오를 짜주는 온라인 자산관리 서비스를 말한다. 주관적인 판단이 섞인 인간과 달리 객관적으로 판단하므로 신뢰도가 높고, 시간과 장소에 구애됨이 없이 컴퓨터나 스마트폰을 통해 서비스를 받을 수 있다는 점에서 편리하다.

28 디지털 워터마크(Digital Watermark)

디지털 콘텐츠에 고유의 코드나 저작자 정보를 입력해 저작권을 보호하는 디지털기술로, 디지털 형식의 지적재산에 대한 저작권 보호를 위해 삽입한다. 완전히 안 보이게, 안 들리게 설계하여 특정 검출기 프로그램을 이용해야만 확인할 수 있으므로 원품과 복제품을 구분하고 저작권자의 권리를 보호하는 역할을 한다. 또한 저작권자의 정보나 원본을 확인하는 데 쓰이기도 한다.

29 유전자가위

동식물 유전자의 특정 DNA 부위를 자른다고 하여 '가위'라는 표현을 사용하는데, 손상된 DNA를 잘라낸 후에 정상 DNA로 바꾸는 기술이라 할 수 있다. 1·2세대의 유전자가위가 존재하며, 2012년 3세대 유전자가위인 '크리스퍼'가 개발된 이후 모든 생물의 유전체 수정이 가능해졌다. 크리스퍼는 세균이 천적인 바이러스를 물리치기 위해 관련 DNA를 잘게 잘라 기억해두었다가 다시 침입했을 때 물리치는 면역체계를 부르는 용어인데, 이를 이용해 개발한 것이 크리스퍼 유전자가위이다. 줄기세포·체세포 유전병의 원인이 되는 돌연변이의 교정이나 항암세포 치료제 등으로 다양하게 활용할 수 있다.

> **♥ 상식 더하기** 영국 '세 부모 아이' 시술 첫 승인
>
> 2016년 4월 세계 최초로 유전자가위 시술을 통해 '세 부모 아이'가 태어났다. 세 부모 체외수정은 미토콘드리아 DNA 결함을 지닌 여성의 난자로부터 핵만 빼내 정상 미토콘드리아를 가진 다른 여성의 핵을 제거한 난자에 주입한 뒤 정자와 수정시키는 것인데, 생물학적 부모가 3명이 된다는 점에서 윤리성 논란이 끊이지 않았지만 영국 보건당국은 세계 최초로 이른바 '세 부모 아이' 시술을 승인했다. 영국 언론에 따르면 영국의 인간수정·배아관리국(HFEA)이 미토콘드리아 질환을 자녀에게 물려주지 않기 위해 이른바 '세 부모 체외수정'을 사용하는 것을 승인했다고 한다.

30 비타민(Vitamin)

물질대사와 생리작용을 돕는 유기물질이다. 아주 적은 양으로 신체의 기능을 조절하지만 대부분의 비타민은 체내에서 전혀 합성되지 못하거나 합성되는 양이 극소하기 때문에 식품을 통해 섭취해야 한다. 충분한 공급이 이루어지지 않으면 각종 결핍증이 나타나게 된다. 비타민은 발견된 순서에 따라 A, B, C 등의 이름이 붙여졌는데 크게 지용성 비타민과 수용성 비타민으로 나누어 구분한다. 지용성 비타민에는 비타민 A, D, E, F, K가 있고 수용성 비타민에는 B1, B2, B3, B6, B9, B12, C 등이 있다.

♡ 상식 더하기 주요 비타민의 기능과 결핍증

구분		기능	결핍증	대표 식품
지용성	비타민A (레티놀, 베타카로틴)	신체 저항력 강화, 시력에 관여	야맹증, 인구건조증	동물의 간, 녹황색채소, 계란 노른자
	비타민D (칼시페롤)	칼슘 체내 흡수	골다공증, 구루병	버섯, 생선의 간류, 계란 노른자
	비타민E (토코페롤)	항산화, 적혈구 용혈 방지	적혈구 용혈	콩, 견과류, 옥수수 기름
	비타민K (메나퀴논)	혈액응고	혈액응고 시간 지연	동물의 간, 녹황색채소, 콩류

수용성	비타민B1 (티아민)	에너지 대사	각기병, 부종, 식욕부진	전곡, 콩류, 종 실류, 돼지고기
	비타민B2 (리보플라빈)	체내 에너지 생성	건조, 구내염, 안구 충혈	유제품, 육류, 생선, 콩, 버섯
	비타민B3 (나이아신)	에너지 대사에 관여, 소화, 피부에 관여	피부염, 구내염, 기억상실증	생선, 땅콩, 육류
	비타민B6 (피리독신)	헤모글로빈 합성, 단백질 대사 조효소	빈혈, 우울, 피부염, 불면증	생선, 육류, 계란, 콩, 채소, 바나나, 견과류
	비타민B9 (엽산)	아미노산·핵산 합성에 관여, 적혈구 분화	설사, 성장장애, 악성빈혈	콩류, 현미, 보리, 과일, 녹색채소
	비타민B12 (코발아민)	엽산 대사, 적혈구 형성에 관여	빈혈, 신경장애	육류, 어패류, 유제품
	비타민C (아스코르빈산)	항산화, 콜라겐 합성	발육 및 성장 장애, 괴혈병	과일, 채소

02

Day 03

01 언더독 효과(Under Dog Effect)

개싸움 중에 밑에 깔린 개(Under Dog)가 이기기를 바라는 마음과 절대 강자에 대한 견제심리가 발동하게 되는 현상에서 생긴 표현으로 선거철에 유권자들이 지지율이 낮은 후보에게 동정표를 주는 현상을 말한다. 여론조사 전문가들은 밴드왜건 효과와 언더독 효과가 동시에 나타나기 때문에 여론조사 발표가 선거결과에 미치는 영향은 중립적이라고 본다.

02 밴드왜건 효과(Band Wagon Effect)

서커스 행렬을 선도하는 악대 마차를 밴드왜건이라 하는데, 사람들이 무의식적으로 이곳에 몰려들면서 군중이 점점 증가하는 현상에서 생긴 표현이다. 선거에서 특정 유력 후보의 지지율이 높은 경우 그 후보자를 지지하지 않던 유권자들까지 덩달아 지지하게 되는 현상을 의미한다. 경제에서는 특정 상품의 수요가 증가하면 대중들이 따라 사게 되는 현상을 나타낸다.

03 브래들리 효과(Bradley Effect)

여론조사 때는 흑인 등 유색인종 후보를 지지한다고 했던 백인들이 정작 투표에서는 백인 후보를 선택하는 현상이다. 1982년 미국 캘리포니아 주지사 선거에서 민주당 후보였던 흑인 토머스 브래들리가 여론조사와 출구조사에서 백인 공화당 후보에 앞섰지만 실제 선거 결과에서는 브래들리가 패했다. 전문가들은 이에 대해 백인 일부가 인종편견에 대한 시각을 감추기 위해 투표 전 여론조사에서는 흑인 후보를 지지한다고 거짓진술을 했기 때문이라고 분석했다.

04 석패율제도

한 후보자가 지역구와 비례대표에 동시에 출마하는 것을 허용하고 중복 출마자들 중에서 가장 높은 득표율로 낙선한 후보를 비례대표로 뽑는 제도이다. 정당의 비례대표 명부 중 특정 번호에 지역구 후보 3~4명을 올려놓고 같이 등재된 중복 출마자들 중에서 일단 지역구에서 당선된 사람은 제외한 뒤 남은 사람들 중 석패율(지역구에서 낙선한 후보자의 득표수를 그 지역구 당선자의 득표수로 나눈 비율)이 가장 높은 사람을 비례대표로 당선되게 하는 것이다. 현재 우리나라에서도 지역갈등 문제의 대응 방안으로 검토되고 있으나 도입에 있어서는 논란이 있다.

05 스윙보터(Swing Voter)

선거 등의 투표행위에서 누구에게 투표할지 결정하지 못한 유권자를 말한다. 스윙보터들은 지지하는 정당과 정치인이 없기 때문에 그때그때의 정치상황과 이슈에 따라 투표하게 되지만 이들이 선거에 끼치는 영향력은 크기 때문에 선거를 앞둔 정치인들은 스윙보터들의 표를 얻기 위해 총력을 기울인다.

06　오슬로 협정(Oslo Accords)

1993년 9월 13일 이스라엘의 라빈 총리와 팔레스타인 해방기구(PLO)의 아라파트 의장이 팔레스타인 독립국과 이스라엘의 평화적 공존에 대해 합의한 것을 말한다. 팔레스타인의 자치, 이스라엘의 군대 철수, 난민 문제 등을 주요 내용으로 한다. 이스라엘은 PLO를 합법적인 팔레스타인 정부로 인정하고, PLO도 이스라엘의 존재 근거를 인정하여 공존의 가능성을 제시했다는 공로를 인정받아 아라파트 의장과 라빈 총리는 1994년 노벨평화상을 받기도 했다. 그러나 이후 라빈 총리가 이스라엘의 극우파에 의해 암살되고 극우파인 네타냐후가 정권을 잡으면서 협정은 교착상태에 빠졌다. 결국 2003년 미국 · 이스라엘 · 팔레스타인이 '중동평화 로드맵'에 서명함에 따라, 이스라엘은 1967년 3차 중동전쟁 당시 점령한 가자지구와 요르단강 서안의 예리코에서 2005년 9월 완전 철수하였다.

07　바젤 협약(Basel Convention)

유해폐기물의 국가 간 불법이동에 따른 지구 차원의 환경오염 방지와 개도국의 환경친화사업을 지원할 목적으로 UN 환경계획(UNEP)과 세계환경단체들이 1989년 3월 스위스 바젤에서 채택한 협약이다. 이 협약의 취지는 병원성 폐기물을 포함한 유해폐기물의 국가 간 이동시, 사전통보 등의 조치를 취함으로써 유해폐기물의 불법이동을 줄이자는 데 있다. 대부분의 환경 관련 국제 협약이 미국, EU 등 선진국 주도로 이루어진 데 반해 이 협약은 아프리카 등 77그룹이 주도적인 역할을 하고 있다. 이는 후진국이 선진국의 '폐기물 처리장'이 되어서는 안 되겠다는 위기의식에서 출발한 것이다. 우리나라는 1994년 2월에 가입하였고, '폐기물의 국가 간 이동 및 그 처리에 관한 법률'이 1994년 5월부터 시행되었다.

08 독트린(Doctrine)

종교의 교리나 교의를 뜻하는 라틴어 'Doctrina'를 어원으로 하는 것으로 국제사회에서 공식적으로 표방하는 정책상의 원칙을 의미한다. 정치나 학문 등의 분야에서 '~주의' 또는 '신조'를 나타내는 뜻으로 쓰이기도 하고 강대국이 외교 노선의 기본 지침을 대내외에 천명할 경우에도 사용된다.

> **상식 더하기** 역대 미국 대통령들의 독트린
>
> - **먼로 독트린(Monroe Doctrine)**
>   1823년 유럽 열강으로 하여금 더 이상 미 대륙을 식민지화하거나 미 대륙에 있는 주권 국가에 대해 간섭하지 못하도록 하는 내용
> - **트루먼 독트린(Truman Doctrine)**
>   1947년 공산주의 확대를 저지하기 위하여 자유와 독립의 유지에 노력하며, 소수의 정부지배를 거부하는 의사를 가진 나라에 대하여 군사적·경제적 원조를 제공한다는 내용
> - **닉슨 독트린(Nixon Doctrine)**
>   1969년 발표한 고립주의 외교정책으로 미국은 아시아 제국(諸國)과의 조약상 약속을 지키지만 강대국의 핵에 의한 위협의 경우를 제외하고는 내란이나 침략에 대하여 아시아 각국이 스스로 협력하여 그에 대처해야 한다는 등의 내용
> - **오바마 독트린(Obama Doctrine)**
>   2009년 발표한 인권과 관련된 정책(관타나모 죄수 석방 문제, 전쟁포로 대우 문제 등)

03

09 북방한계선(NLL ; Northern Limit Line)

해양의 북방한계선(NLL)은 서해 백령도·대청도·소청도·연평도·우도의 5개 섬 북단과 북한 측에서 관할하는 옹진반도 사이의 중간선을 말한다. 1953년 정전협정 당시 남·북한 간의 육상경계선만 설정하고 해양경계선은 설정하지 않았는데, 주한 UN군 사령관이었던 클라크는 정전협정 직후 북한과의 협의 없이 일방적으로 해양경계선을 설정했다. 북한은 1972년까지는 이 한계선에 이의를 제기하지 않다가 1973년부터 서해 5개 섬 주변 수역을 북한 연해라고 주장하며 NLL을 인정하지 않고 침범하여 우리나라 함정과 대치하는 사태가 발생하기도 했다.

10 조어도(센카쿠, 댜오위다오) 분쟁

조어도는 일본 오키나와에서 약 300km, 대만에서 약 200km 떨어진 동중국해상의 8개 무인도를 말한다. 현재 일본이 실효지배하고 있으나 중국과 대만도 영유권을 주장하고 있다. 중국은 조어도가 역사적으로 중국 영토였으며 청일전쟁에서 일본이 대만을 점령하면서 일본의 관할에 포함되었으나 1945년 일본의 태평양전쟁 패전으로 대만이 중국의 일부가 됐으므로 중국의 영토라고 주장한다. 이에 대해 일본은 조어도가 1895년 오키나와현에 정식 편입되었고 1972년 오키나와현이 미국으로부터 반환될 때 이 섬들도 같이 반환되었으므로 일본 영토라고 맞섰다. 조어도는 지정학적으로 군사 전략의 요충지이고 해저자원까지 매장되어 있어 영유권 분쟁은 더욱 심화되고 있다.

11 유동성 함정(Liquidity Trap)

기업은 생산 · 투자를 늘리지 않고, 가계의 소비도 늘지 않아 경기가 나아지지 않는 현상을 말한다. 각 경제주체들이 돈을 움켜쥐고 시장에 내놓지 않는 상황이 마치 함정에 빠진 것 같다고 하여 이러한 이름이 붙여졌다. 경제학자 케인스(John Maynard Keynes)가 처음 고안한 것으로 통화당국이 금리를 인하하고 자금을 공급해도 시중금리가 떨어지지 않고, 투자나 수요가 증가하지도 않는 상황을 표현한다.

03

12 코즈의 정리(Coase Theorem)

미국의 경제학자 로널드 코즈(Ronald Coase)가 그의 저서 〈기업의 본질(The nature of the firm)〉에서 주장한 이론이다. 소유권이 확립되어 있고 거래비용이 없다고 전제하면 외부성으로 인해 시장의 기능에 초래되는 비효율성을 시장의 기능이 해결할 수 있다는 것이다. 이 이론에 따르면 외부성에 의해 생긴 문제는 이해 당사자들 간의 거래를 통해 해결할 수 있기 때문에 정부의 개입이 필요하지 않게 된다.

> **상식 더하기** 외부성(Externality)
>
> 어떤 경제활동과 관련해 당사자가 아닌 다른 사람에게 의도하지 않은 혜택(편익)이나 손해(비용)를 발생시키는 것을 말한다. 공장에서 발생한 매연으로 인한 대기오염이 사회 전체에 비용을 초래하거나 개인이 주택에 설치한 방화장치가 그 개인뿐만 아니라 이웃들의 화재위험도 줄여주는 것 등을 예로 들 수 있다.

13 세이의 법칙(Say's Law)

'공급은 스스로 수요를 창조한다'는 법칙으로 '판로설'이라고도 한다. 이 이론에 의하면 생산된 것이 판매되지 않아 기업들이 휴업을 하고 실업이 발생하는 사태는 있을 수 없다. 총 공급의 크기가 총 수요의 크기를 결정하기 때문에 총 공급과 총 수요는 언제나 일치하고, 그 결과 항상 완전고용이 달성된다고 보았기 때문이다. 하지만 1930년대의 대공황처럼 공급된 것이 판매되지 않아 공장들이 문을 닫게 되고 대량실업과 대량의 유휴설비가 발생한 경우를 설명할 수 없었다. 이에 케인스는 세이의 법칙을 비판하며 세이의 법칙과는 정반대로 '총 수요량이 총 공급량을 결정한다'는 '유효수요의 원리'를 내놓았다.

14 스놉 효과(Snob Effect)

특정 상품이 대중화되어 소비가 증가하면 오히려 그 상품의 수요가 줄어드는 현상으로, 1950년 미국의 경제학자인 하비 라이벤슈타인이 〈The Quarterly Journal of Economics〉라는 경제학 잡지에서 '속물'이라는 의미를 가진 '스놉'을 사용하여 베블런 효과와 비교·설명하면서 대두되었다. 이는 특정 계층이 타인과 차별화된 상품을 추구하면서 비롯된 것으로 부유층이 일반대중이 사기 어려운 고가의 명품을 선호하는 것이 대표적이다. 스놉 효과를 활용한 마케팅도 활성화되어 있다. 백화점, 영화관 등에서 VIP제도를 만들어 일정 금액 이상을 구매한 고객에 한해 VIP 라운지 등 각종 혜택을 부여하는 것인데, 소비자들은 타인과 다른 혜택을 받기 위해 지속적으로 구매하게 되면서 매출을 증대시킨다.

15 베블런 효과(Veblen Effect)

미국의 사회학자이며 사회평론가인 베블런(Thorstein Bunde Veblen)이 1899년 출간한 〈유한계급론〉에서 언급한 것으로, 가격이 오르는데도 불구하고 수요가 줄지 않고 오히려 증가하는 것을 말한다. 상류층 소비자들이 자신의 성공을 과시하기 위한 소비를 하는 경향이 반영되어 나타난 현상이다.

Step 4 사회 · 노동 · 환경

16 소시오패스(Sociopath)

사회를 뜻하는 '소시오(Socio)'와 병리 상태를 의미하는 '패시(Pathy)'의 합성어로 법규 무시, 인권침해 행위 등을 반복해 저지르는 정신질환이다. 반사회적 인격장애의 일종으로 범죄를 저지르는 행태 등에서 사이코패스와 혼동되기도 하지만 아무런 자각 없이 범죄를 저지르는 사이코패스와 달리 잘못된 행동이란 것을 스스로 인지하면서도 행동한다.

> **♡ 상식 더하기** ◁ 사이코패스(Psychopath)
>
> 반사회적 행동, 공감능력 및 죄책감 결여, 낮은 행동통제력, 극단적인 자기중심성, 기만 등의 특성이 높게 나타나는 사람을 일컫는 말로 폭력적이며 광기적인 인격장애 측면에서의 정신질환이다. 사회적 환경에 의해 발현되기도 하지만 대부분 태어날 때부터 타고나는 기질적 영향이 크다고 알려져 있다.

17 플라시보 효과(Placebo Effect)

라틴어로 '기쁨을 주다, 즐겁게 하다'라는 의미를 가진 단어를 어원으로 하는 것으로, 어떤 질환에 대해 약효가 전혀 없는 약을 환자에게 효험이 좋은 약이라고 믿도록 하여 먹였을 때 환자의 병세가 호전되는 현상을 말한다.

18 퍼플 잡(Purple Job)

일정한 시간과 형식을 갖춘 정형적인 근무형태에서 벗어나 가사 · 보육 등의 여건에 맞춰 근무시간을 조절함으로써 원만한 직장생활을 할 수 있도록 지원하는 제도이다. 단기간 근로, 요일제 근무, 재택근무, 탄력근무제 등 다양한 형태가 있으며 근로자의 필요에 따라 주당 15~35시간 범위 내에서 일하고 근무시간에 따라 보수를 받는다.

19 헤일로 효과(Halo Effect)

외적인 특징으로부터 연상되어 나타나는 고정관념을 바탕으로 특정 대상을 완전히 이해했다고 착각하는 현상으로 '후광 효과'라고도 한다. 특정 사람을 평가할 때 그 대상 인물이 호감가는 외모를 갖고 있으면 그 사람의 지능이나 성격 또한 좋다고 평가하는 것이다. 특히 기업의 인사고과에서 평가자가 범하기 쉬운 오류로, 이를 방지하기 위해서는 선입견이나 편견 등을 제거하고 종합 평정보다는 요소마다 분석 평가하는 과정이 필요하다.

20 배리어프리(Barrier Free)

장애인들의 사회 적응을 막는 물리적 · 제도적 · 심리적 장벽을 제거해나
가자는 운동을 말한다. 장애가 있는 사람들이 일상생활에서 겪는 물리적
인 장애를 제거한다는 건축학 용어에서 시작해 최근에는 자격, 시험 등
의 제도적 · 법률적 장벽과 차별 · 편견 등 마음의 벽까지 허물자는 운동
으로 확대됐다. 또한 장애인뿐만 아니라 고령자에까지 그 적용범위가 확
장되고 있다.

21 람사르 협약(Ramsar Convention)

물새서식지로서 특히 국제적으로 중요한 습지에 관한 협약으로, 습지의
보호와 지속가능한 이용을 위해 체결되었다. 가맹국은 철새의 번식지가
되는 습지를 보호할 의무가 있으며 국제적으로 중요한 습지를 1개소 이
상 보호지로 지정해야 한다. 대한민국은 101번째로 람사르 협약에 가입
하였으며, 2008년에는 경남 창원에서 람사르 협약의 당사국 총회인 '제
10차 람사르 총회'를 개최하였다.

> **상식 더하기** 경남 창녕 우포늪
>
> '살아 있는 자연사 박물관'이라 불리는 우리나라 최대의 자연 습지이다.
> 1998년 3월 람사르 습지로 등록됐고, 1999년 2월 환경부가 습지보호지역
> 으로 지정했다. 약 1억 4,000만년 전 생성된 것으로 추정되며 식물 800여
> 종, 어류 28종 등 동 · 식물 1,200여 종이 서식한다.

22 메라비언의 법칙(The Law of Mehrabian)

상대방에 대한 인상이나 호감을 결정하는 데 있어서 목소리는 38%, 보디랭귀지는 55%의 영향을 미치는 반면, 말하는 내용은 겨우 7%만 작용한다는 이론이다. 효과적인 소통에 있어 '비언어적' 요소가 차지하는 비율이 무려 93%나 된다는 것으로 1971년 메라비언 교수가 자신의 저서 〈침묵의 메시지(Silent Messages)〉에 발표하였다. 현재 설득, 협상, 마케팅, 광고, 프레젠테이션 등 커뮤니케이션과 관련된 모든 분야의 이론이 이를 기반으로 하고 있다.

23 핫 미디어 · 쿨 미디어

마셜 맥루한이 정보의 양과 선명의 정도를 기준으로 미디어를 구분한 이론이다.

핫 미디어	정보의 양이 많고 논리적이지만 감정의 전달이 어렵고 수용자의 참여 정도가 약하다. 신문 · 잡지 · 라디오 · 영화 · 사진 등이 대표적이다.
쿨 미디어	정보의 정밀도가 낮기 때문에 수용자의 높은 참여를 요구한다. TV · 전화 · 만화 등이 대표적이다.

24 세계 4대 통신사

영국의 로이터(Reuters), 프랑스의 AFP(Agence France Presse), 미국의 AP(Associated Press), UPI(United Press International)를 세계 4대 통신사라 한다.

로이터 (Reuters)	1851년 설립되어 영국의 뉴스 및 정보를 제공하는 국제통신사로, 정확하고 신속한 보도가 강점이며 금융정보 제공의 비중이 크다.
AFP (Agence France-Presse)	1835년 설립되어 근대적 통신사의 기원이라 불리는 아바스 통신사가 그 전신으로, 프랑스는 물론 라틴아메리카·서아시아 등 세계에서 활동하고 있다.
AP (Associated Press)	1848년 설립된 세계 최대의 통신사로, 비영리법인이다. 뉴스취재망과 서비스망을 가지고 문자·사진·그래픽·오디오·비디오 뉴스 등을 제공한다.
UPI(United Press International)	1907년 뉴욕에서 창설된 통신사로, 1·2차 세계대전을 겪으며 국제통신사로 성장하였다. 하지만 여러 차례 소유주가 바뀌면서 쇠퇴하기 시작했고, 2000년 통일교 교주 문선명이 세운 뉴스월드커뮤니케이션스에 인수되었다.

03

25 퀴어문화축제(KQCF ; Korea Queer Culture Festival)

매년 서울을 비롯한 각 지역에서 열리는 성소수자 축제를 말한다. 연세대학교에서 2000년 9월 8일 '친구사이' 등 20여 개의 성소수자단체와 이송희일 영화감독 등 성소수자 유명인사들이 모여 시작됐다. 이후에는 점점 규모가 커져 매년 서울광장에 수만명이 모이고 있다. 퍼레이드, 영화제, 전시회 등 다양한 이벤트로 구성되는데 이에 반대하는 일부 보수단체의 행동으로 매년 열리는 축제 때마다 충돌이 우려되기도 한다.

26 베른 협약(Berne Convention)

1886년 스위스의 수도 베른에서 문학적 · 예술적 저작물에 대한 저작권자의 권리를 보호하기 위해 체결된 조약이다. 외국인의 저작물을 무단 출판하는 것을 막고 다른 가맹국의 저작물을 자국민의 저작물과 동등하게 대우하도록 한다. 무방식주의에 따라 별도의 등록 없이 저작물의 완성과 동시에 저작권이 발생하는 것으로 보며 보호기간은 저작자의 생존 및 사후 50년을 원칙으로 한다.

> **상식 더하기** 무방식주의
>
> 저작물에 대한 권리의 향유 및 행사에 있어 등록 등의 절차를 거치지 않더라도 그 저작 사실 자체에 의해 보호받을 수 있는 것을 말한다.

Step 6 과학 · IT

27 도그 이어(Dog Year)

10년 안팎인 개의 수명을 사람과 비교할 때 개의 1년이 사람의 7년과 비슷한 것에 비유한 것으로 IT업계의 1년이 보통 사람이 생각하는 7년과 맞먹는다는 말이다. 즉, 정보통신 분야에 있어서의 눈부신 기술 혁신 속도를 의미한다.

28 클라우드 컴퓨팅(Cloud Computing)

다양한 소프트웨어나 데이터를 컴퓨터 저장장치에 담지 않고 웹 공간에 두어 마음대로 다운받아 쓸 수 있는 인터넷 환경을 말한다. 인터넷상의 서버에 저장해둔 데이터를 언제 어디서나 인터넷에 접속해 다운받을 수 있어서 시·공간의 제약 없이 원하는 일을 할 수 있다. 구름(Cloud)처럼 무형의 형태인 인터넷상의 서버를 클라우드라고 하며 데이터 저장·처리·콘텐츠 사용 등 각종 서비스를 제공한다. 하드디스크 장애, 바이러스 감염 등으로 자료가 손상·손실될 수 있지만 클라우드 컴퓨팅을 활용하면 안전하게 자료를 보관할 수 있고 저장공간의 제약도 극복할 수 있다.

29 빅데이터(Big Data)

03

기존 데이터베이스 관리도구의 데이터 수집·저장·관리·분석의 역량을 넘어서는 대량의 정형 또는 비정형 데이터 세트 및 이러한 데이터로부터 가치를 추출하고 결과를 분석하는 기술을 의미한다. 대규모 데이터의 생성·수집·분석을 특징으로 하는 빅데이터는 과거에는 불가능했던 기술을 실현시키기도 하며 전 영역에 걸쳐서 사회와 인류에 가치 있는 정보를 제공하기도 한다.

30 핀테크(FinTech)

'Finance(금융)'와 'Technology(기술)'의 합성어로, 모바일·SNS·빅데이터 등의 첨단 IT기술을 활용한 새로운 금융기술을 의미한다. 모바일뱅킹, 앱카드, 크라우드 펀딩뿐 아니라 금융기관의 의사결정, 위험관리, 시스템 통합 등의 전반적 업무에 영향을 주는 기술까지도 핀테크에 포함된다. 현재 전자결제서비스인 삼성페이, 카카오페이, 애플페이 등이 가장 활성화돼 있다.

> **♡ 상식 더하기** 크라우드 펀딩(Crowd Funding)
>
> '군중(Crowd)'으로부터 '투자(Funding)'를 받는다는 의미로 주로 소셜미디어를 통해 이루어지기 때문에 '소셜 펀딩'이라고 불린다. 사업 구상이나 창작 아이디어를 제시하여 불특정 다수인 대중들로부터 투자를 받는 방식이다.

Day 04

정치 · 법률

01 매니페스토(Manifesto)

어원은 라틴어 '마니페스투스(Manifestus)'로, 당시에는 '증거' 또는 '증거물'이란 의미로 쓰였다. 훗날 이탈리아로 들어가 '마니페스또(Manifesto)'가 되었는데, '과거 행적을 설명하고 미래 행동의 동기를 밝히는 공적인 선언'이라는 의미로 사용되었다. 오늘날에는 출마자가 과거에 어떤 비리 사건에 연루된 적이 있으면 그 경위를 밝히고 앞으로는 그런 일이 없을 것이라는 다짐과 함께 구체적인 정책대안을 공약서에 담아서 유권자에게 약속하는 것을 말한다. 유권자는 이를 통해 후보의 정책을 평가하고 실천 가능한 공약과 대안을 제시한 후보가 당선될 수 있는 환경을 만드는데, 우리나라에서는 2006년 지방선거에서 처음 등장했다.

02 포퓰리즘(Populism)

대중의 인기를 얻는 데만 급급해 정책의 현실성이나 가치판단, 옳고 그름 등 본래의 목적을 외면하는 정치형태로 '대중영합주의' 혹은 '민중주의'라고도 한다. 1870년대 러시아의 브나로드(Vnarod)운동에서 비롯된 정치적 이데올로기인데 현대에서의 포퓰리즘은 일반대중, 저소득계층, 중소기업 등의 지지를 확보하기 위해 본래의 목적을 외면하는 지나친 대중화를 의미한다.

03 집단소송제

일부 피해자가 제기한 소송 결과를 바탕으로 모든 피해자가 구제받을 수 있는 제도다. 우리나라는 2005년 시행된 '증권관련 집단소송법'으로 증권 분야 한정 집단소송이 가능해졌다. 이후 가습기 살균제 사건, 카드사 개인정보 유출사건 등으로 전 분야에 집단소송제를 도입해야 한다는 목소리가 높아졌지만 소송 남발과 같은 부작용을 우려해 제도화하지 못했다. 그러다 2020년 9월 법무부가 집단소송제의 전 분야 확대 · 도입과 관련한 '집단소송법안'을 입법예고하기도 했다. 해당법안은 피해자가 50명 이상이면 분야 상관없이 소송을 제기할 수 있다고 명시했으며, 집단소송 절차의 단순화와 소송 허가 불복절차 제한 내용도 담겼다. 1심의 경우 사회적 의견을 반영한 결과를 위해 국민이 배심원으로 참여하는 국민참여재판 제도를 적용한다는 내용도 포함됐다. 한편 집단소송제 도입에 대해 기업의 부담이 커질 수 있다는 우려와 소비자 피해구제 강화라는 긍정적 측면으로 평가가 나뉘었다.

04 섀도캐비닛(Shadow Cabinet)

'그림자 내각'이란 뜻으로 19세기 이래 영국에서 시행되어온 제도이다. 야당이 정권 획득에 대비하여 총리와 각료로 예정된 멤버를 미리 준비해두는 것인데, 우리나라에서는 '예비내각'으로 통한다. 정권을 잡기 전 미리 각료 후보를 조직해두고 정권을 획득하면 그 멤버들이 국정을 운영하며 미리 수립한 정책을 추진하게 된다.

05 레임덕(Lame Duck)

'절름발이 오리'라는 뜻으로, 대통령의 임기 만료를 앞두고 대통령의 권위가 약해지며 명령이 제대로 시행되지 않는 등 국정운영에 차질이 생기는 일종의 권력누수 현상이다. 레임덕이 발생하기 쉬운 경우는 중임이나 연임 등의 제한으로 인해 다시 동일한 지위에 오르지 못하게 될 경우, 임기 만료가 얼마 남지 않은 경우, 집권당이 의회에서 다수 의석을 얻지 못한 경우 등이 있다.

Step 2 국제 · 외교

06 아그레망(Agrément)

특정 인물을 외교사절로 임명하기 전에 외교사절을 받아들일 상대국의 의향을 확인하는데, 상대국이 이의가 없다고 회답하는 것을 '아그레망을 부여한다'라고 하며 아그레망을 얻은 사람을 '페르소나 그라타(Persona Grata)', 아그레망을 얻지 못한 사람을 '페르소나 논 그라타(Persona non-Grata)'라고 한다. 일반적으로 아그레망은 요청 후 20~30일이 경과한 후에 부여하며 아그레망이 부여되었을 경우 대사는 국가원수에게 신임장(Letter of Credence)을 수여받는다.

> **상식 더하기** 페르소나 논 그라타(Persona non-Grata)
>
> '좋아하지 않는 인물'이란 뜻의 라틴어로 외교상의 '기피인물'을 의미한다. 외교사절의 아그레망이 요청되었을 때 요청받은 국가는 그 이유를 밝히지 않고 그 사람의 파견을 거부할 수 있다(외교관계에 관한 비엔나 협약 9조 참조).

07 7·4 남북 공동성명

1972년 남·북한의 긴장완화와 통일 문제에 관해 남과 북이 동시에 발표한 공동성명이다. 서울에서는 당시 이후락 중앙정보부장이, 평양에서는 김영주 노동당 조직지도부장을 대리한 제2부수상 박성철이 동시에 성명을 발표했다. 남과 북은 이 성명에서 자주·평화·민족 대단결이라는 통일의 3대 원칙을 공식 천명하였다. 이 밖에도 상호 중상비방(中傷誹謗)과 무력도발의 금지, 다방면에 걸친 교류 실시 등에 합의하고 합의사항의 추진과 남북 사이의 문제 해결 및 통일 문제의 해결을 위해 남북조절위원회를 구성·운영하기로 하였다. 그러나 통일논의를 자신의 권력기반 강화에 이용하려는 남·북한 권력자들의 정치적 의도로 인해 방향성을 잃게 되었고, 김대중 납치사건(1973년 8월)으로 조절위원회마저 중단되었다.

08 재스민 혁명(튀니지 혁명)

2010~2011년까지 독재정권에 반대하여 튀니지에서 일어난 민주화 혁명을 튀니지의 국화에 빗대어 재스민 혁명이라 부른다. 대학 졸업 후 취직을 하지 못하고 무허가 노점상을 하던 한 청년이 경찰의 단속에 걸리자 이에 항의하며 분신자살을 했고, 이 사건을 발단으로 독재정권에 불만이 쌓여 있던 시민들은 전국적인 민주화 시위를 벌였다. 결국 이 시위로 지네 엘아비디네 벤 알리 당시 튀니지 대통령은 사우디아라비아로 망명했다. 이러한 튀니지 혁명은 아프리카 및 아랍권에서 쿠데타가 아닌 민중봉기로 독재정권을 무너뜨린 첫 사례이자 이집트, 알제리, 예멘, 요르단, 시리아 등의 주변국에 민주 시위가 점차 확산되는 계기가 되었다.

09 AIIB(Asian Infrastructure Investment Bank : 아시아 인프라투자은행)

미국과 일본이 주도하는 세계은행(World Bank)과 아시아개발은행 (ADB) 등에 대항하기 위해 중국의 주도로 설립된 국제은행으로 아시 아 · 태평양지역 개발도상국의 인프라 구축을 목적으로 한다. 시진핑 중 국 국가주석이 2013년 10월 아시아 순방 중 제안하였고, 2016년 1월에 베이징에서 창립총회를 열면서 공식 출범했다. 한국, 인도, 영국, 독일 등 57개국을 창립회원국으로 하고 있으며 초기 자본금의 대부분은 중국 이 투자하여 500억달러 규모로 시작되었다.

10 레드플러스(REDD+)

개발도상국(개도국)의 산림활용 및 황폐화 방지를 통해 온실가스 배 출을 줄이는 탄소저감 활동을 말한다. 'Reducing Emissions from Deforestation and Forest Degradation Plus'의 약자로 경제선진국이 개도국의 산림관리를 경제적으로 지원한다. 단, 개도국은 사업기간 동안 산림파괴가 없었다는 것을 증명해야 하고, 그 결과를 인정받아야만 탄소 배출권을 할당받을 수 있다. 우리나라는 캄보디아, 미얀마, 라오스 등에 서 레드플러스 사업을 진행하고 있다.

> **♡ 상식 더하기** 리프연합(LEAF Coalition)
>
> 열대 · 아열대림 국가의 산림 전용 및 황폐화를 막기 위해 정부와 민간이 공동으로 10억달러의 산림재원을 조성하고 250만헥타르(ha) 이상의 레드 플러스를 이행하는 개발도상국을 재정적으로 지원하는 자발적 국가연합체 다. 'The Lowering Emissions by Accelerating Forest Finace'의 약자로 미 국, 영국, 노르웨이뿐만 아니라 아마존, 에어비앤비 등 세계 굴지의 다국적 기업들이 참여하고 있다.

11 내쉬균형(Nash Equilibrium)

존 포브스 내쉬(John F. Nash)가 만들어 그의 이름을 따서 명명된 게임이론이다. 각 참여자(Player)가 상대방이 취하는 전략을 보고 자신에게 최적인 전략을 선택할 때 그 결과가 균형을 이루는 최적전략의 집합을 말한다. 즉, 상대방의 전략이 공개되었을 때 어느 누구도 자신의 전략을 변화시키려고 하지 않는 전략의 집합이라 할 수 있다. 이러한 전략 구성이 두 참여자에 의해 모두 예측되었을 때 이 게임은 내쉬균형에 도달하게 된다. 이는 오늘날 정치적인 협상이나 경제 분야에서 전략적으로 널리 활용되고 있다. 내쉬균형을 이루는 예는 죄수의 딜레마(Prisoner's Dilemma)가 대표적이다. 존 내쉬는 이 이론에 대한 공로를 인정받아 1994년 노벨경제학상을 수상했다.

> **♥️ 상식 더하기 ◀ 죄수의 딜레마(Prisoner's Dilemma)**
>
> 두 공범자 A, B가 함께 범죄 사실을 숨기면 둘 다 형량이 낮아질 수 있는데도 상대방의 범죄 사실을 수사관에게 알려주면 자신의 형량이 감경된다는 말에 혹하여 상대방의 범죄를 폭로함으로써 결국 둘 다 무거운 형량을 받게 되는 경우를 말한다. 즉, 협력하면 모두에게 이익이 됨에도 불구하고 배반을 선택하게 되는 상황이다.

12 서번트 리더십(Servant Leadership)

부하 직원들과 목표를 공유하고 그들의 성장을 도모하면서 리더와 조직원의 신뢰를 형성시켜 궁극적으로는 조직의 성과를 창출하게 하는 리더십을 말한다. 리더가 서번트 리더십으로 조직원을 섬기는 자세를 갖고 그들의 성장 및 발전을 돕는다면 조직원들은 스스로 조직에 기여하게 되어 결과적으로 그 조직은 목표를 달성할 수 있게 된다는 것이다.

13 탄력성(Elasticity)

가격의 상대적 변화에 대한 수량의 상대적 변화를 말한다. 탄력성의 크기 여하에 따라 화폐액(판매액 또는 지출액) 증감이 발생한다. 탄력성이 크다는 것은 가격 변화에 대한 수량 변화가 그만큼 많다는 것을 의미한다. 수요의 가격탄력성은 상품의 가격이 변동할 때 이에 따라 수요량이 어떻게 변동되는지를 나타내는 지표로서 수요의 가격탄력성 결정 기준에는 대체재의 유무, 소득에서 차지하는 비중 등이 있다. 공급의 가격탄력성은 상품의 가격이 변동할 때 공급량이 어떻게 변동되는지를 나타내는 지표로서 생산기간에 따라 다르게 나타난다. 생산기간이 짧은 상품은 가격 변동에 탄력적으로 대응할 수 있으므로 공급의 탄력성이 크다.

14 전시 효과(Demonstration Effect)

개인의 소비행동이 사회의 소비수준의 영향을 받아 타인의 소비행동을 모방하려는 성향으로 나타나는 것을 말한다. 제임스 듀젠베리(J. S. Duesenberry)에 의해 처음으로 이 용어가 사용되었으며 시위 효과(示威效果)라고도 한다. 그는 가계의 지출이 소득수준에만 의존한다고 가정한 케인즈 이론은 수정되어야 한다고 주장했다. 소비자가 지금까지 구입해온 재화보다도 훨씬 훌륭한 재화를 접할 기회가 생기면 소득의 변화가 없어도 지출을 증가시키거나 또는 소득의 수준과 상관없이 지출을 감소시키지 않는다는 것이다.

15 앰부시 마케팅(Ambush Marketing)

공식 스폰서의 권리를 획득하지 못한 다른 기업들이 마치 자신이 공식 스폰서인 것처럼 보이게 하여 얻는 마케팅 기법을 말한다. 대중들을 현혹해서 공식 스폰서 활동을 통해 얻는 기대 효과의 일부분을 취할 목적으로 각종 이벤트와 함께 실시하는 것으로 '매복 마케팅'이라고도 한다.

> **상식 더하기** 앰부시 마케팅의 사례
>
> • 경기 중계방송 전후에 자사 광고를 내보내는 방법
> • 복권이나 경품 행사 등을 통해 경기 주체와 개최 장소를 알리는 방법
> • 개회에 참가하는 팀이나 선수 등 보다 작은 단위의 참가자와 스폰서 계약을 맺는 방법
> • 경기장 주변에서 광고하는 방법

Step 4 사회 · 노동 · 환경

16 코쿠닝 현상(Cocooning Syndrome)

이혼 · 청소년 범죄의 급증 등 전통적 가치체계가 붕괴되면서 '가족'의 의미를 잃어가는 현대에 가족의 소중함을 찾고 결속력을 회복하려는 현상을 가리켜 독일의 사회심리학자 팝콘(S. Popcon)이 이름 붙인 것이다. 그는 현대사회를 누에가 고치를 짓는 것처럼 사람들이 점점 자신의 활동 반경을 축소시키게 된다고 하여 코쿠닝(누에고치짓기 현상)이라는 용어로 설명했다. 이러한 현상을 해소하기 위해서는 일체감 형성과 문화 공유가 필요한데, 이를 겨냥하여 함께할 수 있는 여행이나 식음료 등 각종 문화상품과 관련한 새로운 업종이 등장하는 추세이다.

17 먼지차별

'마이크로어그레션(Microaggression)'에서 착안해 만든 단어이다. 마이크로어그레션은 '아주 작은(Micro)'과 '공격(Aggression)'의 합성어로, 말 그대로 미세하지만 공격적인 차별을 뜻한다. 먼지차별에 속하는 표현은 일상적으로 사용하는 말이지만 성별, 나이, 인종, 성정체성, 장애 등 소수자에 대한 차별이나 혐오를 담고 있다. 연구원들은 먼지차별이 지속해서 쌓이면 낮은 자존감과 소외감, 정신건강 문제로 이어질 수 있어 직장생활에도 영향을 미칠 수 있다고 한다.

18 사일로 효과(Organizational Silos Effect)

어떠한 조직 내의 각 부서들이 다른 부서와 벽을 쌓고, 자신이 속한 부서의 이익만을 추구하는 부서 이기주의 현상을 말한다. '사일로'는 원래 곡식을 저장해두는 원통형의 독립된 구조물인데 그 폐쇄성과 조직 이기주의의 모습이 비슷하다 하여 이러한 이름을 붙였다.

19 MZ세대

1980년대 초반~2000년대 초반에 걸쳐 태어난 밀레니얼 세대와 1990년대 중반~2000년대 초반 출생자를 뜻하는 Z세대를 합친 말이다. 디지털 환경에 익숙해 모바일을 주로 사용하고 최신 트렌드 및 자신만의 이색적인 경험을 추구한다는 특징이 있다. 특히 MZ세대는 SNS를 기반으로 유통시장에서 강력한 영향력을 발휘하는 소비 주체로 부상하고 있다. 이에 각 업계에서는 이들을 사로잡기 위한 다양한 마케팅 전략을 펼치고 있다.

20 링겔만 효과(Ringelmann Effect)

집단에 참여하는 개인이 늘어날수록 성과에 대한 1명의 기여도는 오히려 떨어지는 현상을 말한다. 혼자서 일할 때보다 집단 속에서 일할 때 노력을 덜하기 때문에 이러한 현상이 나타난다고 한다. 이 효과는 독일의 심리학자 링겔만이 각 개인들의 공헌도 변화를 측정하는 줄다리기 실험을 통해 발견했다고 하여 그의 이름을 붙였다.

Step 5   문화 · 미디어

21 팝아트(Pop Art)

1950년대 영국에서 시작된 팝아트는 추상표현주의의 주관적 엄숙성에 반대하며 TV, 광고, 매스미디어 등 주위의 소재들을 예술의 영역 안으로 받아들인 사조를 말한다. 대중문화 속에 등장하는 이미지를 미술로 수용함으로써 순수예술과 대중예술의 경계를 깨뜨렸다는 평도 있지만 이를 소비문화에 굴복한 것으로 보는 시선도 있다. 앤디 워홀, 리히텐슈타인 등이 대표적인 작가이다.

22 그래미상(Grammy Awards)

음반계의 아카데미상이라 불리는, 미국 음반업계에서 최고의 권위를 자랑하는 상이다. 매년 봄에 전미 레코드예술과학아카데미(NARAS)에서 주최하며, 1년간의 우수한 레코드와 앨범을 선정해주는 상이다. 수상자에게는 축음기 모양의 작은 트로피가 수여된다.

23 다다이즘(Dadaism)

물질문명의 발달로 1차 세계대전의 비극이 일어난 것에 분노를 느껴 문명을 비판한 것에서 출발했다. 스위스 취리히에서 후고 발, 트리스탕 차라, 리하르트 휠젠베크 등의 예술가들이 모여 모든 예술형식과 가치를 부정하고 비합리성·반도덕·비심미적인 것을 주장함으로써 다다이즘이 발생하였다. 1차 세계대전 중 중립국인 스위스는 반정부적 예술가들에 대한 박해가 적어 다다이즘의 발생지가 될 수 있었다.

24 식스맨(Sixth Man)

농구 경기에서 시합이 시작되면서부터 플레이하는 다섯 명의 선수를 스타팅 멤버라고 하는데 이들은 팀에서 가장 실력이 출중하다고 평가되는 선수들로 구성된다. 경기를 하다가 스타팅 멤버의 체력이 떨어지거나 경기 분위기를 바꾸기 위해 다른 선수를 투입하기도 하는데 이때 투입되는 대기선수가 식스맨이다. 식스맨은 대기선수 중에서도 기량이 가장 뛰어나며, 중요한 순간에 게임에 투입되어 팀의 경기운영을 잘 조절하는 선수로 뽑는다.

25 왈츠(Waltz)

18세기 중엽 오스트리아 및 바이에른 지방에서 유래한 민속춤곡을 말한다. 3박자 리듬에 기초한 춤곡이 연주되면 남녀가 서로를 안고 원을 그리며 움직이는 춤의 형식이다. 한때는 외설스럽다는 이유로 금지된 적도 있었지만, 19세기 들어서는 빈의 사교계로 진출하면서 크게 유행하기 시작했다. '빈 왈츠'는 '빈 회의'를 계기로 유럽 전역에 전파되었고, 19세기 후반에 요한 슈트라우스 2세의 활약으로 한 차원 높은 '예술음악'으로 격상되어 오늘날까지 이어졌다.

26 누스페어(Noosphere)

캐나다의 사회커뮤니케이션 학자 피에르 레비가 창안한 개념으로 쉽게 말해, 더 이상 동양과 서양·국가·인종 간 구분이 존재하지 않는 전혀 새로운 세계를 뜻한다. 또 'Noo(정신)'와 'Sphere(시공간)'를 결합시킨 사회철학용어로 인류가 오랫동안 집적해온 공동의 지적 능력과 자산을 바탕으로 사이버 공간에서 이루어가는 세계를 말하기도 한다.

04

27 랜섬웨어(Ransomware)

'몸값'을 의미하는 '랜섬(Ransom)'과 '소프트웨어(Software)'의 '웨어(Ware)'를 합성한 말이다. 사용자의 동의 없이 컴퓨터에 설치되어 사용자의 문서 등 중요 파일을 암호화함으로써 파일을 사용할 수 없게 만든다. 과거에는 이메일이나 첨부파일, 웹서핑으로 유포되었으나 최근에는 클라우드나 파일 서버에서의 감염도 증가하고 있다.

28 메타버스(Metaverse)

가상·초월을 뜻하는 '메타(Meta)'와 현실세계를 뜻하는 '유니버스(Universe)'를 더한 말이다. 현실세계와 가상세계를 더한 3차원 가상세계를 의미한다. 이용자는 자신을 상징하는 아바타를 통해 게임, 회의에 참여하는 등 가상세계 속에서 사회·경제·문화적 활동을 펼친다. '메타버스'라는 용어는 닐 스티븐슨이 1992년 출간한 소설인 〈스노 크래시(Snow Crash)〉에서 처음 나왔다. 5G 상용화와 더불어 가상현실(VR)·증강현실(AR)·혼합현실(MR) 등을 구현할 수 있는 기술이 계속해서 발전하고 있고, 코로나19 팬데믹 이후 비대면·온라인 추세가 확산함에 따라 메타버스가 주목받고 있다.

29 피프로닐(Fipronil)

광범위하게 사용되는 살충제로, 해충 박멸 효과가 탁월하여 농장, 골프장, 상업용 잔디 등에 대한 해충 방제와 바퀴벌레 퇴치제의 성분으로 활용되고 있다. 식용을 목적으로 사육하는 가축에는 사용이 금지되어 있다. 세계보건기구(WHO)에 따르면 맹독성 물질인 피프로닐이 인체에 일정 기간에 걸쳐 많이 흡수되면 간, 갑상샘, 신장이 손상될 수 있다고 한다.

😊 상식 더하기 DDT(Dichloro-Diphenyl-Trichloroethane)

'디클로로-디페닐-트리클로로에탄'을 줄여서 부르는 표현이다. 1874년 처음 합성되었고, 1939년 뮐러에 의해 이상적인 살충제로 탄생했다. 강력한 살충 · 제초 효과로 말라리아의 발병률을 크게 저하시켰고, 농작물의 피해를 줄였다. 뮐러는 DDT의 효과를 발견한 공로로 1948년 노벨생리의학상을 받았다. 그러나 환경운동가 레이첼 카슨이 그녀의 저서 〈침묵의 봄〉(2011)에서 DDT의 폐해를 언급한 후 DDT의 문제점이 부각되기 시작했고, 뮐러는 환경파괴의 주범으로 비난을 받기도 했다.

30 하이퍼루프(Hyperloop)

전기자동차 제조업체인 테슬라 모터스와 민간 우주업체 스페이스X의 CEO인 일론 머스크가 고안한 차세대 이동수단이다. 하이퍼루프는 기본적으로 진공 튜브에서 차량을 이동시키는 형태의 운송수단이다. 최고 속도는 시속 1,280km를 달릴 수 있다. 물론 구간에 따라 속도가 달라지겠지만, 이론상으론 서울-부산 사이를 15분 만에 달릴 수 있으며 미국 서부 샌프란시스코와 로스앤젤레스 구간을 불과 30분 안에 주파할 수 있다. 우리나라에서는 한국철도기술연구원이 2011년 모형 운송체의 튜브 주행 실험에 성공했고, 2018년에는 하이퍼루프의 핵심장치인 1/1000 기압 튜브를 국내 최초로 개발했다. 또한 울산과학기술원에서도 하이퍼루프를 미래 연구도전 과제로 선정하여 자체 개발한 '유 루프(U-Loop)' 모델을 선보였다.

Step 1 **정치 · 법률**

01 게티즈버그 연설(Gettysburg Address)

링컨이 남북전쟁 중이던 1863년 11월 19일에 미국 펜실베이니아주 게티즈버그에서 했던 연설이다. 이 연설은 살아남은 사람들이 한층 더 헌신할 것을 결심해야 한다고 하며 "국민의, 국민에 의한, 국민을 위한 정치를 지상에서 소멸하지 않도록 하는 것"이야말로 그 목적이라고 하였다. 이 연설은 미국 역사상 가장 많이 인용된 연설 중 하나이자 가장 위대한 연설로 꼽힌다.

> **상식 더하기** 남북전쟁
>
> 미국에서는 노예해방을 둘러싸고 남부와 북부로 나뉘어 갈등이 지속되고 있었는데, 미국 남부 11개 주에서 노예의 존속과 연방 분리를 통한 독립을 주장하며 전쟁을 일으켰다. 결국 1865년 남부가 패하고 북부가 승리하며 미국 전역에서 노예제가 폐지되었고 노예에게도 시민권이 주어졌다.

02 뉴거버넌스(New Governance)

정부와 민간이 협력하는 국정관리체제를 말한다. 국가의 주도하에 이루어졌던 고전적 거버넌스와 달리 시민사회를 국정운영에 포함시킴으로써 정부와 민간의 협력적 네트워크를 형성하고, 시민사회의 민주적 참여를 중시한다.

03 법의 체계

헌법 → 법률 → 명령 → 지방자치 법규(조례 · 규칙)
- **헌법** : 국가의 통치조직과 통치작용의 기본원리 및 국민의 기본권을 보장하는 근본 규범
- **법률** : 헌법이 정하는 절차에 따라 국회에서 제정하며 일반적으로 국민의 권리와 의무사항을 규정
- **명령**
  - 대통령령 : 법률을 시행하기 위해 필요한 사항에 관하여 대통령이 발하는 명령
  - 총리령 · 부령 : 국무총리 또는 행정 각부의 장관이 그의 소관 사무에 관하여 법률이나 대통령의 위임에 의거하여 발하는 명령
- **지방자치 법규**
  - 조례 : 지방자치단체가 지방의회 의결에 의하여 법령의 범위 내에서 자기의 사무에 관하여 규정한 것
  - 규칙 : 지방자치단체의 장이 법령 또는 조례에서 위임한 범위 내에서 그 권한에 속하는 사무에 관하여 규정한 것

04 기본 6법

- **헌법** : 국민의 기본권을 보장하고 국가의 통치조직과 통치작용의 기본 법칙을 규정
- **민법** : 일반인의 사적 생활관계인 재산관계와 가족관계를 규율하는 법률
- **형법** : 범죄와 형벌을 규정한 법률로, 어떤 행위가 범죄이고 이에 대해 어떤 형벌이 부과되는지를 규정
- **상법** : 기업의 생활관계나 기업의 상거래 · 경영에 관한 법률
- **민사소송법** : 사법체계를 통한 권리 실현을 위한 재판 절차를 규정하는 법률
- **형사소송법** : 수사 및 형사재판 절차를 규정한 공법으로 수사의 절차, 재판의 개시, 재판의 절차, 판결의 선고, 선고된 판결에 대한 불복 및 확정 등에 대한 일반적인 법 규정을 망라한 절차법

05 법률 제정 절차

법률안의 제출(국회의원과 정부가 제출) → 법률안의 심의와 의결(국회의장이 상임위원회에 회부) → 상임위원회의 심사 → 법제사법위원회의체계 · 자구심사 → 전원위원회의 심사 → 본회의 상정(심의 · 의결) →정부 이송 → 대통령의 거부권 행사 → 공포

- **제안** : 국회의원 10인 이상 또는 정부가 제안
- **의결** : 제출된 법률안은 소관 상임위원회의 심사를 거쳐 본회의에 회부되고 질의 · 토론을 거쳐 재적의원 과반수의 출석과 출석의원 과반수의 찬성으로 의결
- **공포** : 의결된 법률안은 정부로 이송되어 15일 이내에 대통령이 공포, 법률에 특별한 규정이 없는 한 공포된 날로부터 20일을 경과함으로써 효력 발생

05

Step 2 **국제 · 외교**

06 자유무역협정(FTA ; Free Trade Agreement)

둘 이상의 국가 간에 수출입 관세와 시장점유율 제한 등의 무역장벽 철폐를 합의하는 조약이다. 국가 간의 자유로운 무역을 위해 관세 등의 여러 보호벽을 철폐하는 것으로 경제 통합의 두 번째 단계이다. 이로써 좀더 자유로운 상품거래와 교류가 가능하다는 장점이 있으나 자국의 취약산업 등의 붕괴 우려 및 많은 자본을 보유한 국가가 상대국의 문화까지 좌지우지한다는 점에서 논란이 많다. 상호 간에 관세는 폐지하지만 협정국 외의 다른 나라에 대한 관세를 동일하게 설정할 필요는 없다는 점이 관세동맹과의 차이점이다.

07 옥토버 서프라이즈(October Surprise)

11월에 열리는 미국 대선에 큰 영향을 끼칠 수 있는 사건이 대선 전 달인 10월에 생기는 것을 말한다. 옥토버 서프라이즈라는 용어는 1972년 공화당 리차드 닉슨 미국 전 대통령과 민주당 조지 맥거번 상원의원이 치열한 선거전을 벌일 때 처음 사용됐다. 당시 국가 안보관이었던 헨리 키신저가 "평화가 손 안에 있다"며 '베트남전 종전'을 암시하는 말을 언론에 흘림으로써 닉슨 대통령이 연임에 성공한 것에서 유래했다. 옥토버 서프라이즈는 부시 미국 전 대통령, 오바마 미국 전 대통령 등 다수의 미국 대통령 선거에도 큰 영향을 끼쳤다.

08 외로운 늑대

특정 조직이나 이념이 아니라 정부에 대한 개인적 반감을 이유로 스스로 테러에 나서는 테러리스트를 말한다. 이들에 의한 테러는 감행시점이나 방식에 대한 정보의 수집이 어려워 예방이 불가능하다는 점에서 테러조직에 의한 테러보다 더 큰 위협이 된다. 2000년대 이후 미국에서 탄생한 외로운 늑대는 주로 이슬람계 청년이 많은데, 이들이 이민자로서 느끼는 정체성의 혼란 등이 외로운 늑대가 되는 이유이다.

09 고노 담화

1993년 8월 4일 당시 일본의 관방장관 고노 요헤이가 위안부 문제와 관련해 일본군 및 관헌의 관여와 징집·사역에서의 강제를 인정하고 문제의 본질이 중대한 인권 침해였음을 승인하면서 사죄한 담화이다. 하지만 아베 일본 전 총리가 고노 담화를 수정할 필요가 있다고 언급하면서 논란을 일으키기도 했다.

10 무라야마 담화

1995년 당시 일본 무라야마 총리가 식민지 지배와 침략의 역사를 인정하고 사죄하는 뜻을 공식적으로 표명한 담화이다. 외교적으로 일본이 가장 적극적으로 일본의 식민지배를 사죄한 것으로 평가되지만, 강제동원 피해자에 대한 배상이나 위안부 문제 등에 대한 언급은 없었다.

Step 3 경제 · 경영

11 세계 3대 신용평가기관

영국의 피치 레이팅스, 미국의 무디스와 스탠더드 앤드 푸어스(S&P)는 세계 3대 신용평가기관으로서 각국의 정치 · 경제상황과 향후 전망 등을 고려하여 국가별 등급을 매김으로써 국가신용도를 평가한다.

피치 레이팅스 (Fitch Ratings)	• 1913년 존 놀스 피치(John Knowles Fitch)가 설립한 피치 퍼블리싱 컴퍼니(Fitch Publishing Company)에서 출발 • 1924년 'AAA'에서 'D'까지 등급을 매기는 평가방식 도입 • 뉴욕과 런던에 본사 소재
무디스 (Moody's Investors Service)	• 1909년 존 무디(John Moody)가 설립 • 기업체 및 정부를 대상으로 재무에 관련된 조사 및 분석 • 뉴욕 증권거래소 상장기업
스탠더드 앤드 푸어스 (Standard & Poor's)	• 1860년 헨리 바늄 푸어(Henry Varnum Poor)가 설립한 후 1942년 스탠더드와 합병하며 지금의 회사명으로 변경 • 미국의 3대 지수로 불리는 S&P500지수 발표 • 뉴욕에 본사 소재

12 피구 효과(Pigou Effect)

경기불황이 심해짐에 따라 물가가 급속히 하락하고 경제주체들이 보유한 화폐량의 실질가치가 높아져 민간의 자산이 증가하면서 소비 및 총 수요가 증대되는 효과를 말한다. 케인즈 학파의 유동성 함정 논리에 대항하기 위해 고전학파들이 사용하는 논리로, 유동성 함정이 존재한다고 해도 물가가 신축적이라면 극심한 불황에서 자연스럽게 탈출하여 완전고용을 이룰 수 있다고 본다.

13 양적완화(Quantitative Easing)

금리 인하를 통한 경기부양 효과가 한계에 봉착했을 때 중앙은행이 국채 매입 등을 통해 유동성을 시중에 직접 푸는 정책을 말한다. 금리중시 통화정책을 시행하는 중앙은행이 정책금리가 0%에 근접하거나 혹은 다른 이유로 시장경제의 흐름을 정책금리로 제어할 수 없는 이른바 유동성 저하 상황에 처했을 때 유동성을 충분히 공급함으로써 중앙은행의 거래량을 확대하는 정책이다. 중앙은행은 채권이나 다른 자산을 사들임으로써 이율을 더 낮추지 않고도 돈의 흐름을 늘리게 된다.

14 골디락스(Goldilocks)

높은 성장률을 기록하면서도 물가 상승 압력이 거의 없는 이상적인 경제상황을 의미하는 것이다. 영국 동화 〈골디락스와 곰 세 마리〉에 등장하는 소녀 이름에서 유래했다. 동화에서 여주인공 골디락스는 곰이 끓이고 나간 세 가지의 수프인 뜨거운 것과 차가운 것, 적당한 것 중에서 적당한 것을 먹고 딱딱한 침대, 너무 물렁한 침대, 적당한 침대 중 적당한 침대에 누워 쉬는데 이러한 골디락스를 경제에 비유하여 뜨겁지도 차갑지도 않은, 안정적인 경제상태를 나타낸다. 가격이 아주 비싼 상품과 싼 상품, 중간 가격의 상품을 함께 진열하여 중간 가격의 상품을 선택하게 유도하는 판촉기법을 '골디락스 가격'이라고 하기도 한다.

15 통화정책

중앙은행이 고용·물가안정·국제수지 개선 등의 목표를 달성하기 위해 통화량 및 금리를 조절하는 것으로 재할인정책, 지급준비정책, 공개시장 정책 등의 수단이 있다.
- **경기침체 시** : 중앙은행이 통화량을 늘리거나 이자율을 인하하는 등 확장통화정책을 펴면 투자지출과 소비지출이 증가하여 총 수요가 확대되면서 경기회복
- **경기과열 시** : 중앙은행이 시중의 돈을 환수하여 통화량을 줄이거나 이자율을 인상하는 긴축통화정책을 펴면 투자와 소비가 감소하면서 총 수요가 줄어들어 경기회복

05

Step 4   사회·노동·환경

16 메디치 효과(Medici Effect)

서로 다른 이질적인 분야들이 결합할 때 각 요소가 지니는 에너지의 합보다 더 큰 에너지를 분출하여 창조적이고 혁신적인 시너지를 창출하는 현상을 말한다. 이 용어는 15세기 중세 이탈리아 피렌체의 메디치 가문에서 유래했다. 당시 메디치 가문은 문학, 철학, 과학 등 여러 분야의 전문가를 후원했는데 이 과정에서 자연스럽게 각 분야가 서로 융합돼 큰 시너지를 일으켰다고 한다.

17 오너리스크(Ownerisk)

기업의 회장이나 대주주 등 오너들의 잘못된 언행, 불법행위, 도덕성 등
그들의 개인적인 문제에서 비롯한 각종 사건들로 인해 기업에 해를 입히
는 것을 말한다. 오너리스크로 인한 손실은 오너 자신보다 기업 전체에
악영향을 준다. 특히 프랜차이즈 업계의 경우 가맹점들이 오너리스크를
고스란히 떠안는 경우가 대부분이다.

18 에코부머세대(Echo-boomer Generation)

베이비부머들이 낳은 2세들로 1980년대~1990년대 중반에 태어나 현재
사회에 진출하고 있거나 진출한 세대이다. 산에서 소리를 치면 메아리가
되돌아오는 것처럼 전쟁 후의 대량출산 현상이 수십년이 지난 후에 2세
들의 출생붐이라는 메아리를 만들었고, 베이비부머세대가 낳았다고 해
서 에코부머세대라는 이름이 붙게 됐다. 현재 에코부머세대가 겪고 있는
불안정한 고용시장과 저출산 현상이 사회 전체의 문제가 되고 있다.

19 인구보너스 & 인구오너스(Demographic Bonus & Demographic Onus)

총 인구 중에서 생산연령인구의 비중이 높아지는 것을 인구보너스라 하
고, 생산연령인구의 비중이 낮아지는 것을 인구오너스라 한다.
- **인구보너스** : 전체 인구에서 생산연령인구(15~64세)의 비중이 증가하
  여 노동력이 증가하고, 경제성장이 활성화되는 것
- **인구오너스** : 전체 인구에서 생산연령인구의 비중이 하락하여 노동력
  이 감소하고, 경제성장이 지체되는 것

20 조현병

'정신분열증'의 순화된 병명이다. 망상, 환청 등 임상적 이상 증상과 함께 사회적 기능에 장애를 일으킬 수도 있는 질환으로 만성적인 경향을 가지는 탓에 환자나 가족에게 고통을 줄 뿐만 아니라 불특정인에게 피해가 발생하기도 한다. 2016년 발생한 '강남역 화장실 살인사건' 이후 병명이 화제가 되었다.

Step 5 문화 · 미디어

21 바이애슬론(Biathlon)

1960년 동계올림픽 정식종목으로 채택된 것으로 크로스컨트리 스키와 소총 사격이 조합된 스포츠 종목을 말한다. 눈이 많이 오는 북유럽에서는 중요한 군사훈련의 한 분야이기도 한 바이애슬론은 속도만을 겨루는 경기가 아니라 표적 사격의 결과가 경기 성적에 크게 영향을 끼친다.

22 루즈벨트 스코어

야구에서 제일 재미있는 게임이라고 하는 9 : 8 스코어로 끝나는 경기를 의미한다. "야구 경기는 9대 8 승부가 제일 흥미진진하다"고 말한 미국의 제32대 대통령인 프랭클린 루스벨트(Franklin Roosevelt)의 이름에서 유래했다. 미국 35대 대통령인 존 F. 케네디(John F. Kennedy)가 "야구는 8대 7로 이기는 것이 가장 재미있다"고 말한 데서 유래한 케네디 스코어와 함께 긴장감 넘치고 재미있는 야구경기를 가리키는 말로 쓰이게 되었다.

23 퓰리처상(Pulitzer Prize)

1911년 사망한 미국의 신문왕 조셉 퓰리처의 유산 50만달러를 기금으로 하여 1917년 창설된 것으로 미국에서 가장 권위 있는 언론 · 문학 · 음악 상이다. 뉴스 · 보도사진 15개 분야와 문학 · 드라마 · 음악 7개 분야에서 수상자를 선정하며 매년 4월 발표한다.

24 스토브리그(Stove League)

야구시즌이 끝나고 비시즌 시기에 선수영입을 위해 선수계약이나 협상 등이 이루어지는 것을 말한다. 팬들이 난로(Stove) 주위에 모여 선수의 소식 등을 이야기하며 흥분하는 모습이 마치 실제의 경기를 보는 것 같다는 데서 유래한 말이다.

25 와일드카드(Wild Card)

와일드카드란 원래 카드게임에서 '아무 카드나 대용으로 쓸 수 있는 카드', '동시에 다양한 용도로 쓰이는 카드'를 말한다. 여기서 의미가 확장되어 야구, 축구, 테니스 등 스포츠 종목에서 출전 자격을 얻지 못했지만 특별히 출전이 허용되는 선수나 팀을 일컫는 말로도 사용되고 있다.

26 스피어 피싱(Spear Phising)

특정 개인 또는 그룹에 맞추어 피싱 공격을 하는 것을 '작살 낚시'에 빗대 표현한 용어이다. 피싱 공격자는 특정 공격대상을 정해 그들이 보유한 정보를 얻는 것을 목적으로 행동한다. 마치 회사의 인사팀이나 기술팀에서 직원들에게 이름 및 패스워드 업데이트를 요구하는 것처럼 피싱 행위가 이루어지고, 해커는 여기서 얻은 데이터를 통해 네트워크에 잠입한다. 사용자로 하여금 스파이웨어가 수행되는 링크에 클릭하도록 유도하는 방식도 있다.

05

27 디도스(DDoS)

특정 컴퓨터의 자료를 삭제하거나 훔치는 것이 목적이 아니라 정당한 신호를 받지 못하게 방해하려는 분산 서비스 거부를 말한다. 여러 대의 컴퓨터가 일제히 공격해 대량 접속이 일어나게 함으로써 해당 컴퓨터의 기능이 마비되게 한다. 자신도 모르는 사이에 악성코드에 감염돼 특정 사이트를 공격하는 PC로 쓰일 수 있는데 이러한 컴퓨터를 '좀비PC'라고 한다.

28 허블 우주망원경

미 항공우주국(NASA)과 유럽우주국(ESA)에서 개발하고 발사한 우주망원경을 말한다. 1990년 4월에 우주왕복선 디스커버리호에 실려 지구 궤도에 진입하여 우주 관측활동을 하기 시작했다. 지구상에 설치된 고성능의 망원경들보다 해상도와 감도가 높으며 미세한 부분까지 선명하게 관찰이 가능하다. 또한 지구 바깥에 존재하므로 대기의 영향을 받지 않을 뿐만 아니라 우주의 빛을 왜곡 없이 관측할 수 있다는 장점이 있다.

29 온난화 현상

지구의 평균 온도를 상승시키는 온실가스에는 이산화탄소, 메탄, 프레온 가스가 있다. 지구의 기온이 점차 상승함에 따라 해수면이 상승하고 해안선이 바뀌며 생태계에 변화를 가져왔다. 이로 인해 많은 환경 문제들이 야기되고 있어 전 세계는 이산화탄소 배출량을 줄이기 위해 그린 업그레이드 등의 환경운동을 하고 있다.

> **♡ 상식 더하기** 그린 업그레이드(Green Upgrade)
>
> 개인이 배출한 오염물질만큼 환경단체 등에 기부금을 내는 것으로 강제성은 없으며 환경오염에 대한 죄책감을 느끼는 이들이 자발적으로 기부하는 형식이다.

30 인슐린(Insulin)

탄수화물의 대사를 조절하는 호르몬으로 혈액 속의 포도당을 일정하게 유지하는 기능을 하며 췌장에서 합성·분비된다. 음식을 소화하고 흡수할 때도 순간적으로 혈당이 높아지는데 그 혈당의 양을 조절하는 것이 인슐린의 역할이다. 그러나 인슐린의 합성과 분비가 잘 이루어지지 않으면 제 기능을 못하게 되고 결국 포도당을 함유한 소변을 배설하는 당뇨병에 걸릴 수 있다.

06

정치 · 법률

01 신의성실의 원칙(신의칙)

권리의 행사와 의무의 이행은 신의에 좇아 성실히 하여야 한다는 원칙을 말한다. 신의칙은 사법 및 공법에 적용되는 일반원칙으로서 권리의 행사와 의무의 이행에 관한 적정성의 판단기준이자 법률행위의 해석원리이다. 법의 흠결이 있는 경우에 이를 보충하기 위한 수단으로 작용하여야 하는 것으로 강행규범에 반해서는 안 된다. 신의나 성실의 구체적인 내용은 시간이나 장소에 따라 변하는 것이므로 결국 그 사회의 일반적인 관념에 따라 결정되는 것이다. 이러한 신의칙으로부터 권리남용 금지의 원칙, 실효의 원칙, 사정변경의 원칙 등이 파생된다.

02 공공재

사유재에 대립되는 개념으로 누구나 이용할 수 있는 재화나 서비스를 말한다. 예를 들면 국방 · 경찰 · 소방 · 공원 · 도로 등과 같은 것이다. 사유재를 이용하기 위해서는 그에 상응하는 대가를 지불해야 하지만 공공재는 대가를 지불하지 않고 이용한다. 따라서 공공재에 대한 소비자의 선호가 드러나지 않으며 비경쟁성, 비배제성이라는 특징을 갖는다.

03 상소(上訴)제도

법원의 판결에 불복하여 상급법원에 다시 재판을 청구하는 절차이며 항소 · 상고 · 항고 등이 있다.

- **항소(抗訴)** : 제1심 판결에 불복하여 고등법원 또는 지방법원 합의부에 다시 재판을 청구하는 절차
- **상고(上告)** : 제2심 판결에 불복하여 대법원에 재판을 청구하는 절차
- **항고(抗告)** : 법원의 결정이나 명령에 불복하여 상급 법원에 다시 상소하는 절차

04 죄형법정주의(罪刑法定主義)

어떤 행위가 범죄가 되고, 그 범죄에 대하여 어떤 처벌을 할 것인가는 미리 성문의 법률에 규정되어 있어야 한다는 원칙이다. 즉, 사회에서 비난받을 만한 행위를 했다 할지라도 그 행위가 법률에 규정되어 있지 않으면 범죄가 되지 않는다는 것이다. 이는 근대 자유주의 인권사상을 배경으로 확립된 것으로 국가기관으로부터 국민의 권리를 보장한다는 데 그 목적이 있다.

05 기소독점주의(起訴獨占主義)

공소를 제기하고 수행할 권한을 검사가 독점하는 것으로, 재판을 받게 할지 여부를 결정할 수 있는 권한을 오직 검사만 갖는다는 뜻이다. 우리나라는 '공소는 검사가 제기하여 수행한다(형사소송법 제246조)'라는 규정을 두어 기소독점주의와 기소편의주의를 채택하고 있다. 기소독점주의는 공소제기(公訴提起)의 권한을 검사에게만 부여하는 것이고, 기소편의주의는 형사소송법상 공소의 제기에 관하여 검사의 재량을 허락하고 불기소(기소유예와 무혐의 처분)를 인정하는 제도이다.

06 데탕트(Détente)

프랑스어로 완화 · 휴식이라는 뜻으로, 미국과 소련이 이른바 냉전상태를 지속해오다가 1970년대에 들어서면서 양국의 평화공존정책으로 점차 세계 전체에 전쟁의 위기가 완화된 것을 말한다. 1970년대 초 당시 미국의 닉슨 대통령이 중국 등 공산국가들을 방문하고 냉전 종식을 위한 합의문을 이끌어낸 데서 비롯했다. '데탕트 무드'는 동서냉전이 차차 줄어들고 양쪽 진영이 화해의 제스처를 취했다는 의미로 미국 언론이 처음으로 사용했다.

06

07 군사분계선(MDL ; Military Demarcation Line)

한국의 경우 1953년 7월 UN군 측과 공산군 측이 합의한 정전협정에 따라 규정된 휴전의 경계선을 말하며 '휴전선'이라 한다. 길이는 약 250km이며 남북 양쪽 2km 지역을 비무장지대로 설정하여 완충구역으로 둔다. 정전협정 제1조는 양측이 휴전 당시 점령하고 있던 지역을 기준으로 군사분계선을 설정하고 상호 간에 이 선을 침범하거나 적대행위를 하는 것을 금지하고 있다.

> 💚 상식 더하기 비무장지대(DMZ ; Demilitarized Zone)
>
> 국제조약이나 협약에 의해서 무장이 금지된 지역으로 군대의 주둔이나 무기의 배치, 군사시설의 설치가 금지된다. 주로 무력충돌을 방지하거나 운하 · 하천 · 수로 등의 국제교통로를 확보하기 위해서 설치된다. 우리나라의 DMZ는 군사분계선(MDL)을 중심으로 남북 2km, 약 3억평의 완충지대이다.

08 전시작전통제권(WOC ; Wartime Operational Control)

한반도 유사시 주한미군사령관이 한국군의 작전을 통제할 수 있는 권리를 말한다. 평상시에는 우리가 작전통제권을 갖고 있지만 대북정보태세인 '데프콘' 3단계(적의 도발 징후가 포착되는 상황)가 발령되면 한미연합사령관에게 통제권이 넘어가도록 되어 있다. 다만 수도방위사령부 예하부대 등 일부 부대의 경우에는 작전통제권이 이양에서 제외돼 유사시에도 독자적으로 작전권을 행사할 수 있다. 2007년 미국 워싱턴에서 열린 한·미 국방장관 회담에서 전시작전통제권을 2012년 4월 17일부터 우리 군으로 환수하기로 하였으나 2014년 제46차 한미안보협의회에서 전시작전통제권의 이양시점을 2020년 중반으로 재조정한 바 있다. 2024년 6월 기준 전시작전통제권에 관한 양국 협의는 진행 중에 있다.

09 국제사법재판소(ICJ ; International Court of Justice)

국제연합(UN)의 주요 사법기관으로, 국가 간 분쟁의 법적해결을 위해 설치되었다. 재판소는 국제연합 총회·안전보장이사회에서 선출된 15명의 재판관으로 구성되며 국제법을 법원으로 하여 심리한다. 판결의 집행은 헌장에 따라 '만약 사건의 일방 당사국이 재판소가 내린 판결에 따라 자국이 부담하는 의무를 이행하지 않을 경우 타방의 당사국은 안전보장이사회에 제소할 수 있다. 이사회는 필요하다고 인정할 때 권고를 하거나 판결의 집행에 필요한 조치를 결정할 수 있다'고 규정되어 있으므로 판결은 구속력을 가지나 판결의 불이행이 국제평화와 안전을 해친다고 인정되는 경우에 한하기 때문에 판결 집행의 제도적 보장은 미흡하다. 재판소는 네덜란드 헤이그에 있다.

> **♡ 상식 더하기** ◁ 국제법(International Law)
>
> 국가 간 합의에 의해 국제사회에서의 행위와 이해관계를 규율하는 법이다. 국제법의 법원에는 국제 관습법, 조약, 법의 일반원칙이 있다.

10 치킨게임(Chicken Game)

두 명의 경기자들(Players) 중 어느 한쪽이 포기하면 다른 쪽이 이득을
보게 되며, 각자의 '최적 선택(Optimal Choice)'이 다른 쪽 경기자의 행
위에 의존하는 게임을 말한다. '치킨(Chicken)'이란 명칭은 두 사람이 충
돌을 불사하고 서로를 향해 차를 몰며 돌진하는 1950년대 미국 젊은이들
의 게임에서 유래한다. 둘 중 하나가 차의 핸들을 꺾지 않으면, 결국 충
돌해 둘 다 죽는다. 만일 둘 중 하나가 핸들을 꺾으면, 다른 운전자는 승
리자가 되며 둘 다 죽을 이유도 사라진다. 이 경우 핸들을 꺾은 사람은
치킨(Chicken)이 된다. 즉 여기서 치킨은 '겁쟁이(Coward)'란 뜻이다.

Step 3 경제 · 경영

11 통화스와프(Currency Swaps)

다양한 계약 조건에 따라 일정 시점에 통화, 금리 등의 교환을 통해 이
뤄지는 금융기법이다. 스와프에는 외국환을 거래하는 외환스와프, 통화
를 교환하는 통화스와프, 동일한 통화의 이자를 서로 교환하는 금리스와
프 등이 있다. 스와프는 서로의 부채를 교환하여 위험을 회피하려는 것
이 목적이다. 국가 간의 통화스와프 협정은 두 나라가 자국 통화를 상대
국 통화와 맞교환하는 방식으로 이뤄지며 한 나라에 외환위기가 발생하
면 상대국이 즉각 외화를 융통해줌으로써 유동성 위기에서 벗어나고 환
시세의 안정을 꾀할 수 있다. 우리나라는 스위스, 캐나다, 중국, 호주, 말
레이시아, 인도네시아, 치앙마이 이니셔티브 등과 통화스와프 협정이 체
결되어 있다.

12 총부채상환비율(DTI ; Debt To Income ratio)

총소득에서 부채(빚)의 연간 원리금상환액이 차지하는 비율을 말한다. 금융부채 상환능력을 소득으로 따져 대출한도를 정하는 방식이다. 은행 등 금융기관이 대출금액을 정할 때 대출자의 상환능력을 검증하기 위해 활용하는 개인신용평가시스템과 비슷한 개념이다. 수치가 낮을수록 빚 상환능력이 양호하거나 소득에 비해 대출규모가 작다는 의미이다.

$$DTI = \frac{\text{해당 주택담보대출 연간 원리금상환액} + \text{기타 부채의 연간 이자상환액}}{\text{연소득}} \times 100$$

13 주택담보대출비율(LTV ; Loan To Value ratio)

집을 담보로 은행에서 돈을 빌릴 때 집의 자산가치를 매기는 비율을 말한다. 주택의 종류 및 주택의 소재 지역에 따라 담보자산의 시가 대비 처분가액 비율이 달라질 수 있다. 이는 과도한 부동산 담보대출을 억제하고 부동산 투기를 막는 데 효과가 있다. 보통 기준시가가 아닌 시가의 일정 비율로 정한다.

$$LTV = \frac{\text{주택담보대출금액} + \text{선순위채권} + \text{임차보증금 및 최우선변제 소액임차보증금}}{\text{담보가치}} \times 100$$

14 거미집 이론

가격과 공급량의 주기적 변동을 보여주는 이론이다. 1934년 미국의 계량학자 W. 레온티에프 등에 의해 거의 완전한 형태로 정식화된 이론이다. 수요의 반응에 대응하여 수요량은 대체로 즉각적인 반응을 보인다고 할 수 있으나 공급량은 반응이 나타나기까지 일정한 시간이 필요하기 때문에 실제 균형가격은 시행착오를 거친 후에야 가능하게 된다. 이를 수요공급곡선상에 나타내면 가격이 마치 거미집과 같은 모양으로 균형가격에 수렴되므로 거미집 이론이라고 부른다.

15 코픽스(COFIX)

은행의 자본조달 비용을 반영한 주택담보대출 기준금리를 말한다. 은행 연합회가 매달 한 번씩 9개 시중은행으로부터 정기예금, 정기적금, 상호 부금, CD, 환매조건부채권, 금융채 등 자본조달상품 관련 비용을 종합하여 산출한다. 은행들이 대출금리를 결정할 때 코픽스에 대출자의 신용도를 반영하여 일정한 가산금리(스프레드)를 더한다. 잔액을 기준으로 하는 방법과 신규 취급액을 기준으로 하는 방법이 있다.

Step 4 **사회 · 노동 · 환경**

16 잊힐 권리(Right to be Forgotten)

인터넷상에 기록되고 검색되는 개인정보에 대한 삭제를 요구할 수 있는 권리이다. 모바일서비스가 발전하면서 이용자의 정보가 이곳저곳에 기록되고 손쉽게 검색되기 때문에 시간이 지난 후 이렇게 기록돼 있던 정보가 자신에게 불리한 정보로 돌아와 고통받는 사람들이 늘고 있다. 개인정보라고 하면 흔히 이름, 이메일, 주민등록번호, 주소 등의 정보만 생각하기 쉽지만 인터넷상에 등록한 글, 사진 등도 개인저작물에 포함되는 개인정보이므로 중요하다고 볼 수 있다. 그러나 이러한 개인정보를 개인이 삭제하고 싶어도 기업이 보관하고 있어 문제가 되고 있다. 이를 해결하기 위해 개인정보의 삭제를 요청할 수 있도록 하여 개인정보에 대한 자기통제권을 강화하자는 것이 잊힐 권리의 핵심이다.

17 임금피크제(Salary Peak System)

임금은 줄어들지만 대신 정년을 보장받을 수 있는 제도이다. 크게 정년 보장형과 정년연장형으로 나뉘는데, 우리나라 대다수의 기업들은 정년 보장형을 채택하고 있다. 임금피크제를 실시하면 기업의 입장에서는 인건비 절감, 숙련된 인력의 안정적 확보라는 효과를 얻고 근로자는 생활의 안정, 근로기회 확보 등의 효과를 얻을 수 있다.

18 뉴트로(New-tro)

'복고(Retro)를 새롭게(New) 즐긴다'는 뜻으로, 중장년층에는 추억과 향수를, 젊은 세대에는 새로움과 재미를 안겨주는 것이 특징이다. 기성의 것들을 토대로 새로운 것을 재창조하는 측면이 있다. 일종의 복고의 현대적 재해석이라고 할 수 있다. 국립국어원은 뉴트로를 대체할 우리말로 '신복고'를 제시하기도 했다. 가요계, 영화계, 뮤지컬계 등 문화계에서 과거 작품을 리메이크하는 것은 물론, 식품업계와 패션업계에서 과거와 현재의 감성을 버무린 제품들을 선보이는 것도 뉴트로 현상으로 본다.

19 디지털 디바이드(Digital Devide)

디지털기술의 발전과 그에 따른 통신문화의 확산으로 디지털 기기를 사용하는 사람과 사용하지 못하는 사람 사이에 정보격차가 발생하는 것을 말한다. 제대로 활용하는 사람들은 지식축적과 함께 소득까지 증가하는 반면 경제적 · 사회적인 이유로 디지털 기기를 활용하지 못하는 사람들은 상대적으로 심각한 정보격차를 느끼며 소외감을 느끼게 된다. 디지털 기기가 빠르게 진화할수록 소외계층의 스트레스는 커지게 되는데, 전문가들은 디지털 디바이드를 극복하지 못하면 사회 안정에도 해가 될 수 있다고 주장한다.

20 위스타트(WE Start)

'복지(Welfare)'와 '교육(Education)'의 영단어 첫 글자와 '출발(Start)'의 영단어를 합친 것이다. 저소득층 아이들에게 복지와 교육의 기회를 제공함으로써 아이들에게 보다 동등한 삶의 출발선이 주어지도록 하는 활동으로, 2004년 국내에서도 각계각층의 뜻이 모여 사단법인 '위스타트 운동본부'가 만들어졌다.

21 아리아(Aria)

오페라, 칸타타, 오라토리오 등에 나오는 기악반주의 독창곡으로 음악적인 선율을 중시하고 가창력과 화려한 기교를 표현한다. 서정적인 기악 선율을 아리아라고도 했는데, 대표적인 작품으로 〈G선상의 아리아〉가 있다.

상식 더하기 아리아가 등장하는 음악

오라토리오	• 성경에 나오는 이야기를 극화한 대규모의 종교적 악극 • 독창 · 합창 · 관현악으로 연주되지만 오페라와 달리 연기, 의상, 분장은 사용하지 않음 • 17~18세기에 성행했으며 헨델의 〈메시아〉, 하이든의 〈천지창조〉 등이 유명
칸타타	• 아리아 · 중창 · 합창 등으로 이루어진 대규모 성악곡 • 가사의 내용에 따라 세속칸타타와 종교칸타타로 구별 • 극적인 요소가 없음 • 17~18세기 중엽까지의 바로크시대에 가장 성행한 형식
세레나데	• 17~18세기 이탈리아에서 발생한 가벼운 연주곡 • '저녁의 음악'이라는 뜻을 지니며 낭만적인 사랑 노래가 많음 • 슈베르트의 〈세레나데〉, 모차르트의 〈하프너 세레나데〉가 대표적

22 교향곡(Symphony)

18~19세기 초 고전파 음악의 대표적 장르로, 4악장으로 구성되어 있으며 관현악으로 연주되는 대규모의 기악곡이다. 세계 3대 교향곡은 베토벤의 〈운명〉, 슈베르트의 〈미완성 교향곡〉, 차이코프스키의 〈비창〉이다.

> 💚 **상식 더하기** ◀ 고전파 음악
>
> 18세기 중엽~19세기 초 바로크시대와 낭만파시대 사이에 성행한 음악으로 하이든, 모차르트, 베토벤 등이 음악의 발전에 큰 기여를 했다.

23 관현악(Orchestra)

기악합주 중 가장 규모가 큰 것으로 오페라나 발레, 가곡 등의 반주에 사용된다. 80~100명 정도의 인원이 연주에 참여하고 지휘자의 통제 아래 연주가 이뤄진다. 악기는 지휘자를 기준으로 앞에서부터 현악기 - 목관악기 - 금관악기 - 타악기의 순서로 배치된다.

현악기	제1바이올린, 제2바이올린, 비올라, 첼로, 콘트라베이스
목관악기	플루트, 피콜로, 오보에, 코랑글레, 클라리넷, 베이스 클라리넷, 파곳, 색소폰
금관악기	호른, 트럼펫, 트롬본, 튜바
타악기	팀파니, 실로폰, 마림바, 큰북, 작은북, 심벌즈, 공, 트라이앵글, 탬버린, 캐스터네츠

24 음악의 빠르기

라르고(Largo) : 아주 느리고 폭넓게 → **아다지오(Adagio)** : 아주 느리고 침착하게 → **안단테(Andante)** : 느리게 → **모데라토(Moderato)** : 보통 빠르게 → **알레그레토(Allegretto)** : 조금 빠르게 → **알레그로(Allegro)** : 빠르게 → **비바체(Vivace)** : 빠르고 경쾌하게 → **프레스토(Presto)** : 빠르고 성급하게

25 레퀴엠(Requiem)

죽은 자의 명복을 빌기 위해 부르는 합창곡으로 '진혼곡'이라 한다. 그리스도교의 장례미사에서 쓰이던 음악에서 시작했으나 교회와 무관한 연주회용도 있다. 근대의 레퀴엠으로는 모차르트, 케르비니, 베를리오즈, 베르디 등의 작품이 유명하다.

26 해시태그(Hash Tag)

사용자가 원하는 주제의 검색을 편리하게 돕기 위한 연관검색어 기능을 말한다. 해시(Hash)의 사전적 의미는 '잘게 썬 고기 요리' 또는 '아는 사실의 재탕'이다. 특정 주제에 대한 연관된 검색에 대해 불특정 다수와 의견을 공유하고자 할 때 '#주제어' 형식으로 표현한다. 관심사나 주제에 대해 모바일에서 한눈에 파악하는 데 도움이 되며 기업이나 단체가 이벤트를 할 때 많은 사람들의 궁금증을 유발할 수 있다.

27 스트리밍(Streaming)

음악이나 동영상 파일을 스마트폰 따위의 휴대용 단말기나 컴퓨터에 내려받은 뒤 열지 않고, 인터넷에 연결된 상태에서 실시간으로 재생하는 일, 또는 그런 재생기술이나 기법을 말한다. 영상재생 과정이 마치 물 흐르듯 자연스럽다고 해서 '흐르다', '흘러내리다' 등의 의미를 가진 '스트리밍'이라는 이름이 붙여졌다. 이 서비스는 1995년 리얼네트워크사가 '리얼오디오(Real Audio)'를 통해 선보인 후 보편화됐다.

28 엔트로피(Entropy)

불안정한 물질이 평형을 이루고 안정된 상태로 나아갈 때 엔트로피가 증대되는데 쉽게 말하면 평형상태를 이루려고 하는 성질을 일컫는다. 엔트로피는 무질서한 상태 또는 물질계의 배열상태를 나타내는 물리량의 단위이기도 하다. 세상의 모든 물질은 반드시 엔트로피가 증대되는 방향으로 나아가며 이를 '열역학 제2법칙'이라고도 한다.

29 파놉티콘(Panopticon)

'모두'를 뜻하는 '판(Pan)'과 '본다'는 뜻의 '옵티콘(Opticon)'의 합성어다. 계몽시대 공리주의 사상가 제러미 벤담이 죄수를 감시할 목적으로 고안한 원형감옥으로 중앙의 감시탑과 이를 둘러싼 개인 감방들로 구성된다. 감시탑 안에서는 감방 속 수감자들의 일거수일투족을 속속들이 들여다볼 수 있다. 1975년 프랑스의 철학자 미셸 푸코가 그의 저서 〈감시와 처벌〉에서 컴퓨터 통신망과 데이터베이스를 개인의 사생활을 감시하거나 침해하는 대상으로 비유하면서 감시체계의 원리를 재조명했다.

> **🖤 상식 더하기** 시놉티콘(Synopticon)
>
> '서로 동시에 감시한다'는 뜻으로, 노르웨이 범죄학자 토마스 매티슨 (Thomas Mathiesen)은 정보기술의 발전으로 언론과 통신이 발달하면서 기존 소수의 감시자와 다수의 피감시자 간의 경계가 사라지고 모두가 함께(Syn) 서로를 감시하는 상황이 조성된다고 설명했다.

30 DRM(Digital Rights Management)

허가된 사용자만 디지털콘텐츠에 접근할 수 있도록 제한해 비용을 지불한 사람만 콘텐츠를 사용할 수 있도록 하는 서비스이다. 불법복제는 콘텐츠 생산자들의 권리와 이익을 위협하고 출판·음악·영화 등 문화 산업 발전에 심각한 해가 될 수 있다는 점에서 중요성이 커지고 있다.

Day 07

Step 1 정치 · 법률

01 기소유예(起訴猶豫)

형사 사건에 대하여 범죄의 혐의를 인정하지만 피의자의 연령이나 범행 후의 정황 등을 참작하여 공소를 제기하지 않는 검사의 처분을 말한다. 소송조건을 준비하여 범죄의 객관적 혐의가 있는 경우라도 범인의 연령 · 지능, 환경, 피해자와의 관계, 범행의 동기 · 수단 · 결과, 범죄 후의 정황 등의 사항을 참작하여 공소를 제기할 필요가 없을 때 검사는 공소를 제기하지 않을 수 있다. 이 제도는 범행이나 범죄인의 성격, 행위 등 제반 사항을 참작하여 재판에 회부하지 않고 범죄인에게 기회를 주자는 형사정책상의 배려에서 비롯되었다.

02 플리바게닝(Plea Bargaining)

수사에 적극적으로 협조한 피의자에 대해 소추를 면해주거나 형벌을 감해주는 제도로, '유죄협상제도'라고도 한다. 검찰 등 수사기관이 여러 건의 죄를 저지른 피의자를 수사할 때 일단 하나의 혐의로 구속한 뒤 조직범죄의 몸통을 밝힐 수 있도록 피의자와 협상한다. 수사의 편의와 효율성 도모라는 취지이지만 형량을 흥정하는 것은 정의 관념에 위배된다는 비판도 있다.

03 특검법(특별검사의 임명 등에 관한 법률)

대통령 측근이나 고위공직자 등 국민적 관심이 집중된 대형 비리사건에 있어 검찰 수사의 공정성과 신뢰성 논란이 생길 때마다 특별검사제도를 도입하여 운용하였다. 그러나 특별검사제도를 도입하기 위한 근거 법률을 제정하는 과정에서 그 도입 여부 및 특별검사의 수사 대상, 추천권자 등을 둘러싼 여야 간의 갈등이 끊이지 않았다. 이를 해결하고자 미리 특별검사제도의 발동 경로와 수사 대상, 임명 절차 등을 법률로 제정해두고 대상 사건이 발생하면 곧바로 특별검사를 임명하여 최대한 공정하고 효율적으로 수사하기 위한 '상설특별검사제도'의 도입 근거를 마련한 법률이다.

♥ 상식 더하기 ◀ 특검법 주요 내용

- **수사 대상** : 국회가 정치적 중립성과 공정성 등을 이유로 특별검사의 수사가 필요하다고 본회의에서 의결한 사건, 법무부 장관이 이해충돌이나 공정성 등을 이유로 특별검사의 수사가 필요하다고 판단한 사건
- **임명** : 대통령이 특별검사 후보 추천위원회에 2명의 특별검사 후보자 추천을 의뢰하고 추천을 받은 날부터 3일 내에 추천된 후보자 중에서 1명을 특별검사로 임명
- **특별검사 후보 추천위원회** : 위원회는 국회에 두고 위원은 법무부 차관, 법원행정처 차장, 대한변호사협회장, 기타 학식과 덕망이 있고 각계 전문 분야에서 경험이 풍부한 사람으로서 국회에서 추천한 4명 중에서 국회의장이 임명하거나 위촉
- **해임** : 대통령은 결격사유가 발견된 경우, 직무수행이 현저히 곤란한 신체적·정신적 질환이 있다고 인정되는 경우 등의 사유가 있을 경우 외에는 특별검사나 특별검사보를 해임할 수 없음
- **수사기간** : 준비기간이 만료된 날의 다음 날부터 60일 이내에 담당사건에 대한 수사를 완료하고 공소제기 여부를 결정, 대통령의 승인을 받아 수사기간을 한 차례만 30일까지 연장 가능

04 친고죄(親告罪)

범죄에 대해서 공소를 제기하기 위해서는 피해자의 고소를 필요로 하는 특정 범죄를 말한다. 피해자의 고소가 없으면 수사기관은 가해자에 대해 수사를 개시할 수 없고 기소할 수도 없다. 이러한 점에서 피해자의 고소 없이도 수사나 기소는 할 수 있는 반의사불벌죄와 구별된다. 형사소송법 제230조 제1항은 친고죄에 대해 범인을 알게 된 날로부터 6월을 경과하면 고소하지 못한다고 규정하여 고소기간에 제한을 두고 있다. 친고죄에는 사자(死者)에 대한 명예훼손죄(형법 제308조), 모욕죄(형법 제311조), 비밀침해죄(형법 제316조), 업무상비밀누설죄(형법 제317조) 등이 있다.

05 반의사불벌죄(反意思不罰罪)

피해자가 명시한 의사에 반하여 처벌할 수 없는 죄를 말한다. 범죄는 성립하지만 일정한 범죄에 대해서만은 피해자의 의사를 가장 우선시함에 따라 피해자가 처벌을 원하지 않는다는 명백한 의사표시를 하는 경우 소추할 수 없다. 따라서 이러한 경우 재판을 받지 않고, 처벌도 받지 않는다. 재판 진행 중에 의사표시를 할 수도 있는데 이때는 공소기각 판결로 재판이 종료된다. 반의사불벌죄로는 명예훼손죄(형법 제307조), 출판물 등에 의한 명예훼손죄(형법 제309조), 폭행죄(형법 제260조 제1항), 존속폭행죄(형법 제260조 제2항), 과실치상죄(형법 제266조) 등이 있다.

06 호르무즈 해협(Hormuz Strait)

일본의 집단적 자위권 행사로 문제가 됐던 중동의 해협이다. 페르시아만과 오만만을 잇는 좁은 해협으로, 북쪽으로는 이란과 접하며, 남쪽으로는 아랍에미리트에 둘러싸인 오만의 월경지이다. 이 해협은 페르시아만에서 생산되는 석유의 주요 운송로로 세계 원유 공급량의 30% 정도가 영향을 받는 곳이기도 하다. 미국은 2019년 5~6월 호르무즈 해협에서 유조선 공격이 잇따르자 주변 해상교통로의 안전을 확보한다는 명분을 내세워 '호르무즈 호위연합'이라는 군사 동맹체 결성을 추진하면서 우방국의 참여를 독려했다. 그러나 당시 일본은 이란과의 우호적인 관계를 고려해 이 연합에 참여하지 않고 독자적인 활동을 하며 수집한 정보를 미국과 공유하기로 했다. 이후 한국도 국내외 상황을 고려해 독자적 파병을 결정했다.

> **♡ 상식 더하기** ▷ 페르시아만
>
> 유럽과 아시아 동서 교통의 요충지이며 이란과 아라비아 반도에 둘러싸인 만이다.

07 일대일로(一帶一路, One Belt and One Road)

고대 실크로드와 바닷길을 통해 해외시장을 개척했던 역사에서 착안하여 중국의 시진핑 주석이 세운 21세기 육상 및 해상 실크로드 계획으로, 2014년 11월 개최된 아시아 · 태평양 경제협력체 정상회의에서 제창하였다. 이 계획은 중국에서 시작해 중앙아시아와 이란을 거쳐 지중해 연안으로 이어진 고대의 무역로를 따라 21세기 경제협력벨트를 형성시키고, 바닷길로 중국 · 동남아시아 · 남아시아 · 중동 · 아프리카를 연결시키겠다는 것이다. 이는 중국과 중국 이외의 유라시아 국가들을 연결시켜 서로 협력하도록 하는 데 목표를 둔다.

08 상록수부대

1993년 7월부터 1994년 3월까지 소말리아에 공병대대로 파견되어 한국
군 최초로 평화유지활동(PKO)에 참여해 도로보수공사 및 주민지원 활동
을 수행한 부대이다. 1999년 10월에는 총 420여 명으로 편성된 '상록수
부대' 제1진을 다국적군의 일원으로 동티모르 로스팔로스 일대에 파병했
다. 2000년 2월에는 UN평화유지군(PKF)으로 임무가 전환됐으며 6개월
단위로 교대해 8진까지 연인원 3,283명이 치안유지, 국경선 통제, 민사
작전 등의 임무를 수행했고 2003년 10월에 완전히 철수했다.

> **♥° 상식 더하기 ◀ 평화유지군으로 활동한 우리나라의 부대이름**
>
> • **이라크** : 서희부대, 제마부대, 자이툰부대
> • **레바논** : 동명부대
> • **아이티** : 단비부대
> • **아프가니스탄** : 동의부대, 다산부대, 오쉬노부대

09 마셜 플랜(Marshall Plan)

제2차 세계대전 이후 1947년부터 1951년까지 미국이 전쟁의 피해를 크
게 받은 서유럽 16개국에 취한 120억달러 규모의 원조계획으로, 당시 미
국무장관이었던 조지 마셜의 이름에서 따온 것이다. 당시의 미국은 서유
럽 경제를 재건시켜야 공산주의 확대를 막을 수 있다고 생각했다. 미국
은 마셜 플랜을 통해 자국의 위상을 강화하는 한편, 국내 경제의 성장이
라는 두 가지 효과를 누렸다.

10 데프콘(Defcon ; Defense Readiness Condition)

북한의 군사활동을 감시하는 대북 정보감시태세인 '워치콘(Watch Condition)'의 분석에 따라 '정규전'에 대비해 전군에 내려지는 전투준비 태세이다. 1~5단계로 나뉘고 숫자가 낮을수록 전쟁 발발 가능성이 높다는 의미이다. 데프콘의 발령권한은 한미연합사령관에게 있으며 우리나라는 평상시 4인 상태가 유지된다.

데프콘 5	전쟁 위험이 없는 상태
데프콘 4	전쟁 가능성이 상존하는 경우
데프콘 3	전 군의 휴가외출 금지
데프콘 2	휴가 및 외박 장병들의 전원복귀로 부대 편제인원이 100% 충원되고 장병들에게 실탄이 지급됨
데프콘 1	동원령이 선포되는 전시상황

상식 더하기 ◀ 워치콘(Watch Condition)

북한의 군사활동을 추적하는 대북 정보감시태세로 평상시에는 '4' 수준에 있다가 위기가 높아질수록 숫자가 3, 2, 1로 낮아진다. 워치콘 2단계와 데프콘 3단계의 상태에서 미국은 한반도에 증원군을 파병할 수 있다.

11 엥겔계수(Engel's Coefficient)

총 가계 지출액 중에서 식료품비가 차지하는 비율을 말한다. 저소득 가계일수록 가계 지출 중 식료품비가 차지하는 비율이 높고, 고소득 가계일수록 식료품비가 차지하는 비율이 낮다는 엥겔의 이론에서 나온 지수이다. 식료품은 필수품이기 때문에 소득수준과 관계없이 반드시 일정한 비율을 소비해야 하며 동시에 어느 수준 이상은 소비할 필요가 없는 재화이다. 따라서 엥겔계수는 소득수준이 높아짐에 따라 점차 감소하는 경향이 있다. 일반적으로 엥겔계수가 0.5 이상이면 후진국, 0.3~0.5인 경우 개발도상국, 0.3 이하일 경우 선진국으로 분류한다.

$$\text{엥겔계수} = \frac{\text{식료품비}}{\text{총 생계비}} \times 100$$

07

12 필립스 곡선

영국의 경제학자 필립스가 찾아낸 실증 법칙으로, 실업률이 낮은 해에는 임금상승률이 높고 실업률이 높은 해에는 임금상승률이 낮다는 반비례 관계를 나타낸 곡선이다. 원래 필립스 곡선은 임금상승률과 실업률 간의 관계를 표시한 것이었으나, 현재는 물가상승률과 실업률 간의 반비례 관계를 표시한다. 즉 정부의 재정금융 정책으로 경기가 호전되고 실업률이 낮아지면 물가상승률이 높아지고, 불경기가 되면 물가상승률이 낮아진다는 것이다.

13 롱테일 법칙(Long Tail Theory)

전체 제품의 80%에 해당하는 하위의 다수가 20%에 해당하는 상위 상품보다 더 뛰어난 가치를 창출한다는 이론이다. '롱테일'은 판매곡선에서 판매율이 높아 솟아오른 머리 부분 다음에 낮은 판매율이 길게 이어지는 꼬리 부분을 가리키는 말이다. 잡지의 편집장인 크리스 앤더슨이 "인터넷 비즈니스에 성공한 기업들 상당수가 20%의 머리 부분이 아니라 80%의 꼬리에 기반하여 성공했다"고 주장하면서 대두된 이론이다. 파레토 법칙과 반대되는 이론이라 하여 '역파레토 법칙'이라고도 한다. 80%에 해당하는 비주류 상품들의 매출이 20%에 해당하는 주류 상품 못지않은 경제성을 지니고 있다는 것이다.

> **♡ 상식 더하기 ◀ 파레토 법칙(Pareto's Law)**
>
> 이탈리아의 경제학자 빌프레도 파레토(V. Pareto)가 발표한 소득의 분포에 관한 이론이다. 보통 상위 20% 사람들이 전체 부(富)의 80%를 가진다거나 매출 순위 상위 20% 상품들이 매출의 80%를 창출한다는 의미로 쓰인다.

14 빅맥지수(Big Mac Index)

맥도날드의 빅맥 햄버거 값을 비교해 각국의 통화가치와 통화의 실질구매력을 평가하는 지수이다. 영국 이코노미스트지는 전 세계적으로 팔리고 있는 맥도날드 햄버거인 빅맥가격을 기준으로 한 빅맥지수를 분기별로 발표하는데, 이것은 '환율은 두 나라에서 동일한 상품과 서비스의 가격이 비슷해질 때까지 움직인다'는 구매력 평가설을 근거로 적정 환율을 산출하는 데 활용된다.

15 지니(Gini)계수

각 계층 사이에서 이루어지는 소득분배가 얼마나 평등한지를 나타내는 수치이며 계층의 빈부격차를 한눈에 보여준다. 저소득층에서 고소득층으로 향하는 사람의 수를 누적백분율로 하여 가로축에, 그 사람들의 소득에 대한 누적백분율은 세로축에 나타낼 때 그려지는 로렌츠 곡선과 대각선으로 둘러싸인 면적을 대각선 아래쪽의 직각 삼각형의 면적으로 나눈 비율이다. 이 수치가 0에 가까울수록 소득분배가 평등하게 이루어졌다고 평가한다.

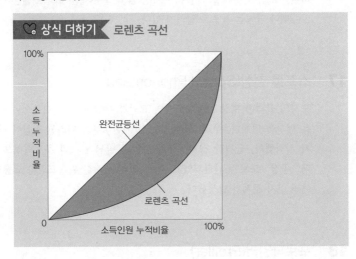

16 A세대

경제적으로 구매력이 있고 자기투자에 적극적인 만 45~64세의 중장년 층을 일컫는 용어다. 'Ageless(나이 초월)'와 'Accomplished(성취한)', 'Alive(생동감 있는)' 등의 특징을 가진 세대로 각 단어의 앞자리를 따서 'A세대'라고 부른다. 이들은 모바일환경에도 친숙하고, 트렌드에도 민감 하다. 또한, 연령대별 인구수가 가장 많고 보유자산 규모도 젊은 세대의 2~3배에 달하는 것으로 알려져 있다.

17 스프롤 현상(Sprawl Phenomena)

도시의 급격한 팽창으로 대도시의 교외가 무질서 · 무계획적으로 발전하 는 현상을 말한다. 우리나라에서는 1970년대부터 이러한 현상이 나타나 기 시작했다. 급격한 경제성장과 산업의 발전에 따라 무계획적으로 주 택 · 공장 · 도로가 건설되었고, 이로 인해 심각한 환경오염과 교통난 등 여러 가지 문제가 발생했다.

18 프로파일러(Profiler)

범죄현장에 남아있는 단서들을 찾아 범인의 심리 · 행동 등을 과학적인 근 거에 따라 분석하는 범죄심리분석수사관을 말한다. 범죄현장에서 증거가 불충분해 일반적인 수사기법으로는 사건 해결에 한계를 겪는 경우가 있 다. 이럴 때 프로파일링을 통해 고도의 심리 전략을 발휘함으로써 자백을 받거나 용의자의 성격 · 취향 등을 추론해 범행동기 및 숨겨진 의도 등을 밝혀낸다.

19 실업의 종류

구분	주요 내용
경기적 실업	경기가 침체됐을 때 인원감축의 결과로 나타나는 실업으로, 일할 의사는 있지만 경기악화로 인해 발생하는 비자발적 실업의 한 형태이다. 경기가 회복되면 해소가 가능하지만 회복될 때까지 긴 시간이 필요하며 경기변동은 주기적으로 발생하는 속성이 있어 경기적 실업은 끊임없이 발생하게 된다.
구조적 실업	경제가 성장함에 따라 산업구조·기술 등의 변화가 생기는데 이에 적절하게 대응하지 못해 발생한다. 즉, 경제구조가 바뀌고 기술혁신 등으로 기술격차가 발생할 때 이에 적응하지 못하는 근로자에게 발생하는 실업유형이다. 경기적 실업과 비교할 때 더 오래 지속되는 속성이 있는 장기적·만성적 실업으로, 해결방법은 직업 재훈련·산업구조 재편 등이 있다.
기술적 실업	기술진보로 인해서 기계가 노동인력을 대체함에 따라 노동수요가 감소해 발생하는 구조적 실업형태 중 하나로, 기술진보의 영향에 민감한 산업에서 발생하며 일반적으로 선진국에서 볼 수 있는 유형이다.
마찰적 실업	구직자, 근로자들이 더 좋은 조건을 찾는 탐색행위로 인해 발생하는 실업으로, 고용시장에서 노동의 수요와 공급 간에 소통이 원활하지 않아 발생한다. 근로자들이 자발적으로 선택해서 발생하는 일시적인 실업유형이므로 자발적 실업에 해당한다.
비자발적 실업	일하고자 하는 의사는 있지만 고용시장의 사정이 어려워 일자리를 구하지 못해 발생한다. 청년실업은 경기상황에 따라 일자리가 충분하지 않기 때문에 발생하는 비자발적 실업이라 할 수 있다.
자발적 실업	일할 능력과 의사를 갖고 있지만 현재의 임금수준이나 복지 등에 만족하지 못하고 다른 곳으로의 취업을 원하기 때문에 발생하는 실업으로, 구조적 실업이나 경기적 실업과 같은 비자발적 실업과는 상반되는 개념이다. 소득수준, 여가시간 활용에 대한 사람들의 관심이 증가하면서 자발적 실업도 늘고 있다.
잠재적 실업	표면적으로는 취업 중이지만 생계유지를 위해 잠시 만족스럽지 않은 직업에 종사하며 계속 구직에 힘쓰는 상태이다. 형식적으로는 취업 중이기 때문에 실업통계에 실업으로 기록되지 않아 위장실업이라고도 한다. 더 나은 곳으로의 이직을 생각하지만 당장의 생계유지 때문에 저소득·저생산의 직업에 종사하는 상태를 말한다.

07

20 자메뷔(Jamais vu)

이미 경험했거나 잘 알고 있는 상황을 처음 겪는 것처럼 느끼는 기억의
착각이다. 다른 말로 '미시감(未視感)'이라고 하며, 기억 착오의 일종으로
보통 몽환 상태에서 나타나는 경우가 많다.

21 세계 4대 메이저 테니스 대회

4대 메이저대회 모두 국제테니스연맹(ITF)이 관장하며, 4개 대회에서 같
은 해에 모두 우승할 경우 그랜드 슬램(Grand Slam)을 달성했다고 한다.

대회	내용
윔블던 (Wimbledon)	가장 오랜 역사를 지닌 테니스 대회이며 정식명칭은 'All England Tennis Championship'으로 전영 오픈이라는 명칭으로도 사용된다. 1877년 제1회 대회가 개최됐고, 1968년 프로들에게 본격적으로 오픈되었다. 이 경기는 잔디코트에서 진행된다.
전미 오픈 (US Open)	1881년 'US National Championships'이라는 이름으로 시작하여 1965년 US 오픈으로 개칭하였다. 시즌 한해를 마감하는 매년 9월경 개최되며 총 상금이 가장 많은 대회이기도 하다. 경기는 하드코트에서 진행된다.
프랑스 오픈 (French Open)	1891년 출범해서 1968년부터는 프로들에게도 오픈되었다. 경기는 클레이코트에서 진행되며 프랑스 오픈이라는 명칭보다 클레이코트 대회로 더 많이 알려져 있다.
호주 오픈 (Aaustralian Open)	1905년에 개최되었으며 1969년에 프로선수들에게 오픈되었다. 역사가 짧고 상금이 낮아 톱시드 선수들의 참가가 저조한 편이다. 경기는 하드코트에서 진행된다.

PPL(Product PLacement)	• 영화 · 드라마 등에 특정 제품을 노출시키는 간접광고 • 엔터테인먼트 콘텐츠 속에 기업의 제품을 소품이나 배경으로 등장시켜 소비자들에게 의식 · 무의식적으로 제품을 광고하는 것
티저 (Teaser)	• 처음에는 상품명을 감추거나 일부만 보여주고 궁금증을 유발하며 서서히 그 베일을 벗기는 방법 • 티저는 '놀려대는 사람'이라는 뜻을 지니며 소비자의 구매의욕을 유발하기 위해 처음에는 상품광고의 주요 부분을 감추다가 점차 공개하는 것
인포머셜 (Informercial)	• 상품의 정보를 상세하게 제공하여 구매욕구를 유발하는 것 • 'Information(정보)'과 'Commercial(광고)'의 합성어로, 상품에 관한 정보를 가능한 한 많이 제공함으로써 소비자의 이해를 돕고 관심을 불러일으키는 방법
애드버토리얼 (Advertorial)	• 신문 · 잡지에 기사 형태로 실리는 논설식 광고 • 기사 속에 관련 기업의 주장이나 식견 등을 소개하면서 회사명과 상품명을 표현하는 기사광고
POP(Point Of Purchase)	• 소비자가 상품을 구매하는 시점에 전개되는 광고 • 포스터나 옥외간판 등 소비자가 상품을 구입하는 장소 주변에서의 광고를 말하고, 이는 직접적으로 구매를 촉진시킴
멀티스폿 (Multi-spot)	• 동일한 상품에 대해 비슷한 줄거리에 모델만 다르게 써서 여러 편을 한꺼번에 내보내는 방식 • 한 제품에 대해 여러 편의 광고를 차례로 내보내는 시리즈광고와 구분됨
키치 (Kitsch)	• 언뜻 보아서는 무슨 내용인지 알 수 없는 광고 • 감각적이고 가벼운 것을 좋아하는 신세대의 취향을 만족시킴
트레일러 (Trailer)	• 메인광고 뒷부분에 다른 제품을 알리는 맛보기 광고 • 한 광고로 여러 제품을 다룰 수 있어 광고비가 절감되지만 주목도가 분산되므로 고가품에는 활용되지 않음
배너 (Banner)	• 인터넷 사이트에서 광고내용을 담은 막대 모양의 광고 • 배너광고를 클릭하면 관련 사이트로 자동 연결되며 방문자 수, 클릭 수 등을 기준으로 광고료가 책정됨
레트로 (Retrospective)	• 과거에 대한 향수를 느끼게 하는 추억 유발 광고

07

23 저널리즘의 유형

매스미디어를 통해 시사적 문제에 대한 보도 및 논평을 하는 언론활동의 유형들이다.

가차 저널리즘 (Gotcha Journalism)	• 사안의 맥락과 관계없이 유명인사의 사소한 실수나 해프닝을 흥미 위주로 집중보도하는 저널리즘
경마 저널리즘 (Horse Race Journalism)	• 경마를 구경하듯 후보자의 여론조사 결과 및 득표상황만을 집중보도하는 선거보도 형태 • 선거에 필요한 본질적인 내용보다는 흥미 위주의 보도
블랙 저널리즘 (Black Journalism)	• 숨겨진 사실을 드러내는 취재활동으로, 약점을 이용해 보도하겠다고 위협하거나 특정 이익을 위해 보도하기도 함
비디오 저널리즘 (Video Journalism)	• 1명의 저널리스트가 소형장비를 이용해 취재 · 촬영 · 편집의 전 과정을 담당하는 유형 • 기동성이 높고 각종 문제를 심도 있게 다룰 수 있어 VJ를 통한 외주 제작의 비율이 증가하는 추세
센세이셔널리즘 (Sensationalism)	• 스캔들, 범죄기사 등 대중들의 호기심을 자극하는 내용 위주로 보도하는 형태
스트리트 저널리즘 (Street Journalism)	• 시민들이 거리의 기자가 되어 언론에 참여하는 형태로, 시민 저널리즘이라고도 함 • 통신장비의 발달로 1인 미디어의 영향이 더욱 확대
옐로 저널리즘 (Yellow Journalism)	• 독자들의 호기심을 자극하고 끌어들이기 위해 선정적 · 비도덕적인 보도를 하는 형태 • 황색언론이라고도 하며 범죄 · 스캔들 · 가십 등 원시적 본능을 자극하는 흥미 위주의 소재를 다룸
제록스 저널리즘 (Xerox Journalism)	• 극비문서를 몰래 복사하여 발표하는 저널리즘으로, 비합법적인 폭로기사 위주의 보도 형태
파라슈트 저널리즘 (Parachute Journalism)	• 현지 사정을 잘 모르는 기자가 선입견에 따라 기사를 제공 • 낙하산 저널리즘이라고도 하며 뉴스거리가 있는 어느 곳이라도 가서 즉각적으로 기사를 작성하는 것
팩 저널리즘 (Pack Journalism)	• 취재 방법 및 시각이 획일적인 저널리즘으로, 신문의 신뢰도 하락을 불러옴 • 정부 권력에 의한 은밀한 제한 및 강압에 의해 양산됨

퍼블릭 저널리즘 (Public Journalism)	• 언론인들이 시민들로 하여금 공동체 문제에 참여하도록 유도하여 민주주의의 활성화에 영향을 끼치는 것 • 취재원의 다양화 및 여론의 민주화를 가져옴
데이터 저널리즘 (Data Journalism)	• CAR(Computer Assisted Reporting, 컴퓨터 활용 취재보 도)을 통해 엄청난 양의 데이터를 수집한 후 통계적으로 분석해 보도하는 저널리즘
곤조 저널리즘 (Gonzo Journalism)	• 객관성과 중립성을 중시하는 보도원칙에서 벗어나 취재 대상에 대한 기자의 주관적 판단에 따라 1인칭 시점으로 서술하여 보도하는 저널리즘

24 철인 3종 경기(트라이애슬론, Triathlon)

수영 · 사이클 · 달리기의 세 가지 종목을 완주하는 시간을 겨루는 종목으로 바다수영(3.9km), 사이클(180km), 마라톤(42.195km) 등 3개 대회 풀코스를 쉬지 않고 이어서 한다. 1978년 하와이에서 처음으로 국제대회가 열렸으며 2000년 시드니 올림픽에서 정식 종목으로 채택됐다. 제한시간은 17시간으로 이 시간 내에 완주하면 '철인(Iron Man)'이라는 칭호가 주어진다.

25 프리에이전트(FA ; Free Agent)

프로야구 등에서 규약에 따라 어떤 팀과도 자유롭게 교섭할 권리를 얻은 선수를 말하는데, 한국 프로야구의 경우 9시즌 이상 프로야구에서 활약한 선수에게 FA 자격이 주어진다. 단, 타자는 정규경기 수의 2/3 이상을 뛰어야 하고 투수는 규정 이닝의 2/3 이상을 던져야 한 시즌으로 인정된다. 이렇게 9시즌을 보낸 선수는 FA 자격이 주어져 한국 야구위원회에 FA신청을 할 수 있다.

26 딥러닝(Deep Learning)

방대한 자료에서 패턴을 감지하고 학습하며 더 복잡한 패턴을 찾아내는 인공신경망으로 인간의 신경시스템을 모방한 알고리즘이다. 데이터에 기반을 두고 예측을 하는 기술로, 얼굴 인식, 자연어 처리, 번역, 추천 알고리즘 등 기술 발전의 바탕이 됐다. 현재의 인공지능(AI)을 뒷받침한 기술이라고 할 수 있다. 인공지능 분야 최고 학술단체인 인공신경망학회(NeurIPS ; Neural Information Processing System) 의장이자 소크 생물학연구소 석좌교수인 테런스 세즈노스키는 자신의 저서에서 데이터를 가공해 정보로 만들어내는 정제소 역할을 하는 것이 딥러닝이라고 말했다.

27 도플러 효과(Doppler Effect)

1842년 C. J. 도플러가 발견한 것으로, 파동을 일으키는 파원과 파동을 관측하는 관측자의 상대적인 운동에 따라 파원과 관측자의 거리가 가까워질 때는 파동의 주파수가 더 높게, 멀어질 때는 더 낮게 관측되는 현상이다. 예를 들어 서로 다른 방향으로 달리는 기차가 마주칠 때 상대의 기적소리가 더 크게 들리고, 멀어질 때는 소리가 작게 들리는 현상과 같은 것이다.

> **상식 더하기** 파동과 파원
> • **파동** : 물질의 일부에서 일어난 주기적 진동이 퍼져나가는 현상
> • **파원** : 파동이 처음 생긴 곳

28 OLED(Organic Light Emitting Diodes)

유기발광다이오드(OLED)는 형광성 유기화합물질을 이용하여 전류를 흐르게 하면 자체적으로 빛을 내는 발광 현상을 이용하는 디스플레이를 말한다. 액정표시장치(LCD)보다 선명하고 보는 방향과 무관하게 잘 보이는 장점이 있다. 화질의 반응 속도 역시 LCD에 비해 1,000배 이상 빠르다.

29 플라스마(Plasma)

고체에 열을 가하면 액체가 되고, 액체에 열을 가하면 기체가 된다. 기체에 계속해서 열을 가하면 플라스마가 되는데 이를 제4의 물질 상태라고 한다. 플라스마 상태는 전기적으로 중성을 띠며 현재 네온사인, 형광등, PDP TV 등에서 사용되고 있다. 핵융합, 화석연료를 대체하여 사용할 수 있어 선진국에서는 플라스마를 이용한 대체에너지 개발을 연구하고 있다.

30 증강현실(AR ; Augmented Reality)

실제 환경에 가상정보를 합성하여 존재하는 사물처럼 보이도록 하는 그래픽 기법이다. 기존의 가상현실은 가상의 공간과 사물만을 대상으로 했다면 증강현실은 현실세계라는 기반 위에 가상의 사물을 합성하여 현실세계에서만으로는 얻기 어려운 부가정보들을 구현하는 것이다. 스마트폰의 보급으로 증강현실을 이용한 애플리케이션이 많이 나오고 있다. 포켓몬고 게임을 하기 위한 애플리케이션이 대표적이다.

> **♡ 상식 더하기** 포켓몬고(Pokémon GO)
>
> 나이앤틱(Niantic)사가 개발·출시한 스마트폰용 포켓몬 시리즈 스핀오프 모바일 애플리케이션(앱) 게임으로 인기 애니메이션 〈포켓몬스터〉의 캐릭터와 위치기반 증강현실(AR)을 접목한 게임이다. 게임하는 사람은 포켓몬을 획득하기 위해 현실의 위치로 이동하여 가상현실과 합쳐진 환경에서 게임을 한다.

정치 · 법률

01 헌법재판소(憲法裁判所)

헌법에 관한 분쟁이나 법원의 제청에 의한 법률의 위헌여부, 탄핵, 정당
의 해산, 국가기관 상호 간 또는 국가기관과 지방자치단체 간 및 지방자
치단체 상호 간의 권한쟁의에 관한 심판, 법률이 정하는 헌법소원에 관
한 심판을 담당하는 특별재판소이다. 법관의 자격을 가진 9인의 재판관
으로 구성되며 재판관은 대통령이 임명하는데, 대통령과 국회, 대법원장
이 각각 3명씩 선출한다. 헌법재판소의 장은 국회의 동의를 얻어 재판관
중에서 대통령이 임명한다. 헌법재판소 재판관의 임기는 6년이고 연임이
가능하며 정년은 만 70세이다. 헌법재판소 재판관은 정당에 가입하거나
정치에 관여할 수 없고, 탄핵 또는 금고 이상의 형의 선고에 의하지 아니
하고는 파면되지 않는다.

02 국수주의(國粹主義)

자민족 중심주의가 극단화된 형태로 편협하고 극단적인 민족주의를 말한
다. 타민족 · 타국가에 대하여 배타적 · 초월적 성격을 지니며 극단적인
국가주의와 동일한 뜻으로 쓰인다. 자기 나라의 역사 · 문화 · 국민성 등
과 같은 전통이 다른 나라보다 뛰어난 것으로 믿고, 그것을 유지하고 발
전시켜 나가기 위해 다른 나라나 민족을 배척하는 경향이다.

03 간접민주정치(間接民主政治)

고대 아테네에서는 시민들이 직접 정치에 참여하는 직접민주정치를 채택하였지만 인구가 증가하고 국가의 범위가 확대됨에 따라 이러한 직접민주정치는 현실적으로 불가능하게 되었다. 그래서 이를 대신하여 국민들이 투표를 통해 자신들의 의견을 대표할 수 있는 대표자를 선출하고 이들로 하여금 정책을 처리하게 하는 제도인 간접민주정치가 발달하였다. 대의제라고도 하는데 현대의 간접민주정치는 국민투표 등 일부 직접민주정치의 요소를 포함하고 있다.

> **상식 더하기** | 직접민주정치(直接民主政治)
>
> 국민이 직접 국가의 운영에 관한 의사결정에 참여하는 정치제도로 고대 그리스의 도시국가인 아테네의 민회에서 기원을 찾아볼 수 있다. 현대의 국가들은 간접민주정치를 택하고 있지만 미국의 '타운홀미팅'이나 국민투표·국민발안·국민소환 등 직접민주정치의 요소를 가미하고 있다.

08

04 미란다 원칙(Miranda Rule)

수사기관이 범죄용의자를 연행할 때 그 이유와 권리를 미리 알려야 한다는 원칙이다. '누구도 형사소송에서 자기에게 불리한 증인이 될 것을 강요당하지 아니한다'라는 미국의 수정헌법 제5조 및 제6조의 규정에 따라 미 연방대법원의 판결로 확립된 원칙이다. 1963년 미국 애리조나주에서 일어난 납치·강간 사건의 용의자로 지목된 미란다가 진술거부권, 변호사선임권 등의 권리가 있음을 고지받지 못해 수정헌법에 보장된 권리를 침해받았다고 주장하여 결국 연방대법원으로부터 무죄판결을 받게 된 사건에서 유래했다.

05 독수독과(毒樹毒果) 이론

'독이 있는 나무는 열매에도 독이 있다'는 뜻으로 위법하게 수집된 1차적 증거(독수)에 의해 발견된 2차적 증거(과실)의 증거능력을 부정한다는 이론이다. 위법적으로 수집한 증거를 기초로 획득한 2차적 증거를 유죄 인정의 증거로 삼을 수 없지만 2차적 증거수집과 관련된 사정을 전반적으로 고려해 예외적인 경우에는 증거로 사용할 수 있다는 판례가 있다.

Step 2 국제 · 외교

06 6자 회담

북한의 핵 문제를 해결하기 위하여 남한 · 북한 · 미국 · 러시아 · 일본 · 중국이 참여한 회담을 말한다. 2002년 10월 북한의 핵 개발 의혹이 제기되었고, 2003년 북한이 핵확산금지조약(NPT) 탈퇴를 선언하면서 북한의 핵 포기를 강력하게 주장하는 미국과의 대립 구도가 이루어졌다. 이에 북한의 핵 문제를 평화적으로 해결하고 한반도의 평화체제를 확립하자는 차원에서 6자 회담이 제안되었다. 제1차 회담은 2003년 8월 중국 베이징에서 개최되었고, 2007년 9월까지 모두 6차례에 걸쳐 회담이 열렸다. 2007년 제6차 회담에서는 북한이 핵시설을 불능화하고 핵 프로그램을 신고하면 미국은 북한을 테러지원국 명단에서 삭제하고 적성국무역법에 따른 제재의 해제 및 중유를 제공하기로 하는 내용의 '10 · 3 합의'가 채택되었다. 그러나 2008년 12월 핵검증의정서 채택의 실패로 실행되지는 못했다.

07 4자 회담

한반도 평화협정에서 남·북한이 협정의 당사자가 되고 미국·중국이 관련국으로 참여한 회담을 말한다. 남·북한 정전협정은 한국전쟁 후 교전 당사자인 미국(UN군), 중국, 북한 3자간에 체결한 것이다. 4자 회담은 여기에 한국이 참여해 남·북한과 미국, 중국 4개국이 기존의 정전협정을 평화협정으로 대체하자는 뜻에서 이루어졌다. 1996년 제주에서 열린 '한·미 정상회담'에서 당시 김영삼 대통령과 미국 빌 클린턴 대통령이 '한·미 공동발표문'을 통해 개최를 제의했다. 1997년 제네바에서 1차 회담을 가지고 1999년까지 6차에 걸쳐 회담이 진행됐지만 주목할 만한 해법이나 성과를 이끌어내지는 못했다.

08 모라토리엄(Moratorium)

라틴어로 '지체하다'란 뜻의 'Morari'에서 파생된 말로 대외 채무에 대한 지불유예를 의미한다. 채무의 상환기한이 되었지만 전쟁·지진·경제공황·화폐개혁 등 한 국가 전체 또는 어느 특정 지역에서 긴급사태가 생기는 등의 사유로 당장 갚을 수는 없어, 국가권력을 발동해 금전적인 채무이행을 일정 기간 동안 연장하는 것이다. 채무국은 여러 협상을 통해 외채 상환을 유예받지만 국제적으로 신용이 하락하여 대외거래에 많은 어려움이 뒤따르게 된다.

> **♡ 상식 더하기 ◀ 디폴트(Default)**
>
> 국가나 기업의 부도, 개인의 파산처럼 부채를 갚을 때가 됐는데도 이자 지불이나 원금 상환이 불가능한 상태인 것을 말한다. 과거 아르헨티나, 러시아 등이 디폴트를 선언한 바 있다. 디폴트를 선언한 후 채무불이행국과 채권국 간에 협상에 들어가게 되지만 일단 디폴트를 선언하게 되면 국가의 대외신인도가 크게 떨어진다. 또한 구조조정이나 세금 인상 등의 불이익을 감수해야 한다.

09 카이로 회담(Cairo Conference)

1943년 11월 22~26일 이집트의 카이로에서 당시 미국 대통령 루즈벨트, 영국 총리 처칠, 중국 총통 장제스가 참석하여 대(對)일본전쟁에 서로 협력할 것을 협의하고 일본이 패전했을 경우를 가정하여 일본의 영토처리에 대한 연합국의 기본방침을 논의하였다. 이러한 방침은 '카이로 선언'으로 발표되었는데 일본령 태평양제도 박탈, 일본이 중국에서 빼앗은 전 영토 반환, 한국의 독립 승인 등에 관한 내용이 담겼다.

10 아파르트헤이트(Apartheid)

'분리, 격리'를 의미하는 아프리칸스어로 남아프리카 공화국의 옛 백인 정권이 시행한 극단적인 유색인종 차별정책을 일컫는다. 1948년 정권을 잡은 국민당은 인종별로 거주지를 정하는 집단지역법, 출생 시 인종별 등록을 의무화한 인종등록법, 타 인종 간 결혼을 금지하는 잡혼금지법 등을 제정하는 등 차별을 제도화하기 시작했다. 그러나 이후 국제적으로 비난여론이 일자 해당 법을 전면 폐지하였고, 1994년 넬슨 만델라 정권이 출범하면서 백인에 의한 지배는 종언을 고하게 되었다.

11 한계효용체감의 법칙

어떠한 재화를 추가적으로 소비함에 있어 얻는 만족도를 의미한다. 즉, 어떤 상품을 한 단위 더 추가적으로 소비함으로써 소비자가 얼마나 더 만족을 느낄 수 있는지를 나타내는 것이다. 예를 들어 배가 고픈 사람이 삼각김밥을 먹는다고 가정했을 때 처음 하나를 먹을 때의 만족도는 매우 크지만 두 개, 세 개를 계속 추가적으로 먹으면 점점 배가 불러 나중에는 먹기가 싫어져 만족도가 매우 낮아진다. 이러한 현상을 한계효용체감의 법칙이라 한다.

12 제품수명주기(PLC ; Production Life Cycle)

제품이 시장에 나온 후 쇠퇴하기까지의 과정을 말한다. 이는 제품의 성격에 따라 다르지만 대체로 도입기 · 성장기 · 성숙기 · 쇠퇴기의 과정으로 나눌 수 있다. 기업이 특히 노력을 전개해야 할 부분은 도입기와 성장기이며 기업은 성장을 위해서 언제나 성장기에 있을 만한 제품을 라인에 끼워 두고 신제품 개발이나 경영의 다각화를 시도하여야 한다.

- **도입기** : 신제품이 처음 시장에 선을 보이면서 시작된다. 이 시기의 마케팅은 소비자들과 중간 상인들에게 제품의 존재와 이점을 알리는 데 중점을 두게 되며 광고와 판매촉진에 많은 투자를 한다.
- **성장기** : 소비자들이 문제의 제품에 대해 어느 정도 알게 되어 그 제품을 취급하는 점포도 증가하게 되므로 판매가 급속히 증가한다.
- **성숙기** : 자사 제품의 독특한 점을 부각시켜 자사 제품이 경쟁 제품과 구별되도록 하는 데 주안점을 둔다.
- **쇠퇴기** : 판매 부진과 이익 감소로 인하여 몇몇 회사는 시장을 떠나고, 남은 회사들은 광고와 판매촉진비를 줄여 가격을 더 낮추며, 원가 관리를 강화하는 등의 자구책을 강구하게 된다.

13 가치의 역설(스미스의 역설)

재화의 가격과 효용 사이의 괴리 관계를 나타내는 말로, 경제학자 애덤 스미스가 그의 저서 〈국부론〉에서 언급했다. 사람이 살아감에 있어 매우 중요하고 반드시 필요한 물이 헐값에 팔리는 데 반해 일상생활에서 거의 쓸모가 없는 다이아몬드는 매우 비싼 가격에 팔린다. 이러한 모순이 발생하는 이유는 다이아몬드의 총 효용은 작지만 존재량이 매우 적어 한계효용이 높기 때문이다. 반면 물의 경우 총 효용은 크지만 존재량과 소비량이 매우 많아 한계효용이 0에 가깝기 때문에 가격이 매우 낮은 것이다. 상품가격은 총 효용이 아닌 한계효용에 의해 결정되기 때문에 물의 총 효용이 다이아몬드의 총 효용보다 훨씬 크다 해도 값은 정반대가 된다는 것이다.

14 기저 효과(Base Effect)

어떤 지표를 평가하는 과정에서 기준시점과 비교시점의 상대적 수치에 따라 그 결과값이 실제보다 왜곡돼 나타나는 현상을 말한다. 가령 호황기의 경제상황을 기준시점으로 현재의 경제상황을 비교할 경우, 경제지표는 실제보다 상당히 위축된 모습을 보인다. 반면 불황기가 기준시점이 되면, 현재의 경제지표는 실제보다 부풀려져 개선된 것처럼 보이는 일종의 착시 현상이 일어난다. 기저 효과는 기준시점을 언제로 잡느냐에 따라 관련 수치나 통계에 대한 평가가 달라지는 것을 의미하므로, 수치나 통계 작성 주체에 의해 의도된 인위적인 착시라는 특징을 갖는다.

15 자물쇠 효과(Lock-in Effect)

기존의 제품 및 서비스보다 더 뛰어난 것이 나와도 이미 투자된 비용이나 기회비용 혹은 복잡함이나 귀찮음으로 인해 타 제품 및 서비스로 옮기지 못하게 되는 현상을 말한다. 먼저 상품을 무상이나 저가로 제공하여 고객을 확보한 후 유료로 전환해도 고객은 기존 상품에 비용을 지불하고 사용하는 경우가 많다.

16 노동쟁의(勞動爭議, Labor Dispute)

임금, 근로시간, 복지, 해고 등의 근로조건에 대해 근로자와 고용주 간에 의견 불일치를 보여 발생하는 분쟁을 말한다. 노동쟁의가 벌어질 때에는 한쪽이 상대방에게 서면으로 통보해야 하고, 만약 어느 한쪽이 노동위원회에 노동쟁의 조정을 신청한 경우 위원회는 지체 없이 조정을 시행해야 한다.

> 🐾 **상식 더하기** 　노동쟁의의 종류
>
> - **태업** : 근로를 게을리 해 고용주에게 피해를 주는 행위
> - **보이콧** : 회사의 상품 또는 거래관계에 있는 제3자의 상품에 대한 불매운동
> - **피케팅** : 플래카드, 피켓, 확성기 등을 사용해 근로자들이 파업에 동참할 것을 호소하는 행위
> - **직장폐쇄** : 고용주가 노사협상에서 자신들의 뜻을 이루기 위해 일정 기간 직장의 문을 닫는 행위

17 로제타 플랜(Rosetta Plan)

1990년대 후반 벨기에에서 실시해 큰 성공을 거둔 청년실업대책 중 하나를 말한다. 1999년 칸 영화제에서 청년실업의 심각성을 현실적으로 보여준 〈로제타(Rosetta)〉가 황금종려상을 수상하며 주목을 받았는데, 벨기에 정부는 이 영화 주인공의 이름을 따서 '로제타 플랜'이라는 청년실업대책을 시행했다. 종업원 50명 이상의 기업에서는 전체 인원의 3%에 한해 청년 구직자들에게 의무적으로 일자리를 마련해줘야 한다는 내용이 핵심이다. 제도 시행 첫 해에 약 5만개의 일자리가 증가할 정도로 큰 성공을 거두기도 했다.

> **♡ 상식 더하기** 영화 〈로제타(Rosetta)〉
>
> 10대 소녀인 로제타가 일방적으로 해고당한 뒤 어렵게 작은 와플가게에서 일자리를 얻지만 현실은 바뀌지 않는다는 내용의 청년실업 문제를 다룬 영화이다.

18 아폴로 신드롬(Apollo Syndrome)

경영학자 메러디스 벨빈이 〈팀 경영의 성공과 실패〉라는 책에서 사용한 용어이다. 아폴로 우주선을 만드는 일처럼 복잡하고 어려운 일일수록 뛰어난 인재들이 필요하지만 실제로 명석한 두뇌를 가진 인재들만이 모인 조직은 전반적으로 성과가 우수하지 않았다는 것이다.

19 네카시즘(Netcarthyism)

다수의 누리꾼들이 인터넷, SNS 공간에서 특정 개인을 공격하며 사회의 공공의 적으로 삼고 매장해버리는 현상이다. 누리꾼들의 집단행동이 사법제도의 구멍을 보완할 수 있는 요소라는 공감대에서 출발했지만 누리꾼들의 응징대상이 대부분 힘없는 시민이라는 점에서 문제가 되고 있으며, 인터넷상의 정보는 사실 확인이 어렵다는 점에서 잘못된 정보를 기반으로 해 피해를 보는 사람이 나올 수도 있다.

20 4대 보험

국민에게 발생할 수 있는 질병, 장애, 노령, 실업 등 사회적 위험을 보험 형태로 대비해 국민의 건강과 소득을 보장하는 제도를 말한다.

건강보험	질병·부상에 대한 진단, 치료, 재활 등 병원에서 건강증진 서비스를 받을 때 국민들이 매월 낸 보험료를 진료비의 일부분으로 납부해주는 것을 말한다.
국민연금	나이가 들거나 갑작스런 질병, 사고 등으로 인해 근로능력을 잃었을 때 그동안 소득활동을 하면서 납부했던 보험료를 기반으로 산정한 연금을 본인이나 유족에게 지급함으로써 기본생활을 유지할 수 있도록 하는 연금제도를 말한다.
고용보험	취업 중인 근로자의 고용안정을 보장하고, 부득이하게 직장을 잃었을 경우 재취업을 촉진함으로써 기본적인 생활을 보장하고자 하는 제도를 말한다.
산재보험	사업주로부터 보험료를 징수해 근로 중인 근로자에게 재해가 발생했을 때 보상을 해주는 제도이다.

08

Step 5 **문화·미디어**

21 선댄스 영화제

세계 최고의 권위를 지닌 독립영화제로 미국의 감독 겸 배우인 로버트 레드포드(Robert Redford)가 미국의 유타주 솔트레이크시티에서 열리던 이름 없는 영화제를 후원하면서 시작됐다. 그는 영화 〈내일을 향해 쏴라(Butch Cassidy and The Sundance Kid)〉에서 자신이 맡았던 배역 이름을 따서 선댄스 협회를 설립하고, 1985년 미국 영화제(The United States Film Festival)를 흡수하여 이 영화제를 만들었다. 매년 1월경 미국 유타주 파크시티에서 열린다.

22 아방가르드(Avangard)

군대 중에서도 맨 앞에 서서 가는 '선발대(Vanguard)'를 일컫는 프랑스어로 문화적 맥락에서 당연한 것으로 받아들여졌던 경계를 허무는 초현실주의 예술운동과 표현의 일종이다. 한국어로는 전위(前衛)로 번역되어 전위예술, 전위음악, 전위재즈와 같은 단어에서 쓰인다.

23 미장센(Mise-en-Scene)

영화에서 연출가가 모든 시각적 요소를 배치하여 단일한 쇼트로 영화의 주제를 만들어내는 작업을 말한다. 몽타주와 상대적인 개념으로 쓰이며 특정 장면을 찍기 시작해서 멈추기까지 한 화면에 담기는 모든 영화적 요소와 이미지가 주제를 드러내도록 한다. 관객의 능동적 참여를 요구하며 주로 예술영화에서 강조되는 연출기법이다.

24 경극

중국 전통 연극 중 하나로 북경을 중심으로 발달하였으며 중국인이 가장 좋아하는 창극예술이다. 창, 몸짓, 동작, 대사 등의 연기 요소가 어우러져 있으며 해외에는 '베이징 오페라'로도 알려져 있다. 호금 · 북 · 징을 중심으로 한 반주와 리듬이 극의 기조를 이루고 동작은 격렬하지만 아름답다고 평가된다. 대부분 소설과 전설에서 소재를 얻거나 원곡과 전기를 개작한 것으로 〈패왕별희〉, 〈추강〉, 〈손오공〉 등이 잘 알려져 있다.

> **상식 더하기 〈 가부키**
>
> 일본의 대표적인 전통 연극으로, 17세기 초 에도시대부터 시작되어 서민예술로 완성되었고 2008년에는 유네스코 인류무형유산으로 지정되었다.

25 카메오(Cameo)

영화나 드라마에 유명인사나 인기 배우가 단역으로 잠깐 등장해 관객들의 시선을 끄는 것을 말한다. 단 한 장면의 출연으로도 중요한 포인트가 되고, 작품의 촉매제 역할을 한다. 1940년대 히치콕 감독이 자신의 영화에 엑스트라로 출연한 것이 최초의 카메오였다.

> **상식 더하기** 신스틸러(Scene Stealer)
>
> 영화, 드라마 등에서 훌륭한 연기력이나 독특한 개성으로 주연 이상의 큰 주목을 받는 명품조연을 의미한다.

Step 6 과학 · IT

26 옴의 법칙

독일 물리학자 옴이 발견한 법칙이다. 전류의 세기를 I, 전압의 크기를 V, 전기저항을 R이라 할 때, $V = I \cdot R$의 관계가 성립한다. 즉, 전류는 전압의 크기에 비례하고 저항에 반비례한다. 예를 들어 전압이 2배가 되면 전류의 양은 2배 늘어나는 반면, 저항이 2배가 되면 전류의 양은 1/2로 줄어든다.

> **상식 더하기** 전류와 전기저항
>
> 단위시간당 흐르는 전기량으로 단위는 암페어[A]를 사용한다. 전기저항은 전류가 흐르지 못하도록 방해하는 힘으로 길이가 길수록, 단면적이 작을수록 커진다. 단위는 옴[Ω]을 사용한다.

27 카오스 이론

무질서해 보이는 현상 배후에 질서정연한 현상이 감추어져 있음을 전제로 하는 이론이다. 1920년 로버트 메이라는 미국의 수리생물학자로부터 시작된 카오스 연구는 예측 불가능한 현상 뒤의 알려지지 않은 법칙을 밝혀내는 것을 목적으로 한다. 즉, 안정적이면서도 안정적이지 않고 안정적이지 않으면서도 안정적인 다양한 현상을 설명하고자 한다. 또한 어떤 시스템에서 그 시스템 자체에 자율성을 어느 정도 보장하여 인간의 뇌와 가까운 시스템을 만들기 위해 응용할 수 있다.

28 운동의 법칙

뉴턴이 확립한 역학(力學)의 3대 법칙을 말한다.

- **관성의 법칙(뉴턴의 제1법칙)**
  외부의 힘이 가해지지 않는 한 정지되어 있는 물체는 계속 정지하고 움직이는 물체는 계속 등속도 운동을 하는데 이를 각각 정지관성, 운동관성이라 한다.
  예 멈춰있던 차가 출발할 때 몸이 뒤로 가는 것은 정지관성, 달리던 차가 급정차할 때 몸이 앞으로 가는 것은 운동관성
- **가속도의 법칙(뉴턴의 제2법칙)**
  물체에 힘이 가해졌을 때 가속도의 크기는 힘의 크기에 비례하고, 질량에 반비례하며, 가속도의 방향은 힘의 방향과 일치한다.
  예 같은 무게의 볼링공을 어른과 아이가 굴렸을 때 어른이 굴린 볼링공이 더 빠르게 굴러가는 것
- **작용 · 반작용의 법칙(뉴턴의 제3법칙)**
  두 물체 간에 작용하는 힘은 늘 한 쌍으로 작용하며, 그 방향은 서로 반대이나 크기는 같다.
  예 풍선에서 바람이 빠지며 날아가는 것, 노를 저으면 배가 앞으로 나가는 것

29 상대성 이론(Theory of Relativity)

독일 물리학자 아인슈타인(A. Einstein)에 의하여 전개된 물리학의 이론 체계이다. 현대 물리학의 중요한 이론으로 특수상대성 이론과 일반상대성 이론을 통틀어 상대성 이론이라 한다.

- **특수상대성 이론** : 빛의 속도는 변하지 않으며 시간과 공간은 각각 관찰자에 따라 정의된다.
- **일반상대성 이론** : 빛의 진로는 강한 중력의 장 속에서 굽는다는 이론으로 특수상대성을 중력까지 확장한 개념이다.

30 에너지의 단위

- **줄(J)** : 물체를 1N(뉴턴)의 힘으로 힘의 방향으로 1m만큼 움직일 때 필요한 에너지를 말한다.
- **전자볼트(eV)** : 전기를 띤 매우 작은 입자가 전위차에 의해 움직일 때의 에너지 단위를 말한다. 줄보다 작은 에너지 단위이다.
- **칼로리(cal)** : 열량(열에너지)의 단위로, 1cal=4.185J이다.

> **상식 더하기** 전위차
>
> 전기장 안의 두 점 사이의 전위(단위전하에 대한 전기적 위치에너지)의 차로 전압이라고도 한다.

Day 09

01 천부인권사상(天賦人權思想)

인간은 태어날 때부터 하늘이 부여한 권리를 가지며, 누구도 이를 침범할 수 없다는 사상을 말한다. 전제군주제를 타도하는 이론적 무기가 되었고 기본권 사상 발전의 토대가 되었다. 영국 시민혁명기의 정치 사상가 홉스를 비롯하여 로크, 루소 등에 의해 이론화되어 미국 독립선언서, 프랑스 인권선언에 나타났고 세계인권선언에도 채택되었다.

- **미국 독립선언서** : 1776년 7월 4일 당시 영국의 식민지 상태에 있던 미국 13개의 주가 서로 모여 필라델피아 인디펜던스 홀에서 독립을 선포한 미국의 역사적인 문서
- **프랑스 인권선언** : 자연법 사상의 영향을 받아 자유와 평등 등 인간의 천부적 권리는 장소와 시간을 초월하는 보편적인 것임을 선언한 인권선언. 프랑스 혁명 당시 채택

02 로그롤링(Log-rolling)

정치세력이 이익을 위해 경쟁세력의 요구를 수용하거나 암묵적으로 동의하는 정치적 행위를 의미하며 '보트트랜딩(Vote-tranding)'이라고도 한다. 원래는 '통나무 굴리기'라는 뜻으로 두 사람이 통나무 위에 올라가 굴리면서 목적지까지 운반하되 떨어지지 않도록 보조를 맞춘다는 말에서 유래된 것이다. 두 개의 경쟁세력이 적극적으로 담합을 하거나 아니면 묵시적으로 동조하는 것을 의미한다.

03 란트슈게마인데(란츠게마인데)

스위스의 일부 주(州)에서 행하는 직접민주제에 의한 최고의결기구를 말한다. 연방공화국의 23개 주(州) 중 북동부 아펜첼이너로덴주와 중부 글라루스주의 최고의결기구로 스위스의 지역 주민들이 모두 광장에 모여 지역의 주요 사안에 대해 토론하고 결정을 내리는 자리다. 지역 주민이라면 누구나 법안을 제안할 수 있고 의견을 내놓을 수 있다. 각자의 입장에 따라 의견을 내놓지만 진지한 토론을 통해 서로의 입장을 이해하면서 해결책을 찾아낸다. 자신이 원한다면 주민이 모두 모인 자리에서 지역의 주요 사안에 대해서 직접 의견을 말할 수 있고 새로운 사업을 제안할 수도 있으며 그들이 하는 모든 이야기는 그 자체로 정치가 되는 것이다.

04 크로스보팅(Cross Votiong : 교차투표)

제출된 의안의 표결 시 의원이 소속 정당의 당론과는 상관없이 유권자의 태도나 자기 자신의 판단에 의해 투표하는 것을 말한다. 소속 정당의 노선과 반대되는 투표도 할 수 있는데 미국 의회에서는 자유롭게 이루어진다. 미국의 경우 의회에서의 각 의원의 투표 결과가 선거구 신문 등에 보고되고 유권자는 이것을 차기 선거의 판단 자료로 활용하기 때문에 국회의원은 선거구 구민의 이익을 당리에 우선시키게 된다. 따라서 각 정당이 소속 의원에게 당론에 따르도록 구속하기가 어렵다.

05 주요 공직자의 임기

- **임기 2년** : 검찰총장, 국회의장, 국회부의장
- **임기 4년** : 감사원장, 감사위원, 국회의원
- **임기 5년** : 대통령
- **임기 6년** : 헌법재판소재판관, 중앙선거관리위원장, 대법원장, 대법관
- **임기 10년** : 일반법관

06 팔레스타인 분쟁

팔레스타인은 이스라엘과 요르단의 여러 지역을 포함하며 대체로 서쪽의 지중해에서 동쪽의 요르단강까지, 북쪽의 이스라엘과 레바논 국경지대에서 남쪽의 가자지구에 이르는 지역을 가리킨다. 밸푸어 선언과 시오니즘운동으로 유대인들이 팔레스타인으로 모여들면서 예전부터 거주하던 아랍인과의 갈등이 격화되어 분쟁이 심화되자 1947년에 국제연합(UN)이 팔레스타인을 이스라엘과 아랍의 양국으로 분할하는 안을 결의하였다. 다음 해에 이스라엘 공화국이 건국되면서 아랍연합군과 이스라엘의 중동전쟁이 4차례, 이스라엘과 팔레스타인 간에 2차례 전쟁이 일어났다. 중동평화를 위한 국제사회의 중재로 여러 평화협정이 있었으나 팔레스타인의 자살폭탄 공격과 이스라엘의 반격 등으로 분쟁이 끊이지 않고 있다.

> **상식 더하기**　시오니즘(Zionism)
>
> 세계 각지에 흩어져 있던 유대인들이 팔레스타인에 국가를 건설하자고 주장하며 벌이는 운동

07 한일 신어업협정

한국과 일본은 1996년 200해리 배타적 경제수역(EEZ) 제도를 도입한 UN 해양법협약을 비준하였다. 하지만 양국 해안이 마주보는 동해와 남해의 폭이 모두 400해리 미만이어서 한국과 일본의 EEZ는 겹칠 수밖에 없었고 이에 일본은 1965년 체결된 한일 어업협정을 파기하였다. 이후 한일 간 어업분쟁이 심화되자 1998년 11월 한일 양국 사이에 다시 어업협정을 체결해 이듬해 1월 22일부터 한일 신어업협정이 발효되었다. 양국은 편의적으로 독도를 중간수역에 두되 독도 주변 12해리를 영해로 한다는 데 합의했는데 우리나라는 이 협상에서 독도의 영유권에 대해서는 명시하지 않기로 합의하여 독도 영유권 다툼의 불씨를 남기게 되었다.

08 베스트팔렌 조약(Peace of Westfalen)

1648년 독일 북부 베스트팔렌 지방의 오스나브뤼크에서 독일, 프랑스, 스웨덴 등의 여러 나라가 체결한 30년 전쟁의 종결을 위한 평화조약이다. 이 조약을 체결함에 따라 독일을 주 무대로 유럽의 여러 나라들이 참여했던 30년 전쟁이 끝이 나며 주권 국가들의 공동체인 근대 유럽의 정치구조가 나타나게 됐다. 많은 나라들이 영토를 인정받게 되었고 네덜란드와 스위스는 독립된 공화국으로 인정받았으며 아우크스부르크 평화협정을 추인하여 가톨릭, 루터파, 칼뱅파 모두에게 신앙의 자유를 인정하였다.

09 스톡홀름 협정

1986년 9월 22일 스톡홀름에서 열린 35개국 유럽군축회의(CDE)에서 우발전쟁 방지를 목적으로 체결된 협정이다. 유럽에서 오해로 인해 발발할 가능성이 있는 우발적인 전쟁을 상호 통보·감시하여 억제하기 위한 것이다. 13,000명 이상의 병력·탱크가 참가하는 군사훈련이 있을 때에는 42일 전에 공포해야 하고 17,000명 이상이 훈련을 할 때에는 나머지 34개국으로부터 2명씩의 참관인을 초청하며 75,000명 이상의 기동훈련은 2년 전에 발표해야 한다는 것 등이 협정의 주요 내용이다. 미국과 소련의 제2단계 전략무기협정(SALT) 이후 최초의 동서안보협정이다.

> **♡ 상식 더하기 ◁ 전략무기협정(SALT)**
>
> 1969년 미국과 소련이 핵무기 개발 경쟁의 억제를 위해 헬싱키에서 시작한 핵무기제한협정으로 1972~1977년의 SALT Ⅰ 과 1979~1985년의 SALT Ⅱ로 구분된다.

10 하마스(Hamas)

이슬람 저항운동을 전개하는 팔레스타인의 무장단체다. 이스라엘로부터의 차별과 폭력을 경험한 민중지식인 아흐메디 야신 등이 1987년에 결성했다. 이스라엘에 대한 팔레스타인 민중의 불만이 하마스에 대한 지지로 표현됐으며, 오슬로 협정에 반대하여 자살폭탄 공격을 행하는 등 무장테러 활동을 전개해 왔다. 한편 하마스는 2023년 10월 7일 새벽 이스라엘을 기습공격해 이스라엘 정부와 무력충돌을 이어갔으며, 이에 따라 하마스가 통치하던 가자지구를 중심으로 팔레스타인과 이스라엘 민간인들의 피해가 이어졌다.

Step 3 경제·경영

11 퍼플카우(Purple Cow) 마케팅

인상적이고 계속 화제가 되는 제품을 개발하여 보는 순간 사람들의 시선을 확 잡아끌어 초기 소비자를 장악하는 마케팅 기법이다. '퍼플카우'는 보는 순간 사람들의 시선을 확 잡아끄는 추천할 만한 제품이나 서비스를 가리키는 말이다. 미국의 저명한 마케팅 전문가 세스 고딘은 "우리가 알고 있는 일반적인 소의 이미지가 아니라 눈에 확 띌 수 있도록 소를 보라색으로 바꾸는 것처럼 기존의 제품보다 새롭고 흥미진진해야 살아남을 수 있다"고 강조하며 이 용어를 처음 사용하였다.

> **💚 상식 더하기** 세스 고딘(Seth Godin)
>
> 기업가, 변화전문가, 강사로 명성이 높다. 21세기의 가장 영향력 있는 비즈니스 전략가로, 〈보랏빛 소가 온다〉, 〈마케터는 새빨간 거짓말쟁이〉, 〈퍼미션 마케팅〉 등 여러 권의 세계적인 베스트셀러를 썼다.

12 그린론(Green Loan)

전기차나 신재생에너지, 고효율에너지 등 친환경 관련 분야로 용도가 제한된 대출제도를 말한다. 기업이 투자를 확대하고 환경문제 해결에 기여해 사회적 책임을 다한다는 긍정적 이미지를 형성할 수 있어 수요가 늘고 있다. 본드(Bond)와 달리 분할 인출이 가능해 투자 진척 상황에 따라 자금을 관리할 수 있는 장점도 있다. SK이노베이션은 신성장 동력으로 육성 중인 배터리, 분리막 사업의 해외 생산기지를 안정적으로 확보하기 위해 2019년 8월 국내 기업 최초로 그린론 조달을 통해 자금을 확보한 바 있다.

13 퍼플오션(Purple Ocean)

레드와 블루를 섞었을 때 얻을 수 있는 보라색 이미지를 사용하여 경쟁이 치열한 레드오션에서 자신만의 차별화된 아이템으로 블루오션을 개척하는 것을 말한다. 포화시장으로 인식되던 감자칩시장에서 달콤한 맛을 가미한 허니버터칩의 등장, 라면시장에서 짬뽕라면, 부대찌개라면 등 기존과 다른 제품이 출시되는 것이 대표적인 예이다.

14 기업공개(IPO ; Initial Public Offering)

회사가 발행한 주식을 대중에게 분산하고 재무내용을 공시하여 주식회사의 체계를 갖추는 것을 말한다. 형식적으로는 주식회사가 일반대중에게 주식을 분산시킴으로써 기업공개 요건을 갖추는 것을 의미하고, 실질적으로는 소수의 대주주가 소유한 주식을 일반대중에게 분산시켜 증권시장을 통해 자유롭게 거래될 수 있게 함으로써 자금조달의 원활화를 기하고 자본과 경영을 분리하여 경영합리화를 도모하는 것이다.

15 마케팅믹스 4요소(Marketing Mix ; 4P)

마케팅믹스란 표적시장에서 마케팅 목표를 달성하기 위해 필요한 요소들의 조합을 말한다. 마케팅믹스는 크게 제품(Product), 가격(Price), 유통(Place), 촉진(Promotion)이라는 4가지 요소로 구성되는데, 이 요소들을 조합해서 마케팅 목표를 달성하는 것이 마케팅믹스의 핵심이다.

Step 4 **사회 · 노동 · 환경**

16 노블레스 오블리주(Noblesse Oblige)

사회지도층의 책임 있는 행동을 강조하는 프랑스어로, 초기 로마시대에 투철한 도덕의식과 솔선수범하는 공공정신을 보인 왕과 귀족들의 행동에서 비롯되었다. 귀족사회를 지키기 위한 수단으로 볼 수도 있지만 도덕적 책임과 의무를 다하려는 사회지도층의 노력은 결과적으로 국민들을 결집시키는 긍정적인 효과를 가져왔다. 최근 국내외 대기업 오너들의 실천이 잇따르고 있고 개인의 '재능 나눔'도 이루어지고 있는데, 대기업 총수들이 노블레스 오블리주의 전면에 나서고 있는 것은 획기적인 변화라고 할 수 있다.

> **♡ 상식 더하기** 노블레스 말라드(Noblesse Malade)
>
> '귀족'을 뜻하는 프랑스어 'Noblesse'와 '아픈, 병든'을 뜻하는 프랑스어 'Malade'의 합성어로, '부패한 귀족'을 의미한다. 오늘날로 말하면 '갑질'하는 기득권층이나 권력에 기대 부정부패를 일삼는 부유층이라 할 수 있다. 노블레스 오블리주와 반대되는 개념으로 그룹 회장의 기사 폭행, 땅콩 회항 사건 등 끊임없이 보도되는 권력층의 각종 만행들을 예로 들 수 있다.

17 바넘 효과(Barnum Effect)

사람들이 보편적으로 가진 성격이나 심리적 특징을 자신만의 특성으로 여기는 경향을 말한다. 19세기 말 곡예단에서 사람들의 성격과 특징 등을 알아내는 일을 하던 바넘(P. T. Barnum)에서 유래했다. 1940년대 말 심리학자인 포러(Bertram Forer)가 성격 진단실험을 통해 처음으로 증명한 까닭에 '포러 효과'라고도 한다. 한동안 우리 사회에서 유행했던 혈액형별 성격론이나 최근 유행하고 있는 MBTI 성격유형 테스트 역시 이러한 바넘 효과가 적용된 예이다.

> **♥ 상식 더하기** ◀ 리플리 신드롬(Ripley Syndrome)
>
> '리플리 효과'라고도 하며, 자신이 마음속으로 강하게 바라던 것이 진짜 현실이라 여기고 그에 맞는 거짓말과 행동을 반복하는 현상

09

18 내셔널 트러스트(National Trust)

산업혁명을 통해 급격한 경제성장을 이룩했던 영국에서 1895년 변호사 로버트 헌터(Robert Hunter), 사회활동가 옥타비아 힐(Octavia Hill), 목사 하드윅 론즐리(Canon Hardwicke Rawnsley) 세 사람에 의해 출범하였다. 영국에서 내셔널 트러스트의 정식 명칭은 '자연이 아름답고 역사적으로 중요한 장소를 보전하기 위한 내셔널 트러스트(National Trust for places of Historic Interest and Natural Beauty)'이다. 아름다운 자연환경과 문화자원을 확보하고 이것을 보전 · 유지 · 관리 · 공개함으로써 차세대에게 물려주는 것을 목적으로 하는 시민운동을 말하는 것으로, '자연신탁 국민운동'이라고도 한다.

19 리세스 오블리주(Richesse Oblige)

부자가 쌓은 부(富)에도 사회적인 책임이 따른다는 의미이다. 노블레스 오블리주가 지도자 층의 도덕적 심성과 책임감을 요구하는 것이라면 리세스 오블리주는 부자들의 부의 독식을 부정적으로 보며 사회적 책임을 강조한다. 2011년 미국에서 일어난 월가 시위에서 '1대 99'라는 슬로건이 등장하는 등 1%의 탐욕과 부의 집중을 공격하는 용어로 쓰인다.

20 페미니즘(Feminism)

여성과 남성의 동등한 평등을 지향하며 사회체제 · 제도의 개혁을 통해 여성해방을 실현하고자 하는 경향을 말한다. 1960년대에 정치적인 변혁 운동이 일어나면서 여성운동이 본격화되기 시작했고 여성학이라는 새로운 분야의 등장과 함께 여성의 활발한 정치 참여도 이루어지고 있다.

Step 5 문화 · 미디어

21 앙가주망(Engagement)

본래 '계약 · 구속 · 약혼 · 연루됨'을 의미하는 것으로 문학에서 정치나 사회적 문제에 자진해서 적극적으로 참여하는 경향을 말한다. 프랑스의 문학가 사르트르가 그의 논문에서 앙가주망의 개념을 체계적으로 정리하고, '창작은 자유를 실현하는 방식이며 산문은 민주주의를 전제로 한다'고 본 이후 실존주의자들이 '사회에 참여하는 문학'이라는 의미로 널리 사용하였다.

22 오페라(Opera)

독창 · 합창 · 관현악을 사용하고 발레도 참가하는 대규모의 음악극이다.
이탈리아어로 '작품'을 뜻하며 독창자와 합창자의 노래 · 연기 · 춤이 무
대 위에서 펼쳐진다.

[오페라의 종류]

오페라 세리아 (정가극)	서정적 비극을 다루며, 아리아에 중점을 두고 드라마틱한 레치타티보로 접속해가는 방법을 취한다. 이탈리아 오페라 역사의 주류를 이루고 있다.
오페라 부파 (희가극)	자유로운 제재로 풍자를 포함하고 있으며, 음악적으로는 중창이 많이 쓰여 대규모의 앙상블에 충실한 음악을 들을 수 있다.
악극	가창 중심의 오페라에 대한 비판과 반성으로 발생한 음악극의 형식이다. 문학 · 연극적 요소와 음악적 요소를 긴밀하게 결합시켰다.
오페레타	코믹한 이야기와 알기 쉬운 음악으로 작곡한 가벼운 오페라이다.

23 프레타포르테(Pret-a-porter)

오트쿠튀르와 함께 세계 양대 의상 박람회를 이루는 기성복 박람회이다.
'고급 기성복'이라는 의미를 지니는 프레타포르테는 2차 세계대전 이후
오트쿠튀르보다는 저렴하면서도 비슷한 질의 기성복을 원하는 사람들이
늘어나면서 생겨났다. 파리, 뉴욕, 밀라노 등에서 해마다 2번씩 개최되
는데 캘빈 클라인, 조르지오 아르마니, 안나 수이 등 세계적인 브랜드들
이 참여하여 유행을 주도한다.

> **상식 더하기** 오트쿠튀르(Haute Couture)
>
> '고급 의상 제작'을 의미하며, 샤넬, 디올 등 세계적인 유명 브랜드가 참여
> 하는 제작 발표회가 1년에 2회씩 열린다.

24 넷플릭스 증후군(Netflix Syndrome)

넷플릭스를 틀어놓고 어떤 영상을 봐야 할지 몰라 고민만 하다 결국 아무 것도 보지 못하는 현상이다. 넷플릭스 증후군에 걸린 이들은 넷플릭스가 제공하는 방대한 콘텐츠의 양에 시청할 작품을 쉽게 결정하지 못하고 예고편과 줄거리만 찾아보다가 시간을 모두 허비한다. 또 작품을 겨우 선택해 틀어도 제대로 집중하지 못하고 다시 작품 목록을 살피기도 한다.

25 스포일러(Spoiler)

스포일러는 원래 '망치는 사람'을 뜻하는 영어인데 영화·소설·드라마 등을 아직 보지 못한 사람에게 그 줄거리나 내용을 알리는 행위 또는 그런 행위를 하는 사람을 의미한다. 영화나 드라마, 소설 등의 작품들을 아직 접하지 않은 관객이나 독자에게 알려 흥미나 기대를 떨어뜨리게 함으로써 기분을 망친다는 의미를 내포하고 있다. 한글 순화어로 '영화 혜살꾼'이라는 단어를 권장하고 있다.

Step 6 과학·IT

26 희토류

화학적으로 안정되면서 열을 잘 전달하여 반도체나 2차전지 등 전자제품에 필수 재료로 쓰인다. 물리·화학적 성질이 비슷한 란탄, 세륨 등 원소 17종을 통틀어서 희토류라고 부른다. 우라늄·게르마늄·세슘·리튬·붕소·백금·망간·코발트·크롬·바륨·니켈 등이 있다.

27 재생에너지

화석연료와 원자력을 대체할 수 있는 무공해 에너지이다. 우리나라에서는 신에너지 및 재생에너지 개발·이용·보급 촉진법에 의해 재생에너지를 태양열·풍력·수력·해양에너지, 지열에너지, 바이오에너지, 폐기물에너지, 석유·석탄·원자력 또는 천연가스가 아닌 에너지의 8가지로 규정하고 있다. 재생에너지는 생산되는 에너지의 양이 적고 기후에 영향을 받기 때문에 경제성이 낮지만 무공해이고 고갈될 염려가 없기 때문에 전 세계적으로 재생에너지를 대량으로 생산하여 사용할 수 있는 기술의 개발에 노력을 다하고 있다.

> **상식 더하기** ◀ 바이오에너지
>
> 바이오매스(에너지원으로 이용되는 식물, 미생물 등의 생물량)를 연료로 하여 얻는 에너지

28 리튬폴리머전지(Lithium Polymer Battery)

외부전원을 이용해 충전하여 반영구적으로 사용하는 고체 전해질 전지로, 안정성이 높고 에너지 효율이 높은 2차전지이다. 전해질이 고체 또는 젤 형태이기 때문에 사고로 인해 전지가 파손되어도 발화하거나 폭발할 위험이 없어 안정적이다. 또한 제조공정이 간단해 대량생산이 가능하며 대용량도 만들 수 있다. 노트북, 캠코더 등에 주로 사용되며 전기자동차에도 쓰이고 있다.

29 게놈(Genome)

'유전자(Gene)'와 '염색체(Chromosome)'의 혼성어로서 염색체와 유전자를 합친 하나의 시스템을 총칭하는 말이다. 생물의 구성단위인 세포 안에는 염색체라고 불리는 유전자를 포함하는 집합체가 존재한다. 개개의 염색체에는 이중 나선구조의 DNA사슬이 말려있는 형상(크로마틴 구조)으로 존재한다. 이러한 DNA의 이중 나선구조 안에는 생명체가 영위하는 모든 활동과 기능을 제어하기 위한 지시가 담긴 부분이 있는데 이를 유전자라고 부른다.

30 핵융합

1억℃ 이상의 고온에서 가벼운 원자핵들이 융합하여 에너지를 창출하는 것이다. 고온에서 가벼운 원자핵들이 융합하여 더 무거워지려고 할 때 막대한 에너지가 창출된다. 이러한 원리를 이용하여 수소폭탄이 만들어졌다. 핵융합은 해로운 방사능 배출도 적으며 핵연료도 바다에서 쉽게 구할 수 있다.

> ♥ 상식 더하기 ◀ 수소폭탄
>
> 수소 핵융합으로 폭발력을 증가시킨 핵폭탄
> 예 구소련의 차르 봄바(폭탄의 황제)

Day 10

정치 · 법률

01 옴부즈맨(Ombudsman)제도

입법부와 사법부가 가지고 있는 행정 통제의 고유 권한이 제 기능을 발휘하지 못함에 따라 이를 보완하고 보다 적극적으로 국민의 이익을 보호하려는 취지에서 1809년 스웨덴에서 처음 창설된 대국민 절대보호제도이다. 옴브즈맨과 비슷한 제도로 우리나라에는 '국민권익위원회'가 있다.

> **상식 더하기** 국민권익위원회
>
> 부패 방지와 국민의 권리 보호 및 구제를 위하여 설치한 국무총리 소속의 행정기관으로 2008년 2월 29일 법률 제8878호로 제정되었다. 부패 방지와 국민의 권리 보호 및 구제를 위하여 과거 국민고충처리위원회 · 국가청렴위원회 · 국무총리행정심판위원회 등의 역할을 하고 있다.

02 추가경정예산(추경)

정부가 1년 단위로 편성한 국가예산안이 국회에서 의결된 이후 새로운 사정으로 인해 소요경비에 과부족이 생길 때 본예산에 추가 또는 변경을 가하는 예산을 말한다. 국가재정법은 '전쟁이나 대규모 재해가 발생한 경우'와 '경기침체, 대량실업, 남북관계의 변화, 경제협력과 같은 대내 · 외 여건에 중대한 변화가 발생했거나 발생할 우려가 있는 경우' 등을 추경을 편성할 수 있는 사유로 규정하고 있다. 추경 편성은 경제활력 제고를 위한 대책으로 활용되지만 재정건전성에는 부담으로 작용할 수 있다.

03 정부형태의 비교

구분	대통령제	의원내각제
특징	• 권력분립 지향(견제와 균형) • 대통령은 국민에 대해 책임 • 대통령은 국가원수이며 행정부 수반 • 대통령의 법률안거부권 • 내각은 의결기관이 아닌 심의기관임 • 의회는 행정부를 불신임할 수 없고, 행정부도 의회를 해산할 수 없음 • 정부는 법률안제안권이 없으며 정부각료의 의회출석발언권도 없음 • 정부각료는 의회의원을 겸할 수 없음	• 권력 융합주의 • 의회의 신임(대체로 다수당)에 의해 내각 구성 • 왕 · 대통령은 정치적 실권이 없는 상징적 존재 • 의회는 내각불신임의결권을 가지고 있음 • 내각은 의회해산권과 법률안제안권을 갖고 있음 • 각료는 원칙적으로 의회의원이어야 하며 의회출석발언권을 가짐 • 내각은 의결기관임
장점	• 대통령 임기 동안 정국안정 • 정책의 계속성 보장 • 국회 다수당의 횡포 견제	• 정치적 책임에 민감 • 국민의 민주적 요청에 충실 • 정국안정 시 능률적 행정
단점	• 대통령의 강력한 권한으로 독재화의 가능성 있음 • 책임정치의 실현이 곤란	• 다수당의 횡포 가능성 • 군소정당 난립 시 정국불안 • 정책의 일관성 · 지속성 결여
공통점	사법부의 독립을 엄격히 보장 → 기본권의 보장	

🧠 상식 더하기 ◀ 우리나라가 채택하고 있는 의원내각제적 요소

행정부(대통령)의 법률안제안권, 의원의 내각각료 겸직 가능, 국무총리제, 국무회의의 국정 심의, 대통령의 국회 출석 및 의사표시권, 국회의 국무총리 · 국무위원에 대한 해임건의권 및 국회 출석 요구 · 질문권 등이 있다.

04 일사부재의의 원칙

한 번 부결된 안건은 같은 회기 중에 다시 발의하거나 제출하지 못한다는 원칙이다. 국회법상의 원칙으로, 소수파에 의한 의사방해를 막기 위한 제도다. 따라서 국회법의 개정으로 폐지되거나 내용이 달라질 수 있다. 또한 일사부재의는 국회의 대의기능을 제한하는 의사원칙이므로 그 적용범위는 국회법의 규정문언(부결된 안건은 같은 회기 중에 다시 발의 또는 제출하지 못한다)에 엄격히 한정되어야 한다.

05 단원제와 양원제

우리나라는 제2공화국에서 양원제를 실시하였으나 제3공화국 이후 현재까지 단원제를 채택하고 있다.

구분	단원제	양원제
장점	• 국정처리 신속, 비용이 절약됨 • 국회의 책임소재가 명백함 • 정부에 대한 국회 지위가 강력함 • 국민의사는 하나라는 일원적 민주주의 이론에 충실함	• 신중한 심의로 과오를 방지함 • 의회(특히 하원)와 정부 간의 충돌을 완화할 수 있음 • 상원에 직능대표제 도입이 용이함 • 의회의 횡포를 방지할 수 있음
단점	• 경솔·부당한 심의와 입법으로 과오를 범하기 쉬움 • 의회와 정부 간의 충돌 시 해결이 어려움 • 직능대표제 도입이 곤란함 • 다수당의 횡포를 견제하기 어려움	• 국정처리가 지연되고 많은 경비가 듦 • 서로에게 책임을 전가할 가능성 존재 • 정부에 대한 국회 지위가 약화됨 • 상원이 보수화될 염려가 있음

10

♡ 상식 더하기 ◀ 직능대표제

국민 각계각층의 이해관계를 반영하기 위해 직업별로 선거인단을 조직하여 의회에 대표자를 내보내는 선거제도

06 이지스함

이지스시스템이란 목표의 탐색에서부터 파괴까지의 전 과정을 하나의 시스템으로 연결한 미 해군의 최신종합무기시스템이다. 이지스함은 이지스시스템을 탑재한 구축함으로, 동시에 최고 200개의 목표를 탐지 · 추적하고, 그중 24개의 목표를 동시에 공격할 수 있다. 이지스레이더는 최대 1,000km 밖의 적 항공기를 추적할 수 있고, 탄도미사일의 궤적까지 탐지할 수 있다. 현재 이지스함 보유국은 우리나라를 포함해 미국, 일본, 스페인, 노르웨이 등이 있으며 우리나라의 이지스함으로는 세종대왕함, 율곡이이함, 서애류성룡함, 정조대왕함이 있다. 2012년 세 번째로 개발된 서애류성룡함은 2013년 실전배치되었다. 2022년 7월 진수된 정조대왕함은 해군의 첫 번째 8,200톤(t)급 이지스구축함이다.

07 코소보 사태

1998년 3월, 알바니아계 코소보 주민들이 세르비아로부터의 분리 · 독립을 주장하며 세르비아 경찰을 공격하면서 코소보 사태가 시작되었다. 그러다 세르비아 정부가 알바니아계 코소보 주민들을 대상으로 '인종청소'를 벌이며 유혈충돌 사태가 확산되었다. 미국과 유럽연합(EU) 회원국들은 세르비아 병력의 철수와 잔혹한 인종청소의 중단을 촉구하며 나토(NATO) 병력으로 세르비아를 공습해 슬로보단 밀로셰비치 세르비아 대통령의 항복을 받아내고 UN 전범재판소로 보냈다. 2008년 코소보 의회는 찬반투표를 실시해 만장일치로 코소보의 독립을 결정했으나 세르비아는 코소보의 일방적인 독립선언이 무효임을 주장하였다. 미국을 비롯한 대다수의 유럽 국가들이 코소보 독립을 지지하는 가운데 러시아는 반대, 그리스나 루마니아 등은 우려를 표명하고 있어 코소보는 미승인국가에 속한다.

08 NATO(North Atlantic Treaty Organization : 북대서양 조약기구)

북대서양조약을 기초로 미국, 캐나다와 유럽 10개국 등 12개국이 참가해 발족시킨 집단방위기구로 냉전체제하에서 구소련을 중심으로 한 동구권 의 위협에 대항하기 위해 창설되었다. 소련 등 공산권은 NATO에 대한 대항으로 지역안보기구인 바르샤바조약기구를 창설했으나 소련의 붕괴 로 바르샤바조약기구가 해체되자 NATO체제를 미국의 주도로 지역분쟁 에 대처하는 유럽안보기구로 변화시켰다.

09 PKO(Peace Keeping Operation)

국제연합(UN)이 관계당사국의 동의를 얻어 UN 평화유지군이나 정전감 시단 등을 현지에 파견해 휴전·정전의 감시 또는 치안유지 임무를 수행 하는 활동이다. 정전감시단은 정전의 감시·감독을 위해 분쟁지역에 파 견되어 정전을 위반하는 행위가 발생하면 즉시 안보리에 보고하는 것이 임무이며 무기는 휴대하지 않는다. 평화유지군(PKF ; Peace Keeping Forces)은 UN 회원국의 부대로, 중대단위 이상의 병력이며 평화유지임 무를 수행한다. 무력행사는 자위를 위한 범위 내에서만 가능하다.

10 NGO(Non-Governmental Organization)

정부 이외의 기구로서 국가주권의 범위를 벗어나 사회적 연대와 공공 목적을 실현하기 위한 자발적인 공식 조직을 의미한다. UN 헌장에 따 라 UN 경제사회이사회의 자문기관으로 인정받고 있으며 입법·사법· 행정·언론에 이어 '제5부'라 불리거나 정부·기업에 대응하는 '제3섹터' 라고도 불린다. 공동의 이해를 가진 사람들이 특정 목적을 위해 조직한 NGO는 다양한 서비스와 인도주의적 기능을 수행한다. 그린피스, 세계 자연보호기금, 국제사면위원회가 대표적인 NGO이다.

11 페이퍼 컴퍼니(Paper Company)

세금 절감 등의 목적으로 라이베리아, 케이맨제도, 영국령 버진아일랜드 등 조세를 부과하지 않는 국가나 지역에 서류상으로만 존재하는 회사를 말한다. 사업유지를 위해 소요되는 합산소득에 대한 세금과 기업의 활동 및 유지를 위해 소요되는 제반경비를 절감하기 위해 설립되는데 그 실체 파악이 어렵다.

12 포이즌필(Poison Pill)

일종의 경영권 방어수단으로서 적대적 인수합병(M&A)의 시도가 있을 때 기존 주주들에게 시가보다 싼 가격에 지분을 매수할 수 있도록 권리를 부여함으로써 적대적 M&A 시도자(매수자)의 지분 확보를 어렵게 만드는 것을 말한다. 이러한 권리는 매수기업의 입장에서는 치명적인 독약이 될 수 있어 '독(Poison)'이라는 표현을 사용한다. 적에게 잡혀 먹히기 전에 독약을 삼킴으로써 공격하려는 상대의 의지를 꺾어버린다는 전략이다.

13 스톡옵션(Stock Option)

기업이 임직원에게 자기 회사의 주식을 일정 수량, 일정 가격으로 매수할 수 있는 권리를 부여하는 제도이다. 자사의 주식을 일정 한도 내에서 액면가보다 낮은 가격으로 매입할 수 있는 권리를 부여한 뒤 일정 기간이 지나면 매입자 임의대로 처분할 수 있는 권한을 부여한다. 이는 해당 기업의 주가가 상승하면 스톡옵션을 보유한 자가 주식을 매각함으로써 차익금을 남길 수 있기 때문에 임직원의 근로의욕을 진작시킬 수 있는 수단으로 활용하기도 한다.

14 황금낙하산(Golden Parachute)

인수대상 기업의 경영자가 임기 전에 사임할 경우 일정 기간 동안 보수나 상여금 등을 받을 권리를 미리 고용계약에 기재해 인수비용에 부담을 주는 것을 말한다.

15 리니언시(Leniency)

담합행위를 한 기업들에게 자진신고를 유도하는 자진신고자 감면제다. 담합사실을 처음 신고한 업체에게는 과징금 100%를 면제해주고, 2순위 신고자에게는 50%를 면제해주어 기업 상호 간의 불신을 자극하여 담합을 방지하는 효과를 얻을 수 있다. 다만 매출액이 클수록 과징금도 커지기 때문에 담합으로 인해 가장 많은 혜택을 본 기업이 자진신고를 하여 처벌을 면할 수 있다는 한계도 있다.

10

Step 4 사회 · 노동 · 환경

16 로하스(LOHAS)

'Lifestyles Of Health And Sustainability'의 영문 머리글자를 조합한 단어로, 건강과 환경, 사회의 미래를 고려해 지속 가능한 친환경적인 소비패턴을 추구하는 것을 가리킨다. 2000년에 미국의 내추럴 마케팅 연구소가 처음 사용했으며 미국의 뉴욕타임스가 2003년 미래 소비를 주도할 키워드로 소개한 바 있다. 로하스 제품으로는 유기농 재배 농산물과 같은 환경친화적 상품이 있으며 일회용품 사용 줄이기, 장바구니 사용하기 등이 대표적인 활동이다.

17 해비타트(Habitat)

전 세계에서 열악한 주거환경에 거주하는 사람들과 무주택 서민들이 겪는 주거 문제를 해결하기 위해 자원봉사자들이 무보수로 집을 지어주는 운동이다. 1973년 미국의 밀러드 풀러(Millard Fuller) 부부가 아프리카의 가난한 사람들에게 집을 지어준 것에서 시작해 1976년에는 국제해비타트가 창설됐다. 생활의 가장 기본이라고 할 수 있는 주거 문제를 해결해줌으로써 자립의지를 심어주고, 사회발전에 기여할 수 있도록 돕는 데 목적이 있다.

> **♥ 상식 더하기 ◀ 밀러드 풀러**
>
> 사업에 성공해 30세의 젊은 나이에 백만장자가 된 풀러는 물질적인 가치만을 추구하는 삶에 환멸을 느낀 아내가 이혼을 요구하자 그간의 삶을 반성하고 1976년 전 재산을 팔아 해비타트를 창설했다. 집짓기운동의 세계적인 선도자로 인정받는다.

18 파이어족

'FIRE'는 'Financial Independence, Retire Early'의 약자이다. 젊었을 때 극단적으로 절약한 후 노후자금을 빨리 모아 이르면 30대, 늦어도 40대에는 퇴직하고자 하는 사람들을 의미한다. 파이어족은 심플한 라이프스타일을 통해 저축금을 빨리 마련하고 조기에 은퇴함으로써 승진, 월급, 은행 대출 등의 고민에서 벗어나고자 한다.

19 루키즘(Lookism)

외모가 개인 간의 우열과 성패를 가름한다고 믿어 지나치게 외모에 집착하는 외모지상주의를 말한다. 취직이나 결혼, 대인관계에 있어서 외모 자체가 큰 능력으로 간주되고, 이러한 사회적 분위기 속에서 방학이나 휴가기간을 이용해 성형수술과 다이어트를 하는 사람들이 많아졌다. 성차별 이상으로 외모를 근거로 한 차별이 나타날 가능성이 있다.

20 슬로시티(Slow City) 운동

이탈리아에서 시작됐으며 전통과 자연을 보전하면서 유유자적하고, 풍요로운 도시를 만들어 지속가능한 발전을 추구해나가는 것을 목표로 한다. 슬로시티에 가입하려면 5만명 이하의 인구, 도시와 환경을 고려한 정책 실시, 전통 음식과 문화에 대한 보존노력 등의 조건을 갖춰야 한다. 전라남도의 완도군 청산도는 옛 음식과 삶의 방식이 고스란히 남아있다고 평가받아 2007년 12월에 아시아 최초의 슬로시티로 지정됐다.

---

21 스쿠프(Scoop)

10

특종기사를 다른 신문사나 방송국에 앞서 독점 보도하는 것을 말하며 '비트(Beat)'라고도 한다. 대기업이나 정치권력 등 뉴스 제공자가 숨기고 있는 사실을 정확하게 폭로하는 것과 발표하려는 사항을 빠르게 입수해 보도하는 것, 이미 공지된 사실 속에서 새로운 문제점을 찾아내 새로운 의미를 밝혀주는 것 등이 있다.

22 스핀오프(Spin Off)

우리말로는 파생된 이야기 혹은 번외작과 비슷한 말로 초기에는 파생작을 뜻하였지만 지금은 부수적으로 나오는 부산물 정도로 그 뜻이 넓게 쓰이고 있다. 드라마나 예능의 경우 기존의 작품에서 파생된 작품이라고 이해하면 쉽다. 책이나 영화 등에 사용되었던 것을 바탕으로 현재의 상황에 맞는 다른 스토리를 만들어내는 것을 말하기도 한다.

23 IPTV(Internet Protocol Television)

초고속 인터넷망을 통해 영화·드라마 등 시청자가 원하는 콘텐츠를 양방향으로 제공하는 방송·통신 융합서비스이다. 가장 큰 특징은 시청자가 편리한 시간에 원하는 프로그램을 선택해볼 수 있다는 것이다. TV수상기에 셋톱박스를 설치하면 인터넷 검색은 물론 다양한 동영상 콘텐츠 및 부가서비스를 제공받을 수 있다.

24 3B법칙

광고를 만들 때 광고의 주목도를 높이기 위해 고려해야 하는 3가지 요소 Beauty(미인)·Beast(동물)·Baby(아기)를 말한다. 이 세 가지는 사람들에게 친근감을 주는 제재로 각 단어의 앞 글자를 따서 3B라 일컫는다.

25 5I의 법칙

광고는 멋진 아이디어(Idea)에서 비롯되어 직접적인 임팩트(Immediate Impact)를 줄 수 있는 관점에서 제작되어야 하며 지속적인 흥미(Incessant Interest)를 불러일으키고 고객에게 필요한 정보(Information)를 충분히 전달하면서도 충동을 불러일으키는 힘(Impulsion)을 갖추고 있어야 한다는 것이다.

26 그래핀(Graphene)

탄소나노튜브로, 탄소를 6각형의 벌집모양으로 층층이 쌓아올린 구조로 이뤄져 있는데 흑연에서 스카치테이프를 붙였다 떼면 접착력으로 그래핀을 떼어낼 수 있다. 구리보다 100배 이상으로 전기가 잘 통하고 실리콘보다 100배 이상 전자를 빠르게 이동시킨다. 강도는 강철보다 200배 이상 강하고, 열전도성은 다이아몬드보다 2배 이상 높다. 또 탄성이 뛰어나 늘리거나 구부려도 전기적 성질을 잃지 않아 활용도가 아주 높다.

27 에이징 테크(Aging-tech)

고령인구를 대상으로 하는 기술을 뜻하는 말이다. 노인들의 접근 가능성과 용이성을 최우선순위로 두며, 실버기술, 장수기술 등으로도 불린다. 전 세계적으로 고령인구가 급증하면서 기업도 노인들의 삶의 질 향상을 위해 에이징 테크의 발전을 모색하고 있다. 대표적인 예시로 신체활동을 돕고 위치추적 기능을 제공하는 시니어 전용 스마트 워치, GPS기능을 탑재해 착용자의 위치를 파악하고 보호자에게 알림을 전송하는 치매노인 실종예방 신발, 노인들의 친구가 되어 외로움을 달래주는 돌봄로봇 등이 있다.

10

28 광섬유

중심부는 굴절률이 높은 유리, 겉부분은 굴절률이 낮은 유리를 사용하여 에너지 손실을 최소화한 광학적 섬유이다. 데이터를 송수신하는 데 사용되고 있으며 광섬유를 여러 가닥 묶어서 케이블로 만든 것을 광케이블이라고 한다. 광섬유는 외부 전자파에 의한 간섭도 없고 도청이 어려우며, 굴곡에도 강하므로 외부의 영향을 거의 받지 않는다는 장점이 있다.

29 핵티비즘(Hactivism)

정치적 · 사회적 목적을 가지고 해킹 공격을 하는 것을 말한다. '해커(Hacker)'와 '행동주의(Activism)'의 합성어로, 개인적 이익이나 자기만족을 위한 해킹이 아닌 뚜렷한 정치 · 사회적 목적에 따라 기업 · 단체 · 정부 등의 사이트를 해킹한다.

> **상식 더하기** ◀ 화이트 해커(White Hacker)
>
> 민 · 관에서 활동하는 정보보안 전문가를 말한다. 보안시스템을 공격하여 취약한 보안시스템을 관리자에게 제보함으로써 악의로 해킹하는 '블랙 해커'의 공격을 막는 역할을 한다.

30 블랙 아이스(Black Ice)

눈 또는 비가 내린 뒤 도로가 얇게 얼어 빙판을 이루는 것으로, 도로결빙이라고도 부른다. 아스팔트 색깔이 투영돼 검은 얼음처럼 보인다고 해서 붙여진 이름이다. 추운 겨울 그늘진 도로나 터널의 출입구, 산모퉁이 음지, 온도가 낮은 다리 위 등에 주로 생긴다. 얼음 아래 아스팔트가 그대로 보여 블랙 아이스 자체는 눈에 잘 띄지 않는다. 그 때문에 날씨가 추워지면 이로 인한 교통사고가 자주 발생하면서 블랙 아이스는 겨울철 '도로 위 암살자'로도 불린다.

Day 11

정치 · 법률

01 데가지즘(Degagisme)

'제거하다, 치우다'라는 의미를 가진 프랑스어 'Degager'에서 유래한 것으로, 구(舊)체제 · 인물의 청산을 뜻하는 신조어이다. 2011년 튀니지에서 23년간 독재한 벤 알리 정권의 축출을 요구한 시위에서 구호로 사용하면서 이후에도 각종 시위에서 종종 구호로 등장했다. 2017년 4월에 실시된 프랑스 대선 1차 투표에서 공화당과 사회당 후보가 모두 탈락하고, '아웃사이더'라 불린 에마뉘엘 마크롱과 마린 르펜이 결선 투표에 진출하면서 프랑스의 정치 지형이 바뀌고 있다고 분석하며 그 이념적 바탕을 '데가지즘'이라고 보았다.

11

> 💙 **상식 더하기** 아랍의 봄
>
> 2010년 12월 18일 튀니지에서 벤 알리 독재정권을 축출하기 위해 시작된 시위가 이웃한 알제리, 바레인, 이집트 그리고 이란, 요르단, 리비아 등으로 퍼져 중동 및 북아프리카 일부 지역에 대규모 반정부 시위가 일어났는데 이러한 운동 및 혁명의 물결을 '아랍의 봄'이라 부른다. 독재자나 전제 군주, 인권 침해, 정부의 부패 등을 비롯해 경제침체, 실직, 극심한 기근, 인구학적 요소 등 복합적인 원인으로부터 시위가 발발했으며 튀니지, 이집트, 예멘에서의 시위는 정권 교체로 이어지기도 했다.

02 　세계 3대 법전

- **함무라비 법전** : 1901년 발견된 함무라비 법전은 함무라비 왕(재위 BC 1792~BC1750)이 제정한 고대 바빌로니아의 성문법이다. "눈에는 눈, 이에는 이"라는 탈리오 법칙을 담고 있다. 거의 원형대로 발견되었으며 현재는 프랑스 루브르 박물관에 소장되어 있다.
- **로마법대전** : 동로마제국의 유스티니아누스 1세(유스티니아누스 대제)가 편찬한 법전이다. 로마법대전 이외에도 시민법대전 또는 유스티니아누스 법전(Justinian's Code)이라고 불린다. 전(全) 로마법의 총결산이자 로마법 계수의 출발점이라고 할 수 있다. 또한 유럽 각국의 법전 편찬, 특히 민법전 편찬에 큰 영향을 주기도 했다.
- **나폴레옹 법전** : 나폴레옹이 편찬한 프랑스의 민법전으로 1804년 3월 21일 2,281조의 법조문을 담고 공포되었다. 나폴레옹 법전은 민법전의 별명(別名)으로 주요 내용은 법 앞에서의 평등, 신앙의 자유, 개인의 소유권 등을 옹호하는 혁명정신을 담고 있다. 간결한 문체와 잘 정리된 시민법 원리로 그 후에 제정된 각국 민법전의 모범이 되었다.

03 　도편추방제(Ostracism)

고대 그리스의 민주정시대에 참주의 재현을 막기 위해 시민들의 비밀투표로 위험인물을 10년간 국외로 추방시킨 제도이다. 추방자를 결정하는 방식은 이른 봄 민회에서 시행의 가부를 거수로 결정한 후에 위험인물의 이름을 도자기 조각에 기입하는 비밀투표였다. 그러나 이 제도는 참주가 아닌 유력한 정치가를 제거하기 위한 수단으로 악용되기도 했다.

> **♡ 상식 더하기** 　참주
>
> 비합법적인 방법으로 정권을 장악하면서 영향력을 확산시키는 지배자 또는 독재체제

04 사회계약설(社會契約說)

모든 인간은 태어날 때부터 '천부인권'을 가지는데, 이러한 자유와 권리를 보장받기 위해 각 개인은 계약을 맺어 국가를 이루고 자신의 권리를 국가에 위임했다는 이론을 말한다. 사회계약설을 주장하는 각 사상가들에 따라 이론의 세부 내용에는 차이가 있다.

- **홉스** : 자연 상태는 '만인에 대한 만인의 투쟁'이라고 보았기 때문에 모든 권리를 군주에게 위임함으로써 국가가 평화롭게 유지될 수 있다는 생각으로 군주주권론을 주장하였다.
- **로크** : 자유롭고 평등한 개인들의 합의에 의해 사회와 국가가 이루어졌고 국가 공권력이 국민의 기본권을 침해할 때 국민은 이에 저항할 수 있다는 이론이다. 입헌군주제의 발생에 크게 기여했고, 훗날 미국 독립선언문에 그의 철학이 반영되었다.
- **루소** : 자유롭고 평등한 자연 상태에서 인간의 자유와 욕망이 남용되어 자유가 파괴되는 것을 막기 위해 개인이 자신의 권리를 국가에 양도하는 것이라 하였다. '공공선 실현'을 위한 시민들의 자유로운 계약의 결과물을 국가로 이해한다.

> **❤️ 상식 더하기** ▷ 저항권
>
> 인권을 침해하는 국가의 불법적인 권력행사에 대하여 저항할 수 있는 국민의 권리

05 마타도어(Matador)

근거 없는 사실을 조작하여 상대편을 혼란시키고 그 내부를 교란하기 위해 하는 흑색선전(黑色宣傳)을 의미하는 말로 정치권에서 널리 쓰인다. 투우에서 쇼의 마지막에 소의 정수리를 찔러 죽이는 투우사(Bullfighter)를 뜻하는 스페인어 'Matador(마따도르)'에서 유래했다.

06 RCEP(Regional Comprehensive Economic Partnership)

2019년 11월 아세안(ASEAN) 10개국과 한국, 중국, 일본, 호주, 인도, 뉴질랜드 등 총 16개국이 지역경제 통합을 위해 추진한 일종의 자유무역협정(FTA)으로, 2020년 11월 인도를 제외한 15개국 정상이 최종타결을 선언했다. 2018년 11월 RCEP 참가 16개국이 싱가포르에서 각료회의를 열었지만 인도가 선진국들과는 다른 대우를 받아야 한다며 중국산 공산품과 농산품에 대한 관세 폐지에 난색을 표하면서 타결에 이르지 못했고, 결국 인도를 제외한 15개국만 2020년 11월 최종 서명했다. RCEP의 국내총생산(GDP)은 27.4조달러로 세계 GDP의 약 30%를 차지한다.

07 국제원자력기구(IAEA ; International Atomic Energy Agency)

국제연합(UN) 산하의 독립기구로서 전 세계 평화를 위한 원자력 발전의 안전성과 경제성을 제고하기 위해 국제적으로 협력하고, 원자력의 평화적 이용에 관한 연구를 증진 · 지원한다는 목적에 따라 설립되었다. 1970년에 발효된 NPT(핵확산금지조약)에 따라 핵무기 비보유국은 IAEA와 평화적 핵이용 활동을 위한 안전협정을 체결해야 하며 IAEA는 핵무기 비보유국이 핵연료를 군사적으로 전용하는 것을 방지하기 위해 현지에서 직접 사찰할 수 있다. 우리나라는 1957년 8월 8일에 가입하였다.

08 제네바 협약

전쟁이나 무력분쟁이 발생했을 때 부상자·병자·포로·피억류자 등을 전쟁의 위험과 재해로부터 보호하여 가능한 한 전쟁의 참화를 경감하려 는 것으로 적십자 조약이라고도 한다. '전지(戰地)에 있는 군대의 부상자 및 병자의 상태 개선에 관한 조약', '해상에 있는 군대의 부상자·병자· 난선자의 상태 개선에 관한 조약', '포로의 대우에 관한 조약', '전시의 민 간인 보호에 관한 조약'의 4개로 되어 있다. 1977년 제네바 외교관회의에 서 제네바 협약을 보완하기 위해 2개의 '제네바 협약 추가의정서'가 채택 되었다.

09 펜타곤(Pentagon)

정식 명칭은 'Department of National Defense'로 미국의 육·해·공 3군을 통합한 최고군사기관인 국방부를 말한다. 청사의 건물 모양이 5각 형(Pentagon)이기 때문에 펜타곤이라 한다. 1947년 미 국방부는 방위기 능의 일원화를 위하여 국가안전보장법에 의해 분립되어 있던 3군을 총괄 하는 국가군사부를 창설하였다. 1958년의 기구 개혁으로 작전지휘계통 을 대통령-국방장관-합동참모본부로 일원화해 강화시켰으며 본부는 워 싱턴에 있다.

11

10 UN(United Nations : 국제연합)

설립일		1945년 10월 24일
설립목적		전쟁방지 및 평화유지, 정치 · 경제 · 사회 · 문화 등 모든 분야의 국제협력 증진
주요활동		평화유지, 군비축소, 국제협력
본부		미국 뉴욕
가입국가		193개국
주요기구	**총회**	• 국제연합의 최고 의사결정기관 • 9월 셋째 화요일에 정기총회 개최(특별한 안건이 있을 경우에는 특별총회 또는 긴급총회 소집)
	안전보장이사회 (안보리, UNSC)	• UN 회원국의 평화와 안보 담당 • 5개의 상임이사국(미국 · 영국 · 프랑스 · 러시아 · 중국)과 10개의 비상임이사국으로 구성됨
	경제사회이사회 (ECOSOC)	• 국제적인 경제 · 사회 협력과 개발 촉진, UN 총회를 보조하는 기구 • UN 가맹국 중 총회에서 선출된 54개국으로 구성
	국제사법재판소 (ICJ)	• 국가 간의 법률적 분쟁을 재판을 통해 해결 • 네덜란드 헤이그에 위치함
	신탁통치이사회	신탁통치를 받던 팔라우가 1994년 독립국이 된 이후로 기능이 중지됨
	사무국	UN의 운영과 사무 총괄
전문기구		국제노동기구(ILO), 국제연합식량농업기구(FAO), 국제연합교육과학문화기구(UNESCO), 세계보건기구(WHO), 국제통화기금(IMF), 국제부흥개발은행(세계은행, IBRD), 국제금융공사(IFC), 국제개발협회(IDA), 국제민간항공기구(ICAO), 만국우편연합(UPU), 국제해사기구(IMO), 세계기상기구(WMO), 국제전기통신연합(ITU), 세계지적재산권기구(WIPO), 국제농업개발기금(IFAD), 국제연합공업개발기구(UNIDO) 등

♥ 상식 더하기 ◀ 신탁통치

국제연합의 감독 아래 특정 국가가 특정한 지역을 통치하는 제도

11 콘체른(Konzern)

여러 개의 기업이 주식교환이나 출자 등 금융적 결합에 의해 하나의 기업처럼 수직적으로 결합하는 기업집단을 의미한다. 일반적으로 하나의 거대기업이 계통이 다른 다수의 기업을 지배하기 위해 형성하며 법률적으로는 독립되어 있지만 실질적으로는 결합되어 있는 형태이다. 기업별 독립성을 보장하는 카르텔, 동일산업 내의 기업합동으로 이루어진 트러스트와 구별되며 각종 산업에 걸쳐 독점력을 발휘한다.

> **상식 더하기** 기타 기업결합의 유형
>
> • **카르텔** : 시장 통제를 목적으로 동일산업 부문의 독립기업을 독점적으로 결합시키는 수평적 기업결합 형태이다. 카르텔이 성립하기 위해서는 참가기업이 비교적 소수이어야 하고 각 기업 간 경제력의 차이가 적어야 하며 외부의 강력한 경쟁자가 존재하지 않아야 한다는 등의 요건이 필요하다.
> • **트러스트** : 동일산업 부문의 자본적 결합을 중심으로 한 수직적 기업결합 형태이다. 카르텔보다 강력한 것으로 각 기업은 개개의 독립성을 상실하고 새로운 기업으로 활동하게 된다.

12 경영진매수(MBO ; Management Buy Out)

현 경영진이 중심이 되어 회사 또는 사업부를 인수하는 것이다. 일반적인 인수합병(M&A)은 외부 제3자에 의해 이루어지지만 MBO는 회사 내부의 임직원에 의해 이루어진다. 따라서 기존 임직원이 신설회사의 주요 주주이면서 동시에 경영인이 된다. 기존 경영자가 그대로 사업을 인수함으로써 경영의 일관성을 유지하고 고용안정과 기업의 효율성을 동시에 추구할 수 있다는 장점을 가진다.

13 SDR(Special Drawing Rights)

국제통화기금(IMF)의 특별인출권이다. IMF가 1969년 국제준비통화인 달러와 금(金)의 문제점 보완을 위해 도입하여 1970년에 정식 채택한 가상통화이자 보조적인 준비자산이다. 회원국들이 외환위기에 처하게 될 때 담보 없이 달러, 유로, 파운드, 엔화 등을 인출할 수 있다. 2015년 위안화가 신규 통화로 편입돼 SDR 가치산정도 '5개 통화 시세의 가중평균'으로 결정하는 방식으로 바뀌었다.

14 토빈세(Tobin Tax, 통화거래세)

국제투기자본의 무분별한 자본시장 왜곡을 막기 위해 모든 단기외환거래에 부과하는 세금이다. 노벨경제학상 수상자인 경제학자 제임스 토빈(James Tobin)이 제안한 것으로 통화거래세가 거래비용을 높여 변동이 심한 금융시장을 안정화하고 국가의 통화정책에 대한 자율성을 향상시키는 효과가 있음을 주장했다.

15 내셔널 굿즈(National Goods)

정부나 공공기관 등 국가가 주도하여 제작·판매하는 기념품을 말한다. 일반적으로 국가적인 행사나 문화재 등을 홍보하고자 일상용품에 해당 디자인을 넣어 상품을 제작한다. 우리나라가 2018 평창 동계올림픽을 개최하며 제작한 평창 롱패딩, 수호랑 인형, 평창 스니커즈 등 올림픽과 관련된 내셔널 굿즈 상품이 매진을 기록하며 화제가 됐다. 이뿐만 아니라 국립중앙박물관에서 판매되고 있는 우리나라 고유의 문양이나 회화로 디자인한 문구류, 잡화 등 다양한 내셔널 굿즈 상품도 꾸준히 좋은 평가를 받고 있다.

16 침묵의 봄(Silent Spring)

미국의 해양학자 레이첼 카슨이 환경오염의 심각성에 대해 집필한 책이다. 그녀는 살충제·살균제의 사용으로 생태계가 파괴되는 것을 우려했고, 봄이 왔음에도 생태계의 파괴로 인해 새들의 노랫소리를 들을 수 없다는 의미에서 책의 제목을 〈침묵의 봄〉이라고 지었다. 그녀는 생태계에서 농약이 어떻게 확산되는지를 시작으로 어떻게 동·식물에 축적돼 연쇄작용을 일으키는지를 알리고자 했다.

17 HACCP(Hazard Analysis and Critical Control Point)

식품의 생산에서부터 소비자가 섭취하는 최종 단계까지 식품의 안전성과 건전성·품질을 관리하는 위생관리시스템으로 위해요소 중점관리기준이라 한다. 보통 '해썹'이라고 부르는데, 최종적으로 만들어진 식품을 검사하는 것이 아니라 생산부터 유통까지 전 과정에서의 위생을 관리하는 것으로 계획적인 관리시스템이라고 할 수 있다. 우리나라는 1995년 12월 29일 개정 시행된 식품위생법에 HACCP제도를 도입했다.

> **상식 더하기** 식품위생법
>
> 식품으로 인하여 생기는 위생상의 위해(危害)를 방지하고 식품영양의 질적 향상을 도모하며 식품에 관한 올바른 정보를 제공하여 국민보건의 증진에 이바지하는 것을 목적으로 제정되었다.

11

18 에코폴리스(Ecopolis)

생태계를 의미하는 'Ecology'와 도시를 의미하는 'Polis'의 합성어로, 빌딩과 콘크리트로 둘러싸인 기존의 도시와 달리 물과 에너지가 순환하고 동 · 식물이 함께 살아 숨쉬는 생태도시를 뜻한다. 도시에 지금의 2배 정도 되는 많은 녹지를 조성하고, 태양열발전소와 풍력발전소 같은 무공해 발전시설을 도입함으로써 사람과 자연이 함께 어우러져 지속가능한 공생 · 발전을 할 수 있도록 설계됐다.

19 아노미 현상(Anomie Phenomenon)

사회적인 규범이나 가치관이 붕괴됨에 따라 초래되는 혼돈과 무규범 상태를 말한다. 프랑스의 사회학자인 에밀 뒤르켐의 저서 〈사회분업론〉과 〈자살론〉에서 사용된 개념으로, 구성원들의 행위를 통제하는 공통의 가치나 규범이 사라져 구성원들이 겪게 되는 가치관의 혼란 현상이다.

> **상식 더하기** 〈 에밀 뒤르켐(E. Durkheim)
>
> 프랑스의 사회학자로 사회문제에 대한 분석 방법을 고찰해 오늘날 사회학의 확립에 크게 기여했다. 〈사회분업론〉, 〈자살론〉, 〈사회학적 방법의 규칙〉 등의 저서를 남겼다.

20 프로보노(Pro Bono)

경제적 여유가 없는 사회적 약자들을 위해 무보수로 변론이나 법률 자문을 해주는 활동으로, 라틴어 'Pro Bono Publico(공익을 위하여)'의 줄임말이다. 미국의 변호사들이 무료 법률서비스를 제공하던 것에서 시작되어 현재는 다양한 분야의 전문가들이 자신이 갖고 있는 재능을 기부하는 등의 활동으로 그 의미가 확대되었다.

21 아이드마(AIDMA)의 법칙

Attention(주의), Interest(흥미), Desire(욕구), Memory(기억), Action (행동)의 앞 글자를 딴 것으로 소비자가 구매를 하기까지의 심리적 과정을 나타낸다. 이를 활용하여 효과적인 광고물을 만들 수 있기 때문에 광고제작의 기본원칙으로 여겨진다. 즉, '소비자의 주의를 끌고 흥미를 불러일으켜 욕구를 지니게 한 뒤 이를 마음에 새겨두게 해 사게 만든다'는 것이다.

22 발롱데세(Ballon D'essai)

기상상태를 관측하기 위하여 사용하는 기구에서 비롯된 말로, 상대방의 의견이나 여론의 방향을 알아보기 위해 시험적으로 특정 의견 또는 정보를 언론에 흘림으로써 여론의 동향을 탐색하는 수단을 의미한다.

11

23 기업메세나(Corporation Mecenat)

로마제국시대에 예술·문화의 옹호자였던 메세나스로부터 유래한 명칭으로, 기업이 예술이나 문화활동에 대한 전반적인 지원을 하는 것을 의미한다. 우리나라에서는 1994년 삼성, 현대 등 총 204개 기업체가 참여한 한국메세나협회가 발족됐다.

> **♡ 상식 더하기** 메세나스
>
> 로마제국의 아우구스투스시대의 정치가로, 시인들을 후원하고 문화예술을 옹호·원조했던 인물이다.

24 중주

3중주 (Trio)	클라리넷 3중주	바이올린, 클라리넷, 피아노
	피아노 3중주	바이올린, 첼로, 피아노
	현악 3중주	바이올린, 비올라, 첼로
4중주 (Quartet)	피아노 4중주	바이올린, 비올라, 첼로, 피아노
	현악 4중주	제1·2바이올린, 비올라, 첼로
	목관 4중주	플루트, 오보에, 클라리넷, 바순
5중주 (Quintet)	현악 5중주	제1·2바이올린, 비올라, 첼로, 더블베이스
	피아노 5중주	제1·2바이올린, 비올라, 첼로, 피아노
	목관 5중주	플루트, 오보에, 클라리넷, 바순, 호른

25 근대미술 사조

신고전주의	• 18~19세기에 걸쳐 서구 전역에 나타난 예술 양식 • 합리주의적 미학에 바탕을 둔 정확한 묘사 • 대표화가 : J. L. 다비드, 앵그르
낭만주의	• 18~19세기 중반, 자유로운 내면세계를 표출한 양식 • 개성을 중시하고 주관적·감정적 태도가 두드러짐 • 대표화가 : 들라크루아
사실주의	• 19세기 중엽, 프랑스 예술의 주류를 이룸 • 객관적 대상을 정확하게 묘사하려는 태도 • 대표화가 : 밀레, 쿠르베 등
인상주의	• 19세기 후반 프랑스에서 일어난 중요한 회화운동 • 시간의 흐름에 따른 자연의 변화를 세밀하게 표현 • 대표화가 : 모네, 마네, 피사로, 르누아르 등

26 줄기세포

배아줄기세포	정자와 난자가 수정된 후 조직과 기관이 분화하는 8주까지의 초기 생명체인 배아에서 얻는 세포이다. 신체 모든 기관으로 분화 가능하다.
성체줄기세포	사람의 피부, 골수 등에서 얻는다. 성체줄기세포는 모든 기관으로 분화는 불가능하며, 일례로 피부줄기세포는 피부세포로만 분화 가능하다.

♡ 상식 더하기 ◀ 배아

수정 후 첫 난할부터 완전한 개체가 되기 전까지의 생명체

27 간염 바이러스

바이러스 간염의 병원체로 A · B · C · D · E형이 있다.

- **A형 간염** : 감염원은 배설물이며, 입을 통해 감염된다. 발열, 구토, 황달, 설사 등의 증상을 보이며 한 번 걸리면 항체를 보유하게 되어 다시 걸리지 않는다.
- **B형 간염** : 혈청간염이라고도 하며, 감염원은 혈액에 있다. 수혈, 의료실수, 성행위, 모자감염 등을 통해 감염되고 보균자가 만성화하는 경우도 있다. 우리나라 인구의 10%가 보균자이다.
- **C형 간염** : 감염원이 혈액에 있으며, 주로 수혈을 통해 감염된다. B형 간염과 마찬가지로 만성화하는 경우가 많다. 발열, 구토, 근육통, 관절통 등의 증상을 보인다.

♡ 상식 더하기 ◀ 혈청(Blood Serum)

혈장에서 섬유소를 뺀 나머지로, 혈액이 완전히 응고된 후 혈액으로부터 유리된 투명한 상층액이다.

28 멘델의 법칙

오스트리아의 유전학자인 멘델이 완두콩 실험을 통해 발견한 유전에 관한 법칙을 말한다.

우열의 법칙	순종의 대립형질을 교배하면 우성형질만 나오는 현상
분리의 법칙	한 쌍의 대립유전자가 분리되어 다음 세대에 유전되는 현상
독립의 법칙	서로 다른 형질의 영향을 받지 않고 우열의 법칙, 분리의 법칙에 의해 독립적으로 유전되는 현상

29 이안류

해안으로 밀려들어온 파도가 한곳에 모였다가 바다 쪽으로 급속히 빠져나가는 현상이다. 폭이 좁고 빨라 휴가철 해수욕장에서 이안류로 인한 사고가 자주 발생한다. 이안류에서 빠져나오기 위해서는 잠수하여 해안선과 평행으로 수영하면 된다. 다양한 장소에서 짧은 시간에 발생하기 때문에 예측하기가 매우 어렵다.

30 백야 현상

한여름에 북위 약 66.5° 이상의 북반구 지역과 남위 약 66.5° 이하의 남반구 지역에서 태양이 지평선 아래로 내려가지 않는 현상이다. 북반구에서는 하지 무렵에 발생하고 남반구에서는 동지 무렵에 발생한다. 백야 현상이 길게 나타나면 최장 6개월 동안 해가 지지 않는다. 백야(白夜)라는 단어는 '하얀 밤'이라는 뜻으로 러시아에서 쓰는 표현이다. 반면 백야 현상이 일어나는 극지방의 반대편은 해가 뜨지 않는 극야 현상이 생긴다.

> **♥ 상식 더하기 ◀ 극야 현상**
>
> 고위도 또는 극점 지역에서 겨울철 해가 뜨지 않아 낮에도 어둠이 지속되는 현상이다. 북반구에서는 12월 22일(동지)을 중심으로, 남반구 지역에서는 6월 21일(하지)을 중심으로 나타난다.

Day 12

Step 1 **정치 · 법률**

01 성문법과 불문법

성문법은 헌법, 법률, 명령, 자치법규(조례와 규칙), 조약 등이 있으며 현재 존재하는 가장 오래된 법전인 함무라비 법전이 대표적이다. 현재 대부분의 국가는 법체계의 많은 부분이 성문법화되어 있다. 불문법은 법규범의 존재 형식이 제정되지 않은 법체계에 의하는 것을 말한다. 성문법에 대응하는 것으로 관습법이나 판례법, 조리 등이 이에 속하며 영미법계에서는 주된 법원(法源)이 되나 대륙법계에서는 보충적 법원으로 보는 것이 일반적이다.

〈성문법의 장단점〉

• **장점** : 합리적인 법의 구체화에 적합하고 여러 제도를 입법화하는 것에 편리하며, 법의 존재와 그 내용이 확실하여 법생활의 안정성을 확보할 수 있다.

• **단점** : 유동적인 사회실정에 바로 대응할 수 없고, 입법의 복잡화 · 기술화로 국민의 체계적 이해가 어렵다.

> **♡ 상식 더하기** 판례법과 조리
>
> • **판례법** : 법원의 재판이 동일한 판결을 반복하면서 재판의 선례가 다음의 재판을 구속할 때 형성되는 불문법이다.
> • **조리** : 일반적으로 인정되는 객관적인 원리 또는 법칙으로, 이치에 맞도록 행동하거나 존재하는 상태를 의미한다.

02 대한민국 헌법

1987년 10월 29일에 마지막으로 개정된 현행 헌법은 전문과 총강, 국민의 권리와 의무, 국회, 정부, 법원, 헌법재판소, 선거관리, 지방자치, 경제, 헌법 개정 등 본문 130개조와 부칙 6개조로 구성되어 있는 민정(民定)·경성(硬性)·성문(成文)의 단일법전이다. 인적으로는 대한민국의 국민에게 적용되고, 장소적으로는 대한민국의 영역 내에서 적용된다.

> **상식 더하기**
>
> • **민정헌법** : 국민의 의사에 의하여 제정된 헌법
> • **경성헌법** : 개정 절차가 까다롭게 되어 있는 헌법(↔ 연성헌법)
> • **성문헌법** : 조문의 형식으로 구성된 헌법전의 형태를 가지고 있는 헌법

03 네오콘(Neocon)

네오 콘서버티브(Neo-conservatives)의 줄임말로 미국 공화당의 신보수주의자들 또는 그러한 세력을 말한다. 힘이 곧 정의라고 믿고 군사력을 바탕으로 미국이 세계 패권국의 자리를 확고히 유지하는 것을 목표로 하는데, 9·11 테러 이후 네오콘의 입지가 강화되면서 주목받기 시작했다. 다른 나라 일에 크게 신경을 쓰지 않으며 고립을 즐기던 전통적 보수주의자들과는 다르게 적극적으로 국제문제에 개입해 새로운 국제질서를 확립해야 한다고 주장한다. 미국의 정계·언론계는 물론 각종 싱크탱크 등에서 큰 영향력을 행사하고 있다.

> **상식 더하기** 싱크탱크(Think Tank)
>
> 무형의 두뇌를 자본으로 하여 정책입안의 기초가 되는 각종 시스템 개발을 연구하는 독립기관

04 헌법 개정 절차

- **제안**
  - 대통령은 국무회의 심의를 거친다.
  - 헌법 개정은 국회 재적의원 과반수 또는 대통령의 발의로 헌법개정 안을 제안한다.
- **공고** : 제안된 개정안은 대통령이 20일 이상의 기간 동안 이를 공고하여야 한다(의무규정).
- **국회 의결**
  - 국회는 헌법개정안이 공고된 날로부터 60일 이내에 의결하여야 한다.
  - 국회의 의결은 재적의원 3분의 2 이상의 찬성을 얻어야 한다.
- **국민투표**
  - 국회를 통과한 개정안은 30일 이내에 국민투표에 붙여야 한다.
  - 국회의원 선거권자 과반수의 투표와 투표자 과반수의 찬성을 얻어야만 헌법 개정이 확정된다.
- **공포** : 헌법 개정이 확정되면 대통령은 즉시 이를 공포하여야 한다.
- **시행**

> **상식 더하기** 〈 국민투표
>
> 헌법개정안에 대한 투표와 같이 국가의 중대한 사항을 결정하기 위해 국민이 직접 투표에 참여함으로써 국민의 의사를 결정하는 직접민주제의 요소이다.

12

05 살라미(Salami) 전략

살라미는 소금과 향신료에 절여 짠맛과 매운맛이 나는 이탈리아 소시지로, 짜고 맵기 때문에 잘게 썰어 조금씩 나눠 먹는 것이 일반적이다. 이에 빗대어 여러 현안을 세분화해 단계적으로 접근해 이득을 극대화하는 것을 살라미 전략이라고 부른다. 북한이 비핵화 협상 때마다 써온 것으로도 유명하다. 북한은 과거 비핵화 과정을 세분화한 뒤 각 단계마다 자신들의 조치와 이에 상응하는 보상 조치를 동시에 요구하고 다음 단계로 넘어가는 동시적·단계적 해법을 제시해 비핵화 의지에 대한 의구심을 낳기도 했다.

Step 2 **국제·외교**

06 FTAAP(Free Trade Area of the Asia-Pacific : 아시아·태평양자유무역지대)

1966년 일본 경제학자 고지마 기요시는 유럽의 경제통합에 대응해 일본 주도로 미국, 캐나다, 호주, 뉴질랜드 등 5개국 시장을 통합하는 태평양자유무역지대(PFTA)를 구상했으나 미국과 중국이 반대하며 결렬되었다. 그러다 2006년 프레드 버그스텐 미국 피터슨국제경제연구소 소장이 다시 제안해 주목받기 시작했지만 역내 시장통합은 환태평양경제동반자협정(TPP)을 중심으로 우선 추진한다는 미국의 반대로 다시 흐지부지됐다. 그 후 중국의 시진핑(習近平) 국가주석은 2016년 아시아·태평양 경제협력체(APEC) 정상회의 개막 연설에서 FTAAP 구축에 강한 의지를 보였다. APEC 정상회의에서도 21개국 정상은 FTAAP를 공동연구하고, APEC 차원의 지원을 한다는 데 합의하면서 FTAAP가 TPP를 대체할 새 무역질서로 다시 부상하기도 했다.

07 인포콘(INFOCON)

국방 정보화체계에 대한 사이버 공격 징후가 있을 경우, 이에 효과적으로 대응하기 위해 2001년 4월부터 시행하고 있는 한국군의 정보작전 방호태세이다. 북한·중국 등 주변국이 정보전 강화 조치를 취함에 따라 한국군 역시 정보전 능력을 향상시켜야 한다는 현실적 요구에 따른 것으로, 적이 국방 전산망 등 정보화체계에 대해 사이버 공격을 가할 경우 이에 단계적으로 대응하게 된다. 방호태세는 총 5단계로 나뉘는데 통상적 활동인 '정상', 증가된 위험을 뜻하는 '알파', 특정한 공격위험을 뜻하는 '브라보', 제한적 공격을 뜻하는 '찰리', 전면적인 공격을 뜻하는 '델타'로 구분된다. 일단 방호태세가 발령되면 육·해·공군본부, 작전사령부 등에 즉각 보고하고 단계별 방호태세에 따라 대응조치를 취해야 한다.

08 카슈미르 분쟁(Kashmir Conflict)

1947년 영국령 인도제국이 인도와 파키스탄으로 분리되면서 주민의 대다수가 이슬람교도였던 카슈미르 지역이 이슬람 국가인 파키스탄이 아닌 힌두 국가인 인도에 포함되면서 영유권 분쟁이 시작되었다. 인도와 파키스탄은 몇 차례의 대규모 전쟁을 벌였으며 냉전시절에는 파키스탄을 지원하는 구소련과 인도를 지원하는 미국 간의 대리전 양상까지 보였다. 국제연합(UN)의 중재로 1972년 분할통치로 결론이 났으나 그 후에도 양국 간의 분쟁이 끊이지 않아 현재까지도 서남아시아 최대의 분쟁지로 남아 있다.

> **💚 상식 더하기** 　영유권
>
> 일정한 영토에 대한 해당 국가의 관할권으로 영유권의 판단 기준은 현재 거주민 유무 여부, 실효적 지배, 역사적 자료 보유 등이 있다.

09 자위대

일본은 2차 세계대전에서 패한 후 육·해·공군의 전력을 보유하지 않는
다는 '평화헌법'을 시행하였으나 1950년 한국전쟁 이후 일본의 치안유지
를 목적으로 하는 경찰예비대를 창설하였고 1954년 자위대로 명칭을 변
경하였다. 육상·해상·항공 자위대로 구성되어 있으며 모두 지원제다.
평화헌법에는 국가 간의 교전권(交戰權) 포기와 어떠한 전력도 가지지
않는다는 내용이 명시되어 있어 자위대는 군대가 아니어야 하지만 일본
정부는 1950년대 이후 계속해서 자위대의 전력을 확충하고 최신형 첨단
무기를 갖추고 있어 실질적으로는 다른 국가의 군대와 차이가 없다.

> **상식 더하기** 　평화헌법
>
> 일본의 평화헌법 제9조는 승전국인 미국의 주도로 제정된 것이다. 일본은
> 전쟁을 포기하고 국가의 교전권을 인정하지 않으며 군대를 보유하지 않는
> 다는 것이 주요 내용이다.

10 집단자위권(Right of Collective Self-defense)

타국이 무력 공격을 받을 경우 밀접한 관계에 있는 3국과 협력하여 공
동으로 방위할 수 있는 국제법상 국가의 기본 권리이다. 집단자위권은
1945년 발효된 국제연합(UN) 헌장 제51조에 명문화된 권리로서 국제연
합 가입국이 무력공격을 받을 경우 안전보장이사회가 유효한 조치를 취
할 때까지 고유의 개별적 자위권 또는 집단적 자위권을 행사할 수 있다
고 규정한다. 그러나 일본의 경우 집단자위권이 국제연합이 정하는 국가
고유의 권리임에도 '전쟁의 포기'를 규정하는 평화헌법 9조에 의하여 집
단자위권의 행사가 금지되어 왔다. 일본의 전 총리 아베 신조는 위법이
라고 해석해오던 집단적 자위를 용인하여 자위대의 해외파병을 확대하는
'적극적 평화주의'의 기치를 내세워 우리나라를 포함한 주변국이 우려를
나타내기도 했다.

11　체리피커(Cherry Picker)

'달콤한 체리만 골라먹는 사람'이라는 뜻으로, 신용카드 회사의 특별한 서비스 혜택만 누리고 카드는 사용하지 않는 고객을 일컫는 말이다. 기업의 상품이나 서비스를 구매하지 않으면서 자신의 실속을 차리기에만 관심을 두는 소비자인 체리피커는 기업의 서비스나 유통체계의 약점을 이용해 혜택만을 얻으려 상품이나 서비스를 주문했다가 반품하는 등 해당 회사에 적지 않은 피해를 주기도 한다. 이에 기업들은 놀이공원 할인이나 영화관 할인 등과 같은 비용부담이 큰 서비스를 줄이고, 일반고객과 차별화시키는 정책으로 대응하고 있다.

12　랩어카운트(Wrap Account)

고객이 예탁한 재산에 대해 자산구성 · 운용 · 투자자문까지 통합적으로 제공하는 자산종합관리계좌를 말한다. 고객의 자산구성에서부터 운용 및 투자자문까지 통합적으로 관리해주는데 선진국에서는 보편화된 형태이다. 고객이 돈을 맡기면 증권사에서는 고객의 자산규모와 기호에 맞춰 적절한 운용배분과 투자종목을 추천하고 일정한 수수료를 받는다.

13　레버리지 ETF

ETF(Exchange Traded Fund, 상장지수펀드)는 인덱스펀드를 거래소에 상장시켜 투자자들이 주식처럼 편리하게 거래할 수 있도록 만든 상품이다. 일반 ETF가 코스피200과 같은 지수와 비슷한 수익률을 내는 것을 목표로 하는 데 반해 레버리지 ETF는 선물투자 등을 통해 주가지수가 오르면 ETF 수익률이 2배가 되는 것을 추구하는 상품이다. 레버리지 ETF는 상승장에서는 높은 수익률을 기대할 수 있다는 장점이 있지만 하락장에서는 손실위험도 커져 고위험 · 고수익 상품으로 분류된다.

14 사이드 카(Side Car)

선물시장의 급변 시 현물시장에 대한 영향을 최소화함으로써 현물시장을 안정적으로 운용하기 위한 매매호가 관리제도의 일종으로 선물가격이 기준가 대비 5% 이상(코스닥은 6% 이상) 상승 또는 하락한 상황이 1분간 지속하는 경우 선물에 대한 프로그램 매매를 5분간 중단한다. 5분이 지나면 자동으로 해제되며 1일 1회만 발동될 수 있다. 또한 주식시장의 장마감 40분 전 이후에는 발동할 수 없으므로 오후 2시 50분까지만 발동이 가능하다.

15 서킷브레이커(CB ; Circuit Breaker)

1987년 미국에서 일어난 블랙 먼데이 이후 주식시장의 붕괴를 막기 위해 도입한 제도로, 일시적으로 거래를 중단시켜 주식시장을 안정화하는 것이다. 우리나라의 경우 3단계(종합주가지수가 전일에 비해 8 · 15 · 20% 이상 등락한 경우)로 나눠 각 단계별로 1일 1회 발동할 수 있다.

Step 4 **사회 · 노동 · 환경**

16 르네상스 칼라(Renaissance Collar)

정치 · 경제 · 문화 등 다방면에 대한 지식과 다양한 경험을 바탕으로 인터넷 분야에서 두각을 나타내는 사람들을 말한다. 인터넷 중심의 정보화시대에 주목받고 있는 사람들로, 변화에 빠르게 대처하고 뛰어난 적응력을 갖고 있어 한 가지 일에 만족하지 않고 다양한 경력을 가진다. 르네상스시대의 수학자이자 건축가, 예술가였던 레오나르도 다빈치 등에서 비롯된 용어이다.

17 그루밍족(Grooming族)

피부, 두발, 치아관리는 물론 성형수술까지 마다하지 않으면서 자신을 꾸미는 것에 대한 투자를 아끼지 않는 남성들을 일컫는 말로 마부 (Groom)가 말을 빗질하고 꾸미는 데서 유래했다. 이러한 현상을 반영한 TV 프로그램도 증가하고 있고, 남성들을 위한 화장품 등 변화된 사회 모습이 나타나고 있다.

> **💚 상식 더하기** ◀ 메트로섹슈얼족
>
> 패션이나 헤어스타일을 가꾸는 것에 관심을 두며 내면의 여성성을 즐기는 현대 남성들을 의미한다. 이들은 외모를 중시하며 여성적 라이프스타일에 적극적인 관심을 기울인다.

18 디지털 치매

스마트폰 등의 디지털 기기에 의존해 기억력과 계산력이 떨어지는 증상이다. 국립언어원은 '다양한 디지털 기기의 발달에 힘입어 스스로의 뇌를 사용하지 않고 무의식적으로 디지털 기기에 의존하게 된 현대인들의 기억력 감퇴 현상'이라고 정의하고 있다. 절친한 사람의 전화번호를 기억하지 못하거나 노래방 반주화면의 가사 자막 없이는 부를 수가 없는 등 여러 가지 증상으로 나타난다.

> **💚 상식 더하기** ◀ 영츠하이머
>
> 20·30세대에게 나타나는 건망증 현상으로 '젊다'의 '영(Young)'과 치매를 뜻하는 '알츠하이머(Alzheimer)'의 합성어다. 디지털 기기에 대한 높은 의존도로 두뇌를 활성화할 일이 낮아져 기억력이 감퇴하는 것이며 우울증, 잦은 폭음 등도 원인으로 꼽힌다. 뇌 손상으로 인한 치매가 아니기 때문에 디지털 기기 사용빈도를 줄인다면 증상이 완화될 수 있다. 기억력을 다시 회복시키기 위해서는 규칙적인 운동, 독서와 충분한 수면 등이 중요하다.

19 잡 셰어링(Job Sharing)

정리해고의 긍정적인 대안으로 거론되고 있으며 '일자리 나누기'라고 한다. 극심한 경제불황으로 인해 취업난이 장기화되고 실업자가 증가하면서 고통을 분담하자는 차원에서 일자리 나누기의 필요성이 공감대를 얻고 있다. 잡 셰어링을 실현하는 방식은 초과근무 축소, 무급휴가의 확대, 주4일 근무제 등이 있으며 이를 시행한 기업에는 정부가 세제지원 혜택을 준다.

20 보보스족(Bobos族)

부르주아 보헤미안(Bourgeois Bohemians)의 준말이다. 삶의 여유와 의미를 중시하고 가치 있다고 판단하는 제품과 서비스에 대해서는 가격에 상관없이 아낌없이 지출하는 젊고 부유한 사람들을 말한다. 이들은 물질적 풍요로움뿐만 아니라 정신적인 여유도 함께 누리고자 한다.

> **♥ 상식 더하기 ◀ 보보스족의 특성**
>
> • 일과 후에는 반드시 자신만의 취미에 몰두한다.
> • 돈은 여유 있는 생활을 위한 수단일 뿐 목적은 아니라고 생각한다.
> • 직장은 자신의 창의력을 발휘할 수 있는 공간이라 여기고 즐긴다.
> • 편안한 호텔을 잡고 즐기는 여행보다는 혹독한 오지에서의 노숙을 좋아한다.
> • 도시의 차가움보다 자연의 따뜻함을 선호한다.

21 인포데믹(Infodemic)

각각 '정보'와 '감염병 확산'을 뜻하는 '인포메이션(Information)'과 '에피
데믹(Epidemic)'을 합친 신조어로, 정확하지 않은 정보나 악성루머 등이
미디어를 통하거나 인터넷상에서 한꺼번에 급속도로 퍼지는 현상을 말한
다. 이른바 정보 감염증으로 불린다. 사실 여부가 검증되지 않은 정보들
이 동시다발적으로 유통되기 때문에 사회적으로 많은 혼란을 초래한다는
문제점을 갖고 있다. 코로나19 사태와 관련해 거짓 소문들이 떠돌면서 이
용어가 자주 등장했다.

22 문학의 4대 장르

문학은 언어의 형태에 따라 운문문학과 산문문학, 전달방식에 따라 구비
문학과 기록문학으로 나뉘기도 한다. 보통은 4분법에 의해 시 · 소설 ·
희곡 · 수필로 구분하고, 4분법에 평론을 더한 5분법, 평론과 시나리오를
더한 6분법을 적용하기도 한다.

12

♥ 상식 더하기   문학의 4대 갈래

구분	성격	자아(주관 · 상상)와 세계(객관 · 체험)의 관계
서정(시)	세계의 자아화	자아 > 세계
서사(소설)	자아와 세계의 갈등	자아 ↔ 세계(서술자가 개입함)
극(희곡)	자아와 세계의 갈등	자아 ↔ 세계(서술자가 개입하지 않음)
교술(수필)	자아의 세계화	자아 < 세계

23 아포리즘(Aphorism)

그리스어로 '정의'를 뜻하는 단어에서 유래했으며 삶의 교훈을 담은 말이나 글로, 속담과 달리 말한 사람이나 출처를 밝힐 수 있다. 가장 오래되고 유명한 아포리즘은 히포크라테스의 〈아포리즘〉에 나오는 '예술은 길고 인생은 짧다'이다.

24 현대미술 사조

야수파	• 20세기 초반 모더니즘 예술에서 나타난 경향 • 강렬한 표현과 대담한 원색 사용, 형태의 단순화 • 대표화가 : 마티스, 드랭, 블라맹크, 루오 등
입체파	• 20세기 초 야수파의 뒤를 이어 프랑스에서 일어남 • 물체의 모양을 분석하고 구조를 연결하여 기하학적으로 재구성 • 대표화가 : 피카소, 브라크 등
표현주의	• 20세기 초 반(反)인상주의로 독일에서 일어난 운동 • 극단적 형태 변화와 단순화로 내면세계 표현 • 대표화가 : 뭉크, 샤갈, 클레, 코코슈카 등
미래파	• 20세기 초 이탈리아에서 일어난 전위예술운동 • 전통을 부정하고 현대생활의 약동감과 속도감 표현 • 대표화가 : 보초니, 세베리니, 라의, 루솔로 등
초현실주의	• 1919년부터 제2차 세계대전 발발 직후까지 프랑스에서 일어난 예술운동 • 무의식 영역에 큰 관심을 가졌고, 초월적인 현실에 도달하고자 함, 콜라주 · 프로타주 등의 표현기법 사용 • 대표화가 : 달리, 미로, 마그리트

> **상식 더하기 샤갈**
>
> 러시아 출신의 프랑스 화가로 독창적이고 환상적인 작품을 많이 남겼다. 피카소와 함께 20세기 최고의 화가로 불린다.

25 누보로망(Nouveau Roman)

우리말로 '신소설'이라고 풀이하며, '반(反)소설'이라는 의미로 사르트르가 처음 사용한 '안티로망(Anti-roman)'과 동의어이다. 기존의 문학적 전통을 부정하며 등장인물, 오락적 요소, 극적인 전개, 성격과 줄거리를 알려주는 대화 등 전통적 소설의 규범 요소를 무시한다. 줄거리나 뚜렷한 심리 설명이 없으며, 시간의 역전과 시점의 변화도 일어난다. 대표작으로는 뷔토르의 〈변심〉, 베케트의 〈고도를 기다리며〉, 시몽의 〈사기꾼〉 등이 있다.

> **♡ 상식 더하기 ◁ 안티로망(Anti-roman)**
>
> 1950년대에 프랑스에서 시작한 것으로, 특별한 줄거리나 뚜렷한 인물이 없고 사상의 통일성이 없으며 시점이 자유롭다.

Step 6 과학·IT

26 정지궤도위성

위성의 공전주기가 지구의 자전주기와 같아 지구에 있는 우리가 보기에는 한 지점에 정지하고 있는 것처럼 보이는 위성이다. 그러나 위성은 지구상의 궤도를 따라 지구와 같은 속도로 24시간 비행하고 있다. 목적에 따라 통신위성·방송위성·기상위성 등으로 구분된다.

27 나로우주센터

국내의 기술로 만들어진 우주센터로, 2009년 완공됐다. 인공위성을 발사할 수 있으며 세계에서 13번째로 설립되었다. 로켓을 발사할 수 있는 로켓 발사대와 발사체를 통제하고 관리하는 발사통제동, 발사된 로켓을 추적하는 추적 레이더, 광학추적장비 등을 갖추고 있다. 그 외에 로켓전시관, 인공위성전시관, 우주과학전시관, 야외전시장 등의 우주과학관이 함께 있다.

28 소유즈호

한국 최초의 우주인 이소연 박사가 탑승했던 러시아의 유·무인 우주선으로 소련에서 처음 개발되었으며 러시아로 이어져 시리즈로 개발되고 있다. 러시아 연방우주청과 한국항공우주연구원의 계약에 의해 2008년 4월 8일에 한국인 이소연 박사가 소유즈 TMA-12호에 탑승해 우리나라 최초의 우주인이 탄생했다.

> **♥ 상식 더하기** 한국항공우주연구원(KARI)
>
> 다목적실용위성 개발을 위시한 선진국 수준의 위성기술 확보, 나로우주센터 건립과 국내 첫 우주발사체인 나로호의 개발, 한국형 헬기사업과 스마트 무인기사업을 통한 항공기술의 발전을 목적으로 1989년 설립된 국가항공우주기술 중심 연구기관이다.

29 힉스입자(Higgs Boson)

우주가 막 탄생했을 때 몇몇 소립자들에 질량을 부여한 존재로 알려져 '신의 입자'라 불리는 힉스입자는 우주 탄생의 원리를 설명하기 위한 가설 중 가장 유력한 표준모형(Standard Model)에서 없어서는 안 될 소립자다. 힉스입자의 존재를 증명하기 위해 유럽입자물리학연구소(CERN)는 대형강입자충돌기(LHC)를 통한 실험을 거듭했고, 2012년 뮤온압축솔레노이드(CMS)와 아틀라스(ATLAS) 검출기에서 세상물질을 구성하는 기본 16개 입자가 질량을 갖게 될 때 잠시 나타나는 힉스입자를 찾는 데 성공했다. 50년간 존재를 증명하기 어려웠던 이 입자가 검출되면서 1960년대 그 존재를 제시한 힉스 교수 등은 2013년에 노벨물리학상을 받았다.

30 가거초 해양과학기지

전남 가거도 서쪽에 있는 가거초의 수심 15m 아래에 건설된 해양과학기지로 기상, 해양, 대기환경 등을 관측하는 임무를 맡고 있다. 관측한 자료는 기지의 데이터베이스에 저장되는 동시에 위성을 통해 한국해양연구원으로 전송된다.

> 🧡 **상식 더하기** ◀ 한국해양연구원(KORDI)
>
> 1973년 창립된 국가 해양과학기술의 발전을 선도하는 국내 유일의 종합 해양연구기관

12

Day 13

정치 · 법률

01 법 적용의 원칙

- **상위법 우선의 원칙**

  실정법상 상위의 법규는 하위의 법규보다 우월하며, 상위의 법규에 위배되는 하위의 법규는 정상적인 효력이 발생하지 않는다는 원칙이다.

- **특별법 우선의 원칙**

  특정한 사람, 사물, 행위 또는 지역에 국한되는 특별법이 일반법보다 우선적으로 적용된다는 원칙이다.

- **신법 우선의 원칙**

  새로운 법령이 제정 또는 개정되어 법령 내용에 충돌이 생겼을 때, 신법이 구법에 우선하여 적용된다는 원칙이다.

- **법률불소급의 원칙**

  새롭게 제정 또는 개정된 법률은 그 법률이 효력을 가지기 이전에 발생한 사실에 대해 소급하여 적용할 수 없다는 원칙으로, 기득권의 존중 또는 법적 안정성을 반영한 것이며 특히 형법에서 강조된다.

> **상식 더하기** 신법과 구법
>
> 동일한 사항에 관하여는 신법이 제정되었을 때 구법의 규정에 저촉되는 경우 신법의 효력 발생과 동시에 구법의 효력이 상실되는 것이 원칙이다. 다만, 구법의 적용으로 인한 행위가 존속하는 경우 신법과의 관계를 규정하는 것을 경과규정이라고 하며 일반적으로 부칙에서 이를 규정한다.

02 헌법재판소의 권한

- **탄핵심판**

  국회로부터 탄핵 소추를 받은 자가 있을 경우, 헌법재판소 재판관 6인 이상의 찬성이 있을 때 탄핵이 결정된다. 탄핵 결정의 효력은 공직으로부터 파면에 그친다. 그러나 이에 의해서 민사상이나 형사상의 책임이 면제되지는 않는다.

- **위헌법률심사**

  위헌법률심사 제청이 있을 때, 국회에서 제정된 법률이 헌법에 위배되는지 여부를 심판한다. 헌법재판소 재판관 6인 이상이 찬성하면 위헌으로 결정되며, 그 법률은 효력을 상실한다.

- **정당해산심판**

  정당의 목적이나 활동이 민주적 기본질서에 위배되어 정부가 그 정당의 해산을 제소한 경우 헌법재판소는 재판관 6인 이상의 찬성으로 그 정당의 해산을 결정할 수 있다.

- **기관쟁의심판**

  국가기관 상호 간 또는 국가기관과 지방자치단체 간 및 지방자치단체 상호 간에 그 헌법적 권한과 의무의 범위와 내용에 관하여 다툼이 생긴 경우 이를 심판한다.

13

- **헌법소원심판**

  위법한 공권력 발동으로 헌법에 보장된 자유와 권리를 침해당한 국민이 권리를 구제받기 위하여 헌법재판소에 헌법소원을 제기하는 경우 헌법재판소는 이에 대한 심판을 한다.

03 조세법률주의

법률의 근거 없이 조세를 부과하거나 징수할 수 없다는 원칙으로 우리나라는 헌법 제59조에서 규정하고 있다. 조세법률주의는 국민의 재산권 보호와 법률생활의 안정 도모를 목적으로 하고 과세요건법정주의, 과세요건명확주의, 소급과세금지원칙, 합법성의 원칙을 그 내용으로 한다.

- **과세요건법정주의** : 납세의무자, 과세물건, 과세표준, 세율 등의 과세요건을 법률로 정해야 한다는 원칙
- **과세요건명확주의** : 과세요건을 법률로 정하되 일의적이고 명확하게 기술해야 한다는 입법기술상의 원칙
- **소급과세금지원칙** : 법적 안정성과 예측가능성을 보장하기 위해 이미 완결된 사실에는 새로 제정된 법령을 적용하여 과세하지 않는다는 원칙
- **합법성의 원칙** : 합법적인 절차에 따라 납세의무자에게 조세를 부과 · 징수해야 한다는 원칙

04 헌법의 기본원리

- **국민주권주의** : 국가의 의사를 최종적으로 결정할 수 있는 최고 권력, 즉 주권이 국민에게 있는 것이다.
- **자유민주주의** : 자유주의와 민주주의를 결합한 정치 원리이다.
- **권력분립주의** : 입법 · 행정 · 사법의 3권으로 분류되어 상호 견제하고 균형을 이룬다.
- **복지국가주의** : 국민의 기본적 수요 충족 및 문화적 생활을 국민의 권리로 인정하고, 이것을 국가가 보장하는 것이다.
- **문화국가주의** : 국가는 전통문화를 계승 · 발전시키기 위해 노력한다.
- **평화통일추구** : 무력이 아닌 평화적인 방법으로 조국 통일을 이룩하겠다는 것이다.
- **국제평화주의** : 국제사회에서 세계 평화에 이바지한다는 것이다.

05 법의 해석

- **목적** : 법 이념과 정신의 객관화 → 법률 조항의 문리적·기계적인 의미만 밝히려고 해서는 안 되고 법이 지닌 이념과 가치에 타당하도록 해석해야 한다.
- **종류**

유권해석	입법해석	입법기관이 입법권에 근거하여 일정한 법 규정이나 법 개념의 해석을 당시 법 규정으로 정해 놓은 것
	행정해석	행정기관이 법을 집행하는 과정에서 법 집행권에 근거하여 법의 의미와 내용을 밝히는 것
	사법해석	법원이 사법권에 근거하여 판결의 형식으로 내리는 해석(최종적인 유권해석)
학리해석	문리해석	법 규정의 문구나 문장을 있는 그대로 충실하게 해석하려는 입장으로, 가장 일반적인 법의 해석 방법
	논리해석	법 규정의 문구에 크게 구애받지 않고 입법 취지와 전체적 문맥 등을 고려하여 논리적 추리에 따르는 해석으로 유추해석, 확장해석, 축소해석, 반대해석 등이 있음

13

06 항모전단

항모는 공해상을 자유롭게 떠다니는 군사기지이다. 이러한 항모를 순양
함, 구축함, 잠수함 등이 호위하는데, 이들을 묶어 항모전단이라 부른다.
대규모 군사력을 적기에 해외에 전개할 수 있어 목표물에 쉽게 다가갈
수 있다. 항모 한 척에 배치된 전투기 80여 대는 웬만한 중 · 소규모 국가
의 공군력을 압도할 만한 파괴력을 지닌다. 세계 최초의 항모는 1918년
건조된 영국 해군의 아거스호이고, 항모로 가장 유명한 나라는 일본이
다. 1941년 태평양전쟁의 막을 연 진주만 공습 때 일본은 전투기 450대
를 실은 항모 6척을 보내 미국의 태평양함대를 순식간에 불구로 만들 만
큼 엄청난 타격을 가해 역사적인 기록을 남긴 바 있다. 현재 항모 보유국
은 10개국이지만 실질적인 전력으로 사용하는 나라는 미국뿐이다. 항모
전단 하나를 전개하는 비용이 20조원에 달하기 때문이다.

07 6 · 15 남북 공동선언

2000년 6월 13~15일 당시 김대중 전 대통령은 북한 평양을 방문하여 김
정일 국방위원장과 분단 55년 만에 첫 남북 정상회담을 갖고 마지막 날
인 6월 15일에 6 · 15 남북 공동선언을 발표하였다. 합의된 5개항은 통일
문제의 자주적 해결, 1국가 2체제의 통일방안 협의, 이산가족 문제의 조
속한 해결, 경제협력 등을 비롯한 남북 간 교류의 활성화, 조속한 당국
대화 개최 등에 관한 내용이다.

08 10 · 4 남북 공동선언

2007년 10월 2~4일까지 평양에서 열린 제2차 남북 정상회담 당시 노무현 대통령과 북한의 김정일 국방위원장이 회담을 통해 함께 채택하고 선언한 공동선언이다. 6 · 15 남북 공동선언의 적극 구현, 상호 존중과 신뢰의 남북관계로 전환, 군사적 적대관계 종식, 한반도 핵(核) 문제 해결을 위한 3자 또는 4자 정상회담 추진, 남북 경제협력사업의 활성화, 사회 문화 분야의 교류와 협력, 이산가족 상봉 확대 등을 내용으로 한다.

09 이어도(離於島) 분쟁

이어도는 제주의 마라도에서 서남쪽으로 149km, 중국 동부 장쑤성 앞바다 가장 동쪽의 퉁다오로부터 247km 떨어져 있는 수중 암초로서 한국과 중국이 주장하는 배타적 경제수역(EEZ)이 중첩되는 곳이다. 양국은 1996년부터 해상경계 획정에 관한 협상을 벌이고 있지만 경계선을 정하지 못해 이어도를 둘러싼 한 · 중 갈등이 계속되었다. 그러다가 중국이 한국 관할 지역인 이어도를 포함한 동중국해 상공에 방공식별구역을 선포하자 한국 정부도 15일 만에 제주도 남단의 이어도까지 확대한 새로운 한국방공식별구역(KADIZ)을 선포했다. 이에 따라 KADIZ는 1951년 3월 미 태평양 공군이 설정한 이후 62년 만에 재설정됐다. 우리 정부는 이어도가 우리 영토에 근접해 있기 때문에 실질적인 점유를 통해 관할권을 행사한다는 전략인 반면 중국은 해안선의 길이나 배후인구 등을 고려할 때 이어도의 관할권은 자국에 있다고 주장하고 있다. 한편 우리나라는 2003년 이어도 해양과학기지를 건설하고, 해양 · 기상 관련 자료를 수집하며 해경의 수색 및 구난기지로 활용하고 있다. 2016년부터는 중국과 해양경계 획정을 위한 협상을 시작했지만 아직 뚜렷한 성과는 보이지 않고 있다.

13

10 스핀닥터(Spin Doctor)

정부 수반에게 유리한 여론 조성을 담당하는 정치 전문가를 말한다. 정부 고위관료와 국민 간의 의사소통을 돕는 전문가로 정책을 시행하기 전에 국민들의 의견을 대통령에게 전달하여 설득하고, 대통령의 의사를 국민에게 설명한다. 이러한 과정에서 대통령에게 유리한 여론을 조성하거나 여론을 왜곡할 수도 있다.

11 프로슈머(Prosumer) 마케팅

1980년 엘빈 토플러가 〈제3의 물결〉에서 처음 사용한 용어로 생산자(Producer)와 소비자(Consumer)의 합성어이다. 즉, 생산자적 기능을 수행하는 소비자를 말하는데 소비자들이 자신들의 욕구에 따라 직접 상품의 개발을 요구하고 심지어 유통에까지 관여하는 마케팅을 말한다.

12 ISO(International Organization for Standardization : 국제표준화기구)

ISO는 모든 나라의 공업규격을 표준화, 규격화하기 위해 1946년에 설립된 국제표준화기구이다. 스위스 제네바에 본부를 두고 3년마다 총회를 개최하고 있다. 총회에서는 이사회 심의를 거쳐 ISO 권고가 규격으로 공표된다. 기구의 가입은 한 나라에 한 기관만 허용된다.

13 세계 3대 석유

생산량과 거래량이 많고 독점되어 있지 않으며 가격형성 과정이 투명한 석유시장을 말한다.

- **서부 텍사스산 중질유(WTI ; West Texas Intermediate)** : 미국 서부 텍사스 부근에서 생산되는 원유로 미국, 캐나다, 멕시코 등 미주지역 유가의 기준이 된다. 미국 석유시장 자체가 세계시장의 1/4을 차지하고 있기 때문에 WTI는 국제유가를 선도하는 가격지표로 가장 많이 사용되고 있다.
- **브렌트유(Brent Oil)** : 영국 북해의 브렌트, 티슬 등의 지역에서 생산된다. 유럽과 아프리카 지역 유가의 기준이 되며, 가장 광범위한 지역으로 수출되는 원유이다.
- **두바이유(Dubai Oil)** : 중동 두바이 지역에서 생산되는 원유로 중동을 포함한 아시아·태평양 지역을 대표하는 원유이다. 현재 우리나라에 수입되는 석유의 약 80%를 차지하고 있으며 유가 결정에도 가장 큰 영향을 미치는 원유이다.

14 공매도(空賣渡, Short Stock Selling)

'없는 것을 판다'는 말 그대로, 물건을 가지고 있지도 않은 상태에서 판다는 의미다. 주식시장에서 자주 쓰이는 말로, 주식을 가지고 있지 않은 상태에서 매도 주문을 내는 것을 가리킨다. 주가 하락이 예상되는 종목의 주식을 빌려서 판 뒤 실제로 주가가 내려가면 싼값에 다시 사들여 빌린 주식을 갚아 차익을 남기는 투자기법이다. 이는 투기성이 짙은 데다 주가를 떨어뜨리는 방향으로 시장조작이 이뤄질 가능성이 커 국가별로 엄격한 제한을 두는 경우가 많다. 한국도 개인 투자자들을 중심으로 공매도 폐지나 한시적 금지를 요구하는 목소리가 꾸준히 흘러나왔다. 이에 따라 2023년 윤석열 정부는 공매도 관련 불공정 해소를 위해 한시적으로 공매도를 전면 금지한 바 있다.

15 카피캣(Copy Cat)

잘 팔리는 대중적인 제품을 모방하여 만든 제품을 비하하는 말이다. 영국에서 경멸스러운 사람을 의미하는 '고양이(Cat)'라는 단어에 '복사(Copy)'를 합성했다. 2012년 당시 애플의 최고 경영자였던 스티브 잡스가 아이패드 신제품을 발표하면서 삼성전자, 구글, 모토로라를 '카피캣'으로 지칭해 널리 알려졌다.

Step 4 사회 · 노동 · 환경

16 니트족(NEET族)

'Not in Education, Employment or Training'의 머리글자를 따서 만든 단어로, 취업연령의 인구 중에 취업 의욕이 전혀 없거나 의욕은 있지만 일자리를 구하지 못하는 청년들을 말한다. 경제상황이 악화되고 고용환경은 더욱 나빠져 어쩔 수 없이 취업을 포기하는 청년 실업자들이 늘어나고 있어 경제 · 사회적으로 심각한 문제가 되고 있다.

17 스테이케이션(Staycation)

'머물다(Stay)'와 '휴가(Vacation)'를 합성한 말로, 휴가 중에 먼 곳으로 이동하지 않고 집이나 근처에서 휴가를 보내는 현상을 말한다. 진정한 휴가로 '여행, 관광'이 아닌 '휴식'을 추구하게 되면서 주거문화, 홈퍼니처 등 관련 사업들이 성장하고 있다.

18 바나나(BANANA) 현상

'Build Absolutely Nothing Anywhere Near Anybody'의 머리글자를 따서 만든 용어로, 공해와 수질오염 등을 유발하는 공단, 댐, 원자력 발전소, 핵폐기물 처리장 등 혐오시설의 설치에 대해 그 지역 주민들이 집단으로 거부하는 지역이기주의 현상을 말한다. 님비 현상과 유사한 개념이다.

19 샹그릴라 증후군

중장년층을 중심으로 노화를 최대한 늦추고, 나이에 비해 젊게 살아가려는 욕구가 확산되는 사회적 현상을 가리킨다. 오늘날의 중장년층은 건강과 외모를 가꾸는 것은 물론 자기계발도 꾸준히 함으로써 노화를 극복하고 젊게 살아가려고 노력한다.

20 인구 데드크로스

사망자 수가 출생아 수보다 많아 인구가 자연적으로 감소하는 현상을 말한다. 이는 평균수명의 증가에 따른 고령화와 사망률 증가, 출산 연령층 인구 감소, 비혼 및 만혼의 증가, 출산율 저하 등의 요인으로 인해 나타난다. 대한민국은 이미 저출산 고령사회로 접어들었고, 이러한 상황이 지속될 경우 40년 뒤에는 국가 존립 자체가 위태할 것이라는 예측이 계속되고 있어 대책 마련이 시급한 상황이다. '데드크로스(Dead-cross)'는 원래 주식시장에서 주가나 거래량의 단기 이동평균선이 장기 이동평균선을 뚫고 내려가는 현상을 지칭하는 용어로 주식시장이 약세로 전환된다는 신호로 해석한다.

13

21 　미국의 3대 방송사

NBC (National Broadcasting Company)	1926년 라디오 방송을 시작으로, 1941년 TV 방송을 시작한 방송사이다. 미국 3대 네트워크 중 가장 오랜 역사를 지니고 있다. 쇼, 영화, 모험 드라마와 사건취재 등에 강하다.
CBS (Columbia Broadcasting System)	1927년 설립되어 1931년 미국 최초로 TV 정기방송을 시작한 데 이어 1951년 미국 최초로 컬러TV 방송을 도입했다. 대형 스타들을 기용하고 뉴스에 역점을 두며 네트워크 중 우세를 차지하기도 했다.
ABC (American Broadcasting Company)	1943년 설립되어 1948년 처음 TV 방송을 시작한 ABC는 1996년 월트디즈니사에 의해 인수되었다. 뉴스로 명성이 높으며 올림픽 중계 등 스포츠에 있어서 강세를 보였다.

22 　맥루한의 미디어결정론

마셜 맥루한은 〈미디어의 이해〉라는 그의 저서에서 '미디어는 메시지(Message)'라고 밝혔다. 이는 미디어가 전달하는 것은 그 내용과는 전혀 다른 미디어 자체의 특질이며 같은 내용이라 해도 TV · 신문 등 '매체'에 따라 메시지나 수용자의 인식이 달라진다는 것이다. 또한 맥루한은 메시지와 채널의 결합으로 생기는 미디어의 힘을 '마사지(Massage)'라고 표현하며 메시지에 끼치는 미디어의 중요성을 강조하기도 했다.

23 사서오경(四書五經)

사서와 오경은 유가의 기본 경전이다. 사서에는 〈논어(論語)〉, 〈대학 (大學)〉, 〈중용(中庸)〉, 〈맹자(孟子)〉, 오경에는 〈역경(易經)〉, 〈서경(書經)〉, 〈시경(詩經)〉, 〈예기(禮記)〉, 〈춘추(春秋)〉가 있다. 이 중 〈대학〉과 〈중용〉은 〈예기〉에서 독립되어 별책이 된 것이다.

24 데카당스(Décadence)

'퇴폐주의'를 뜻하는 프랑스어로 로마 제국의 쇠퇴과정에서 나타난 '병적 향락주의'를 모델로 한 예술경향을 의미한다. 19세기 후반 프랑스에서 시작되어 유럽 전역에 유행했던 퇴폐적 경향이나 예술운동을 일컫는 말이다. 대표적인 예술가들로는 프랑스의 보들레르, 베를렌, 말라르메, 랭보 등이 있다.

25 5세대 이동통신(5th Generation)

5세대 이동통신(5G)은 이론상 4G LTE 대비 데이터 처리용량은 약 100배 많고 속도는 20배 빠른 차세대 이동통신이다. 5G는 '초고속', '초저 지연성', '초연결성'이라는 3대 특성을 지녔다. 증강현실(AR), 가상현실 (VR) 등의 다양한 실시간 상호작용 멀티미디어 서비스를 구현해내는데 5G가 중요하게 작용한다고 알려져 있다. 현재 전 세계 국가·기업들이 5G 기술 및 시장 선점을 위해 치열한 경쟁을 벌이고 있다.

13

26 셰일가스

천연가스의 일종으로, 모래와 진흙이 퇴적된 암석인 셰일에서 추출되는 가스이다. 셰일은 '혈암(頁岩)'이라고도 하는데 입자의 크기가 매우 작은 진흙이 쌓인 퇴적암이다. 전통적인 가스전과는 다른 암반층으로부터 채취하기 때문에 '비전통 천연가스'라 불린다. 메탄 70~90%, 에탄 5%, LPG 제조에 쓰이는 콘덴세이트 5~25%로 구성돼 있다. 난방용 연료나 석유화학 원료로 사용된다.

27 다산과학기지

2002년 4월 북극 스발바르 군도에 설립된 우리나라의 과학기지이다. 조선시대의 실학자 정약용의 호를 따서 만들어진 다산기지는 6명 정도의 연구원들이 일정 기간 동안 체류하면서 북극의 기후변화와 빙하, 생물종, 해류, 자원 등에 대한 연구를 한다. 우리나라 최초의 북극 해양과학기지로 이 기지 건립에 따라 우리나라는 세계에서 8번째로 남극과 북극에 모두 기지를 보유한 국가가 되었다.

28 장보고과학기지

1988년 세종기지 건설 이후 24년 만에 지어진 우리나라의 두 번째 남극 과학기지이다. 연면적 $4,458m^2$에 연구동과 생활동 등 16개 동의 건물로 구성되는 장보고과학기지는 겨울철에는 15명, 여름철에는 최대 60명까지 수용할 수 있다. 기지 건설은 사전 제작된 자재를 현장에서 조립하는 모듈방식을 채택하였다.

29 뉴런(Neuron)

신경세포와 돌기를 포함하는 신경계의 구조 및 기능의 단위이다. 신경세포는 핵과 그 주변의 세포질로 이루어져 있으며 수상돌기와 축삭돌기가 있다. 뉴런은 시냅스에 의해 다른 뉴런과 기능적으로 의사 전달을 한다.

> **♥ 상식 더하기 · 시냅스(Synapse)**
>
> 뉴런과 뉴런 사이의 작은 공간으로 신경전달물질이 이동하는 경로이다. 신경전달물질은 신경계의 의사소통을 원활하게 하는 물질이다.

30 GMO(Genetically Modified Organism)

제초제와 병충해에 대한 내성과 저항력을 갖게 하거나 영양적인 가치와 보존성을 높이기 위해 해당 작물에 다른 동식물이나 미생물과 같은 외래 유전자를 주입하는 등 식물 유전자를 변형하여 생산한 농산물을 일컫는다. 1994년 무르지 않는 토마토를 시작으로 유전자 조작이 시작되었다. 우리나라는 현재 GMO 최다 수입국 중 하나인데, GMO의 안전성이 검증되지 않아 그 표시 문제에 대해 논란이 되고 있다.

13

> **♥ 상식 더하기 · 프랑켄푸드(Franken Food)**
>
> 소설에 나오는 괴물 프랑켄슈타인과 음식을 합친 것으로 유전자 조작을 통해 생산된 농산물을 비판적으로 가리키는 말이다. GMO(유전자재조합식품)에 반대하는 환경보호론자들은 안전성이 검증되지 않은 식품을 생산·유통하는 것은 인간을 실험대상으로 전락시키는 것이라 우려하며 이러한 용어를 만들었다.

Day 14

정치 · 법률

01 포크 배럴(Pork Barrel)

정치인들이 지역 주민의 인기를 지나치게 의식해 특정 지역구의 선심성 사업을 위해 정부 예산을 확보하는 행위를 말한다. 정책보조금을 받기 위해 수단과 방법을 가리지 않는 정치인들의 모습을 '농장에서 농장주가 돼지고기통에 고기를 던져줄 때 모여드는 노예'에 빗대 표현한 말이다.

02 쇼비니즘(Chauvinism)

열광적 · 광신적 · 맹목적 · 배타적 애국주의를 말한다. 국가를 위해서 죽을 수 있고 자신의 국가가 최고라고 믿는 광적인 애국심으로, 감정적이고 호전적인 면을 가지고 있다. 조국의 이익과 영광을 위해서는 수단과 방법을 가리지 않고 국제 정의도 고려하지 않는 비합리적인 배타주의를 표방한다. 징고이즘과 유사한 의미로 사용된다.

> 💗 **상식 더하기** 징고이즘(Jingoism)
>
> 1877년 러시아 투르크의 전쟁에서 영국의 대러시아 강경책을 노래한 속가 속 'By Jingo(어림도 없다)'에서 유래했다. 공격적인 외교정책을 만들어내는 극단적이고 맹목적이며 배타적인 애국주의 혹은 민족주의를 말한다.

03 정기국회

국회법에 따라 매년 1회 정기적으로 열리는 국회로, 9월 1일에 시작하며 회기는 100일을 초과할 수 없다. 다음 해의 예산안을 심의·확정하고 법률안을 심의·통과시키는 결정을 한다. 매년 정기회 다음날부터 20일간 소관 상임위원회별로 국정 전반에 관하여 감사가 이루어진다. 예산안과 결산안에 대해서는 소관 상임위원회의 예비심사와 예산결산특별위원회의 종합심사가 진행된다.

04 출구조사(出口調査)

선거여론조사에서 사용하는 방법으로, 선거날 투표를 하고 나온 유권자들에게 설문지를 돌려 조사함으로써 선거결과를 바로 예측할 수 있다. 선거 전 모든 유권자를 조사대상으로 삼는 전화조사보다 투표자에 대해 직접적으로 묻는 출구조사가 신뢰성이 훨씬 높다. 출구조사에 응하는 투표는 서면질문지에 선택한 후보자와 정당, 투표자의 나이, 성별 등을 기입한다.

05 묵비권(진술거부권)

형사피고인과 피의자에게도 인정되는 헌법상 기본권이다. 묵비권에 따라 피고인·피의자는 신문에 대해 진술을 거부할 수 있고 수사기관 또는 법원은 피의자 또는 피고인에 대하여 진술을 강요할 수 없다. 이는 피의자나 피고인의 인권을 보장하는 데 그 목적을 둔다.

> **♡ 상식 더하기** ‹ 신문(訊問)
>
> 법원 또는 수사기관에서 피의자나 증인 등을 대상으로 하는 질문

06 레프트 오브 론치(Left of Launch)

미사일이 발사되기 전에 적을 교란시켜 무력화시킨다는 미군의 작전명을
말한다. 발사를 '준비 → 발사 → 상승' 단계로 표시할 때 발사보다 '왼쪽
(Left)'에 있는 준비 단계에서 악성코드나 전자파 공격으로 시스템을 교
란한다는 개념이다. 미 국방부는 2013년 2월 북한의 3차 핵실험 이후 이
런 신종 미사일 대응 프로그램을 공개한 바 있다. 2017년 2~3월 북한이
두 차례에 걸쳐 북극성 2형, 스커드 ER 미사일 발사에 성공했지만 3월
이후 미사일 발사가 세 차례 연속 실패하자 2013년 당시 오바마 대통령
이 북한의 핵·미사일 개발을 막기 위해 도입한 '레프트 오브 론치(Left
of Launch, 발사 직전 교란)'가 효과를 발휘한 것이라는 목소리가 나오
기도 했다.

07 외교특권

외교사절에게는 임무를 능률적으로 수행할 수 있도록 광범위한 특권을
부여한다. 이 특권은 불가침권과 치외법권으로 구분되는데, 불가침권은
외교사절의 신체와 명예·공관·문서·통신의 불가침을 내용으로 하고
치외법권은 형사·민사 재판권의 면제, 경찰권·과세권의 면제에 대한
내용이다. 외교사절의 가족과 외교관원에 대해서도 인정된다. 외교특권
은 국제관습에 의해 인정되다가 1961년에 합의한 '외교관계에 관한 비엔
나 협약'에서 명문화되었다.

> **상식 더하기** 외교관계에 관한 비엔나 협약
>
> 1961년 4월 오스트리아 비엔나에서 채택되어 1964년 6월 발효된 조약으
> 로 외교사절단의 파견에 관한 사항과 그 특권 및 면제 사항 등을 규정하고
> 있다.

08 토마호크 순항미사일(Tomahawk Missile)

미국의 제너럴 다이내믹스사가 1970년대에 개발한 초음속 장거리 순항 미사일로 군함에서 발사하는 해상 및 지상 공격용이다. 주로 해상의 적 함정과 지상의 중요 거점을 공격하는 데 활용되는데, 1991년 걸프전쟁 과 이후 코소보 사태 등 1990년대 미군이 개입한 전쟁에서 사용되었다. 2001년의 반테러전쟁에서 아프가니스탄을 공격할 때도 큰 성과를 냈다.

09 율곡사업

우리나라가 1974년부터 대북 전력격차를 해소하기 위해 시작한 군무기, 장비의 현대화 작업을 통칭하는 암호명이다. 당시 카터 미 행정부가 유 신체제의 인권탄압 등에 대한 시정을 요구하며 군 원조 중단을 위협수단 으로 내세우자 박정희 대통령이 자주 국방이라는 이름하에 시행했다. 특 히 F-16 도입과 관련해서는 군 당국이 수년간의 전력분석과 검토를 통 해 최초 F-18 전투기를 대상 기종으로 선정했다가 공군참모총장을 감금 하고 강제전역시키며 결정을 뒤집기도 했다.

10 로마클럽(The Club of Rome)

1968년 아우렐리오 페체이(Aurelio Peccei)가 주도하여 천연자원의 고 갈, 환경오염 등 인류의 위기 타개를 모색하고 경고·조언하는 것을 목 적으로 결성되었다. 로마클럽의 조직은 최고의사결정기구인 집행위원회 와 사무국, 운영·재무위원회 등으로 구성되어 있고 정회원, 부회원, 명 예회원, 단체회원 등으로 나뉘어 있다. 로마클럽 국가별 협회를 운영하 고 있는 나라는 미국, 유럽의 여러 국가를 비롯해 캐나다, 멕시코, 브라 질, 베네수엘라 등이 있다. 로마클럽이 1972년 발표한 〈성장의 한계〉라 는 보고서에서 '지구온난화'라는 표현이 처음 등장하기도 했다.

11 레몬마켓(Lemon Market)

속어로 불량품을 뜻하는 레몬은 미국에서 '시큼하고 맛없는 과일'로 통용되는데, 이를 경제 분야에서는 쓸모없는 재화나 서비스가 거래되는 시장이라는 의미로 쓴다. 정보의 비대칭성으로 인해 소비자들은 판매자보다 제품에 대한 정보가 적을 수밖에 없는데, 소비자들은 자신들이 속아서 구매할 것을 우려해 싼값만 지불하려 하고 이로 인해 저급품만 유통되는 시장이다. 반대 의미의 용어로는 피치마켓이 있다.

> **♡ 상식 더하기** 〈 피치마켓(Peach Martket)
>
> 가격에 비해 고품질의 상품이나 서비스가 거래되는 시장을 의미한다.

12 재화

인간에 도움이 되는 효용을 가지고 있는 모든 물체와 물질을 말한다.
- **정상재** : 소득이 증가(감소)했을 때 수요가 증가(감소)하는 재화
- **열등재** : 소득이 증가(감소)했을 때 수요가 감소(증가)하는 재화
- **경제재** : 희소성이 있어 대가를 지불하지 않고는 얻을 수 없는 경제적 가치가 있는 것
- **자유재** : 사용가치는 있으나 무한하여 교환가치가 없는 비경제재
  예 공기, 물
- **대체재** : 한 재화에 대한 수요와 다른 재화의 가격이 같은 방향으로 움직이는 관계에 있는 재화 예 커피-홍차, 소고기-돼지고기
- **보완재** : 하나의 소비활동에 수반하는 경향이 있는 재화
  예 커피-설탕, 만년필-잉크
- **기펜재** : 열등재의 한 종류로, 재화가격이 하락할 때 수요량이 오히려 감소하는 재화(기펜재가 되기 위해서 재화는 반드시 열등재이어야 하지만 열등재라고 해서 모두 기펜재가 되는 것은 아님)

13 기회비용(Opportunity Cost)

포기된 재화의 대체기회 평가량을 의미하는 것으로, 어떤 생산물의 비용을 그 생산으로 단념한 다른 생산기회의 희생으로 보는 개념이다. 즉, 하나의 선택에 따라 포기하게 된 선택의 가치로 대안이 여러 가지인 경우에는 포기한 대안들 중 가장 큰 가치를 의미한다. 여기서 중요한 것은 선택에 영향을 주지 않는 비용인 매몰비용은 기회비용에 포함되지 않는다는 것이다.

> **♡ 상식 더하기 ‹ 매몰비용(Sunk Cost)**
>
> 의사결정을 하고 실행한 이후에 발생하는 비용으로 어떤 선택을 하든지 회수할 수 없는 비용

14 규모의 경제

제조업 등 대량생산이 이루어지는 상황에서 생산규모가 증가함에 따라 생산비에 비해 생산량이 크게 증가하면서 발생하는 경제적 이익을 말한다. 규모에 대한 수익이라고도 한다. 규모의 경제는 생산규모와 관련된 것으로 경제규모가 커진다고 해서 반드시 규모의 경제가 발생하는 것은 아니며 규모의 경제가 독점으로 변할 경우 공급자가 가격을 마음대로 조정할 수 있다는 위험성도 있다.

> **♡ 상식 더하기 ‹ 범위의 경제**
>
> 어떤 기업이 2가지 이상의 제품을 생산할 때 각각 다른 기업들이 제품을 생산하는 것보다 산업연관성이 있는 기업이 생산하게 될 경우 나타나는 비용 감소 효과
> 예 도축업자가 정육점을 오픈하고 식당까지 운영하는 경우

15 모디슈머(Modisumer)

제품을 자신의 취향대로 다시 수정하는 소비자라는 뜻이다. '수정하다'라는 뜻의 '모디파이(Modify)'와 '소비자'라는 뜻의 '컨슈머(Consumer)'의 합성어다. 특히 '순두부 열라면', '짜파게티 만능소스' 등 라면업계를 중심으로 모디슈머 관련 제품이 인기를 끌었다. 실제로 라면업계는 소비자들 사이에서 유행하는 레시피를 참고해 신제품을 출시하거나 소스 등 활용도가 높은 부재료를 따로 판매함으로써 매출 상승에 효과를 본 것으로 나타났다.

Step 4   사회 · 노동 · 환경

16 고독한 군중(The Lonely Crowd)

고도 산업사회의 현대인을 설명하는 개념이다. 미국의 사회학자 데이비드 리스먼(David Riesman)이 1950년 그의 저서 〈고독한 군중〉에서 인간의 유형을 전통지향형 · 내부지향형 · 외부(타인)지향형으로 분류했다. 그중 외부(타인)지향형은 고도 산업사회의 집단에서 격리되지 않으려고 타인에게 늘 관심을 갖지만 내적으로는 고립감에 시달리는 '고독한 군중'으로 설명한다.

> **상식 더하기**   데이비드 리스먼(David Riesman)
>
> 미국 시카고대학 교수를 역임한 사회학자로 현대사회에 대한 날카로운 비판을 한 것으로 유명하다. 그는 현대인들의 라이프스타일과 사회의식을 관찰하며 현대사회의 인간유형에 대한 연구를 〈고독한 군중〉이란 책으로 펴냈다.

17 베르테르 효과(Werther Effect)

유명인의 자살 보도 후에 일반인들의 자살이 늘어나는 것처럼 개인의 자살이 사회에 전염되는 현상이다. 괴테의 소설 〈젊은 베르테르의 슬픔〉에는 주인공 베르테르가 총으로 자살하는 내용이 등장하는데, 이 책을 읽은 젊은이들이 책의 내용을 모방하여 권총자살을 하는 현상이 나타나면서 이와 같은 이름이 붙여졌다.

18 세계시민상

국제협력·분쟁해결 분야의 세계적 연구기관인 대서양협의회(애틀랜틱카운슬)가 수여하는 상으로, 2010년 이래 세계 시민의식 구현과 민주주의 발전 등에 기여한 인사를 선정해 시상한다. 2017년 9월 뉴욕 인트레피드 해양·항공·우주박물관에서 열린 '2017 세계시민상' 시상식에서 우리나라의 문재인 전 대통령은 인권 변호사로서 민주주의와 인권 신장을 위해 노력해온 점, 북한의 위협에 대응해 한반도 긴장 완화와 역내 안정에 노력하고 있는 점 등을 높이 평가받아 수상자로 선정되었다.

19 집단면역(Herd Immunity)

백신이나 감염으로 한 집단에서 일정 비율 이상이 면역력을 갖게 되면 집단 전체가 질병에 대한 저항성을 갖게 되는 것을 말한다. 전파력이 높은 감염병일수록 면역력을 갖는 인구가 많아야 집단면역이 형성된다. 특히 백신과 치료제가 없는 감염병은 궁극적으로 집단면역이 형성돼야 종식된다. 이 때문에 코로나19 사태에서 집단면역 형성을 유도하는 것이 해법이 될 수 있을지에 이목이 쏠렸다. 스웨덴은 코로나19 유행 당시 취약계층은 격리한 채 나머지 건강한 사람들 사이에선 바이러스가 최대한 느리게 퍼지도록 해 대다수가 면역력을 갖도록 하는 방법이 유일한 해결책이라고 보고 다른 유럽국가들과 달리 국민의 이동권을 제한하지 않은 채 집단면역 방식을 고수해 주목을 받은 바 있다.

20 님투 현상(NIMTOO Syndrome)

'Not In My Terms Of Office'의 머리글자를 따서 만든 용어로, 공직자가 자신의 재임 기간 중에 원자력 발전소, 쓰레기 매립장, 핵폐기물 처리장 등 주민들이 거부하는 시설의 설치나 사업의 추진을 미루는 것을 말한다. 즉, 골칫거리가 될 만한 일은 추진하지 않은 채 안일하게 시간만 보내는 태도라 할 수 있다.

Step 5 **문화 · 미디어**

21 광고총량제

현재 유형별로 규제가 있는 방송 광고에서 유형 규제를 없애는 대신 시간이나 프로그램별로 광고총량만 규제하는 방식이다. 이럴 경우 지상파 방송은 프로그램(6분), 토막(3분), 시보(20초), 자막(40초) 등으로 존재하고 있는 유형 규제 대신 전체 시간에 따른 일정 비율의 광고 시간만 지키면 된다. 전체 시간 범위 내에서 방송사가 자율적으로 광고를 편성한다.

22 미디어렙(Media Rep)

'Media(매체)'와 'Representative(대표)'의 혼성어로 방송사의 위탁을 받아 광고주에게 광고를 판매하고 판매대행 수수료를 받는 회사이다. 이런 대행체제는 방송사가 광고를 얻기 위해 광고주한테 압력을 가하거나 자본가인 광고주가 광고를 빌미로 방송사에 영향을 끼치는 것을 일부 막아주는 장점이 있다.

23 프라임 타임(Prime Time)

방송시간 중 시청률이 가장 높은 황금시간대로, 광고 효과가 가장 크게 나타나기 때문에 광고비가 가장 비싸다. 편성에 있어서도 중요한 고려사항이 되기 때문에 '골든아워' 또는 '피크타임'이라고도 한다. 텔레비전의 경우 월~토요일은 오후 8~11시, 일요일은 오후 7~11시이다.

24 세계의 주요 문학상

구분	내용
공쿠르상 (Le Prix de Goncourt)	프랑스의 4대 문학상 중의 하나로 권위가 높으며 프랑스의 에드몽 공쿠르의 유언에 따라 1903년에 제정되어 산문, 특히 소설작품에 시상한다.
노벨문학상 (Nobel Prize in Literature)	노벨의 유언에 따른 노벨상의 하나로 스웨덴 문학 아카데미에서 수상 작가를 선정한다. 원칙적으로 작품이 아닌 작가에게 시상한다.
뉴베리상 (Newbery Awards)	1922년부터 미국 아동문학(소설·시집·논픽션)에 공헌한 작가에게 수여되는 상이다. 수상 대상은 미국 시민이나 미국에 거주하는 사람의 작품이다.
부커상 (Booker Prize)	1969년 제정된 상으로 영국연방국가에서 출판된 영어 소설, 영어로 번역된 영국 출간 작품을 대상으로 수상작을 결정해 5월과 10월에 시상한다. 노벨문학상·공쿠르상과 함께 세계 3대 문학상으로 평가받는다.
에드거상 (미국 추리작가 협회상)	미국의 추리작가협회에서 에드거 앨런 포를 기념하여 1954년 제정한 것으로 매년 4월 소설, 평론, 텔레비전, 영화 등 다양한 부문에 걸쳐 시상한다.

💚 상식 더하기 ◀ 프랑스 4대 문학상

- 공쿠르(Goncourt)
- 르노도(Renaudot)
- 페미나(Femina)
- 앵테랄리에(Interalli)

25 에필로그(Epilogue)

프롤로그(Prologue : 서막)에 대응하는 말로, 희곡에서는 극의 종말에 추가한 마지막 대사나 장면을 말한다. 이것이 발전하여 소설과 시에서 끝부분에 작가 자신의 주장과 해석, 최종적인 결말을 진술하는 것을 가리키는 용어로 사용된다.

Step 6 과학 · IT

26 테더링(Tethering)

노트북, 태블릿, 전자책단말기, PDA 등 각종 모바일 기기들을 휴대전화 (스마트폰)와 연결하여 인터넷 사용이 가능하도록 하는 기능을 말한다. 휴대전화를 마치 모뎀처럼 사용하는 것이다. 스마트폰의 경우 전국 어디서나 통신할 수 있고, 내부적으로 신호변환기능을 갖추고 있기 때문에 가능한 기능이다.

27 해들리 순환(Hadley Circulation)

열대류에 의해 적도 부근에서 상승한 기류가 극 방향으로 이동하다가 북위 또는 남위 $30°$ 부근에서 하강해 다시 적도 방향으로 흐르는 것으로, 위도 0~$30°$ 지역에서 열적 원인에 의해 일어나는 현상이다. 1735년 해들리에 의해 발표되어 그의 이름이 붙었다. 적도 부근에서 상승하는 고온다습한 기류가 고공에 이르면 극 방향으로 이동하면서 열과 습기가 소멸되고 위도 $30°$ 부근에 이르면 저온건조한 상태로 하강하기 때문에 적도 부근에는 사막 등 건조한 지역이 많이 분포하고 있다.

28 웜홀(Worm Hole)

원래는 사과 속의 애벌레가 과육을 파먹으며 지나간 통로라는 뜻이다. 과학용어로써의 웜홀은 블랙홀과 화이트홀을 연결하는 우주 시공간의 연결 통로를 의미한다. 블랙홀이 회전할 때 생성되며 수학적으로는 웜홀을 통해서 시간 여행이 가능하다고 한다.

29 카론(Charon)

그리스 신화에서 저승으로 가는 강을 넘겨주는 뱃사공의 이름을 딴 명왕성의 위성이다. 1978년에 발견된 카론은 명왕성에서 20,000km 떨어져 있고, 크기는 명왕성의 절반 정도이며, 명왕성과는 6.4일의 공전주기를 가지고 있다. 명왕성과 함께 움직이고 있어 지구에서 보면 한 물체로 보이기 때문에 뒤늦게 발견되었다.

> **상식 더하기** 왜행성으로 재분류된 명왕성
>
> 명왕성은 2006년 국제천문연맹(IAU)이 행성의 조건을 새롭게 정의하면서 행성에서 왜행성으로 재분류됐는데, 이로 인해 태양계 행성은 수성, 금성, 지구, 화성, 목성, 토성, 천왕성, 해왕성 등 총 8개가 됐다. 다만 분류 기준이 바뀐 것일 뿐 여전히 태양계 내부에 속한 천체이며, 이전까지 명확하지 않았던 행성의 정의를 확립하는 데 결정적인 역할을 했다고 평가받는다.

30 타우린(Taurine)

소의 쓸개즙에서 처음 발견된 물질로 아미노산의 일종이다. 사람과 포유동물의 인체 내에는 심장, 뇌, 간 등에 다량 함유돼 있는데 동맥경화나 협심증, 심근경색 등을 유발하는 콜레스테롤의 생성을 억제하고 각종 혈관계 질환의 예방에 효과가 있으며 피로 회복에도 도움이 된다. 오징어, 문어, 각종 조개류에 많이 함유되어 있다.

정치 · 법률

01 민법상 제한능력자

단독으로 완전하고 효과가 있는 법률 행위를 할 수 있는 능력을 행위능력이라 하고, 이러한 행위능력을 가질 수 없는 자를 제한능력자라고 한다.

- **미성년자** : 만 19세 미만인 자
- **피성년후견인** : 질병, 장애, 노령 그 밖의 사유로 인한 정신적 제약에 의해 사무를 처리할 능력이 지속적으로 결여된 사람에 대하여 청구권자의 청구에 의하여 성년후견개시의 심판을 받은 자
- **피한정후견인** : 질병, 장애, 노령 그 밖의 사유로 인한 정신적 제약에 의해 사무를 처리할 능력이 부족한 사람으로서 청구권자의 청구에 의하여 가정법원으로부터 한정후견개시의 심판을 받은 자
- **피특정후견인** : 질병, 장애, 노령 그 밖의 사유로 인한 정신적 제약에 의해 일시적 후원 또는 특정한 사무에 관한 후원이 필요한 사람에 대하여 청구권자의 청구에 의하여 가정법원으로부터 특정후견의 심판을 받은 자

02 상계(商界)

채무자가 그 채권자에 대해 동종의 채권을 가지는 경우 그 채권과 채무를 대등액에서 소멸시키는 의사표시이다. 채권에는 자동채권과 수동채권이 있는데 자동채권은 상계를 주장하는 자의 채권이며 그 상대방의 채권을 수동채권이라 한다. 상계는 당사자 사이에 서로 대립하는 각각의

채권에 관하여 별개·독립으로 급부하는 것이 아니라 그 대등액에서 채권·채무를 소멸시키는 것이다.

03 근대 민법의 기본원칙

- **사유재산권 존중의 원칙(소유권 절대의 원칙)** : 개인의 사유재산에 대한 절대적 지배를 인정하고, 국가나 타인의 간섭 또는 제한을 배제한다.
- **사적 자치의 원칙(계약 자유의 원칙)** : 개인의 법률관계(계약 등)는 자유의사에 기초하여 형성하고, 개인의 권리·의무는 자율적인 의사에 의하여 취득되거나 상실된다.
- **과실책임의 원칙(자기책임의 원칙)** : 개인이 타인에게 끼친 손해에 대해 고의 또는 과실이 있을 때에만 책임을 지며 고의나 과실이 없는 행위는 책임지지 않는다.

04 물권변동의 공시원칙

물권변동은 외부에서 인식할 수 있는 방식을 수반하여야 한다는 원칙으로, 공시방법이 갖춰지지 않는다면 물권변동의 효과가 인정되지 않는다.

- **공시원칙의 실현방법**
  - 등기나 인도 등의 공시를 물권변동의 성립요건 내지 효력발생요건으로 하는 방법
  - 등기나 인도 등의 공시를 물권변동의 대항요건으로 하는 방법
- **우리나라의 공시원칙** : 우리 민법은 부동산에 대해서는 등기, 동산에 대해서는 인도라는 공시방법을 취하고 있으며 등기나 인도를 물권변동의 성립요건으로 하고 있다.

> **♡ 상식 더하기** 물권변동 공신의 원칙
>
> 공시에 대응하는 물권이 존재하지 아니하여도 공시를 신뢰하여 물권거래를 한 자를 보호하여 진실한 물권이 존재한 것과 같은 효과를 인정하려는 원칙

15

05 현대 민법의 기본원리

- **소유권 공공의 원칙** : 소유권 행사에 있어서 공공복리 적합의 의무가 강조된다. 헌법 제23조 제3항은 "재산권의 행사는 공공복리에 적합하도록 하여야 한다"라고 하여 소유권의 공공성을 일반원칙으로 선언하고 있다.
- **계약 공정의 원칙** : 사회 질서에 반하는 계약뿐만 아니라, 공정성을 현저히 잃은 계약은 법의 보호를 받을 수 없다는 원칙이다. 권리 행사와 의무 이행에 있어서는 신의성실의 원칙이 강조되고, 민법상 불공정한 법률행위는 무효이다.
- **무과실 책임의 원칙** : 과실이 없을 때에는 일정한 상황에서 관계되는 자에게 책임을 물을 수 있다. 오늘날 과실책임의 원칙은 무과실 책임의 원칙과 병존하게 된다.

06 유로존(Eurozone)

유럽연합의 단일화폐인 유로를 국가통화로 도입해 사용하는 국가나 지역을 의미한다. 오스트리아, 핀란드, 독일, 에스토니아, 프랑스, 아일랜드, 스페인, 라트비아, 벨기에, 키프로스, 그리스, 슬로바키아, 이탈리아, 룩셈부르크, 몰타, 네덜란드, 포르투갈, 슬로베니아, 리투아니아 등 총 19개국이 가입되어 있었으나 2023년 1월 1일 크로아티아가 추가로 유로존에 포함됨에 따라 20개국이 되었다. 가입 조건은 정부의 재정적자 규모가 국내총생산(GDP)의 3% 미만, 정부의 공공부채 규모가 GDP의 60% 이내, 인플레율(물가상승률)이 유로존 회원국 최저 3개국보다 1.5%를 초과하지 않을 것 등의 조건을 충족해야 한다.

07 유럽연합(EU ; European Union)

유럽의 나라들이 세계 시장에서 경쟁력을 높이기 위해 1993년 마스트리흐트 조약에 따라 결정한 기구다. 유럽연합(EU)은 일반적인 국제기구와 달리 입법·사법의 독자적인 법령 체계 및 자치행정 기능을 갖춤으로써 경제통합을 넘어 정치적 통합을 이루는 과정이다. EU에는 28개 국가가 가입되어 있었으나 영국이 2016년 국민투표로 EU 탈퇴를 결정하였다. 2018년 11월 EU와 영국은 '브렉시트' 협상을 공식 마무리하고 합의안을 도출했지만 영국 하원에서 브렉시트 합의안이 잇따라 부결돼 시한이 몇 차례 연기된 끝에 2020년 1월 31일 오후 11시(그리니치표준시·GMT)를 기해 브렉시트가 공식 단행됐고, 2020년 12월 31일(현지시간) 영국과 EU는 공식적으로 결별했다.

08 아시아·태평양 경제협력체(APEC ; Asia-Pacific Economic Cooperation)

태평양 주변 국가들의 정치·경제적 결속을 다지는 국제기구이다. 지속적인 경제성장과 공동의 번영을 위해 1989년 호주 캔버라에서 12개국 간의 각료회의로 출범했으며 1993년부터 매년 정상회의를 개최하였다. APEC은 전 세계 GDP의 약 60%, 교역량의 약 48%를 점유하는 세계 최대의 지역협력체로 현재 우리나라를 포함하여 미국, 일본, 중국, 러시아 등 총 21개국이 가입해 있다. 또한 APEC의 회원국들은 우리나라 총 교역의 70.3%의 비중을 차지하여 무역·투자의 최대 파트너로서 매우 중요한 역할을 하고 있다.

> **💚 상식 더하기** ◀ APEC 회원국(21개국)
>
> 호주, 브루나이, 캐나다, 칠레, 중국, 홍콩, 인도네시아, 일본, 대한민국, 말레이시아, 멕시코, 뉴질랜드, 파푸아뉴기니, 페루, 필리핀, 러시아, 싱가포르, 대만, 태국, 미국, 베트남

15

09 글라스노스트(Glasnost)

'개방, 공개'를 뜻하는 러시아어로, 1985년 구 소련의 고르바초프가 공산당 서기장에 취임한 후 실시한 개방정책이다. 정치적으로 공공적인 생활에서 표현과 조직의 자유를 증진시키기 위한 것으로 페레스트로이카와 함께 소련체제의 붕괴와 민주화를 가져온 계기로 평가받는다.

> **♥️ 상식 더하기** 페레스트로이카(Perestroika)
>
> '재건, 재편'을 뜻하는 러시아어로, 고르바초프가 실시한 개혁정책을 일컫는다. 구 소련의 정치를 비롯해 세계정치의 흐름에 큰 영향을 주었다. 문화의 자유, 복수정당제, 정치체제의 민주화, 동서의 긴장완화 등을 그 내용으로 한다.

10 G20(Group of 20)

선진국 외에 주요 신흥국을 포괄하는 국제논의체제가 필요하다는 인식이 확산되면서 1999년에 창설된 국제기구이다. 회원국은 G7에 속한 미국, 프랑스, 영국, 독일, 일본, 이탈리아, 캐나다와 대한민국, 유럽연합 의장국, 아르헨티나, 호주, 브라질, 중국, 인도, 인도네시아, 멕시코, 사우디아라비아, 남아프리카공화국, 튀르키예, 러시아를 포함하는 신흥시장 12개국을 더한 20개국이다.

11 그레셤의 법칙(Gresham's Law)

악화와 양화가 동일한 액면가치를 갖고 함께 유통되는 경우 악화만이 그 명목가치로 유통되고 양화는 유통되지 않고 사라지는 현상으로 16세기 영국의 그레셤이 제창한 '화폐 유통에 관한 법칙'이다. 당시 영국에서는 귀금속인 금화나 은화가 화폐로 유통되었는데 비양심적인 사람들이 이 화폐의 귀금속 함량을 낮춰서 유통시켰고(악화), 귀금속 함량이 양호한 화폐(양화)를 보유한 사람들은 이를 시장에 풀지 않아 결국 시장에는 귀금속 함량이 낮은 악화만 유통되었다.

12 B2B(Business to Business)

시장은 거래주체에 따라 B to B, B to C 등으로 나뉜다. B는 기업을 뜻하는 Business, C는 소비자를 뜻하는 Consumer를 나타낸다. 거래상대방이 누구냐에 따라 활용되며 G(Government : 정부)를 대상으로 하는 거래도 있다.

> **상식 더하기** 거래상대방에 따른 거래의 종류
>
> • B2C(Business to Consumer)
>   기업이 개인고객들을 대상으로 하는 사업(마케팅을 통한 직접판매)
> • B2G(Business to Government)
>   기업이 정부를 대상으로 하는 거래(조달청을 통한 납품 등)
> • C2C(Consumer to Consumer)
>   개인이 개인고객들을 상대로 하는 사업(온라인 마켓 등)

15

13 빅블러(Big Blur)

사물인터넷이나 인공지능(AI) 등 기술의 비약적인 발전이 산업생태계를
변화시켜 산업 간의 경계가 허물어지고 있다는 뜻이다. 미래학자 스탠
데이비스가 1999년 출간한 저서 〈블러〉에서 유래했다. 스탠 데이비스는
흐릿해진다라는 뜻의 'Blur(블러)'에 크다는 뜻의 형용사 'Big(빅)'을 붙여
더 흐릿해진다는 의미로 빅블러를 만들었다. 4차 산업혁명으로 AI와 빅
데이터가 등장하면서 빅블러 현상은 더 심화될 것으로 보여진다. 주변에
서 흔히 볼 수 있는 배달앱 혹은 매장 키오스크 등이 빅블러 사례다.

14 백기사(White Knight)

어느 기업이 적대적 인수합병의 대상이 되었을 때 이에 대한 방어 전략
중의 하나이다. 적대적인 상대의 인수합병을 막기 위해 이를 대신할 우
호적인 제3자에게 매수 결정에 필요한 정보 등 편의를 제공해주고 매수
오퍼를 하게 하는데, 이때 기업 방어를 위한 제3의 매수자를 백기사라고
한다.

15 네온 스완(Neon Swan)

2011년 미국 연방정부의 채무불이행(디폴트) 우려가 커질 때 나온 용어
로, '스스로 빛을 발하는 백조'라는 뜻이다. 그런데 백조가 스스로 빛을
내는 것은 불가능하다. 따라서 상식적으로 절대 일어나지 않을 것 같은
상황이나 위협을 의미한다. 미국의 세계적인 금융분석가 나심 니콜라스
탈레브가 2007년 저서 〈검은 백조〉에서 '절대 일어날 것 같지 않은 일이
일어나는 것'을 뜻하는 말로 쓰기 시작한 '블랙 스완(Black Swan)'보다
위험이 더 큰 상황이다. 실제로 이 같은 상황에 놓이게 되면 적절한 대응
을 하기 어렵다고 본다.

16 게마인샤프트(Gemeinschaft)

독일의 사회학자 퇴니에스가 '게젤샤프트'라고 부르는 이익사회의 반대
개념으로 사용한 것으로 '공동사회'라고도 한다. 전통이나 관습, 종교의
지배력이 강하며 사회구성원들이 친밀감을 갖고 교류할 수 있어 정서적
인 일체감을 느낀다.

17 게젤샤프트(Gesellschaft)

게마인샤프트와 반대되는 개념으로 '이익사회'라고도 한다. 구성원들의
이익과 목적에 따라 선택적으로 구성됐기 때문에 상호이익이나 관심이
일치하지 않으면 성립할 수 없다. 계약적이고 합리적인 속성을 갖고 있
으며 외형상으로는 결합돼 있지만 구성원들은 일체감을 느끼지 못한다.

18 메모리얼 스톤(Memorial Stone)

반려동물을 키우는 사람들은 반려동물을 단순한 애완으로가 아닌 가족으
로 여기며 살고 있다. 이러한 사람들은 반려동물을 잃었을 때 큰 슬픔을
느끼게 되는데 그 슬픔을 치유하기 위해 반려동물의 유골을 보석처럼 만
드는 것이 인기를 끌고 있다. 이 유골 보석을 메모리얼 스톤이라고 한다.

15

19 제노포비아(Xenophobia)

'외부의', '낯선'이라는 뜻의 접두사 '제노(Xeno)'와 공포증이라는 의미를
가진 '포비아(Phobia)'의 합성어로 '낯선 것 혹은 이방인을 싫어한다'라는
의미를 갖는 단어이다. 단지 자신과 다르다는 이유로 경계하고 배척하는
경향을 보이는데 자신을 보호하고 싶어 하는 의식 또는 지나친 열등감
때문에 나타나기도 한다.

20 다원적 무지(多元的無知)

어떤 이슈에 대한 소수의 의견을 다수의 의견이라고 잘못 인식하거나 반대로 다수의 의견을 소수의 의견으로 착각하는 것을 말한다. 특히 사이버 공간에서는 여론형성이 폭력적인 소수에 의해 좌우될 수 있다는 점에서 더욱 큰 문제가 되고 있다. 하나의 이슈에 대해 자신의 입장을 강력하게 주장하는 몇몇 네티즌들이 전체 분위기를 한쪽으로 치우치게 만들면서 반대 의견은 무시당할 우려가 크다.

Step 5   문화 · 미디어

21 국보 · 보물

보물과 국보는 모두 유형문화재로 '보물'은 건조물 · 전적 · 서적 · 고문서 · 회화 · 조각 · 공예품 · 고고자료 · 무구 등의 문화재 중 중요한 것을 문화재청장이 문화재위원회의 심의를 거쳐 지정하고, '국보'는 보물에 해당하는 문화재 중 제작연대가 오래되고 시대 특유의 제작기술이 뛰어나며 형태나 용도가 특이한 것을 문화재위원회의 심의를 거쳐 지정한다. 따라서 국보보다 보물의 지정 수가 많다.

구분	1호	2호	3호
국보	서울 숭례문 (남대문)	원각사지 10층 석탑	북한산 신라 진흥왕순수비
보물	서울 흥인지문 (동대문)	서울 보신각종	대원각사비
사적	경주 포석정지	김해 봉황동 유적	수원화성
무형문화재	종묘제례악	양주 별산대놀이	남사당놀이

♥ 상식 더하기 ◀ 서울 4대문

• 동대문 – 흥인지문
• 남대문 – 숭례문
• 서대문 – 돈의문
• 북대문 – 숙정문

22 시나리오

영화나 드라마의 대본으로 상영(촬영)을 전제로 하며 연극에 비해 시간
과 공간의 제약이 적고 장면 전환이 자유롭다. 시나리오는 영화·드라마
제작과 관련된 사람들에게 아이디어를 보여주는 수단이므로 연기자, 제
작자, 감독 등 서로 다른 관점을 지닌 사람들이 시나리오를 읽으면서 영
화화 여부를 결정하게 된다. 따라서 시나리오에는 영화나 드라마의 주
제·이야기, 등장인물의 성격 등이 포함되어 있어야 한다.

♡ 상식 더하기 ◀ 시나리오 용어

구분	내용	구분	내용
S# (Scene Number)	장면 번호	NAR. (Narration)	해설
F.I. (Fade In)	화면이 점차 밝아옴	F.O. (Fade Out)	화면이 점차 어두워짐
O.L. (Over Lap)	화면이 겹치며 장면 전환	PAN. (Panning)	카메라를 상하좌우로 움직임
N.G. (No Good)	촬영에 실패한 경우	E. (Effect)	효과음
콘티뉴이티 (Continuity)	현장용 촬영 대본	타이틀 (Title)	자막
인서트 (Insert)	장면 사이의 삽입 화면	C.U. (Close up)	일부분을 확대해 찍는 것
크랭크 인 (Crank In)	촬영 시작	크랭크 업 (Crank Up)	촬영 완료
C.B. (Cut Back)	다른 화면을 번갈아 대조함	쇼트 (Shot)	촬영된 한 장면(Cut)

15

23 제자백가

중국 춘추시대 말기에서 전국시대에 이르는 약 300년 동안에 나타난 여러 학자(제자)와 수많은 학파(백가)의 총칭이다. 주(周) 왕실이 쇠퇴하자 각지의 제후들이 각자 왕을 칭하고 천하를 다투는 춘추전국시대가 도래했다. 이에 제후들은 국력을 다지는 데 필요한 유능한 인재등용에 열을 올리게 되는데, 이때 등장한 것이 제자백가라고 불리는 사상가들이다.

학파	학자
유가(儒家)	공자 · 맹자
도가(道家)	노자 · 장자
묵가(墨家)	묵자
법가(法家)	상앙 · 한비자
명가(名家)	공손룡
병가(兵家)	손자 · 오자
종횡가(縱橫家)	소진 · 장의

그 밖에 음양가(陰陽家), 잡가(雜家), 농가(農家), 소설가(小說家) 등

24 베이컨의 네 가지 우상

16세기 영국의 철학자 프란시스 베이컨은 선입견에 의한 편견에서 생기는 허위를 우상이라고 하고, 이를 종족의 우상, 동굴의 우상, 시장의 우상, 극장의 우상으로 분류했다.

종족의 우상	모든 것을 인간의 잣대로 해석하는 것
동굴의 우상	좁은 동굴에서 밖을 보는듯한 주관적인 사고(개인의 편견)
시장의 우상	사람들 간의 교류에서 생기는 우상으로 입소문 등이 있음
극장의 우상	기존의 권위에 대한 맹목적인 신뢰에서 오는 편견

25 맹자의 사단(四端)

맹자는 모든 인간이 가진 선한 본성을 네 가지의 도덕적 실마리로 나누어보았으며 이를 사단(四端)이라고 한다. 사단은 각각 인(仁)·의(義)·예(禮)·지(智)의 사덕(四德)이라는 형태로 나타난다.

측은지심(惻隱之心)	다른 사람을 불쌍히 여기고 안타까워하는 마음 → 인(仁)
수오지심(羞惡之心)	부끄러움과 수치를 아는 마음 → 의(義)
사양지심(辭讓之心)	예의와 존경을 아는 마음 → 예(禮)
시비지심(是非之心)	옳고 그름을 판단하는 마음 → 지(智)

Step 6 과학·IT

26 RFID(Radio Frequency IDentification)

IC(집적회로)칩을 내장해 무선으로 다양한 정보를 관리할 수 있는 인식기술이다. 생산에서 판매에 이르는 전 과정의 정보를 극소형 IC칩에 내장시켜 이를 무선주파수로 추적할 수 있도록 한다. 실시간으로 사물의 정보와 유통경로, 재고현황까지 무선으로 파악할 수 있으며 바코드보다 저장용량이 커 바코드를 대체할 차세대 인식기술로 꼽힌다. 대형할인점 계산, 도서관의 도서 출납관리, 대중교통 요금징수 시스템 등 활용범위가 다양하여 여러 분야로 확산되고 있다.

15

27 엘니뇨(El Nino)

해수면 온도가 평년보다 0.5℃ 이상 높은 상태가 5개월 이상 지속되는 이상해류 현상이다. 이 현상이 크리스마스 즈음해서 발생하기 때문에 '작은 예수' 혹은 '남자아이'라는 의미의 이름이 붙었다. 엘니뇨가 발생하면 해수가 따뜻해져 증발량이 많아지고, 이로 인해서 태평양 동부 쪽의 강수량이 증가한다. 엘니뇨가 강할 경우 지역에 따라 대규모의 홍수가 발생하기도 하고, 다량의 비가 내리기도 하며, 극심한 건조 현상을 겪기도 한다.

> **♡ 상식 더하기** 라니냐(La Nina)
>
> '여자아이'를 뜻하는 스페인어에서 유래했으며 엘니뇨의 반대 현상이다. 평년보다 해수면 온도가 0.5℃ 이상 낮은 상태가 5개월 이상 지속되는 이상해류 현상이다. 엘니뇨가 발생한 곳과 동일한 지역에서 발생하며 극심한 가뭄과 강추위, 장마 등 각기 다른 현상들이 나타난다.

28 무어의 법칙(Moore's Law)

18개월을 주기로 해서 컴퓨터 가격에는 변함이 없고 성능은 2배로 향상된다는 법칙이다. 인텔사를 창립한 고든 무어(Gorden Moore)가 직접 경험한 사실을 통해 발견한 법칙으로, 새로운 세대의 마이크로칩을 개발하는 데는 2년 정도가 소요되지만 가격은 별다른 변화가 없다는 것이다. 컴퓨터, 반도체의 발전 속도가 빠르기 때문에 오늘 최신 컴퓨터를 사도 내일이면 구형이 되어버리는 현실을 잘 나타내는 이론이다.

29 N스크린(N Screen)

하나의 콘텐츠를 다양한 정보통신 기기에서 이용할 수 있는 네트워크 서비스를 말한다. 정보통신의 발달로 스마트폰 · PC · 태블릿 등 다양한 디지털 기기들이 나오고 있는데, 하나의 콘텐츠를 여러 개의 디지털 기기들을 넘나들며 시간 · 장소에 구애받지 않고 이용할 수 있는 기술이다. 'N'은 수학에서 아직 결정되지 않은 미지수를 뜻하는데 하나의 콘텐츠를 이용할 수 있는 스크린의 숫자를 한정짓지 않는다는 의미에서 N스크린이라고 부른다.

30 라즈베리파이(Raspberry Pi)

교육용 목적으로 개발된 신용카드 크기의 초소형 컴퓨터를 말한다. 2006년 영국 케임브리지대학교 컴퓨터과학과 연구실 교수 및 박사과정 학생이었던 에반 업튼, 롭 멀린스, 잭 랑, 앨런 마이크로프트는 작고 저렴한 컴퓨터 만들기 프로젝트를 시작했다. 당시 과일명을 쓰는 회사가 인기리에 성장하고 있었기에 네 사람은 '라즈베리'라는 단어를 찾았고, 수학에서 사용하는 그리스어 'Pi'는 빵을 연상시키는데, 파이썬(Python) 언어를 주로 지원할 것을 염두에 두어 붙였다고 한다. 그 후 노코트 테크놀로지스의 엔지니어였던 피트 로마와 게임 개발자였던 데이비드 브라벤을 영입해 2012년 본격적으로 '라즈베리파이'라는 이름의 제품을 생산했다.

> **♡ 상식 더하기** ◁ 파이썬(Python)
>
> C언어를 기반으로 하는 오픈소스 고급 프로그래밍 언어로, 1991년에 귀도 반 로섬(Guido van Rossum)이 개발했다. 그는 자신이 좋아하는 코미디 프로그램 이름을 따서 '파이썬'이라는 이름을 붙였다. 파이썬은 다양한 플랫폼에서 사용할 수 있고, 기본적으로 제공되는 라이브러리가 다양해 교육을 주된 목적으로 하는 교육 · 연구기관 등에서 사용한다.

15

정치 · 법률

01 미필적 고의(未必的故意)

행위자가 자신의 행위가 죄의 성립요소에 해당될 가능성이 있다고 판단하고 결과를 예측한 상태에서 그 행위를 하는 경우를 말한다. 예를 들어 아파트 옥상에서 지나가는 사람이 맞아서 죽을 수도 있다는 인식을 하며 돌을 떨어뜨리는 경우이다. 이때 떨어뜨린 돌에 맞아 사람이 사망하게 된 경우 판례는 "살인죄의 범의는 자기의 행위로 인하여 피해자가 사망할 수도 있다는 사실을 인식 · 예견하는 것으로 족하지 피해자의 사망을 희망하거나 목적으로 할 필요는 없고, 또 확정적인 고의가 아닌 미필적 고의로도 족하다"라고 하여 미필적 고의에 의한 살인죄를 인정한다.

02 깨진 유리창 이론(Broken Window Theory)

사소한 것들을 방치하면 더 큰 범죄나 사회문제로 이어진다는 사회범죄 심리학 이론으로 미국의 범죄학자가 1982년 〈깨진 유리창〉이라는 글에 처음으로 소개했다. 만일 길거리에 있는 상점에 어떤 이가 돌을 던져 유리창이 깨졌을 때 귀찮거나 어떠한 이유에서 이를 방치해두면 그 다음부터는 '해도 된다'라는 생각을 하게 하여 훨씬 더 큰 피해를 조장하는 결과를 가져온다는 것이다.

03 범죄 성립의 3요소(범죄 성립의 구성요건)

- **구성요건 해당성** : 어떠한 행위가 형법에서 범죄로 규정하고 있는 구성 요건에 해당되어야 한다.
- **위법성** : 전체 법질서로부터 부정적인 행위라는 판단이 가능해야 한다.
- **책임성** : 법이 요구하는 공동생활상의 규범에 합치할 수 있도록 의사 결정을 할 수 있는 능력으로 일정한 행위가 구성요건에 해당하고 위법 성을 갖추었더라도 책임성이 결여되면 범죄가 성립하지 않는다.

04 위법성 조각사유

구성요건에 해당하는 행위의 위법성을 배제하는 특별한 사유를 말한다.

유형	내용	사례
정당행위	• 법령에 의한 행위 또는 업무로 인한 행위 • 기타 사회 상규에 위배되지 않는 행위	공무원의 직무집행, 징계, 현행범인 체포, 노동쟁의 등
정당방위	• 자기 또는 타인의 법익에 대한 현재의 부당한 침해를 방위하기 위한 상당한 이유 있는 행위 • 방위행위가 상당성의 정도를 넘었을 때에는 과잉방위라 하여 위법성이 조각되지 않음	강도로부터 자신을 방어하기 위한 과정에서 강도를 상해한 경우
긴급피난	자기 또는 타인의 법익에 대한 현재의 위난을 피하기 위한 행위로서 상당한 이유가 있는 행위	화재 진압 도중 주변 가옥을 손괴한 경우
자구행위	권리자가 그 권리를 침해당했을 경우, 일정한 요건하에서 자력에 의하여 그 권리를 구제·실현하는 행위	수일 전 자신의 지갑을 훔친 소매치기를 붙잡는 경우
피해자의 승낙	처분할 수 있는 자의 승낙에 의하여 그 법익을 훼손한 행위, 단 법률에 특별한 규정이 있는 경우(살해, 임산부의 동의에 의한 낙태)는 벌함	복싱경기 중 상대방의 코뼈를 부러뜨린 경우

16

05 유류분(遺留分)

상속인이 법률상 반드시 취득하도록 보장되어 있는 상속재산의 가액을 말하며 유류분의 권리자에 해당되는 유가족은 피상속인의 직계비속, 배우자, 직계존속(형제자매는 2024년 위헌 판결로 즉시 효력 상실)이다. 유언자의 의사만으로 재산을 임의로 처분하는 경우 남은 가족이 생활에 어려움을 겪을 수 있기 때문에 법으로 최소한의 상속분을 정하는 제도로 유언에 우선한다.

Step 2 **국제 · 외교**

06 세계무역기구(WTO)

1994년 우루과이라운드(UR ; Uruguay Round) 협상이 마무리되고 마라케시 선언을 공동으로 발표함으로써 1995년 1월에 정식 출범하였고, 1947년 이래 국제무역질서를 규율해오던 '관세 및 무역에 관한 일반협정(GATT)' 체제를 대신하게 되었다. 세계무역분쟁 조정, 관세인하 요구, 반덤핑 규제 등 막강한 국제적인 법적 권한과 구속력을 행사한다. 1995년에 설립되었으며 본부는 제네바에 있다. 우리나라에서는 WTO 비준안 및 이행방안이 1994년에 통과되었다.

> **♥️ 상식 더하기** ◀ 마라케시 선언
>
> 1994년 4월 모로코 마라케시에서 열린 GATT 각료회담에서 회원국들은 UR 협정에 서명했고, 이에 따라 새로운 WTO 체제가 출범하게 되었음을 선언하였다. 이 선언으로 WTO 협정 절차가 시작되었고 UR도 공식적으로 종료되었다.

07 석유수출국기구(OPEC)

1960년 9월 이라크, 쿠웨이트, 사우디아라비아, 베네수엘라, 이란 5개국에 의해 설립되었으며 본부는 오스트리아의 빈에 있다. OPEC 설립의 직접적인 원인은 1959년과 1960년 2회에 걸친 원유공시가격의 대폭 인하가 강대국에 의해 일방적으로 행해진 데에 있다. 2024년 기준 중동 5개국(사우디아라비아 · 쿠웨이트 · 아랍에미리트 · 이란 · 이라크), 아프리카 6개국(나이지리아 · 리비아 · 알제리 · 가봉 · 콩고 · 기니), 베네수엘라 등 12개 산유국이 소속되어 있다.

08 다보스포럼(Davos Forum)

정확한 명칭은 세계경제포럼(WEF ; World Economic Forum)이다. 본부는 스위스 제네바에 있으며 1971년 비영리 재단으로 창설되어 '유럽인 경영 심포지엄'으로 출발하였으나 1973년에 전 세계로 그 범위를 넓혔고 정치인으로까지 확대되었다. 독립된 비영리 단체로서 세계 각국의 정상과 장관, 재계 및 금융계 최고 경영자들이 모여 각종 정보를 교환하고 세계 경제의 발전방안 등을 논의한다.

09 마키아벨리즘(Machiavellism)

<군주론>을 저술한 마키아벨리에서 유래한 말로, 목적은 수단을 정당화한다는 의미로 쓰인다. 반민주적이고 비인도적으로 여겨지기도 하지만 냉혹한 정치상황에서 '강력한 군주에 의한 통치'라는 현실적 원칙을 세웠다는 평가를 받기도 한다.

> **💕 상식 더하기 군주론**
>
> 마키아벨리가 저술한 정치사상서로 군주가 권력을 얻고 유지하려면 어떠한 역량이 필요한지에 대해 설명하고 있다. 정치를 종교와 윤리로부터 분리한 근대정치학의 기초가 되었다.

10 파이브 아이즈(Five Eyes)

미국, 영국, 캐나다, 호주, 뉴질랜드 등 영어권 5개국이 참여하고 있는 기밀정보 동맹체다. 2013년 6월 미국 국가안보국(NSA) 요원이던 에드워드 스노든에 의해 그 실상이 알려졌다. 당시 스노든이 폭로한 NSA의 도·감청 기밀문서를 통해 미국 NSA가 영국·캐나다·호주·뉴질랜드 정보기관과 협력해 벌인 다양한 첩보활동의 실태가 드러났다. 파이브 아이즈는 1946년 미국과 영국이 공산권과의 냉전에 대응하기 위해 비밀정보 교류 협정을 맺은 것이 시초로, 1960년에 개발된 '에셜론(Echelon)'이라는 프로그램을 통해 전 세계 통신망을 취합한 정보를 공유하는 것으로 알려져 있다.

Step 3 **경제·경영**

11 어닝 시즌(Earning Season)

기업의 분기별 실적 발표 시기다. 기업은 일정 기간(1년에 4번, 분기별) 동안의 실적을 발표하고 이를 종합하여 반기보고서, 연간결산보고서를 작성한다. 이때가 보통 12월인데 실적 발표가 집중되는 만큼 주가의 향방이 결정되는 중요한 시기이기 때문에 투자자들은 어닝 시즌에 집중하게 된다.

> **♥상식 더하기** 어닝 서프라이즈(Earning Surprise)
>
> 시장 예상치를 뛰어넘는 '기대 이상의 실적'을 말한다. 기업의 실적에 의하여 주가의 방향은 달라지는데, 발표한 실적이 예상보다 높을 때는 주가가 큰 폭으로 오르는 경우가 더욱 많다. 그러나 반대로, 예상보다 훨씬 낮을 때는 주가에 충격을 준다는 의미로 '어닝 쇼크(Earning Shock)'라고 한다.

12 라이선싱(Licensing)

상표 등록된 재산권을 가지고 있는 자가 타인에게 대가를 받고 그 재산권을 사용할 수 있도록 상업적 권리를 부여하는 계약이다. 개인 또는 기업이 가지고 있는 상표, 마크, 로고, 신기술, 노하우 등 등록된 재산권을 소유자의 허가를 받아 사용할 수 있도록 하는 것이다.

> **♡ 상식 더하기 ◀ 크로스 라이선스**
>
> 특허실시권의 계약체결방법으로 둘 이상의 기업이 서로의 지적재산권을 제공하고 사용할 것을 허용하는 계약이다. 원천기술을 보유한 소수 기업들이 시장 선점을 목적으로 이용하고 있다.

13 프랜드(FRAND) 조항

특허가 없는 업체가 표준특허로 제품을 만들고 이후 특허 사용료를 내는 권리로, 특허권자의 무리한 요구로 제품생산에 방해가 되는 것을 막기 위한 제도이다. 'FRAND'는 공정하고(Fair), 합리적·비차별적(ReasonAble & Non-Discriminatory)이라는 뜻을 가진 영단어를 조합한 것이다.

14 트레이드 드레스(Trade Dress)

지적재산권 용어로 제품의 고유한 이미지를 형성하는 색채·크기·모양 등을 말한다. 기존의 상표(Trade Mark)가 기호나 문자, 평면적인 도형 등에 한정되었던 것과 달리 상품의 외관이나 포장, 서비스 제공 장소의 독특한 인테리어나 전체적인 외관의 이미지를 말한다. 2012년에 미국에서 벌어진 삼성과 애플의 지식재산권 관련 소송에서 삼성이 애플의 트레이드 드레스를 침해했는지 여부가 쟁점이 되면서 관심이 집중되었다.

16

15 서핑포인트(Surfing Point)

직역하면 '파도 타기 좋은 곳'이라는 의미이지만 보통 성장가능성이 큰 산업을 말한다. 전문가들은 4차 산업혁명이 시작된 만큼 기업들이 재빨리 이 분야를 개척하여 세계적인 4차 산업혁명을 주도하여야 한다고 주장한다. 현재 국내에서는 인공지능과 생명과학산업이 유망 분야로 꼽히고 있다.

16 사회적 폭포 효과

사람들이 판단을 내릴 때 타인의 생각과 행동에 의존하려는 경향을 말한다. 하버드대학교의 캐스 선스타인 교수가 자신의 저서 〈루머〉에서 근거 없는 소문이 확산되는 것을 설명하면서 이러한 표현을 사용하였다. 자신의 주변에 있는 사람들이 어떠한 루머를 사실이라고 신뢰하면 자신 역시 신뢰하게 되고, 특히 그 내용이 자신이 잘 알지 못하는 것일수록 더 신뢰하게 되는 현상이다.

17 ILO(International Labour Organization)

노동조건의 개선과 노동자들의 기본적인 생활을 보장하기 위해 설립된 국제노동기구이다. 1946년 최초의 국제연합(UN) 전문기구로 인정받았으며 국제노동입법 제정을 통해 고용 · 노동조건 · 기술원조 등 국제적인 차원에서 노동자를 위한 다양한 활동을 하고 있다.

18 ASMR(Autonomous Sensory Meridian Response)

오감을 자극해 심리적 쾌감을 얻는 방식의 미디어 콘텐츠다. SNS와 유튜브 등의 스트리밍 사이트에서 인기를 끌었던 미디어 콘텐츠로, 공감각적인 반응을 이끌어내는 각종 자극을 다룬다. 디지털 음향장비의 발전으로 주로 청각 자극을 위한 콘텐츠가 많으며, 백색소음, 일상 잡음과 같은 소리를 들려주어 실제 자신이 콘텐츠 속 상황에 처한 듯한 심리적 효과를 받을 수 있게 한다.

> **💚 상식 더하기** 백색소음(White Noise)
>
> 넓은 주파수 범위에서 거의 일정한 주파수 스펙트럼을 가지는 신호로 귀에 쉽게 익숙해지는 소리를 말한다. 진공청소기 소리, 파도소리, 빗소리 등이 대표적인 백색소음이라 할 수 있다.

19 플랫폼노동자

온·오프라인이 연계되는 O2O 서비스에 종사하는 노동자를 말한다. 타다, 배달의민족과 같은 플랫폼을 기반으로 한 노동을 플랫폼노동이라 하며 유튜브 편집자, 배달업체 라이더, 대리기사 등이 플랫폼노동자에 해당한다. 한국고용정보원에 따르면 2022년 기준 우리나라 플랫폼노동자 수는 292만명 정도인 것으로 파악되고 있다. 대다수의 플랫폼노동자는 회사와 직접 계약한 근로노동자가 아닌 개인사업자로 등록돼 있어 고용이 불안정하고 근로기준법과 4대보험 등을 보장받지 못하는 경우가 많다.

20 헤게모니(Hegemonie)

군(軍) 장수의 지위를 의미하는 그리스어에서 유래한 말로 사전적으로는 지배권, 맹주권, 패권을 의미한다. 미국과 같은 초강대국이 약소국을 사회문화적으로 지배한다는 의미로 사용되다가 오늘날에는 그 의미가 확대되어 통상적으로 한 집단이나 국가 또는 문화가 다른 집단의 국가나 문화를 지배하는 것을 표현한다.

21　매직 넘버(Magic Number)

승부를 가리는 대회에서 선두가 우승을 확정짓기까지 남은 횟수를 말한다. 특히 프로야구 경기에서 일정 기간 동안 수차례의 경기를 치르며 거둔 최종성적을 집계해 우승팀이 결정될 때 1위 팀이 우승하는 데 필요한 승수의 숫자를 의미한다. 또한 미국 대선에서 양당의 대통령 후보가 되기 위해 확보해야 하는 선거인단 수를 표현하기도 한다.

22　바벨 계획(Babel Initiative)

사라질 위기에 처한 소수 언어의 자료를 수집하고 문서화하여 보존하려는 작업으로 유네스코가 후원하고 있다. 문자가 없어 구어로만 의사소통을 하는 언어들의 문자체계를 개발해 보급하고 기록으로 남겨서 언어의 사멸을 방지하고자 한다.

23　엘 시스테마(El Sistema)

1975년 베네수엘라 경제학자인 호세 안토니오 아브레우가 조직했던 '음악을 위한 사회행동'을 전신으로 하는 재단이다. 아이들을 가르치고 재활을 도와 범죄행위를 예방함으로써 아이들을 보호하려고 음악을 이용했다. 빈민가 아이들 11명이 처음 모여 연주를 시작한 이후 차고에서 열렸던 음악교실이 수십년에 걸쳐 베네수엘라 전역으로 확대되었다. 마약과 범죄에 무방비로 노출된 빈민 아이들을 도와준 것으로 유명하다.

24 루시드 드림(Lucid Dream)

1913년 네덜란드 정신과 의사이자 작가였던 에덴이 처음 사용한 용어로 '자고 있는 사람이 스스로 꿈이라는 것을 자각하면서 꾸는 꿈(자각몽)'을 말한다. 꿈을 꾸면서 스스로 그 사실을 인지하고 있기 때문에 꿈의 내용을 어느 정도 통제할 수 있는 것이 특징이다.

25 보사노바(Bossa Nova)

'새로운 경향, 새로운 흐름'이라는 뜻의 포르투갈어로 1960년대 초 브라질에서 일어난 새로운 리듬의 재즈음악이다. 삼바(Samba)에서 나온 음악 형식으로 삼바보다 멜로디가 더 감미롭고, 타악기가 덜 강조된다는 특징을 가진다. 현재는 브라질의 대중음악으로 자리잡았다.

Step 6   **과학 · IT**

26 열돔 현상(Heat Dome)

대기권 중상에서 발달한 고기압이 오랜 기간 정체하며 뜨거운 공기를 지면에 가둬놓는 현상으로, 열기가 쌓인 모습이 마치 '반구형으로 된 지붕' 같다고 하여 '열돔'이란 이름이 붙여졌다. 미국과 아시아 등 중위도에서 주로 발생하는데, 이 현상이 나타나면 예년보다 5~10℃가량 기온이 높은 날이 이어진다. 우리나라에서는 2018년과 2023년 여름에 나타난 열돔 현상 때문에 긴 열대야와 더위가 기승을 부렸다.

16

27 쾨펜의 기후 구분

열대우림기후	• 고온다우한 기후, 매일 스콜이 내리고 최소 60mm의 강우량을 보인다. • 적도 저기압 지역인 콩고강 유역, 기니만 연안의 아프리카, 말레이반도, 인도네시아, 아마존강 유역이 포함된다. • 야자오일, 고무, 카카오 등이 생산된다.
사바나기후	• 습윤한 열대초원으로 사막과 열대우림 사이의 지대이다. • 계절풍 때문에 건기와 우기가 있고 사탕수수, 커피, 목화 등이 생산된다. • 아프리카 내륙, 호주 북부, 브라질 고지대를 포함한다.
지중해성기후	• 여름은 고온건조, 겨울은 편서풍이 강하여 온대습윤한 기후이다. • 미국 캘리포니아, 호주 남부, 지중해 연안이 포함된다. 올리브, 레몬, 포도, 무화과 등이 생산된다.
서안해양성기후	• 겨울은 온난하고 여름은 편서풍으로 인해 시원하다. • 서부 유럽, 북미 서안, 호주 남동부가 포함되며, 낙농업이 발달된 지역이다.

28 포름알데히드(Formaldehyde)

메탄올의 산화로 얻는 기체로 자극적인 냄새가 나고 환원성이 강하며 산화시키면 포름산이 된다. 포름알데히드는 공기 중의 메탄에 햇빛과 산소가 화학 반응하여 생성되는데, 실내 공기오염의 주요 원인물질로 여겨지면서 건축자재에 쓰이는 포름알데히드가 문제되고 있다. 건물에 많이 사용되는 단열재와 실내 가구의 칠, 접착제, 가스난로 연소 등을 통해 발생하는데 이는 대표적인 발암물질이기도 하다.

29 멜라토닌(Melatonin)

송과선에서 생성되어 분비되는 호르몬으로 수면주기를 조절한다. 맥박, 체온, 혈압을 낮춰 수면과 각성의 리듬을 조절하고 자연적인 수면을 유도하여 생체리듬을 조절한다. 이 호르몬은 어두운 상태에서 형성되기 때문에 빛이 밝을 때는 정상적으로 분비되지 않아 불면증이나 우울증 등을 유발할 수 있다.

30 히스타민(Histamine)

외부자극에 대하여 신체가 빠른 방어를 하기 위해 분비하는 유기물질로 피부가 손상돼 병원체가 체내로 침입했을 때 분비되어 모세혈관을 확장시키고 혈관 벽의 투과성을 높여 백혈구가 상처 부위로 빠르게 모일 수 있도록 한다.

16

Step 1 **정치 · 법률**

01 공소시효(公訴時效)

검사가 일정 기간 동안 어떤 범죄에 대해 공소를 제기하지 않고 방치하는 경우에 국가의 소추권 및 형벌권을 소멸시키는 제도이다. 시효는 공소의 제기로 진행이 정지되고 공소기각 또는 관할위반의 재판이 확정된 때로부터 진행한다. 공범의 1인에 대한 전항의 시효정지는 다른 공범자에게도 효력이 미치고 당해 사건의 재판이 확정된 때로부터 진행한다. 범인이 형사처분을 면할 목적으로 국외에 있는 경우 그 기간 동안 공소시효는 정지된다. 13세 미만 및 신체 · 정신적 장애가 있는 사람을 대상으로 한 강간죄, 강제추행죄, 준강간 및 준강제추행죄, 강간 등 상해 · 치상죄, 강간 등 살인 · 치사죄 등의 범죄를 저지른 경우에는 공소시효가 적용되지 않는다. 2015년 7월 24일에는 살인죄의 공소시효를 폐지하는 내용이 담긴 형사소송법 개정안(태완이법)이 통과되면서 고의로 사람을 살해하고 사형에 해당하는 범죄에 대해서도 공소시효가 적용되지 않게 되었다.

02 형벌의 종류

- **사형** : 수형자의 생명을 박탈하는 것을 내용으로 하는 생명형이며 가장 중한 형벌이다.
- **징역** : 수형자를 형무소 내에 구치하여 정역(강제노동)에 복무하게 하는 형벌로 수형자의 신체적 자유를 박탈하는 것을 내용으로 한다는 의미에서 금고 및 구류와 같이 자유형이라고 한다.
- **금고** : 수형자를 형무소에 구치하고 자유를 박탈하는 점에서 징역과 같으나 정역에 복무하지 않는 점에서 징역과 다르다. 그러나 금고수형자에게도 신청에 의하여 작업을 과할 수 있다.
- **구류** : 금고와 같으나 그 기간이 1일 이상 30일 미만이라는 점이 다르다. 형법에서는 아주 예외적인 경우에만 적용되며 주로 경범죄에 부과하고 있다.
- **벌금** : 일정액의 금전을 박탈하는 형벌로, 과료 및 몰수와 더불어 재산형이라고 한다.
- **과료** : 벌금과 같으나 그 금액이 2천원 이상 5만원 미만으로 판결확정일로부터 30일 이내에 납입하여야 하며 납입하지 아니한 자는 1일 이상 30일 미만의 기간 동안 노역장에 유치하여 작업에 복무하게 해야 한다.
- **몰수** : 원칙적으로 타형에 부가하여 과하는 형벌로서 범죄행위와 관련된 일정한 물건을 박탈하여 국고에 귀속시키는 처분이다.
- **자격상실** : 수형자에게 일정한 형의 선고가 있으면 그 형의 효력으로 당연히 일정한 자격이 상실되는 형벌이다.
- **자격정지** : 수형자의 일정한 자격을 일정한 기간 정지시키는 경우로 현행 형법은 범죄의 성질에 따라 선택형 또는 병과형으로 하고 있다.

17

03 심급제도

재판의 공정성과 정확성을 확보하여 국민의 기본권을 보장하기 위한 제도로 우리나라는 3심제를 원칙으로 한다. 3심급 중 제1심과 제2심은 사실심, 제3심은 법률심이다. 3심제도의 예외로 대법원을 1심으로 하여 한 번만 재판을 받는 대통령, 국회의원, 시 · 도지사 선거소송과 2심제를 택하는 특허재판, 그리고 지방의회의원, 시 · 군 · 구 의장 선거소송이 있다.

구분	민 · 형사 사건의 심급제도	행정 사건의 심급제도
1심	• 지방법원 및 지원 합의부 • 지방법원 및 지원 단독 판사	행정법원
2심	• 고등법원 • 지방법원 본원 합의부	고등법원
3심	대법원	

04 국민참여재판

우리나라에서 2008년 1월부터 시행된 배심원 재판제도이다. 만 20세 이상의 국민 중 무작위로 선정된 배심원(예비배심원)이 참여하는 형사재판으로, 배심원으로 선정된 국민은 피고인의 유무죄에 관하여 평결을 내리고 유죄 평결이 내려진 피고인에게 선고할 적정한 형벌을 토의하는 등 재판에 참여하는 기회를 갖는다. 그러나 배심원의 평결에는 법적인 구속력이 없다.

> **♡ 상식 더하기** ◄ 배심원
>
> 재판이나 기소과정에 참여하여 사실문제를 판단하는 사람들로 법률전문가가 아닌 일반시민을 의미한다.

05 집행유예(執行猶豫)

형의 선고에 있어서 그 정상이 가볍고 형의 현실적 집행이 필요가 없다고 인정되는 경우에 범인에 대해서 일정한 형의 집행을 유예하고 유예기간을 무사히 경과하면 선고된 형의 실효(失效)를 인정하는 제도를 말한다. 형의 집행유예를 하는 것은 3년 이하의 징역 또는 금고의 형을 선고할 경우에 형의 양정(量定)에 관한 사항을 참작하여 그 정상에 참작할 사유가 있고, 금고 이상의 형의 선고를 받아 집행을 종료한 후 또는 집행이 면제된 후부터 3년 이상의 기간이 경과한 자에 한하며 그 유예의 기간은 1년 이상 5년 이하이다.

---

06 상하이 코뮈니케(Shanghai Communique)

1972년 2월에 중국을 방문한 미국의 리처드 닉슨 대통령과 마오쩌둥 중국 주석이 만나 공동발표한 외교성명을 말한다. '양국은 아시아 · 태평양 지역에서 패권을 갖지 않고, 제3국의 패권 확립에도 반대한다'는 내용 등 5개의 합의사항이 담겨 있다. 이는 미 · 중 수교의 기반을 마련하여 양국 관계의 대립을 완화하는 계기가 됐다.

> **🖤 상식 더하기 ◀ 코뮈니케**
>
> 각국 정부 사이의 국제회의나 수뇌회담 등에서 회의나 회담의 경과 및 결과에 대하여 문서로 발표하는 공식성명을 말한다. 회의나 회담의 당사국 사이에서 결과에 대하여 합의에 이르면 공동 코뮈니케 형식을 취하고 합의가 성립되지 않을 때는 단독으로 자국의 입장을 표명하는 경우가 많다.

17

07 몬트리올 의정서(Montreal Protocol)

지구의 오존층을 보호하기 위해 오존층 파괴물질의 사용을 규제하는 국제협약으로 정식명칭은 '오존층을 파괴시키는 물질에 대한 몬트리올 의정서'이며 1989년 1월 발효됐다. 우리나라는 1992년에 가입하였다. 오존층을 보호하기 위해 오존층 파괴물질인 CFC(프레온가스), 할론 등의 사용을 규제하고 있다.

> **♡₊ 상식 더하기** ◀ 할론(Halon)
>
> 불을 끄는 소화 성능이 뛰어나 소화기에 사용되는데 오존층 파괴물질로 밝혀져 규제대상이 됐다.

08 난사군도 분쟁

남중국해에 있는 스프래틀리제도에 대한 주권을 주장하는 국가들 간의 분쟁을 말한다. 남중국해는 중국의 남쪽에 위치하여 중국을 비롯하여 대만, 베트남, 필리핀, 말레이시아, 브루나이에 둘러싸인 해역이다. 남중국해에는 4개의 군도가 있는데 그중 난사군도(중국 명칭)의 점유해역이 가장 넓다. 섬 자체의 효용성은 적지만 풍부한 천연자원을 가지고 있고, 해상교통의 요충지가 되는 곳이기 때문에 현재 6개국이 영유권을 주장하는 상황이다. 중국과 대만은 역사적 권원, 베트남은 지리적 근접성, 필리핀은 무주지 선점, 말레이시아와 브루나이는 대륙붕 관련 해양법협약에 따른다는 근거를 내세워 각각 영유권과 관할권을 주장하고 있어 분쟁이 계속되고 있다.

09 애치슨라인(Acheson Line, 도서방위선)

1950년 1월 12일 당시 미국의 국무장관 애치슨이 연설에서 언급한 미국의 극동방위선을 말한다. 애치슨은 태평양에서의 미국 극동방위선을 한국과 타이완을 제외한 알류샨 열도-일본 오키나와-필리핀을 연결하는 선으로 정한다고 발표했다. 이 선언으로 미군이 한반도에서 철수하였고 김일성은 이 틈을 이용하여 1950년 6월 25일에 남침해 한국전쟁이 발발했다. 그 후 이 선언은 미국 공화당으로부터 비난을 받고 폐지되었다.

10 샹그릴라 대화(Shangrila Dialogue)

영국의 국제전략연구소(IISS ; International Institute for Strategic Studies)와 싱가포르 정부가 협력하여 2002년부터 매년 싱가포르에서 개최하고 있는 아시아안보회의를 말한다. 매년 싱가포르의 샹그릴라 호텔에서 개최되기도 하고 〈잃어버린 지평선〉이라는 소설에 등장하는 '샹그릴라'가 이상향을 의미하기도 하여 샹그릴라 대화라고 부른다. 이 회의에는 유럽과 아시아 각국의 국방관료들이 참석한다.

> **상식 더하기 ◁ 잃어버린 지평선(Lost Horizon)**
>
> 1933년 출간된 영국의 소설가 제임스 힐튼의 소설이다. 소설 속에서 어디에도 알려지지 않은, 유토피아 같은 존재인 '샹그릴라'가 등장하는데, 훗날 이상향을 의미하는 보통명사로 쓰이게 되었다.

17

11 블랙 스완(Black Swan)

통념상 전혀 예측할 수 없었던 불가능한 일이 일어났을 때 그 사건을 부르는 용어다. 모든 백조는 희다고 믿었지만 17세기 말 네덜란드의 한 탐험가가 검은 백조를 발견하면서 통념이 부서지는 충격을 받았다는 데서 유래했다. 2007년 미국의 금융분석가 나심 니콜라스 탈레브가 자신의 저서 〈블랙 스완〉에서 증시의 대폭락 가능성과 글로벌 금융위기를 예측하면서 유명해졌다.

> **상식 더하기** 화이트 스완(White Swan)
>
> 반복적으로 일어나는 금융위기 속에서 마땅한 해결책을 제시하지 못하는 상황으로 역사적으로 되풀이돼 온 금융위기를 가리킨다. 누리엘 루비니 미국 뉴욕대 교수가 이름 붙인 용어로, 그가 제시한 금융위기의 공통적인 징후는 완화된 통화정책, 금융시스템에 대한 느슨한 감독과 규제, 금융권의 과도한 부채, 민간과 공공부문의 과도한 차입과 부채 등이 있다. 이는 금융위기를 충분히 예측 · 예방할 수 있다고 보는 것으로 블랙 스완과 대조된다.

12 클러스터(Cluster)

비슷한 업종이면서도 다른 기능을 하는 기업과 기관들이 일정한 지역에 모여 있는 것을 말한다. 단순히 직접생산을 담당하는 기업만을 의미하는 것은 아니고, 연구개발기능을 담당하는 대학이나 연구소 등의 기관들이 상호작용을 통해 부품 조달, 인력과 정보를 공유함으로써 시너지 효과를 기대하는 것이다. 전후방 연계로 유명한 미국의 실리콘밸리와 보스턴 등이 전형적인 IT클러스터라고 할 수 있다.

13 스냅챗(Snapchat)

사진이나 영상을 전송할 수 있는 모바일메신저 서비스로, '스냅'의 창업자인 에반 스피겔이 2011년 미국 스탠퍼드대학교 재학 시절 바비 머피, 레지 브라운과 함께 수업 과제로 애플리케이션을 만들게 된 것에서 시작되었다. 처음에는 '피카부(Peek-a-Boo)'라는 이름으로 시작했다가 후에 '스냅챗'으로 변경했다. 스냅챗은 우리나라의 카카오톡과 비슷하지만 사진이나 영상 또는 메시지를 보내면 상대방이 메시지를 읽은 후 일정 시간이 지나면 메시지가 삭제되고, 이 시간을 조절할 수도 있다는 점에서 차이가 있다. 13세 이상~35세 미만 미국 청년층에게 가장 인기 있는 메신저 서비스라고 알려져 있다.

> **♡ 상식 더하기** 스냅의 IPO(기업공개)
>
> 2017년 3월 2일 스냅은 뉴욕증권거래소에서 IPO(기업공개)를 했다. 당시 시가총액이 340억달러를 기록했는데, 이 기록은 중국 최대의 전자상거래 업체인 알리바바의 뉴욕 증시 기업공개 이후 최대 규모라고 평가됐다.

14 모멘텀(Momentum)

물리학에서는 운동량 또는 가속도, 기하학에서는 곡선 위의 한 점의 기울기를 뜻하는 말이며, 경제학에서는 한계변화율을 의미한다. 증권시장에서는 주가가 상승이나 하락함에 있어 어느 정도의 가속도를 보일지 측정하는 지표가 된다. 보통 주가를 움직일 수 있는 액면분할, 증자발표, 정부의 정책변경 등의 자극들을 말한다.

15 신 파일러(Thin Filer)

영어로 얇다는 뜻의 'Thin'과 서류라는 뜻의 'File', '~하는 사람'이라는 의미를 가진 접미사 '-er'이 합쳐져 만들어진 용어로, 서류가 얇은 사람을 말한다. 이는 신용을 평가할 수 없을 정도로 금융거래 정보가 거의 없는 사람을 지칭한다. 구체적으로는 최근 2년 동안 신용카드 사용내역이 없고, 3년간 대출 실적이 없을 때를 가리킨다. 20대 사회초년생이나 60대 이상 고령층이 주로 이에 해당한다. 신용정보가 부족하다는 이유로 4~6등급의 낮은 신용등급으로 평가돼 대출 금리를 낮게 적용받기 어렵다.

Step 4 사회 · 노동 · 환경

16 실업률

통계청이 전국 3만여 표본가구를 대상으로 매월 15일이 포함된 1주일 동안 조사해 발표하는 것으로, 실업자의 수를 만 15세 이상 경제활동인구 수로 나누어 구한다. 우리나라는 1주일에 1시간 이상을 일하면 취업자로 구분하기 때문에 실업률을 통해 실업상태를 정확히 알기는 어렵다.

$$실업률 = \frac{실업자}{경제활동인구} \times 100$$

17 논칼라세대(Non-collar Generation)

블루칼라처럼 손에 기름을 묻히거나 화이트칼라처럼 서류에 매달리지 않는 컴퓨터작업 세대를 말한다. 무색세대라고도 불리며 산업의 구조 변화로 인해 등장하게 되었다.

18 노동3권(勞動三權)

근로자는 근로조건의 향상을 위하여 자주적인 단결권 · 단체교섭권 및 단체행동권을 가진다(헌법 제33조 제1항).

- **단결권** : 자주적으로 노동조합을 설립할 수 있는 권리
- **단체교섭권** : 근로자가 근로조건을 유지하거나 개선하기 위해서 단체로 모여 사용자와 교섭할 수 있는 권리이다. 노동조합이 단체교섭권을 들어 합리적인 교섭을 요청할 때 사용자는 정당한 이유 없이 이를 거부하거나 피할 수 없다.
- **단체행동권** : 근로자가 자신의 근로조건을 유리하게 하기 위해서 단체로 집단적인 행위를 할 수 있도록 한 권리로 정당한 단체행동권의 행사는 민 · 형사상 책임이 면제된다.

19 팝콘브레인(Popcorn Brain)

팝콘처럼 튀어오르는 것에는 쉽게 반응을 하지만 느린 자극에는 무감각한 뇌를 말한다. 현대사회에 들어 스마트폰과 태블릿PC의 사용이 증가하면서 뇌에서 생각을 담당하는 중추인 회백질의 크기가 줄어들고 있다. 그에 따라 눈에 보이는 강렬한 자극이 아닌 일상적인 자극에는 무감각해지는 팝콘브레인의 위험에 빠질 수 있다.

20 퀵커머스

물품을 빠르게 배송한다는 의미의 '퀵(Quick)'과 상거래를 뜻하는 '커머스(Commerce)'의 합성어로 유통업계의 즉시배송, 혹은 빠른배송 서비스를 뜻한다. 소비자가 상품을 주문하는 즉시 배송이 시작되며 일반적으로 30분 이내에 배송을 완료하는 것을 목표로 한다. 식품이나 음료는 물론 신선식품이나 밀키트, 의류, 도서, 애견상품 등을 판매 · 배송하고 있다. 국내 유통시장에서는 지난 2018년 12월부터 시작한 배달의민족의 'B마트'가 대표적이다.

21 반론권

액세스권의 한 유형으로 신문 · 잡지 · 방송 등 언론보도에 의해 명예훼손
을 당한 사람이 해당 언론에 대해 반박문이나 정정문을 게재 또는 방송
하도록 요구할 수 있는 권리를 말한다. 우리나라는 정정보도청구권, 반
론보도청구권 등을 통해 반론권을 보장하고 있다.

- **정정보도청구권** : 언론보도 내용으로 인해 피해를 입었을 경우 해당 언
  론에 대해 정정하도록 요구할 수 있는 권리로, 사실보도에 한정되며
  비판 · 논평은 해당하지 않는다.
- **반론보도청구권** : 사실적 주장에 관한 보도로 피해를 입었을 경우 자신
  이 작성한 반론문을 해당 언론에 보도해줄 것을 요구할 수 있는 권리
  로, 보도내용의 진실 여부와 관계없이 요구 가능하다.

22 퍼블리시티(Publicity)

광고주가 회사 · 제품 · 서비스 등과 관련된 뉴스를 신문 · 잡지 등의 기사
나 라디오 · 방송 등에 제공하여 무료로 보도하게 하는 PR방법이다. 직접
적인 유료광고를 통해 구매욕구를 자극하는 것이 아니라 사실보도 형식의
기사 속에 회사나 상점에 대한 언급을 포함하는 광고활동을 말한다.

23 미포머족(Meformer族)

'나(Me)'와 '알리다(Informer)'가 합쳐진 단어로 개인 블로그나 인스타그
램, 유튜브 등 각종 SNS를 이용해 '나'를 알리는 일에 적극적인 사람들을
뜻한다. 미국 러트거스대 연구진이 2009년 당시 트위터 유저 350명을
대상으로 조사한 결과를 발표하면서 이용자의 80%가량이 '미포머'에 해
당된다고 밝힌 바 있다. 이들은 개인의 생각이나 감정, 사생활 등 개인과
관련된 게시물을 올리고 타인과 공유한다.

24 다크 투어리즘(Dark Tourism)

잔혹한 참상이 벌어졌던 역사적 현장을 방문하는 관광이다. 비극적인 사건이 발생한 곳을 돌아보며 추모를 하거나 역사적인 교훈을 얻기 위해 떠난다. 다른 말로 '블랙 투어리즘(Black Tourism)'이라고도 하며, 우리말로는 '역사교훈 여행'이라고 한다. 제2차 세계대전 당시 약 400만명이 학살당했던 폴란드의 아우슈비츠 수용소, 9 · 11 테러로 사라진 뉴욕 세계무역센터를 기린 그라운드 제로(Ground Zero) 등이 대표적인 다크 투어리즘 장소다. 우리나라에는 대전형무소, 국립5 · 18민주묘지, 제주 4 · 3평화공원 등이 있다.

25 아카데미상(Academy Award, OSCAR)

1929년에 시작된 것으로 오스카상으로도 불린다. 전년도에 발표된 미국 영화 및 LA에서 1주일 이상 상영된 외국 영화를 대상으로 우수한 작품과 그 밖의 업적에 대하여 해마다 봄철에 시상한다. 수상작은 아카데미 회원이 뽑는데, 할리우드에는 배우조합, 감독협회, 촬영감독협회 같은 부문별 직능 단체가 있고, 특별한 실적이 있는 사람이 아카데미 회원으로 추천된다. 회원의 총 수는 6,000명 이상이다. 즉, 미국 영화 제작에 직접 관여하는 사람들만 수상작을 뽑을 수 있는 영화인 위주의 상이라는 특징을 갖고 있다. 아카데미상의 가장 큰 상인 'Big5'는 작품 · 감독 · 남우주연 · 여우주연 · 각본상을 말하고, 각본을 뺀 네 가지 상을 수상한 작품을 '그랜드슬램'이라 한다. 봉준호 감독의 영화 〈기생충〉이 2020년 열린 제 92회 아카데미 시상식에서 최고 권위인 작품상을 필두로 감독상과 각본상, 국제영화상까지 4관왕을 차지하며 101년 한국 영화 역사뿐만 아니라 92년 오스카 역사도 새로 썼다. 2021년 개최된 제93회 아카데미 시상식에서는 배우 윤여정이 영화 〈미나리〉로 여우조연상을 수상했다. 이 역시 한국 영화 최초의 기록이다.

26 운석

부서진 소행성의 파편이나 소천체가 지구의 중력을 받아 지구로 낙하한 것을 말한다. 운석의 거의 대부분은 화성과 목성 사이에 위치하는 소행성대에서 유래되지만 일부 달과 화성에서 온 운석들도 발견된다. 1톤 정도 무게의 큰 운석은 수년에 한 번, 작은 운석은 매일 하나 정도의 비율로 지구로 낙하하고 있지만 대부분 대기 마찰로 타버린다. 목격 후에 회수한 운석을 관측운석이라고 하며, 떨어지는 것을 목격하지는 못했지만 나중에 발견되는 운석을 발견운석이라고 한다.

27 우리별 1호

한국과 영국이 공동 설계·제작하여 1992년 남아메리카 기아나 쿠루기지에서 아리안 42P로켓에 실려 발사되었다. 우리나라 최초의 국적위성으로 음성방송과 통신실험 등 각종 실험과 관측을 위한 과학위성이다.

> **♥️ 상식 더하기 ** 기아나 쿠루기지
>
> 남아메리카 프랑스령 기아나의 쿠루에 위치한 로켓 발사지이다. 우리나라의 '우리별 1호'와 '우리별 2호' 위성을 이곳에서 발사하였다.

28 아리랑위성

국내 최초로 한국항공우주연구원에 의하여 발사된 다목적 실용위성으로, 지리정보시스템, 정밀지도제작, 재해예방 등에 사용된다. 우리나라의 주요 위성에는 아리랑위성과 무궁화위성이 있는데, 아리랑위성은 관측을 주목적으로 제작된 것이고, 무궁화위성은 통신을 주목적으로 제작된 것이다. 아리랑 1호는 1999년 12월 21일 미국 캘리포니아주 반덴버그 발사장에서 발사되었다.

29 이어도 해양과학기지

제주 서남쪽의 이어도에 있는 무인 종합 해양과학기지이다. 한국해양연구원이 기상관측과 해양자원 연구를 목적으로 설립하였으며 2003년에 완공되었다. 이곳에서 한국해양연구원 직원들이 2~3개월에 한 번씩 1주일간 머무르며 관측장비 점검 등을 한다.

30 우주왕복선 · 유인우주선(Space Shuttle)

미국 우주수송시스템계획(U.S. National Space Transportation System Program)에서 1981년 콜롬비아호(우주왕복선 1호)로 첫 비행을 성공했으며 우주왕복선을 이용하여 우주군사시설, 우주정거장을 건설할 수 있다.

- **콜롬비아호(우주왕복선 1호)** : 1981년 4월에 비행을 시작했다. 4번의 실험비행과 1번의 실용비행을 성공했다.
- **챌린저호(우주왕복선 2호)** : 우주왕복선 최초의 여승무원 동승과 우주유영, 인공위성 수리 등의 임무를 수행했다. 그러나 1986년 1월 10차 비행을 위해 발사되었을 때, 73초 후 공중에서 폭발하여 우주왕복선 최초의 민간인 승객이었던 맥걸리프와 승무원 전원이 사망했다.
- **디스커버리호(우주왕복선 3호)** : 하와이를 발견한 영국 탐험가 쿡의 배에서 이름을 따왔으며 2억 38만km를 비행한 끝에 2011년 3월 마지막 비행을 마치고 스미스소니언 박물관에 전시되었다.
- **아틀란티스호(우주왕복선 4호)** : 비밀군사임무를 안고 1985년 10월에 첫 발사되었다. 2개의 군사위성, 금성 탐사선 마젤란 위성, 위성 갈릴레오를 아틀란티스호로부터 발사했고 2011년 7월 마지막 비행을 마치고 케네디 우주센터로 옮겨졌다.
- **엔데버호(우주왕복선 5호)** : 1992년 챌린저호의 문제점을 보완 · 개선하여 발사하였다. 2011년 6월 마지막 비행을 마치고 캘리포니아 과학센터에 옮겨졌다.

17

Day 18

01 법의 분류

법	성문법	국내법	공법	실체법	헌법, 형법, 행정법
				절차법	민사소송법, 형사소송법, 행정소송법
			사법		민법, 상법
			사회법		노동법, 경제법, 사회보장법
		국제법			
	불문법	판례법			
		관습법			
		조리			

02 기본권(基本權)

인간다운 생활을 영위하기 위해 헌법이 보장하는 국민의 기본적인 권리이다. 기본권의 본질은 천부인권사상이며, 천부인권으로서의 기본권을 성문화한 것으로 미국의 버지니아주 권리장전, 독립선언, 프랑스 인권선언이 있다. 우리나라의 경우 헌법 제10조부터 국민의 기본권을 보장하고 있다. 이를 내용에 따라 분류하면 인간의 존엄과 가치, 행복추구 · 평등 · 자유 · 사회 · 청구 · 참정권이라는 기본적 권리와 납세 · 국방 · 교육 · 근로의 기본적 의무로 나눌 수 있다.

03 우리나라 역대 대통령

	이름	재임기간	주요 업적
1			• 한미상호방위조약 체결
2	이승만	1948.07 ~ 1960.04	• 초등교육 의무제 도입
3			
4	윤보선	1960.08 ~ 1962.03	
5			
6			• 새마을운동
7	박정희	1963.12 ~ 1979.10	• 경부고속도로 건설
8			• 경제개발5개년계획
9			
10	최규하	1979.12 ~ 1980.08	
11	전두환	1980.09 ~ 1988.02	• 1986년 아시안게임 개최
12			• 1988년 서울 올림픽 유치
13	노태우	1988.02 ~ 1993.02	• 언론 자유화 • UN 가입
14	김영삼	1993.02 ~ 1998.02	• 금융실명제 도입 • 조선총독부 건물 철거
15	김대중	1998.02 ~ 2003.02	• 햇볕정책 • 노벨평화상 수상 • 6 · 15 남북 공동선언 • 2002년 한일 월드컵 개최
16	노무현	2003.02 ~ 2008.02	• 행정수도 이전 • 한미FTA 체결
17	이명박	2008.02 ~ 2013.02	• 2018 평창 동계올림픽 유치 • G20 개최
18	박근혜	2013.02 ~ 2017.03	종교인 과세
19	문재인	2017.05 ~ 2022.05	• 세계시민상 수상 • 9월 평양 공동선언 • 청와대 국민청원제도 도입
20	윤석열	2022.05~	

18

04 집시법

'집회 및 시위에 관한 법률'의 준말로, 적법한 집회 및 시위를 최대한 보장하고 위법한 시위로부터 국민을 보호함으로써 집회 및 시위의 권리 보장과 공공의 안녕질서가 적절히 조화되는 것을 목적으로 한다.

05 슈퍼 테러리즘(Super Terrorism)

21세기에 나타난 새로운 테러 형태로, 이전의 테러가 어떤 특정한 목표나 명분을 가지고 자행된 것이라면 슈퍼 테러리즘은 불특정 다수의 인물들을 살해하거나 별다른 의미 없는 대량 살상도 서슴지 않고 실행하는 특징이 있다. 슈퍼 테러리즘의 대표적 예는 1995년 3월 20일의 일본 지하철 독가스 사건, 같은 해 4월 19일의 미국 오클라호마 폭발물 사건 등을 들 수 있다.

Step 2 국제 · 외교

06 브릭스(BRICS)

브라질(Brazil), 러시아(Russia), 인도(India), 중국(China), 남아프리카공화국(South Africa) 5개국의 영문 머리글자를 딴 것으로 골드만삭스가 2003년 10월에 발표한 투자전략보고서에서 처음 언급되었다. 많은 인구와 풍부한 자원을 배경으로 하여 1990년대 말부터 빠른 성장을 보인 신흥경제국들이다. 2030년 무렵이면 이들이 세계 최대의 경제권으로 도약할 것으로 평가되고 있다. 2023년 8월에는 사우디아라비아, 아르헨티나, 아랍에미리트(UAE), 에티오피아, 이란, 이집트가 새로운 회원국으로 포함돼 11개국으로 확대됐다.

07 안전보장이사회

국제연합(UN)의 한 기관인 안전보장이사회는 UN 회원국의 평화와 안보를 목적으로 설립되어 그 역할을 담당하고 있다. 이 기관은 15개국(초창기는 11개국)이 참여하고 있는데, 상임이사국은 이 중 고정 멤버로 참여하는 5개국을 이르는 말이다. 그리고 5개국을 제외한 나머지 10개국은 비상임이사국이라 하여 임기제로 해마다 5개국씩 교체된다. 비상임이사국의 임기는 2년이며 중임은 가능하나 연임은 불가능하다.

💕 상식 더하기 ◀ 상임이사국의 거부권

UN은 2차 대전의 5대 승전국인 미국, 영국, 프랑스, 구소련(러시아), 중국이 주축이 되어 탄생했다. 이들 5개국은 UN의 상임이사국이 되어 거부권인 Veto(비토)를 행사할 수 있는 권리를 얻었다. 이는 UN의 현안에 대해서 5개국이 만장일치의 동의를 해야만 문제를 해결할 수 있다는 단서조항 속에서 서로의 정치적 입장에 의해 거부권이라는 것을 고안해낸 것이다. 따라서 국제사회의 평화와 질서를 위해 안보리가 결의안을 마련할 수 있지만 상임이사국이 거부권을 행사하면 결의안은 채택될 수 없다.

08 다카(DACA ; Deferred Action for Childhood Arrivals)

미국에 불법 입국한 부모를 따라 함께 들어와 불법체류자 신분이 된 15~30세 청년들이 걱정 없이 학교에 다니거나 일을 할 수 있도록 추방을 유예하는 정책이다. 2012년 당시 버락 오바마 미국 대통령은 불법체류자의 지위에 관한 법률안 통과가 무산되자 다카 프로그램을 행정명령으로 발표했다. 이른바 '드리머(Dreamer)'라고 불리는 수혜자들에게 취업허가를 내주거나 사회보장번호를 발급함으로써 강제 추방을 막는 것인데, 허가는 2년마다 갱신된다. 그러나 이후 트럼프 행정부가 2017년 DACA 프로그램의 폐지를 공식적으로 발표했다. 이에 각 주정부들은 잇따라 폐지 철회 소송을 제기했고, 미국 전역에서 폐지 반대를 위한 모임과 시위가 계속됐다. 다카 프로그램의 폐지 발표로 미국에서는 약 70만명(2017년 기준)이 추방 위기에 놓였었지만 2021년 조 바이든 미국 대통령이 취임하며 불법체류자에 대한 강경정책이 다소 완화됐다.

18

09 네이비실(Navy SEAL)

미국 통합특수전사령부(Special Operation Command) 감독 하에 있는 해군 엘리트 특수부대로 1962년 조직됐다. SEAL은 '바다(SEa)', '하늘(Air)', '육상(Land)' 어디서나 작전을 수행할 수 있도록 훈련된 최정예 부대라는 의미에서 붙여졌다. 2011년 5월 9 · 11 테러를 주도한 알카에다 지도자 오사마 빈 라덴의 파키스탄 아보타바드 은신처를 급습해 그를 사살한 네이비실 대원들은 2012년 1월에는 미국인을 납치한 소말리아 해적 소탕작전을 성공적으로 완수해 또다시 국민적 영웅으로 떠올랐다.

10 북한의 주체사상

김일성이 창시하고 김정일이 이론적으로 심화시켰다고 주장하는 혁명사상으로, 사회 분야 전반을 지배하는 통치이념이자 북한의 모든 정책과 활동의 기초가 되는 조선노동당의 유일지도사상이다. 북한은 2009년 4월 헌법을 개정하면서 '공산주의'를 삭제하고, 군대를 중시하고 군사력 증강을 집중한다는 선군(先軍)사상과 주체사상을 핵심적 이념으로 채택하기도 했다. 이처럼 주체사상이 지닌 북한 사회에 대한 지배력은 절대적이었으나 2000년대 접어들면서 선군정치의 기치가 북한 정치의 전면에 부상함에 따라 주체사상의 사회적 구속력이 저하되는 현상이 나타나고 있으며, 2011년 12월 김정일이 사망하고 김정은이 후계자로 등장한 이후 2012년 4월 개정된 노동당 규약 서문에서는 당의 유일한 지도사상으로 주체사상 대신 '김일성-김정일주의'를 표방하고 있다. '김일성-김정일주의'는 이후 김정은의 연설, 각 매체의 논평 등에서 지속 강조되고 있으며 2016년 당대회 결정서에서 김일성-김정일주의를 '김일성이 창시하고 김일성, 김정일이 심화 · 발전시킨 주체사상과 그에 의해 밝혀진 혁명과 건설에 관한 이론과 방법의 전일적인 체계'로 밝히기도 했다.

11   반덤핑 관세

덤핑을 방지하기 위하여 덤핑 상품에 매기는 징벌적인 관세를 말한다. 여기서 '덤핑(Dumping)'이란 국제 가격경쟁력을 위해 국내 판매가격보다 낮은 가격으로 상품을 수출하는 것을 말한다. 이로 인해 수입품이 국내 산업에 타격을 줄 수 있어 정상가격과 덤핑가격 사이에 차액 범위 내에서 반덤핑 관세를 부과한다. 다른 말로 덤핑방지관세 또는 부담염매방지관세라고도 한다.

12   유니콘(Unicorn) 기업

설립한 지 10년 이하이면서 뛰어난 기술력과 시장지배력으로 10억달러(약 1조원) 이상의 기업 가치를 인정받는 비상장 벤처기업을 말한다. 유니콘(Unicorn)은 이마에 뿔이 하나 달린 전설상의 동물이다. 기업 가치가 10억달러를 넘어서는 것을 마치 유니콘처럼 상상 속에서나 존재할 수 있는, 엄청난 일로 받아들인다는 차원에서 이름 지어졌다. 세계적인 벤처기업들의 산실로 여겨지는 미국의 실리콘밸리에서는 유니콘보다 열 배나 큰 데카콘(Decacorn · 기업 가치 100억달러) 기업들이 등장하고 있다.

18

13 MRO(Maintenance Repair & Operation)

유지(Maintenance), 보수(Repair), 운영(Operation)의 약자로 기업의 소모성 자재들이다. 필기구나 복사용지 등의 사무용품과 사무집기 및 기업 내 각종 설비의 정비에 필요한 공구부터 기계부품까지 기업의 직접적인 생산활동에 들어가지는 않지만 원활한 사업 운영을 위해 필요한 제품들을 말한다.

14 매킨지(McKinsey)의 7S 모델

조직의 혁신을 추구하기 위한 모델로, 매킨지가 조직개발 측면에서 반드시 필요하다고 판단한 7가지 요인을 말한다. 전략(Strategy), 기술(Skill), 공유가치(Share), 구조(Structure), 시스템(System), 종업원(Staff), 스타일(Style)이 그것인데 조직의 강점 및 약점, 그리고 회사문화와의 일체성 여부를 확인하는 데 도움을 주는 분석 모델이다.

15 TQM(Total Quality Management)

고객만족을 통한 장기적인 성공과 기업 구성원과 사회 전체의 이익에 기여하기 위한 경영활동 전반에 걸친 모든 구성원의 참여와 총체적 수단을 활용하는 전략적인 품질경영활동이다.

16 로맨스 스캠(Romance Scam)

웹상에서 접촉하여 신뢰 관계를 형성한 후 피해자에게 연애 감정을 심어주어 돈을 갈취하는 행위를 가리키는 말이다. 연인관계가 되거나 결혼을 약속한 뒤 급전이 필요함을 어필하여 돈을 갈취하는 기존의 '연애사기'가 인터넷상에서 벌어지는 사건을 가리키는 용어로 사용한다. 이메일, 만남 어플 등의 개인 웹서비스를 통해 은밀하게 접근하기도 하지만 유튜브, SNS 등에서 인플루언서로 활동하던 이들이 자신의 팬을 상대로 자행한 사실이 뒤늦게 밝혀져 논란이 되기도 한다.

17 델파이법(Delphi Method)

고대 그리스의 도시 '델포이(Delphoi)'에서 예언가들이 아폴론 신전에 모여 미래를 예측하던 것에서 유래한 명칭이다. 참고할 만한 자료나 사례가 없거나 불확실한 미래의 상황에 대한 예측이 필요할 때 몇 사람의 전문가들을 선정하여 의견을 종합해 과학기술의 방향을 예측하거나 신제품의 수요예측 등에 활용하는 사회과학 분야의 대표적인 분석방법 중 하나이다.

18

18 미 제너레이션(Me Generation)

자기 주장이 강하고 자기 중심적으로 행동하고 생각하는 젊은 세대를 말한다. 미국에서 젊은이들을 대상으로 인성 및 커뮤니케이션 방법을 연구했는데 그 결과 2000년 이후 젊은이들은 20~30년 전에 비해서 타인을 이해하고 공감하는 경우가 40%나 낮았다고 한다.

> **상식 더하기** 위 제너레이션(We Generation)
>
> 인간과 인간 사이의 관계와 상호 신뢰성을 중요시하며 의견과 물건 등까지 공유하는 현상으로 경제에서는 '협력적 소비'로 나타난다.

19 크런치모드(Crunch Mode)

자신을 희생해서 업무에 임하는 것이다. 경쟁이 치열한 업계 특성상 잦은 야근을 할 수밖에 없는 IT · 게임 업계에서 사용하는 용어로 알려져 있다. 예를 들어 게임출시가 얼마 남지 않은 기간 동안에는 업무마감을 위해 주말과 휴일 가릴 것 없이 출근하고 수면과 음식섭취를 포기하면서 일한다. 크런치모드로 생긴 과도한 업무량을 이기지 못한 직원이 극단적 선택을 하거나 과로사 하는 경우가 발생하면서 혹독한 노동강도에 대한 비판이 있어왔다.

20 지카 바이러스(Zika Virus)

이집트 숲 모기를 통해 전염되는 바이러스를 말한다. 1947년 우간다에서 붉은원숭이를 통해 처음 발견되었고, 1952년 우간다와 탄자니아 지역에서 인간에게 처음으로 발병했다. 한정된 지역에서만 발병했던 지카 바이러스가 2015년 4월부터 브라질을 중심으로 중남미에 유행하며 알려졌다. 감염 후 증상은 가벼운 뎅기열과 같지만 약이나 백신이 없다. 산모를 통한 신생아 소두증이나 다발성 신경병증을 일으켜 주의가 요구된다.

21 언론의 4이론

언론의 체제와 통제방식에 관한 이론이다.

권위주의 이론	• 권위주의 국가들이 매스미디어를 정치권력의 일부로 간주하고 규제하는 이론 • 매스미디어의 기능은 국가의 정책 및 이념을 국민들에게 전달하고 발전시키는 것이므로 정부의 검열을 받아야 함
자유주의 이론	• 로크 · 루소의 계몽주의와 천부적 인권론에 바탕을 둔 이론 • 언론이 정부로부터 제약받지 않도록 자유를 보장해야 한다고 주장
사회책임주의 이론	• 언론의 4이론 중 가장 최근에 대두된 이론 • 언론은 정부로부터는 자유롭지만 국민에 대해서는 책임을 져야 한다고 주장
소비에트 공산주의 이론	• 레닌과 스탈린의 영향을 받은 이론으로 변형된 형태의 공산주의 개념 수용 • 모든 매스미디어는 당에 소유되어 국가의 정책 및 혁명을 선전하는 기능을 함

22 설치미술

개성적인 진열방식으로 작품의 메시지를 효과적으로 전달하는 미술방식이다. 소재가 다양하고 주제도 파격적이며 다양한 감각을 동원한다. 여러 작품을 다양한 방법으로 결합함으로써 효과적으로 메시지를 전달하려는 경향이 강하고 문명 · 사회 · 정치에 대한 비판을 표현하기도 한다. 우리나라에서는 플로렌타인 호프만의 설치미술인 '러버덕(Rubber Duck)'이 2014년 잠실 석촌호수에 전시되며 큰 인기을 끈 이후 설치미술에 대한 관심이 커졌다.

18

23 이슬람교(Islam)

7세기 마호메트(Mahomet)가 아라비아 반도 메카에서 알라를 유일신으로 창시한 종교이다. 유일신(Allah, 알라)의 가르침이 대천사 가브리엘을 통하여 마호메트에게 계시되었으며 유대교·기독교 등 유대계의 여러 종교를 완성시킨 종교임을 자처한다. 서남아시아·북부 아프리카·파키스탄·인도네시아·말레이시아·중앙아시아 등지에 분포되어 있다. 이슬람이란 '절대자에게 복종'을 의미하며 엄격한 계율과 종교의식으로 다른 지역에 비하여 결속력이 강해 독특한 이슬람 문화권을 형성하는 데 기여하였다.

이만	교리 및 실천의	6신(信) : 신, 천사, 성전, 예언자, 내세, 예정(豫定)
이바다	기본 정신	5주(住) : 신앙고백, 예배, 단식, 순례, 희사(자카트)
자하드	고투·노력이라는 뜻으로 마음 또는 영혼이 벌이는 싸움	
코란	예언자 무하마드에게 전하여진 알라의 계시 내용을 집대성한 성전(聖典)	
수니파	이슬람교 신자의 90%가 속해 있는 최대 종파	
시아파	이슬람교의 2대 종파, 중동에서 시아파가 다수파인 국가는 이란과 이라크	
무슬림	이슬람 신자를 가리키는 말로 특히 여자는 '무슬리마'라고 부름	
성지	메카, 메디나, 예루살렘	

24 비디오 아트(Video Art)

1970년대부터 성행한 현대예술의 한 경향으로, '움직이는 전자회화'라고 불린다. 드라마나 음악 등의 재생용 테이프 작품 이외에 기계의 회로에 세공을 가해 얻어지는 소리나 빛의 변형, 복수의 모니터 수상기 배치 등으로 표현하는 작품들이 있으며 〈다다익선〉이라는 비디오아트 작품으로 유명한 백남준은 "텔레비전이나 영화와 달리 보는 사람이 능동적으로 영향을 미칠 수 있는 예술"이라고 주장했다.

> **♡ 상식 더하기 ◀ 다다익선**
>
> 개천절을 상징하는 1,003개의 TV수상기가 설치된 비디오 타워로, 매스미디어 커뮤니케이션의 구성 원리를 표현한 작품이다.

25 변증법적 유물론(Dialectical Materialism)

헤겔의 관념적 변증법과 포이어 바하의 형이상학적 유물론을 비판적으로 수용하며 나온 철학사상이다. 이에 따르면 정신이 물질을 지배하는 것이 아니라 물질이 먼저이고 그에 따른 소산으로서 정신적인 것이 나온다는 것이다. 또한 사회 · 역사의 발전과정을 물질적인 것의 변증법적 발전으로 파악하였으며 이후 사적 유물론으로 이어진다.

> **♡ 상식 더하기 ◀ 변증법**
>
> • 그리스어 '대화하다'에서 유래한 말로 문답에 의해 진리에 도달하는 방법
> • 헤겔 철학에서 인식이나 사물은 정 · 반 · 합의 단계를 통해 전개된다고 설명

18

26 악성코드(Malicious Code)

컴퓨터에 악영향을 끼쳐 제 기능을 하지 못하도록 방해하는 소프트웨어를 말한다.

바이러스	프로그램을 통해 감염되는 악성코드이다. 감염대상 프로그램이 자신을 변형하고 복제해 데이터 처리장치를 감염시키고, 다른 대상까지 감염시키면서 확산된다.
웜 바이러스	컴퓨터의 취약한 점을 찾아 네트워크를 통해 스스로 감염되는 악성코드이다. 다른 프로그램으로의 감염은 없지만 감염프로그램이 자신을 복사하는 명령어들의 조합을 확대시킨다.
트로이목마	컴퓨터 사용자는 알 수 없게 사용자의 정보를 유출시킨다. 감염 프로그램이 자신을 복제해서 확산시키지 않는다는 점에서 바이러스나 웜 바이러스와는 다른 개념이다.
스파이웨어	사용자의 정보를 빼내는 악성코드의 일종이다. 컴퓨터 사용 중 사용자가 원하지 않는 사이트로 이동해 불편을 끼친다.
유해가능 프로그램	사용자의 동의가 있어야 설치가 된다. 설치과정을 거쳤지만 스파이웨어와 비슷하고 불필요한 프로그램 중 하나이다.

27 트랜스지방(Trans Fat)

불포화지방을 가공하면서 제품의 산패를 막기 위해 수소를 첨가하는데, 이때 수소와 결합하여 만들어지는 것이 트랜스지방이다. 포화지방과 마찬가지로 비만의 원인이 되며 콜레스테롤, 심장병, 동맥경화증, 간암, 위암, 대장암 등과도 관련이 있는 것으로 밝혀졌다. 트랜스지방이 많은 제품으로는 마가린, 마요네즈, 냉동피자, 쿠키, 유제품, 케이크 등이 있다. 미국 식품의약국(FDA)을 비롯한 세계 각국에서는 트랜스지방의 위험성을 자각하면서 식품에 트랜스지방 함량 표시제를 의무화하고 있다. 우리나라 역시 2007년 12월부터 가공식품 영양표시에 트랜스지방 함량 표기를 의무화했다.

28 라돈(Radon)

토양, 지하수, 바위 등 자연환경과 콘크리트, 시멘트 등 건축자재에 존재하는 방사능 물질로 인체에 지속적으로 다량 축적되면 폐암을 일으키는 것으로 알려져 있다. 라듐의 방사성 붕괴로 인해 생기는데, 라돈 원자는 알파입자라는 방사선을 내놓으면서 붕괴되어 방사성 원소인 폴로늄의 원자가 된다.

> **♡ 상식 더하기 ◀ 알파입자**
>
> 방사선 동위원소가 붕괴할 때 생성하는 것으로, 헬륨의 원자핵이다. 양성자 2개와 중성자 2개로 구성되어 있으며 밀도가 매우 크고, 원자핵 반응을 일으키는 데 사용된다.

29 스풀(SPOOL)

데이터를 주고받는 과정에서 중앙처리장치와 주변장치의 처리 속도가 달라 발생하는 속도차이를 극복해 지체 현상 없이 프로그램을 처리하는 기술이다. 컴퓨터 중앙처리장치는 명령을 주변장치로 전달하는 작업을 하는데 컴퓨터와 주변장치가 서로 데이터를 처리하는 속도가 다르기 때문에 대기시간이 발생할 수밖에 없다. 따라서 프린터나 카드 판독기와 같은 주변장치가 작업 중이더라도 컴퓨터 중앙처리장치는 원활하게 이용할 수 있도록 한 기술을 스풀이라고 한다.

18

30 pH(Hydrogen Exponent)

수소이온농도의 역수의 상용log값을 말한다. pH7(중성)보다 pH값이 작은 수용액은 산성이고 pH값이 7보다 크면 염기성, 즉 알칼리성이다. pH가 작을수록 H^+(수소이온)가 커져 더욱 산성을 띠고 pH가 클수록 H^+가 작아지고 OH^-(수산화이온)가 커져 염기성이 강해진다. pH값은 수용액의 농도가 달라져도 변하지 않는다.

Day 19

Step 1 **정치 · 법률**

01 다운밸럿 효과(Down-ballot Effect)

대선과 함께 치러지는 미국 연방의원 선거에서 대선 후보와 같은 정당의 상 · 하원 후보가 득표에 영향을 받는 것을 말한다. '밸럿(Ballot)'은 '무기 명투표'라는 뜻으로 미국 연방의원 등 대통령 선거와 동시에 실시되는 선출직을 의미한다.

02 부동산의 등기

- **등기** : 등기부라는 공적 장부에 일정한 권리관계를 기재하는 것을 말한다.
- **등기부** : 부동산에 관한 소유권 및 소유권 이외의 권리에 대한 사항 등 각종 권리관계와 부동산 표시에 관한 사항이 기재되어 있다.
- **등기부의 구조** : 표제부(소재지, 면적, 용도, 구조 등 기재), 갑구(소유권에 관한 사항), 을구(소유권 이외의 권리에 관한 사항 기재)

> 💗 **상식 더하기** ◀ 부동산 거래 절차
>
> 등기부 열람 → 토지 대장 열람 → 매매계약 체결 → 계약금 지급 → 중도금 지급 → 잔금 지급 → 등기 서류 및 부동산 인도 → 등기 → 등록세 납부 → 취득세 납부

03 자력구제(自力救濟)

법률상의 절차에 의하지 않고, 자기의 힘으로 권리 내용을 실현하는 일로 민법 제209조는 그 점유를 부정히 침탈 또는 방해하는 행위에 대하여 점유자가 자력으로 이를 방위할 수 있다고 규정하여 일정한 조건하에서 자력구제를 인정하고 있다.

04 긴급체포(緊急逮捕)

검사 또는 사법경찰관은 피의자가 사형·무기 또는 장기 3년 이상의 징역이나 금고에 해당하는 죄를 범하였다고 의심할 만한 상당한 이유가 있고, 증거를 인멸할 염려가 있거나 도망 또는 도망할 염려가 있는 경우에 긴급을 요하여 지방법원 판사의 체포영장을 받을 수 없는 때에는 그 사유를 알리고 영장 없이 피의자를 체포할 수 있다. 이는 중대한 범죄에 대해서만 제한적으로 허용하고 피의자를 체포한 후 계속 구속할 필요가 있는 경우에는 구속영장을 발부받도록 하고 있다.

05 구속적부심사(拘束適否審査)

피구속자 또는 관계인의 청구가 있으면, 법관이 즉시 본인과 변호인이 출석한 공개법정에서 구속의 이유(주거부정, 증거인멸의 염려, 도피 등)를 밝히도록 하고 구속의 이유가 부당하거나 적법한 것이 아닐 때 법관이 직권으로 피구속자를 석방하게 하는 제도를 말한다. 피의자의 석방제도라는 점에서 피고인의 석방제도인 보석제도와 다르다.

19

06 한 · 중미 FTA

우리나라와 중미 5개국(니카라과, 엘살바도르, 온두라스, 코스타리카, 파나마) 간 자유무역협정이다. 2016년 11월 16일 니카라과의 수도 마나과에서 우리나라의 산업통상자원부 장관과 중미 5개국 통상 장관들은 협상의 실질적 타결을 공식 선언했고, 2018년 정식 서명했다. 중미 5개국이 동시에 아시아 국가와 자유무역협정을 체결한 것은 우리나라가 처음이다. 우리나라는 협정을 통해 성장가능성이 높은 중미시장을 선점해 일본, 중국 등 경쟁국들과 경쟁할 유리한 고지를 확보하게 되었다. 중미 각국은 전체 품목 수 95% 이상에 대해 즉시 또는 단계적 관세 철폐를 약속했고, 서비스시장에 있어서는 네거티브 자유화 방식을 채택했다. 특히 엔터테인먼트, 유통, 건설 등 우리 측 관심 분야에 대한 시장 접근을 제고할 수 있게 되었다.

> **♥ 상식 더하기** ◀ **네거티브 자유화 방식(Negative Listing)**
>
> 시장개방을 원칙으로 하고 예외적으로 제한 · 금지하는 품목만 정하는 협상 방식을 말한다. 세계무역기구보다 높은 수준의 개방이라 할 수 있다. 이와 반대로 시장을 개방하는 분야만 열거하는 포지티브 자유화 방식이 있다.

07 휴민트(HUMINT ; Human Intelligence)

사람을 뜻하는 '휴먼(Human)'과 정보 또는 지능을 의미하는 '인텔리전스(Intelligence)'의 혼성어로 인적 네트워크를 이용한 정보수집 방법과 그러한 방식으로 얻은 정보를 의미한다. 활용할 수 있는 인적 네트워크에는 외교관, 정치적 망명자 및 난민, 전쟁포로 등이 있다. 북한의 핵 · 미사일 위협이 급속히 커짐에 따라 2017년 주한미군은 휴민트 수집을 전담할 정보대대를 창설했다.

08 GATT(General Agreement on Tariffs and Trade)

세계무역기구(WTO) 체제 이전에 존재한 관세와 무역에 관한 일반 협정이다. GATT 국제협정은 '무조건 최혜국대우 공여원칙'에 의거하고 있다. 이는 다자 간 교역규범의 가장 중요한 원칙인 비차별성을 강조한 것으로 가장 혜택을 입는 국가에 적용되는 조건(즉, 가장 낮은 수준의 제한)이 모든 다른 국가에도 적용되어야 한다는 것을 의미한다.

> **상식 더하기 ◀ 최혜국대우**
>
> 한 나라가 어떤 외국에 부여하고 있는 가장 유리한 대우를 상대국에도 부여하는 일이다.

09 도하 개발어젠다(Doha Development Agenda)

2001년 11월 카타르의 도하에서 개최된 세계무역기구(WTO) 제4차 각료회의에서 합의되어 채택된 새로운 다자 간 무역협상이다. 농업과 비농산물, 서비스, 지적재산권 등의 다양한 분야를 포함한 무역 자유화와 개발도상국의 경제개발 지원에 초점을 맞추고 있다. 개도국의 개발에 중점을 두어야 한다는 의미에서 '개발'이란 이름이 붙었다. 2001년 출범될 당시에는 2005년 이전에 일괄타결하여 협상을 종료할 계획이었으나 농산물 무역에 대한 의견 대립, 공산품시장 개방에 대한 선진국과 개도국 간의 대립 등으로 인해 협상이 부진해졌다.

19

10 궈차오(國潮)

중국인들이 자국 제품을 애용하는 애국소비 성향을 말한다. 중국을 뜻하는 '궈(國)'와 유행을 뜻하는 '차오(潮)'의 합성어다. 중국의 MZ세대로 불리는 지우링허우(1990년대 출생)와 링링허우(2000년대 출생)를 중심으로 펼쳐지고 있다. 중국 제품의 품질이 개선되고 미국과 중국 간에 벌어진 무역분쟁 및 코로나19로 인해 위기의식이 커지며 중국인들의 애국주의 성향이 더 강해졌다.

11 신용평가

일반 투자가들은 주식·채권이 어떠한 위험도를 가지고 얼마만큼의 수익률을 제공하는지 증권발행사에 비해 정확한 정보를 가지기 어렵기 때문에 신용평가사들이 투자가들을 대신하여 여러 증권발행사들의 신용을 모니터링하는 서비스를 제공하고 있다. 이들은 증권발행기관을 직접 실사하면서 이들에 대한 신용을 지수로써 평가한다.

> **상식 더하기** 세계 3대 신용평가사
>
> • 피치(Fitch)
> • 무디스(Moody's)
> • 스탠더드 앤드 푸어스(S&P)

12 김치본드

'김치'와 '본드(Bond)'의 합성어로, 외국기업이 자금을 조달하기 위해 우리나라에서 달러나 유로화 등 외화로 발행하는 채권이다. 우리나라에 외화 유동성이 풍부할 때 외국기업이 그 외화를 빌려 쓰기 위해 발행하며 달러 유동성이 풍부해 조달금리가 원화보다 낮을 경우 발행수요가 많아진다. 외국기업이 국내에서 원화로 발행하는 아리랑본드와 대비된다.

> **상식 더하기** 아리랑본드
>
> 미국의 양키본드, 영국의 불독본드, 일본의 사무라이본드 등과 같이 외국인이 특정 국가의 채권시장에서 해당국의 통화로 발행하는 채권의 일종으로, 정부는 1999년 외환자유화 조치의 하나로 국내기업 해외 현지 법인의 아리랑본드 발행을 허용하였다.

13 수지상등의 원칙

보험료 계산원리 중 하나로 보험회사가 얻게 되는 장래의 전(全) 보험기간의 수입인 보험료 총액의 현가와 보험회사의 지출, 즉 보험사고 발생으로 보험회사가 지급해야 하는 보험금 및 보험회사 사업비 총액의 현가가 같게 되도록 한다는 원칙이다.

> **♥ 상식 더하기 ◀ 보험료 산정의 근거**
>
> 예정위험률, 예정이율, 예정사업비율

14 팩토링(Factoring)

기업들이 상거래 대가로 현금 대신 받은 매출채권을 신속히 현금화하여 기업활동을 돕자는 취지로 1920년대 미국에서 처음 도입되었다. 거래기업이 외상매출채권을 팩토링 회사에 양도하면 팩토링 회사는 거래기업을 대신해 채무자로부터 매출채권을 추심하고 관련된 채권의 관리 등을 할수 있는 권리를 인수하는 금융방식이다. 산업은행, 수출입은행을 제외한 모든 금융기관이 활발하게 취급하고 있다.

15 감자(減資)

주식회사가 자본금의 정리, 회사 분할·합병 등의 목적으로 자본금을 줄이는 것이다. 이는 주주의 이해관계에 변화를 초래하고 회사 채권자의 담보를 감소시키게 되므로 주주총회의 특별결의를 거쳐야 하고 채권자 보호절차를 밟아야 한다. 감자의 방법으로는 주식금액의 감소, 주식수의 감소 그리고 이 둘을 혼합한 형태로 구분된다.

19

16 가스라이팅(Gaslighting)

영국 연극 〈가스등(Gas Light)〉에서 유래한 것으로, 세뇌를 통해 정서적으로 학대한다는 의미의 심리학 용어다. '심리 지배'라고도 부른다. 타인의 심리나 상황을 교묘하게 조작해 그 사람이 스스로를 의심하게 만들어 자존감과 판단력을 약화시킴으로써 타인에 대한 지배력을 강화하는 행위를 뜻한다.

17 머피의 법칙(Murphy's Law)

미국의 항공 엔지니어 머피가 충격완화장치 실험이 실패로 끝나자 "잘못될 가능성이 있는 것은 항상 잘못된다"라고 언급하였다는 데서 유래했다. 이후 이것은 희망하지 않는 방향으로 일이 진행되는 상황을 표현하는 말이 되었다. 우리나라에서는 가수 'DJ DOC'의 노래 제목에 쓰이면서 유명해졌다. 이와 상반되는 의미로는 영화 〈해리와 샐리가 만났을 때〉의 극중 여주인공의 이름을 딴 '샐리의 법칙'이 있다.

> **♡₊ 상식 더하기** 샐리의 법칙
>
> 우연적으로 계속해서 자신에게 유리한 일만 일어나는 상황을 뜻하는 말

18 생디칼리즘(Syndicalism)

파업, 사보타주 등의 직접적인 행동을 통해 산업관리를 이행하고 사회 개조를 실현하려는 노동조합주의이다. 조합이 정당과 선거 등 정치적인 운동을 하는 것을 배척하고, 착취 없는 사회체제를 만들어야 한다는 사상이다. 19세기 후반부터 20세기 초반에 걸쳐서 일어난 노동조합주의의 하나이다.

19 와그너 법(Wagner Law)

뉴딜정책의 일환으로 제정된 미국의 노동조합보호법으로 근로자의 노동 3권을 부당하게 침해하는 행위를 금지하는 법이다. 당시 상원의원이었던 와그너가 제안하여 그의 이름을 붙였다. 이 법의 주요 내용은 노동3권 중 단결권과 단체교섭권을 보호하기 위해 부당노동행위제도와 교섭단위 제도를 도입하는 것 등이다. 이 법이 제정된 이후 미국의 노동운동이 획기적으로 발전했다는 평가를 받는다.

20 퍼스트펭귄(First Penguin)

안전이 보장되지 않는 불확실한 상황에서 가장 먼저 용기를 내는 선두주자를 말한다. 퍼스트펭귄이라는 용어는 펭귄의 습성을 보고 만들어졌다. 무리지어서 생활하는 펭귄은 먹이를 찾기 위해 바다에 뛰어 들어야 하는데 이때 가장 먼저 뛰어드는 펭귄을 따라서 나머지 펭귄들이 뛰어든다. 퍼스트펭귄이라는 용어를 가장 먼저 사용한 사람은 랜디 포시 카네기멜론대학 교수로 그의 저서 〈마지막 수업〉을 통해 세상에 널리 알려졌다. 신용보증기금은 퍼스트펭귄형 창업기업보증을 운영해 창업한 지 7년 내의 신생기업 중 미래 유니콘 기업으로 성장할 가능성이 있는 스타트업을 선정해 육성 및 지원해주고 있다.

19

21　뉴에이지음악(New Age Music)

'뉴에이지'는 종교적 개념에서 파생된 것으로 과학적 · 기계적인 기존의 서양적 방식을 배제하고 사회 · 문화 · 종교적으로 새로운 가치를 추구하는 문화운동이다. 뉴에이지음악 역시 이러한 문화운동을 반영한 것으로 고전음악부터 포크, 재즈 등 다양한 음악 장르를 포괄하여 탄생한 음악이다. 잔잔한 멜로디와 편안한 분위기가 특징이다. 이러한 이유에서 안정감이 필요한 요가나 명상음악으로 많이 사용되고 있다.

22　도슨트(Docent)

'가르치다'를 의미하는 라틴어 'Docere'에서 유래한 말로 전문지식을 갖춘 안내인을 지칭한다. 박물관이나 미술관에서는 특정 전시에 대해 전문지식을 갖춘 안내인인 도슨트가 관람객에게 작품 등을 설명하는 이벤트를 진행한다.

23　B급 광고

B급 문화는 비주류 문화를 통칭하는 표현이다. 과거에는 열악한 제작 환경과 적은 비용 등으로 인해 의도하지 않게 자극적인 소재, 황당하고 허술한 스토리라는 특징을 지녔던 이러한 문화가 오늘날에는 단순하고 파격적이면서도 기발한 스토리로 진화한 것이다. 이를 그대로 광고에 반영한 것이 B급 광고이다. 비주류였던 문화가 오히려 사람들의 이목을 끌면서 효과를 극대화하자 광고의 제작부터 B급 정서를 반영하는 사례가 증가하고 있다.

24 힌두교(Hinduism)

창시자, 교리, 의식의 통일성은 없지만 자연숭배의 다신교로 영혼 불멸과 윤회사상을 기본으로 한다. 인도 인구의 80% 이상이 힌두교도이며, 사회·관습·전통 등 모든 것을 포괄하는 인도문화의 총체이다. 오늘날의 힌두교에서 인도 전역에 걸쳐서 숭배되고 있는 신은 비슈누와 시바이다. 죽은 후에 시체를 갠지스 강가의 성지 베나레스에서 화장하는 것을 최대의 기쁨으로 생각하며 시바신이 타고 다닌다는 소를 신성하게 여겨 소고기를 먹지 않는다.

25 넷플릭스(Netflix)

세계 최대의 유료 동영상 스트리밍 서비스(OTT)이다. 한 달에 일정 금액을 지불하면 영화, TV 프로그램 등의 영상 콘텐츠를 무제한으로 볼 수 있다. 셋톱박스가 달린 TV로만 봐야 하는 케이블방송과 달리 윈도우 PC와 플레이스테이션3, 닌텐도 Wii, 애플TV, 아이패드, 아이폰 등 다양한 시청 환경을 지원한다. 또한 콘텐츠를 유통하는 플랫폼 서비스를 넘어 자체적으로 콘텐츠를 생산하기도 한다.

19

26 망 중립성(Network Neutrality)

인터넷 트래픽이 급증하더라도 모든 네트워크 사업자는 모든 콘텐츠를
동등하게 취급하고 어떤 차별도 하지 않아야 한다는 것이다. 비차별 · 상
호 접속 · 접근성이라는 세 가지 원칙이 동일하게 적용될 것을 조건으로
한다.

27 SSD(Solid State Disk)

낸드플래시메모리와 이를 제어하는 컨트롤러로 구성된 대용량 저장장치
이다. SSD는 하드디스크드라이브(HDD)에 비해 소비전력이 낮고 충격
에 강하며 읽기 · 쓰기 속도가 빠르다. 또한 기계적 지연이나 실패율이
적고, 발열 · 소음도 적으며, 소형화 · 경량화할 수 있는 장점이 있다.

28 픽셀(Pixel)

그림(Picture)과 원소(Element)의 혼성어로 우리말로는 화소(畵素)라고
한다. 디지털 이미지들을 크게 확대하면 작은 사각형들이 다닥다닥 붙어
있는 것처럼 보이는데 전체 이미지를 이루고 있는 가장 작은 네모 모양
의 단위가 픽셀이다. 픽셀의 수치가 높으면 높을수록 이미지가 깨끗하고
선명하며 해상도가 높다.

29 허니팟(Honey Pot)

컴퓨터 프로그램에 침입한 스팸과 컴퓨터 바이러스, 크래커를 탐지하는 가상 컴퓨터를 말한다. 침입자를 속이는 탐지기법으로 공격을 당하는 것처럼 보이게 하여 크래커를 추적하고 정보를 수집하는 역할을 한다. 허니팟은 유인하는 함정을 꿀단지에 비유한 것으로 침입자를 오래 머물게 하여 추적을 가능하게 하고 침입자의 공격을 능동적으로 대처할 수 있다는 장점을 가진다.

30 플러그 앤 플레이(PnP ; Plug and Play)

컴퓨터가 켜져 있을 때 마우스, USB 등 부가적인 기기를 연결해도 곧바로 실행이 되는 기능이다. 예를 들어 마우스를 뺐다가 다시 꽂아도 별다른 설정 없이 바로 실행이 되는 것도 플러그 앤 플레이가 작동하고 있기 때문이다. 컴퓨터 사용자가 직접 설정하지 않아도 운영체제가 자동으로 그 기능을 담당한다.

> **♥ 상식 더하기** 　운영체제
>
> 디스크, 메모리, 주변기기들의 입출력을 관장하는 등 컴퓨터의 전반적인 작업을 제어함으로써 효율성을 높이는 프로그램을 총칭한다.

19

Day 20

01 인 두비오 프로 레오(In Dubio Pro Leo)

'의심스러울 때는 피고인에게 유리하게 판결하라(무죄 추정의 원칙)'는 것으로, 형사법에서 피고에게 죄가 있다는 사실을 논증해야 할 의무는 원칙적으로 검사가 부담하도록 한다. 다시 말해 요증사실의 존재 유무에 대하여 증명이 불충분할 경우에 불이익을 받는 것은 결코 피고가 될 수 없으며 검사가 피고의 죄를 입증하지 못하는 한 모든 피고는 무죄이고, 피고 측에서 자신이 유죄가 아님을 증명할 의무는 없다는 것이다.

02 재판의 종류

- **민사재판** : 개인 간의 법률관계에서 생긴 분쟁에 대한 재판
- **형사재판** : 반사회적 범죄행위를 대상으로 하는 재판
- **행정재판** : 행정 법규의 적용이나 공법상의 법률관계에 관한 재판
- **선거재판** : 선거의 효력이나 당선의 유 · 무효에 관한 재판
- **군사재판** : 군인이나 군무원의 범죄를 다루는 재판

03 일사부재리의 원칙

어떤 사건에 대하여 유죄 또는 무죄의 실체적 판결 또는 면소의 판결이 확정된 경우 같은 사건에 대하여 다시 공소의 제기를 허용하지 않는다는 형사소송법상의 원칙이다. 로마시민법에서 인정되었고, 민사소송법에는 적용되지 않는다.

04 기판력

확정판결을 받은 사안에 대해 후에 다른 법원에 다시 제소되더라도 이전 판결과 모순되는 판단을 할 수 없도록 구속하는 소송법상의 효력을 말한다. 이전 재판의 내용과 다른 판단을 하게 되면 혼란을 가져오게 되고, 법원의 입장에서 보면 불필요한 절차를 거듭하게 되는 것이다. 당사자 또한 분쟁을 해결하지 못한다는 결과를 초래하므로 확정판결이 선고된 후에는 동일사건에 대해서 다시 제소할 수 없게 한 것이다.

05 알리바이(Alibi)

피고인이 범행 당시 범행현장이 아닌 다른 곳에 있었음을 증명하기 위해 제출하는 것으로, '현장부재증명'이라고도 한다. 피의자 또는 피고인이 범행 당시 범죄현장 이외의 장소에 있었음을 주장하여 범행과 관계없음을 증명해야 하며, 형사소송법상 검사가 입증책임을 지는 것이 원칙이다. 이는 피의자나 피고인이 자신의 무죄를 입증하기 위한 반증으로 보아야 한다.

20

> **♥ 상식 더하기** ◀ 입증책임
>
> 법원이 판결을 내리기 위한 판단을 함에 있어 불이익을 받게 될 당사자의 법적 지위를 말한다.

06　SOFA(Status Of Forces Agreement : 주한미군지위협정)

정식명칭은 '대한민국과 아메리카합중국 간의 상호방위조약 제4조에 의한 시설과 구역 및 대한민국에서의 군대의 지위에 관한 협정'이다. 휴전이 성립된 1953년 7월 이후에도 한미상호방위조약 제4조에 따라 미국 군대는 계속 주둔하게 되었고 미국 군대의 법적 지위에 관하여 한미 양국 간에 합의가 필요하게 되어 협정을 체결하였다.

> **❤️ 상식 더하기 ◀ 한미상호방위조약**
>
> 1953년 휴전협정 이후 한 · 미 양국이 체결한 상호방위조약으로 한반도에서 무력충돌이 발생할 경우 미국은 UN의 결정 없이 즉각 개입할 수 있도록 하였다.

07　한미안보협의회(SCM)

1968년부터 한반도 안보와 연합방위능력을 제고하기 위해 열리는 한미 국방각료급 연례회의를 말하며 영어로는 'Security Consultative Meeting'이라고 칭한다. 1968년 1월 21일 북한 특수부대원 31명이 청와대 기습을 시도하고 이틀 뒤 원산인근 공해상에 있던 미국 정보함 푸에블로호가 북한의 초계정과 미그기에 의해 납치되는 사건이 벌어지자 한미 양국은 국방장관 회담을 연례적으로 개최하기로 합의, 공식 대화채널을 가동했다. 1971년 서울회의부터 지금의 한미안보협의회(SCM)로 불렸다.

08 해방 이후 국제회담

회담	내용	대표국
카이로 선언(1943)	한국의 독립보장 선언	미·영·중
테헤란 회담(1943)	연합국 상륙작전	미·영·소
얄타 회담(1945)	38도선의 설정	미·영·소
포츠담 선언(1945)	카이로 선언 재확인	미·영·중·소
모스크바 3상회의(1945)	한반도 5년간 신탁통치 합의	미·영·소
미·소 공동위원회(1946)	신탁통치협약 작성을 위한 위원회, 한국 통일문제 토의	미·소

09 태평양전쟁

2차 세계대전 중 아시아 지역에서 일본과 미국을 주축으로 하는 연합국 사이에 벌어졌던 전쟁을 말한다. 일본은 이 전쟁을 '대동아전쟁'이라고 불렀다. 1941년 12월 8일, 일본이 하와이 진주만을 공격하여 시작한 이 전쟁은 1942년 6월의 미드웨이 해전에서 미국이 승세를 잡은 뒤 1945년 8월, 미국이 히로시마와 나가사키에 원자폭탄을 투하함으로써 일본이 항복하면서 종결되었다.

10 천안문 사태

1989년 중국 정부가 민주화를 요구하던 학생·시민들을 무력으로 진압한 사건이다. 급진개혁주의자였던 후야오방의 사망을 계기로 정치개혁에 대한 요구가 확산되면서 1989년 전국의 대학생들과 시민 중심의 민주화 운동으로 전개되었다. 이에 당시 중국의 국무원 총리 리펑은 베이징에 계엄령을 선포하고 천안문 광장에서 시위 군중을 무력으로 진압하여 15,000명 이상의 사상자가 발생했다.

11 리베이트(Rebate)

환급액 또는 감액이라고도 하며 제조업체가 거래처에 영업이윤을 배분함
으로써 판로를 유지하기 위한 목적에서 발생한 것으로, 상거래에서 오랫
동안 인정되어온 일종의 거래관행이다. 그 정도가 지나치지 않고 적정할
경우에는 일종의 적법한 경품 제공의 성격을 지니고 있다.

> **💚 상식 더하기 ◁ 쌍벌제**
>
> 리베이트로 인한 비용이 약값에 반영돼 국민들이 부담을 안게 되자 도입
> 한 제도로, 리베이트를 제공한 사람은 물론 받은 의료인도 처벌받는다. 판
> 매 촉진을 목적으로 금전, 물품 등의 리베이트를 제공한 사람은 경제적 이
> 득을 전액 몰수당하며 2년 이하의 징역이나 3,000만원 이하의 벌금 또는
> 과징금 없이 1년 이내의 자격정지 처벌을 받게 된다.

12 뱅크 런 도미노(Bank Run Domino)

'뱅크 런(Bank Run)'이란 예금주들이 은행을 신뢰하지 못하게 되어 예금
을 인출하러 은행에 뛰어가는 현상을 말한다. 유로존의 여러 나라들과 같
이 경제적으로 매우 밀접한 관계에 있는 경우 뱅크 런 현상이 인접국으로
확산될 가능성이 훨씬 커지게 되는데, 이를 뱅크 런 도미노라고 한다.

13 트리거 조항(Trigger Clause)

상대방이 어떤 행동을 하면 그에 해당하는 제재가 자동적으로 가해지는
일종의 자동개입 조항을 말한다. 금융기관의 경우 채권자가 이자를 내지
못하는 채무자로부터 빌려준 대출금을 만기 전에 회수할 수 있는 권리이
다. 법인의 신용등급이 몇 등급 이상 떨어지면 자동으로 회사채 발행에
제한이 가해지기도 한다.

14 프로젝트 파이낸싱(PF ; Project Financing)

특수목적회사가 프로젝트의 사업성을 담보로 일반은행, 자본주로부터 사업 자금을 모집하고 사업 종료 후 일정 기간에 발생하는 수익을 지분율에 따라 투자자들에게 나눠주는 금융기법이다. 일반적으로 토지, 건물 등을 담보로 돈을 빌리는 기업금융과 달리 사업의 미래 수익성이나 사업 주체의 신뢰도만을 믿고 대규모 자금을 금융기관의 협조융자 형태로 모을 수 있는 것이 특징이다.

15 네 마녀의 날(Quadruple Witching Day)

매년 3, 6, 9, 12월 둘째 주 목요일은 주가지수 선물과 옵션, 개별주식 선물과 옵션의 네 가지 상품의 만기일이 겹쳐 '네 마녀의 날'로 불린다. 해당 일에는 막판에 주가가 요동칠 때가 많아서 '마녀(파생상품)가 심술을 부린다'는 의미로 이 용어가 만들어졌다. 이날에는 파생상품과 관련하여 숨어있었던 현물주식 매매가 정리매물로 시장에 쏟아져 나오며, 예상하기 어려운 주가의 움직임을 보인다.

Step 4   사회 · 노동 · 환경

16 뉴리치 현상(New Rich Phenomenon)

20

상대적으로 수입이 적은 중 · 하류층에 속하지만 스스로 중산층에 속한다고 믿는 현상이다. 상대적인 빈곤을 느끼기보다 스스로의 생활에 만족하며 살아간다. 이와 반대로 경제적 능력은 중류층에 속하면서도 스스로 빈곤하다고 여기는 현상을 '뉴푸어(New Poor) 현상'이라 한다.

17 카스트 제도

인도 특유의 세습적 신분제를 말한다. 4가지 계급이 피라미드형의 구조를 형성하고 있다.
- **브라만** : 가장 높은 승려 계급
- **크샤트리아** : 왕 · 무사 · 귀족 등 제2의 계급
- **바이샤** : 상인 · 농민 등 평민 계급
- **수드라** : 가장 낮은 지위의 노예 계급

18 빌런(Villain)

고대 로마의 농장 빌라(Villa)에서 일하던 농민을 가리키는 '발라누스(Villanus)'에 어원을 두고 있으며 영화, 드라마, 연극, 소설 등에 등장하는 악당(惡黨)을 뜻한다. 원래는 마블코믹스, DC코믹스 등의 만화를 원작으로 하는 히어로물에 등장하는 악당들을 지칭하는 말로 주로 쓰였다. 배트맨의 영원한 숙적인 조커, 아이언맨 · 스파이더맨과 대결하는 타노스 등이 대표적이다. 최근에는 더 많은 창작물에서 단순 악행을 넘어 해괴한 짓을 하거나 쓸데없는 일에 집착하는 이들을 가리키는 용어로 범위가 확장됐다.

19 생물권보전지역

생물다양성의 보전과 지속가능한 이용을 조화시키기 위해 유네스코가 지정하는 지역을 말한다. 생물권보전지역은 지정되기 위한 조건을 갖춘 지역 중에서 관련 국가의 MAB위원회의 요청에 따라 국제조정이사회(MABICC)가 지정한다. 생물권보전지역으로 지정되면 해당지역은 핵심지역, 완충지역, 전이지역의 3개 구획으로 구분되어 체계적으로 관리된다.

> **♡ 상식 더하기** ◁ MAB(Man and the Biosphere Programme)
> 2010년 6월 2일 개최된 유네스코 인간과 생물권 계획

20 민주화운동

4 · 19 혁명	• 1960년 이승만 중심의 자유당 정권이 부정선거를 자행하자 이에 항의하는 학생과 시민들의 시위에서 비롯된 혁명 • 3 · 15 투표 당일 부정선거 규탄 시위로 시작됐고, 4월 19일 학생들의 주도하에 대규모 시위가 이어짐 • 결국 이승만은 대통령직을 사임했고 자유당 정권은 붕괴됨
5 · 18 민주화운동	• 전두환 중심의 신군부 세력이 12 · 12 사태를 일으켜 정치권을 장악한 후 비상계엄령을 선포하자 1980년 대규모 민주항쟁 발생 • 5월 18일 광주광역시에서 무자비한 학살이 벌어지고 많은 시민들이 희생됨 • 이후 광주 희생자에 대한 보상 및 책임자에 대한 처벌이 이어짐
6월 항쟁	• 1987년 1월 박종철 고문치사 사건과 6월 9일 연세대생 이한열의 머리에 최루탄 파편이 박히는 등의 사고가 일어나자 분노한 민심이 전국적 규모의 민주화 투쟁으로 이어짐 • 여당과 정부 측이 직선제 개헌을 받아들이는 노태우 민정당 대표위원의 '6 · 29 선언'으로 이어지고 민주화운동도 소강

21 스푸마토(Sfumato)

안개처럼 색을 미묘하게 변화시켜 윤곽선을 자연스럽게 번지듯 그리는 명암법이다. '연기'라는 의미를 가진 이탈리아어 '스푸마레(Sfumare)'에서 나온 말로 색을 미묘하게 연속적으로 변화시켜 형태의 윤곽선을 번지듯 하여 차차 없어지게 하는 방식을 나타낸다. 15세기 초 레오나르도 다빈치에 의해 처음 도입된 방법으로 그의 작품 〈모나리자〉에서 두드러지게 나타난다.

22 아상블라주(Assemblage)

일상품을 한데 모아 구성한 미술품이다. 밧줄이나 신문지 조각과 같은 비예술적 물건이 전체 작품과 관련하여 미학적 · 상징적 의미를 갖기도 하지만 원래의 의미를 계속 지니기도 한다. 1950년대에 장 뒤뷔페가 만들어낸 이 용어는 평면 구조물과 3차원 구조물 모두를 가리킨다.

23 종묘제례

조선시대 역대 왕과 왕비의 신위를 모셔놓은 사당에서 지내는 제사이다. 정시제와 임시제로 나뉘는데, 정시제는 1 · 4 · 7 · 10월에 지냈고 임시제는 나라에 좋은 일이나 나쁜 일이 생겼을 때 지냈다. 현재는 5월 첫 일요일에 한 번 지낸다. 중요무형문화재 제56호이자 유네스코 세계무형유산 중 하나이다.

24 뉴미디어(New Media)

전자통신기술의 발달로 새롭게 등장한 미디어이다. 신문, TV, 라디오 등 기존의 미디어에 새롭게 등장한 기술을 결합시켜 진보된 기능을 갖게 된 미디어를 말한다. 디지털화 · 미디어의 종합화 · 영상화 · 쌍방향성 · 비동시성을 갖는다.

25 컨서베이터(Conservator)

문화재의 조건이나 재료를 평가하고 훼손을 방지하며 보존을 위해 수리까지 할 수 있도록 훈련을 받은 전문가를 말한다. 대부분 문화재 복원가이며 훼손된 작품을 최대한 미학적 · 역사적 완전성을 유지시키면서 원상태로 회복시키려 노력하는 사람이다.

26 데이터 마이닝(Data Mining)

대규모의 데이터베이스로부터 유용한 상관관계를 발견하고, 미래에 실행 가능한 정보를 추출하여 중요한 의사결정에 활용하는 과정이다. 기업이 보유하고 있는 대규모의 데이터 속에서 정보의 연관성을 파악하고 새로운 규칙 등을 발견함으로써 중요한 의사결정을 위한 정보로 활용해 이익을 극대화한다. 즉, 기존에 축적된 다양한 데이터에서 기업의 경쟁력을 높일 수 있는 유용한 정보를 찾아내는 작업이다.

27 제5세대 컴퓨터

지금까지의 컴퓨터는 인간이 데이터를 입력해 명령을 하면 그 기능을 처리하는 데 그쳤지만 제5세대 컴퓨터는 인공지능 기능이 있어서 스스로 판단하고 적합하게 명령을 처리할 수 있어 자가학습, 자동번역, 패턴인식 등의 분야까지 응용할 수 있다.

28 90 : 9 : 1 법칙

덴마크의 인터넷 전문가인 제이콥 닐슨(Jakob Nielsen)의 이론으로, '인터넷 이용자의 90%는 그저 보기만 하고, 9%는 재전송 또는 댓글로 확산에 기여하며, 1%만이 콘텐츠를 창출한다'는 내용이다. 그는 흔히 인터넷 사용이 일반화될수록 쌍방향 소통이 활발해질 것이라고 예상하지만 이와 달리 참여불균등이 심해질 수 있다고 지적했다. SNS와 스마트폰 사용이 일반화되면서 영향력 있는 소수의 의견이 다수인 것처럼 확산돼 여론이 한 방향으로 치우치는 현상 등이 이와 관련된다.

20

29 사이버스쿼팅(Cybersquatting)

도메인 네임은 전 세계적으로 단 하나만 존재해야 하기 때문에 먼저 등록하는 사람이 그 도메인 네임을 선점하면 이후에 다른 사람이 같은 도메인 네임을 원하더라도 사용이 불가능하다. 최초 등록자가 취소 또는 허락해야만 사용할 수 있기 때문에 이를 악용해서 유명인, 유명단체의 이름으로 도메인 네임을 마구잡이로 선점해 필요한 사람이나 단체가 나타났을 때 비싼 값에 되팔아 이익을 챙기는 불법적인 행위가 나타나는데, 이를 사이버스쿼팅이라 한다. 현재 우리나라는 '인터넷주소자원에 관한 법률'을 제정해 사이버스쿼팅 행위를 금지하고 있다.

30 쿠키(Cookies)

PC 사용자의 인터넷 웹사이트 방문 기록이 저장되는 파일을 말한다. 쿠키에는 PC 사용자의 ID와 비밀번호, 방문한 사이트 정보 등이 담겨 하드디스크에 저장된다. 이용자들의 홈페이지 접속을 도우려는 목적에서 만들어졌기 때문에 해당사이트를 한번 방문하고 난 이후에 다시 방문했을 때에는 별다른 절차를 거치지 않고 빠르게 접속할 수 있다는 장점이 있다. 하지만 개인정보 유출, 사생활 침해 등 개인정보가 위협받을 수 있다는 점에서 우려된다.

정치 · 법률

01 사전투표제

선거 당일 투표를 할 수 없는 유권자가 미리 설치된 투표소에서 투표하는 제도이다. 2013년 재 · 보궐선거에서 처음 도입되어 투표 참여율을 높이는 데 기여하고 있다. 부재자 신고 없이 간단한 신분 확인을 거쳐 미리 설치된 투표소에 가서 투표할 수 있다. 유권자는 자신의 선거구뿐만 아니라 다른 지역의 투표소에서도 투표를 할 수 있어 편리하다.

02 소프트 파워(Soft Power)

하버드대학교 케네디 스쿨의 조지프 나이(Joseph S. Nye) 교수가 처음 사용한 용어로 정치 · 외교 · 경제 · 사회학 등에서 광범위하게 사용되고 있다. 군사력이나 경제제재 등 물리적으로 표현되는 힘인 하드 파워에 대응하는 개념으로 학문 · 예술 · 교육 등의 문화적 가치로부터 창출된 능력 등을 의미한다. 군사력에 의존했던 몽골이 피정복문화에 동화된 것 등이 그 예이다. 정치학자들은 한 나라가 보유한 국력을 하드 파워와 소프트 파워로 나누기도 한다.

21

03 백서(White Paper)

정부가 국정운영에 대한 내용을 국민에게 알리는 보고서이다. 영국 정부가 의회에 제출하는 보고서의 표지가 흰색인 데서 비롯된 속칭이다. 이런 관습을 각국이 모방하여 공식 문서의 명칭으로 삼고 있다.

04 백색테러(White Terror)

행위주체가 극우 내지 우파인 경우 좌익에 의한 적색테러(Red Terror)와 구별하기 위해 사용하고 있다. 역사적으로 프랑스 혁명 중인 1795년 혁명파에 대한 왕당파의 보복이 그 시작이며 미국의 악명 높은 인종차별 테러단체인 KKK단이 현대의 대표적인 백색테러단체이다.

> **상식 더하기** KKK단(Ku Klux Klan)
>
> 남북전쟁 후 생겨난 극우비밀조직으로, 백인 지배원리를 내세우는 인종차별주의적 조직이다. 주로 흑인들의 정치활동을 막기 위한 목적이었지만 반유대인, 반 가톨릭 등으로 활동 범위를 넓혀나갔다.

05 삼권분립(三權分立)

존 로크가 처음 주장한 이론에서 비롯했다. 국가권력의 집중과 남용을 막기 위해 입법, 행정, 사법으로 분리하여 이를 각각 국회, 정부, 법원이 맡음으로써 상호 간 견제를 통해 국민의 자유를 보장하려는 제도이다.

06　카운터파트(Counterpart)

사전적으로는 다른 장소나 상황에서 어떤 사람 · 사물과 동일한 지위나 기능을 갖는 상대, 즉 서로 비슷한 사람 혹은 사물을 뜻한다. 대개 현실에서는 협상이나 대화의 상대방을 가리키는 용어로 쓰인다. 다만 그냥 상대방이라기보다 사전적 의미처럼 지위와 계급, 신분이 비슷한 '격(格)에 맞는' 인사를 나타내는 의미로 주로 활용된다. 특히 정치와 외교 분야에서 자주 거론되는데, 실무 협상 차원에서 직접 만나 업무상 대화를 나눌 수 있는 비슷한 직급의 당사자로 볼 수 있다.

07　미국 대폭발테러사건(9·11 테러)

2001년 9월 11일에 일어난 미국 뉴욕의 세계무역센터 빌딩과 워싱턴의 국방부 건물에 대한 동시다발적인 항공기 자살테러사건을 말한다. 이슬람 테러단체는 4대의 민간 항공기를 납치하여 일부는 110층 건물인 세계무역센터 빌딩에 충돌시켰고, 일부는 국방부 건물과 충돌시켰다. 이로 인해 세계무역센터는 붕괴됐고 비행기에 타고 있던 세계 각국의 승객이 전원 사망했다. 워싱턴 국방부 청사에서도 사망자 및 실종자가 100명이 넘었고, 세계무역센터에 있던 민간인 2,500~3,000명이 사망 또는 실종되었다. 3,000명이 넘는 무고한 희생자가 발생했을 뿐만 아니라 경제적 피해 역시 만만치 않았다. 테러 이후 미국을 비롯한 세계 각국은 분노와 슬픔에 잠겼으며 당시 부시 미국 대통령은 '테러와의 전쟁'을 선포하고 아프가니스탄의 카불 공항과 탈레반 국방부 등에 토마호크 미사일을 발사하였다.

21

08 동북공정

2002년부터 시작된 중국 정부의 국책사업으로, 중국의 국경 안에서 전
개된 모든 역사를 중국의 역사에 편입하겠다는 목적을 가진 연구 프로젝
트이다. 이에 고구려와 발해 등 한반도의 역사를 중국의 역사에 편입시
키는 역사 왜곡을 자행했다. 이에 대해 우리나라도 2004년에 고구려연
구재단을 발족한 뒤 2006년 9월 동북아역사재단이 이를 흡수 · 통합하는
등 체계적인 대처에 나섰다.

> **♥ 상식 더하기 ◀ 동북아역사재단**
>
> 정부가 일본, 중국 등 주변국들의 역사 왜곡, 영유권 주장 등에 대응하기
> 위해 2006년 9월 28일에 설립한 교육과학기술부 산하 기타 공공기관이다.

09 탈레반(Taliban)

'구도자, 학생' 등을 의미하는 탈레반은 1994년 결성된 무장세력으로, 이
슬람 이상국가 건설을 목표로 무장투쟁을 벌이며 1996년 아프가니스탄
전 국토의 95%를 장악해 실질적인 지배세력이 됐다. 엄격한 이슬람 율
법 통치를 강행해 텔레비전 시청 금지, 여학교 폐쇄, 가혹한 이슬람식 처
벌 부활, 여성 · 아동 학대, 세계문화유산인 바미얀 석불 파괴 등을 자행
해 국제사회의 비난을 받았다. 2001년 발생한 미국 9 · 11 테러사건의 배
후자로 지목된 오사마 빈 라덴의 신병 인도를 거부하면서 아프가니스탄
전쟁이 일어났고, 2001년 11월 탈레반 정권은 무너지게 되었다. 그러다
2021년 4월 조 바이든 미국 대통령이 아프가니스탄 내 미군 철수를 결정
하면서 탈레반은 미군 철수가 진행된 2021년 5월부터 아프가니스탄 지
역을 순차적으로 점령하기 시작했고 8월 15일에는 수도 카불에 입성했
다. 탈레반은 아프가니스탄을 장악한 뒤 공식 정부로 인정받고자 했지만
국제사회에서는 탈레반을 공식 정부로 인정하고 있지 않다. 탈레반 재집
권 이후 아프가니스탄은 테러 위협과 인권탄압 문제뿐만 아니라 물가 상
승, 실업 폭증, 기근 등으로 인해 경제질서 붕괴에도 직면해 있다.

10 3중 전회

중국 공산당의 '중앙위원회 3차 전체회의'의 줄임말이다. 중국 공산당 전국대표대회는 5년마다 당 대표 약 2,270명을 선출하여 개최하는 회의이다. 그리고 여기서 중국의 실질적인 최고결정기구인 공산당 중앙위원회를 뽑는다. 중앙위원회는 1년에 1~2회 전체회의를 여는데, 이 회의에서 중국 경제와 관련된 주요 정책들의 방향이 결정되기 때문에 관심이 집중된다.

Step 3 경제 · 경영

11 스프레드(Spread, 가산금리)

채권이나 대출금리를 정할 때 신용도를 고려하여 기준금리에 덧붙이는 가중금리이다. 국제금융거래의 기준이 되는 런던은행 간 금리(리보)와 실제 시장금리와의 차이로 산정한다.

12 핫머니(Hot Money, 국제투기자본)

국제정세의 급변, 사회 · 정치적 불안, 환율 변동 등이 예상되는 경우 단기간의 금리차익을 노리는 국제 금융시장의 유동성 단기자금을 말한다. 이런 자금은 단기간에 대량으로 이루어지는 특징이 있다. 대량의 자금이 단기간에 유 · 출입될 경우 자금 유출국에는 국제수지의 악화, 환율의 하락, 통화불안 증대 등의 영향을 미치고 자금 유입국에는 과잉 유동성으로 인한 인플레이션 압력 등의 영향을 미친다.

21

13 소비절벽

경기불황이 이어지면서 소비자들의 불안심리가 커져 소비가 급격하게 줄어드는 현상을 말한다. 30~50대 주력 소비계층이 미래에 대비하기 위해 소비를 줄이는 대신 저축 등을 하면서 나타난다. 이렇게 주력 소비계층이 지갑을 열지 않게 되면서 전체 소비가 감소하고 그로 인해 경제는 더욱 침체되는 결과로 이어진다.

> **상식 더하기 ◁ 보복소비**
>
> 소비자가 과소비를 통해 억눌러 있던 소비욕구를 해소하는 것을 말한다. 코로나19로 인해 해외여행을 취소하거나 결혼을 축소하는 등 거액을 쓸 일이 줄어들자 명품과 같은 고가제품 판매량이 증가세를 보인 것이 대표적인 보복소비 사례다.

14 듀레이션(Duration)

채권의 투자시점으로부터 만기까지 발생하는 각 현금흐름(총 현금 수입)의 현재가치 합계를 각 현금흐름이 발생하는 시점까지의 기간에 따라 가중 평균한 상환기간을 의미한다. 이는 채권에 투자된 원금의 평균 회수기간이라고 할 수 있으며 1938년 매컬리(F. R. Macaulay)에 의해 체계화되었다. 듀레이션은 채권만기, 채권의 액면이자율(표면이자율), 시장이자율(할인율)이라는 세 가지 요인에 의해서 결정된다.

15 근저당

계속적인 거래관계로부터 발생하는 다수의 채권을 담보하기 위하여 담보물이 부담해야 할 최고액을 정하여 두고 장래 결산기에 확정하는 채권을 그 범위 안에서 담보하는 저당권이다. 미래 채권의 담보이지만 특정 채권을 담보하는 것이 아니라 변동성이 있는 불특정 채권을 최고한도 내에서 담보하는 것이다.

16 블레임룩(Blame Look)

'비난하다'의 뜻인 블레임(Blame)과 '외관, 스타일'을 일컫는 '룩(Look)'
의 합성어로 사회적으로 문제를 일으킨 사람들의 패션, 액세서리 등이
이슈가 되거나 유행하는 현상을 말한다. 즉, 사회적 물의를 일으킨 사건
의 본질을 밝히는 데 주목하기보다 사회적 물의를 일으킨 사람들에 집중
하게 되면서 그들이 착용한 옷이나 물건 등에 더 주목하는 것이다.

17 앳킨슨 지수(Atkinson Index)

평가자의 주관적 가치판단을 고려하여 소득분배의 불평등 정도를 나타내
는 수치로 소득분배가 불평등하다고 여길수록 지수가 커진다. 즉, 균등
분배를 전제로 했을 때 지금의 사회후생 수준을 가져다줄 수 있는 평균
소득이 얼마인가를 주관적으로 판단하고 그것과 한 나라의 1인당 평균소
득을 비교하여 그 비율을 따져보는 것이다.

18 세계 물포럼(World Water Forum)

1997년부터 개최된 포럼으로 190여 개국에서 약 3만명 이상이 참여하
는 대규모 대회이다. 3년 간격으로 열리며, 세계 물의 날(World Water
Day)인 3월 22일을 기준으로 일주일 동안 진행된다. 세계 각국의 정
부 · 전문기관 · 시민단체 · 국제기구 등이 참여하며 수질관리 및 수재해
등 각종 물 문제에 대한 공통의 해결방안을 모색한다. 2015년 제7회 세
계 물포럼이 우리나라 대구에서 개최되기도 했다.

21

19 생태학적 난민(生態學的難民, Ecological Refugee)

환경파괴로 인해 생태적 환경에 변화가 나타남에 따라 굶주리고 삶의 터전을 잃게 되는 사람들을 말한다. 1990년대 이후 세계 곳곳에서 기상이변이 빈번하게 일어나 매년 수만명이 목숨을 잃거나 수십만명의 생태학적 난민이 발생하고 있다.

20 드레드 헤어(Dread Hair)

일반적으로 '드레드락(Dreadlocks)'이라고 하며 긴 머리를 여러 갈래로 땋거나 뭉쳐 늘어뜨리는 헤어스타일을 말한다. 앞머리를 내리지 않고 올백풍으로 빗어 넘기는 것이 특징이다. 1950년대 자메이카의 가난한 흑인들 사이에서 일어난 라스타파리안 운동과 함께 영어문화권에 흡수됐다. 라스타파리안은 1930년대 자메이카에서 시작된 정치·종교적 운동이다. 이 운동은 영국 식민지배에 맞서 확산했다. 레게 머리라고도 부르는 이러한 스타일의 머리모양은 드레드락이라는 용어가 만들어지기 전부터 유행했다.

Step 5 문화 · 미디어

21 아르데코(Art Deco)

1925년 파리에서 개최된 '현대 장식미술·산업미술 국제전'에서 유래해 붙여진 이름으로, 1920~1930년대 파리 중심의 장식미술의 한 형태를 말한다. 기본적인 형태가 반복되거나 동심원·지그재그 무늬 등 기하학적인 형태와 강렬한 색조를 표현한다는 특징이 있다. 국가나 작가별로 디자인은 제각각이지만 대표적인 배색은 녹색, 회색, 검정색의 조합이다.

22 아르누보(Art Nouveau)

'새로운 예술'이라는 의미를 가진 단어로 19세기 말~20세기 초에 걸쳐 서유럽을 비롯하여 미국에까지 넓게 퍼졌던 장식미술을 말한다. 그 명칭은 1895년 파리의 '메종 드 아르누보(Maison de l'Art Nouveau, House of New Art)'라는 화랑 이름에서 유래한 것이다. 유럽의 전통 예술양식에 반박하는 당시 미술계의 풍조를 반영하여 과거의 것에서 탈피하여 새로운 양식을 창출하고자 하는 운동으로 나타났다. 우아한 곡선을 사용하고, 소재로 꽃을 많이 사용한다는 특징이 있다.

23 가톨릭교(Catholicism) = 천주교(天主教)

고대 그리스어인 '카톨리코스(Katholikos, 모든 곳에 있는 · 보편적)'에서 유래했으며 하나이고 거룩하며, 사도로부터 이어져 내려오는 보편적인 교회를 의미한다. 그리스의 정통 교의(教義)를 믿으며 우리나라와 중국, 일본 등지에서는 구교(舊教) 또는 천주교라고 한다. 주요 4대 교리는 천주존재(天主存在), 강생구속(降生救贖), 삼위일체(三位一體), 상선벌악(賞善罰惡)이다.

24 그리스도교(Christianity) = 기독교(基督教)

'크리스티아노스(Christianos, 그리스도를 따르는 사람)'라는 그리스어에서 유래하였으며, 예수를 하나님의 아들이며 인류의 구원자로 믿는 것을 근본교의로 삼는다. 그리스도교는 역사적 변천을 겪는 동안 크게 로마가톨릭교회와 그리스정교회(동방정교회)로 나뉘었고, 16세기 종교개혁으로 로마가톨릭교는 구교(천주교)와 신교(프로테스탄트교회)로 나뉘었다. 그리스도교는 가톨릭교와 개신교, 그리스정교 등을 모두 포함하는 개념이다.

21

25 개신교(改新敎) = 프로테스탄트(Protestant)

종교개혁은 마르틴 루터를 시작으로 츠빙글리, 칼뱅 등이 부패한 가톨릭에 대항하여 일으켰으며 '프로테스탄트'는 1529년 열린 독일 스파이어 회의 판결에서 로마가톨릭 세력에 저항(Protestatio)한 데서 유래했다. 주요 교파로는 장로교, 침례교, 감리교, 성결교, 순복음교회 등이 있다.

26 코딩(Coding)

컴퓨터 프로그래밍을 의미하는 것으로 C언어, 자바, 파이썬 등 컴퓨터 언어로 프로그램을 만드는 것이다. 코딩이 중요시되는 이유는 인공지능, 사물인터넷, 빅데이터 분석 및 활용 등 4차 산업혁명시대의 핵심 키워드 모두가 정보통신기술(ICT)을 바탕으로 한 소프트웨어를 통해 구현되기 때문이다. 이러한 이유에서 영국, 일본 등은 코딩을 정규 교육과정에 편입시켜 교육한다. 우리나라에서도 2018년부터 초·중·고등학교에서의 코딩교육이 의무화되었다.

27 아라온호

국내에서 처음으로 선보인 쇄빙선이다. 바다를 의미하는 순우리말 '아라'와 '모두'라는 뜻의 '온'을 합하여 모든 바다를 누비라는 의미로 명칭을 붙였다. 제2남극대륙기지 추진 등 본격적인 극지방 탐사를 위해 2009년에 첫 항해를 시작했다. 일반연구선이 접근하지 못하던 해역을 누비며 해양생물과 기후변화 등에 대한 연구를 맡고 있다.

28 온누리호

1992년 건조(建造)되어 국제적으로 인정받은 종합해양조사선이다. '온누리'는 온 세상을 뜻하는 순우리말로 모든 바다를 누비라는 의미이다. 온누리호는 태평양 심해의 광물자원 탐사와 극지방 해역조사 등에 참여했다.

29 큐리오시티(Curiosity)

NASA의 4번째 화성탐사선으로 높이 213m, 무게 약 900kg의 대형 탐사선이다. 2012년 8월 화성표면에 안전하게 착륙했으며 2년 동안 화성 적도지역을 돌아다니면서 생명체의 흔적을 조사했다. 현재까지도 계속적으로 과거 생명체의 흔적을 찾고 인간의 거주 가능성을 점검 중에 있다. 수십만장의 이미지를 지구로 전송하고, 화성의 지표면을 뚫어 토양 샘플을 모아 이를 분석하기도 했다. 나사는 큐리오시티의 임무가 종료된 후에도 화성을 계속적으로 탐사하기 위해 2020년 7월 30일 새로운 화성 탐사 로버 퍼서비어런스(Perseverance)를 아틀라스V 로켓에 탑재해 발사했다. 퍼서비어런스는 2021년 2월 18일 화성 궤도에 진입해 예제로 크레이터에 착륙한 이후 화성에서 토양 및 암석 표본을 채취하여 지구로 보내는 임무를 수행하고 있다.

30 베가 1호

1984년에 발사됐으며 구소련에서 발사한 우주탐색선이나 미국, 일본, 프랑스, 독일 등이 공동으로 참여한 국제적인 탐색선이기도 하다. 1986년에는 핼리혜성에 접근하여 최초로 혜성의 핵을 비롯하여 주위의 먼지층에 관한 천연색 영상을 관측하였고, 영상을 지구로 전송했다.

21

정치 · 법률

01   즉결심판(即決審判)

죄질이 경미한 범죄사건을 신속 · 적정한 절차로 심판하기 위하여 정식 형사소송절차 없이 '즉결심판에 관한 절차법'에 따라 경찰서장의 청구로 판사가 처벌하는 약식재판이다. 지방법원, 지원 또는 시 · 군법원의 판사는 즉결심판절차에 의하여 피고인에게 20만원 이하의 벌금, 구류 또는 과료에 처할 수 있다. 벌금 또는 과료를 선고하는 경우에는 피고인이 출석하지 아니하더라도 심판할 수 있다.

> 💚 **상식 더하기**   구류와 과료
>
> • **구류** : 1일 이상 30일 미만의 기간 동안 수형자를 교도소에 구치하는 형벌
> • **과료** : 범인으로부터 일정한 재산을 납부하게 하는 형벌

02   대통령기록물

대통령('대한민국 헌법'에 따른 대통령 권한대행과 '대한민국 헌법' 및 '공직선거법'에 따른 대통령 당선인을 포함)의 직무수행과 관련하여 대통령, 대통령의 보좌기관 · 자문기관 및 경호업무를 수행하는 기관, '대통령직 인수에 관한 법률'에 따른 대통령직 인수기관이 생산 · 접수하여 보유하고 있는 기록물 및 물품을 말한다. '공공기록물관리법'에 따른 중앙기록물관리기관의 장은 대통령기록물을 철저하게 수집 · 관리하고, 충분히 공개 · 활용될 수 있도록 하여야 한다.

03 공무원의 의무

- **성실 의무** : 모든 공무원은 법령을 준수하며 직무를 성실히 수행하여야 한다.
- **복종 의무** : 직무를 수행함에 있어서 소속 상관의 직무상 명령에 복종하여야 한다.
- **친절공정 의무** : 국민과 주민 전체의 봉사자로서 친절 · 공정하게 집무하여야 한다.
- **비밀엄수 의무** : 재직 중은 물론 퇴직 후에도 직무상 알게 된 비밀을 엄수하여야 한다.
- **청렴 의무** : 공무원은 직무와 관련하여 직접 또는 간접을 불문하고 사례 · 증여 또는 향응을 수수할 수 없으며, 직무상의 관계여하를 불문하고 그 소속 상관에게 증여하거나 소속 공무원으로부터 증여를 받아서는 아니 된다.
- **품위유지 의무** : 공무원은 직무의 내외를 불문하고 그 품위를 손상하는 행위를 하여서는 아니 된다.

04 고소(告訴)

범죄의 피해자, 법정대리인 또는 그와 일정한 관계가 있는 고소권자가 수사기관에 범죄사실을 신고하여 범인의 소추를 요구하는 의사표시이다. 수사의 단서가 될 뿐만 아니라 친고죄에 있어서는 소송조건이 된다. 고소권자는 피해자의 법정대리인, 배우자 혹은 친족, 지정고소권자 등이며 고소의 절차는 서면 · 구술로 하고, 검사 또는 사법경찰관의 구술에 의한 고소를 받은 때에는 조서를 작성해야 한다(형사소송법 제237조). 고소하는 기간이나 방식에는 제한이 없으나 친고죄는 범인을 알게 된 날로부터 6개월을 경과할 수 없다(형사소송법 제230조 제1항).

22

05 고발(告發)

고소(告訴)와 마찬가지로 범죄사실을 수사기관에 고함으로써 그 범죄의 기소를 바란다는 의사를 표명하는 행위를 말한다. 고소권자와 범인 이외의 자는 누구든지 범죄가 있다고 판단되는 때에는 고발할 수 있다. 공무원은 그 직무를 행함에 있어 범죄가 있다고 생각할 때에는 고발하여야 하지만 자기 또는 배우자의 직계존속은 고발하지 못한다. 대리인에 의한 고발은 할 수 없고, 고발기간은 제한이 없으며, 고발사건에 대하여 검사의 불기소처분이 있을 때 그 처분에 의의가 있는 고발인은 고소인과 마찬가지로 재정신청(裁定申請)을 할 수 있다.

> **♥ 상식 더하기** ◁ 재정신청제
>
> 검사의 불기소처분에 불복하는 고소 · 고발인이 직접 처분에 대한 판단을 법원에 신청하는 제도

Step 2 국제 · 외교

06 국제사면위원회(AI ; Amnesty International)

'국제앰네스티'라고도 하며 인권을 침해받는 사람들의 편에 서서 정의를 요구하고 연구를 수행하는 것을 목적으로 설립된 기구이다. 이데올로기, 정치 · 종교상의 신념 및 견해로 인해 체포 · 투옥된 정치범의 석방이나 공정한 재판, 옥중 처우 개선, 고문과 사형의 폐지 등을 위해 활동한다. 1977년에 노벨평화상, 1978년에 국제연합(UN) 인권상을 수상하였다. 160개 이상의 국가에 지부가 설치되어 있으며 1,000만명이 넘는 회원이 있다. 1972년에 국제사면위원회 한국지부가 설립되었으며 사무국은 영국 런던에 있다.

07 핵사찰

- **임시사찰** : 핵확산금지조약(NPT) 가입국이 국제원자력기구(IAEA)에 신고한 핵시설과 핵물질 미보유 현황이 실제와 맞는지를 확인하기 위해 실시하는 사찰이다. IAEA는 구체적인 현장조사를 통해 가입국의 보고내용과 실제 핵물질 및 시설보유 현황이 부합되는지 확인한다.
- **통상사찰** : 핵물질과 핵시설의 변동상황을 점검하기 위해 정기적으로 실시하는 사찰로 일반사찰이라고도 하며 핵물질 재고 파악, 봉인 및 감시장비 작동 점검 등 임시사찰과 거의 비슷하다. 통상사찰은 원자력 발전소의 경우 연 4회, 연구용 원자로는 연 1회 등으로 규정되어 있다.
- **특별사찰** : 임시 · 통상사찰을 통해서도 핵의혹이 풀리지 않을 경우 IAEA가 일방적으로 실시할 수 있는 사찰제도이다.

08 공동경비구역(JSA ; Joint Security Area)

1953년 10월 군사정전위원회 본부구역 군사분계선(MDL)상에 설치한 지대로 판문점이라고도 한다. 비무장지대에 남과 북의 출입은 제한적이지만 양측이 공동으로 경비하는 공동경비구역은 비무장지대 내 특수지역으로, 양측의 허가받은 인원이 출입할 수 있다. 이 구역 내에 군사정전위원회와 중립국감시위원단이 있다. 공동경비구역은 휴전선 155마일 중 한국군(350여 명)과 미군(250여 명)으로 구성된 UN 사령부 경비대대가 북과 함께 관할하는 유일한 지역이다.

09 북한의 최고인민회의

1948년 창설되었으며 북한 헌법에서는 최고인민회의를 '헌법을 수정·보충하고 법을 제정하는 최고의 주권기관'으로 규정하고 있다. 헌법의 수정 보충, 부문법 제정·공포, 대내외 정책의 기본원칙 수립, 국무위원장·최고인민회의 상임위원장·내각 총리 등의 선출 및 소환, 국가 예산 승인 등과 관련된 권한을 행사한다. 그러나 최고인민회의는 사실상 국방위원장의 지시나 당의 결정을 추인하는 형식적인 기관에 불과하다.

10 남북교차승인

중국과 소련은 한국을, 미국과 일본은 북한을 상호 인정하여 한반도 긴장완화를 도모하고자 추진한 방안이다. 이에 북한은 남과 북 두 개의 조선을 고착화하여 영구적으로 분리시키려는 미국의 책동이라고 강력히 반대하였다. 1988년 10월 당시 노태우 대통령은 국제연합(UN)에서 이 방안과 동일한 형태인 6자 협의회를 제안하여 남·북한의 국제연합 동시 가입을 추진하였고 결국 1991년 9월 남한과 북한이 함께 회원국이 되었으며 남한의 적극적인 북방정책에 따라 1990년에는 소련, 1992년에는 중국과 수교하며 북한 동맹국들과의 관계가 개선되었다.

11 컨슈머 리포트(Consumer Report)

미국 비영리기관 소비자협회에서 발간하는 유료 월간지이다. 미국의 소비자협회는 매월 자동차 · 가전제품 등 특정 품목을 선정해 업체별로 성능과 가격 등을 비교 · 평가한 자료를 공개한다. 제품 구매 시 필수적인 제품정보를 제공하여 소비자들 사이에서 권위를 인정받고 있다. 1936년 창간한 〈컨슈머 리포트〉는 외부 광고는 싣지 않으며 테스트용 제품도 직접 비용을 지불하고 구매한다. 초창기에는 예산부족으로 주로 값싼 제품이 검토대상이 됐지만 현재는 대규모 자체 실험시설을 갖추고 연간 상품 테스트 예산에 많은 비용을 투입하고 있다.

12 법정관리

기업이 자력으로 회사를 유지하기 불가능할 정도로 부채가 많을 때 법원에서 지정한 제3자가 자금을 비롯하여 기업활동 전반을 관리하는 것을 말한다. 즉, 부도 위기에 몰린 기업을 파산시키는 것보다는 살려내는 것이 기업과 채권자에게는 물론 국민경제 전반에 이롭다는 것이 이 제도의 취지이다.

13 화의제도

기업이 파산 위기에 처했을 때 법원의 중재 · 감독하에 채권자들과 채무변제협정을 체결하여 파산을 피하는 제도이다. 법원은 화의신청이 타당하다고 판단되면 법정관리와 같이 회사재산 보전처분을 내려 기업도산을 막아주지만, 법원이 법정관리인을 선정하고 기업경영까지 책임지는 법정관리와는 달리 기업경영에 전혀 개입하지 않고 기존 경영주가 기업경영을 계속 맡는다. 또 화의개시를 결정한 기업에는 부채를 5년 이상 분할하여 상환할 수 있는 혜택이 주어진다.

22

14   엔저 현상

국제 환시세에서 일본 화폐인 엔의 가치가 떨어지는 것이다. 엔저 현상
으로 해외시장에서 일본 제품의 가격경쟁력이 높아져 일본과 수출경쟁을
벌이고 있는 한국 등 아시아 각국은 불리해진다. 우리나라는 가격경쟁력
에서 밀리는 수출 품목들이 늘어난다. 특히 한국의 주력산업인 IT, 자동
차, 선박 등의 산업재들은 보통 구매자에 의해 시장수급이 결정되는 경
향이 강하므로 이런 상황에서 엔저는 한국 기업들에게 수익성 악화로 나
타난다.

> **♥︎ 상식 더하기   엔고 현상**
>
> 국제 환시세에서 일본 화폐인 엔의 가치가 오르는 것이다. 엔고가 되면 일
> 본의 수출가격이 인상됨으로써 수출거래가 부진해지고, 반대로 수입품의
> 가격은 인하되어 수입거래에 유리하게 작용한다.

15   할당관세

수입품 일정 할당량을 기준으로 부과하는 관세이다. 원활한 물자수급을
위해 특정 물품을 수입할 필요가 있는 경우나 특정한 물품의 수입을 억
제할 필요가 있는 경우 일정한 수량을 초과하여 수입되는 분에 대하여
기본관세율에서 40%가량의 세율을 감산 또는 가산해 관세를 부과할 수
있도록 한 것이다. 할당관세는 특정 물품에 대해 생산자의 수입억제 욕
구와 수요자의 수입장려 욕구를 동시에 충족시키고 특정 상품에 대한 국
내 총 생산량과 총 수요량을 조절한다는 목적으로 시행된다.

16 사이버불링(Cyber Bullying)

'Cyber(사이버)'와 'Bullying(괴롭힘)'의 합성어다. 온라인, SNS 등에서 이뤄지는 눈에 보이지 않는 집단적 괴롭힘을 말하며 시 · 공간 제약 없이 모욕을 줄 수 있는 것이 특징이다. 사이버불링은 디지털시대가 낳은 새로운 유형의 폭력으로 그 사례 또한 다양하다. 무분별하게 상대방을 비난하는 악성댓글과 허위 사실을 퍼트리는 루머 유포뿐만 아니라 카카오톡 단체채팅방에 끊임없이 초대하는 '카톡 감옥', SNS상에 피해자를 공개적으로 모욕하는 '저격' 등도 사이버불링 중 하나다. 사이버불링을 당했다면 괴롭힘 당한 내용을 경찰서에 신고하면 되는데, 이때 가해자는 모욕죄 혹은 명예훼손죄에 처해질 수 있다.

17 클릭티비즘(Clicktivism)

'Click(클릭)'과 'Activism(행동주의)'의 혼성어로 온라인에서 벌이는 서명운동 등의 사회활동을 의미한다. '소심한 저항'을 의미하는 슬랙티비즘 (Slacktivism)과 다른 점은 물리적인 시위까지 포함한다는 것이다. '아랍의 봄'과 '월가 점령 시위'가 SNS를 통해 확산된 것이 클릭티비즘의 대표적인 예라고 할 수 있다. 그러나 한편으로는 온라인을 통한 일시적인 참여에 그칠 수 있다면서 근본적인 사회 변화 및 개혁에는 역부족이라는 시각도 있다.

22

18   독직폭행(瀆職暴行)

공무원이 지위나 직무를 남용해 폭행을 저지른 것을 뜻한다. 독직(瀆職)의 사전적 의미는 '어떤 직책에 있는 사람이 그 직책을 더럽힘'이다. 우리 법에서 이와 관련한 규정은 형법 제125조(재판, 검찰, 경찰 기타 인신구속에 관한 직무를 행하는 자 또는 이를 보조하는 자가 그 직무를 행함에 당하여 형사피의자 또는 기타 사람에 대하여 폭행 또는 가혹한 행위를 가한 때에는 5년 이하의 징역과 10년 이하의 자격정지에 처한다)와 특정범죄 가중처벌 등에 관한 법률 제4조의2(가중처벌 규정)이다.

19   액티브 시니어(Active Senior)

은퇴 이후에도 여가생활을 즐기며 적극적으로 사회활동에 참여하는 장년층을 말한다. 여러 가지 활동에 도전하고, 자신의 건강관리와 외모관리도 꾸준히 하며, 경제력을 바탕으로 활발한 소비를 한다. 이러한 추세에 따라 유통업계에서는 액티브 시니어를 끌기 위한 마케팅이 치열하게 이루어지고 있다.

20   공황장애(Panic Disorder)

특별한 이유없이 갑작스럽게 가슴 두근거림, 식은땀, 숨이 막히는 느낌, 어지럽고 쓰러질 것 같은 느낌, 가슴 통증이나 불편감, 공포 등을 겪는 질환이다. 증상은 보통 10분 안에 최고조에 달한다. 발작은 20~30분 지속되지만 1시간을 넘기는 경우는 거의 없다. 신경전달물질 시스템 이상과 같은 신경생물학적 원인과 부모상실이나 분리불안 등 심각한 정신적 스트레스 등이 복합적으로 작용해 나타나는 것으로 알려졌다. 최근 연예인을 비롯해 많은 사람들이 공황장애를 호소하며 병원을 찾는 사례가 급증하고 있다.

21 세계 3대 영화제

구분	특징
베니스 영화제 (이탈리아)	• 1932년 창설, 매년 8∼9월에 열리는 가장 오래된 영화제 • 최고의 작품상(그랑프리)에는 '황금사자상'이 수여되고, 감독상에는 '은사자상'이, 남 · 여 주연상에는 볼피컵상이 수여된다. • 2012년 김기덕 감독의 〈피에타〉가 황금사자상을 수상했다.
칸 영화제 (프랑스)	• 1946년 시작되어 매년 5월 개최 • 대상은 '황금종려상'이 수여되며 시상은 경쟁 부문과 비경쟁 부문, 주목할 만한 시선 부문 등으로 나뉜다. • 2019년 봉준호 감독의 영화 〈기생충〉이 황금종려상을 받았다. • 2022년 박찬욱 감독이 〈헤어질 결심〉으로 감독상을, 배우 송강호가 〈브로커〉로 남우주연상을 수상했다.
베를린 영화제 (독일)	• 1951년 창설하여 매년 2월 개최 • 최우수 작품상에 수여되는 '황금곰상'과 심사위원대상 · 감독상 · 남녀 연기자상 등에 수여되는 '은곰상' 등이 있다. • 2020년 홍상수 감독은 〈도망친 여자〉로 감독상, 2021년 〈인트로덕션〉으로 각본상, 2022년 〈소설가의 영화〉 · 2024년 〈여행자의 필요〉로 심사위원대상을 수상했다.

22 부커상(The Booker Prize)

1969년 영국의 부커사가 제정한 문학상으로 해마다 영국 연방국가에서 출판된 영어 소설들을 대상으로 시상한다. 노벨문학상, 프랑스 공쿠르상과 함께 세계 3대 문학상으로 꼽힌다. 2005년에는 영어로 출간하거나 영어로 번역 가능한 소설의 작가를 대상으로 상을 수여하는 인터내셔널 부문이 신설되어 격년으로 진행되다가 2016년부터 영어 번역소설을 출간한 작가와 번역가에 대해 매년 시상하는 것으로 변경됐다. 2016년 인터내셔널 부문에 우리나라의 소설 〈채식주의자〉가 선정돼 이 소설의 작가인 한강과 영국인 번역가 데버라 스미스가 수상하면서 화제가 됐다.

22

23 오마주(Hommage)

사전적인 의미로 '존경, 경의'라는 뜻을 지닌 프랑스어로 존경하는 예술가와 비슷하게 또는 원작 그대로 표현하는 것을 의미한다. 예술·문학작품에서는 존경하는 작가의 원작과 비슷한 작품을 창작하거나 원작을 그대로 재현해내는 것을 말하며 영화계에서는 존경하는 영화인 또는 영화 장면을 재현해냄으로써 작가나 작품에 존경을 표하는 것을 나타낸다.

24 레플리카(Replica)

특정 제품을 모방하여 같은 디자인으로 만들어낸 복제품을 말한다. 본 제품보다 기능 및 품질은 떨어지고 가격이 저렴한 것이 특징이다. 불법적으로 복제되는 제품도 포함되고, 문화재의 형상과 색채 등을 복원하려는 목적으로 만들어지는 그림이나 조각도 포함된다. 자동차나 비행기 등을 축소해서 똑같은 디자인으로 만들어낸 제품도 레플리카라고 한다.

25 우리나라의 유네스코 등재 세계유산

유네스코는 1972년부터 세계유산협약에 따라 역사적 중요성, 뛰어난 예술성, 희귀성 등을 지니고 인류를 위해 보호해야 할 가치가 있는 유산을 세계유산으로 지정하고 이를 문화·자연·복합유산으로 구분한다.

구분	등록현황
세계문화유산	석굴암·불국사(1995), 해인사 장경판전(1995), 종묘(1995), 창덕궁(1997), 수원화성(1997), 경주역사유적지구(2000), 고창·화순·강화 고인돌 유적(2000), 조선왕릉(2009), 안동하회·경주양동마을(2010), 남한산성(2014), 백제역사유적지구(2015), 한국의 산지승원(2018), 한국의 서원 9곳(2019), 가야고분군(2023)
세계자연유산	제주화산섬과 용암동굴(2007), 한국의 갯벌(2021)

26   리튬-공기 2차전지

리튬을 공기 중의 산소와 결합시켜 전기를 발생시키는 전지이다. 스마트폰 등에 흔히 쓰이는 리튬-이온 2차전지보다 에너지 밀도(단위부피당 저장되는 에너지)가 5~15배 높아 앞으로 전기자동차 등에 응용될 수 있다는 기대를 받았다. 그러나 충전속도가 느리고 수명이 짧은 단점이 있어 이런 문제를 극복하려는 연구가 활발히 진행되었다. 연구의 일환으로 망간 몰리브덴 산화물(MnMoO4) 나노선을 리튬-공기 2차전지용 공기 극촉매로 처음 개발한 결과 20분대로 고속충전이 가능하고 기존에 보고된 탄소계 촉매 적용 전지에 비해 리튬-공기 2차전지의 수명이 5배가량 향상되었다.

> **♡ 상식 더하기 ◀ 에너지 밀도**
>
> 단위 중량(kg) 또는 단위 부피(L)당 에너지량(Wh/kg 또는 Wh/L)

27   슈퍼챗(Super Chat)

구글이 운영하는 동영상 공유 서비스인 유튜브가 2017년 1월 12일 유료 가입 서비스인 '유튜브 레드(Youtube Red)' 출시와 함께 선보인 콘텐츠 구매 플랫폼이다. 시청자들이 실시간 채팅창에서 유튜브 창작자(유튜버)에게 일정 금액을 후원할 수 있는 서비스다. 아프리카TV의 '별풍선', 팝콘TV의 '팝콘', 팟빵의 '캐시' 등과 같은 개념이다. 중앙선거관리위원회는 2019년 슈퍼챗 등 정치인을 상대로 한 소셜미디어 시청자의 금전 제공은 정치자금법상 '기부'에 해당하기 때문에 위법의 소지가 있어 유의하라는 내용의 공문을 정치인 유튜버들에게 발송한 적이 있다.

22

28 초거대 인공지능(AI)

기존 인공지능(AI)에서 한 단계 진화한 차세대 AI로 대용량 데이터를 스스로 학습해 인간처럼 종합적인 추론이 가능한 차세대 AI다. 기존 AI보다도 더 인간의 뇌에 가깝게 학습·판단 능력이 향상됐다. 단, 이를 위해서는 기존 AI보다 수백배 이상의 데이터 학습량이 필요하다. 대표적인 초거대 AI로는 일론 머스크 테슬라 창업자가 세운 오픈AI가 2023년 선보인 GPT-4가 있다.

29 VX

현재까지 알려진 독가스 가운데 가장 유독한 신경작용제로 몇 분 만에 목숨을 빼앗을 수 있는 맹독성 물질이다. 1952년 당시 영국 최대의 화학기업이었던 제국화학산업(ICI)의 화학자 라나지 고시가 처음 개발했다. 실온에서 호박색의 유성 액체로 존재하고 특별한 맛이나 냄새가 없지만 호흡기를 통해서나 직접 섭취 또는 눈·피부 등을 통해 인체에 흡수되면 사린가스보다 100배 이상의 독성을 발휘한다. VX에 노출된 경우에는 바로 옷을 벗은 후 흐르는 물이나 식염수에 소독하고 물로 피부를 씻어냄으로써 오염물질을 제거해야 한다.

30 호버링(Hovering)

항공기 등이 일정한 고도를 유지한 채로 움직이지 않는 정지 상태인 것을 의미한다. 제자리 비행 상태라고도 한다. 제자리 비행을 하는 동안 양력(수직방향으로 받는 힘)과 추력(추진력), 항력(저항력)과 무게는 동일 방향으로 작용하며 양력과 추력의 합은 항력과 무게의 합과 같아진다. 제자리 비행 상태에서 추력을 증가시켜 양력과 추력의 합이 항력과 무게의 합보다 커지면 비행체는 상승비행을 시작하고, 반대로 추력을 감소시켜 양력과 추력의 합이 항력과 무게의 합보다 작아지면 하강비행을 시작하게 된다.

Day 23

정치 · 법률

01 허니문 효과(Honeymoon Effect)

새 정부에 대한 기대감으로 인해 나타나는 사회안정 효과를 말한다. 보통 정권이 바뀌고 새 정부가 출범하게 되면 정책 불확실성이 해소되고, 국민들의 새 정부에 대한 기대감이 커지면서 정부에 협조적인 자세를 취하게 된다. 이로 인해 사회가 안정되는 경향이 나타난다.

02 적색수배(Red Notice)

국제수배 종류(적색, 청색, 녹색, 황색, 흑색, 귤색, 자색, 안보리)의 하나로 체포영장이 발부되며 범인의 인도를 목적으로 한다. 요청기준은 살인 · 강도 등의 강력범죄 관련 사범, 폭력조직의 중간보스 이상의 조직폭력사범, 50억원 이상의 고액 경제사범, 기타 수사관서에서 특별히 요청하는 중요사범일 것 등이 요구된다.

03 영장항고제(令狀抗告制)

검찰이 청구한 영장(令狀)을 법원에서 기각한 경우 검찰이 상급법원에 재심사를 요청하는 제도이다. 독일 · 프랑스 · 일본 등에서 사용되고 있고, 우리나라에서는 도입을 두고 법원과 검찰이 첨예하게 대립하고 있다.

23

04 애드호크라시(Adhocracy)

당면 과제를 해결하기 위해 다양한 전문적 기술을 가진 사람들로 구성된 임시적 조직구조를 말한다. 전통적 관료제와는 달리 융통성·적응성·혁신성을 지닌 구조이다. 미래학자인 엘빈 토플러가 〈미래의 충격〉에서 관료제와 대비되는 개념으로 확립했다. 명칭은 제2차 세계대전에 투입되었던 기동타격대 애드호크라시에서 유래한 것으로, 당시 애드호크라시라는 특수부대가 그러했듯 임무가 부여될 때마다 구성하여 활동하고 유연하게 기능별로 분화시켜 직무를 수행한다는 것이다.

05 공무원 징계(懲戒)

'국가공무원법'이 규정하고 있는 징계사유는 '국가공무원법'과 동법에 의한 명령을 위반했을 때, 직무상의 의무에 위반하거나 직무를 태만히 한 때, 직무의 내외를 불문하고 그 체면 또는 위신을 손상하는 행위를 한 때의 3가지가 있다.

> **♡ 상식 더하기 ◁ 징계의 종류**
>
> - **파면** : 공무원을 공무원 관계에서 배제하는 것으로 직권면직과 유사하나 징계책임에 대한 제재로서 행해진다는 점에서 단순한 직권면직과 구별된다. 또한 공무원연금법상 급여가 제한된다.
> - **해임** : 공무원 관계를 해제하는 점에서 파면과 같으나 퇴직급여액의 감액이 없는 점에서 파면의 경우보다 가볍다. 해임을 당한 자는 3년간 공무원에 임용될 수 없다.
> - **정직** : 1개월 이상 3개월 이하의 기간 동안 정직처분을 받은 자는 그 기간 중 공무원의 신분은 보유하나 직무에 종사하지 못하며 보수의 2/3를 감한다.
> - **감봉** : 1개월 이상 3개월 이하의 기간 동안 보수의 1/3을 감하는 처분이다.
> - **견책** : 전과에 대해 훈계하고 반성하게 하는 것에 그치는 가장 가벼운 처분이다.

06 ICBM(Intercontinental Ballistic Missile)

5,500km 이상의 사정거리를 가진 대륙간탄도미사일로 보통 핵탄두에 메가톤급의 핵탄두를 장착한다. 1957년 러시아가 처음 개발했으며, 강력한 엔진을 장착해 쏘아올려 적의 전략목표를 겨냥할 수 있도록 만들어졌다. 미국은 1959년에 실용화시켰다. 액체 · 고체 연료를 사용한 다단식 로켓으로 1,500~3,500km 고공에 쏘아올려지고, 400~500km 거리에서 레이더 제어가 가해지면 엔진 가동이 중단되며, 속도벡터에 의해 역학적으로 결정되는 탄도를 비행해 목표에 도달하는 방식이다.

> **♡ 상식 더하기 　SLBM(Submarine-launched Ballistic Missile)**
>
> 잠수함에 탑재되어 잠항하면서 발사되는 잠수함발사탄도미사일로, 대륙간탄도미사일(ICBM), 다탄두미사일(MIRV), 전략 핵폭격기 등과 함께 어느 곳이든 핵탄두 공격을 감행할 능력을 갖췄는지를 판단하는 기준 중 하나다. 잠수함에서 발사할 수 있기 때문에 목표물이 본국보다 해안에서 더 가까울 때는 잠수함을 해안에 근접시켜 발사할 수 있으며, 조기에 모든 미사일을 탐지하기가 어렵다는 장점이 있다.

07 국제형사재판소(ICC ; International Criminal Court)

국제범죄를 저지른 사람을 처벌하는 국제재판소다. 제2차 세계대전 이후 필요성이 제기됐으나 결실을 보지 못하다가 1990년대 르완다와 보스니아에서 발생한 인종학살 사태가 국제적 관심사로 부각되면서 1998년 국제형사재판소 설립을 위한 로마회의가 개최됐고, 2002년 7월 1일에 발족하였다. 본부는 네덜란드 헤이그에 소재한다. 집단살해죄나 전쟁범죄, 침략범죄 등 반인도적 범죄를 저지른 사람을 처벌하기 위해 설립된 국제법정이며 해당 국가가 재판을 진행할 능력이 되지 않거나 거부할 경우 국제형사재판소가 기소권을 가지고 심판할 수 있다.

23

08 포클랜드 전쟁(Falkland Islands War)

포클랜드는 아르헨티나의 동해안으로부터 480km 지점에 위치한 제도다. 19세기 초부터 아르헨티나가 자국의 영토임을 주장했으나 1833년 이후 점령·통치한 영국은 이를 계속해서 묵살했다. 결국 아르헨티나는 1982년 4월 포클랜드를 무력으로 점령했고, 이에 영국은 기동부대를 파견하면서 전쟁이 발발했다. 그해 6월, 전쟁은 강력한 화력을 앞세운 영국의 승리로 끝났다.

09 지브롤터 분쟁(Gibraltar Dispute)

지브롤터는 이베리아 반도 남단 지브롤터 해협을 향해 남북으로 뻗어 있는 27,000명의 인구에 6.5km^2 면적의 작은 반도로 영국의 식민지이다. 1713년 스페인의 왕위계승전쟁의 결과 체결된 위트레흐트 조약에 따라 스페인은 영국에 지브롤터를 할양했다. 이후 스페인은 계속해서 지브롤터 반환을 요구했지만 영국은 이를 허용하지 않았다. 그러다 2006년에는 양국이 지브롤터 공항을 공동으로 이용하고 협력을 증대할 것을 주요 내용으로 하는 협정에 서명하여 갈등이 완화되는 듯했지만 2012년 스페인이 영유권 협상을 요구하면서 다시 갈등이 시작됐고 그 이후 양국은 양보 없이 각자의 주장을 내세움에 따라 분쟁이 계속되고 있다.

10 콘클라베(Conclave)

가톨릭의 교황을 선출하는 선거시스템을 말한다. 선거권을 가진 추기경단의 선거회로, 교황 서거 또는 사임 후 추기경들에 의해 진행된다. 교황 선거자인 추기경들이 외부로부터 격리되어 시스티나 성당에 모여 비밀 투표를 반복하는 것으로, 투표자의 3분의 2 이상의 표가 나올 때까지 계속한다. 교황 선거에 참가할 수 있는 추기경은 80살 미만으로 한정된다.

11 옴니채널(Omni Channel)

소비자가 다양한 경로를 넘나들며 상품을 검색 및 구매할 수 있도록 한 서비스이다. 온라인 쇼핑몰에서는 오프라인보다 저렴하게 상품을 구입할 수 있기 때문에 오프라인 쇼핑몰을 통해 직접 물건을 보고, 구입은 온라인 쇼핑몰에서 하는 이른바 '쇼루밍(Showrooming)'족이 늘어남에 따라 어떠한 채널을 통해 상품을 구입하더라도 똑같은 혜택을 받고 구입할 수 있는 옴니채널 전략을 사용하는 사례가 증가하고 있다.

12 스파 브랜드(SPA Brand)

'Specialty store retailer Private label Apparel Brand'의 약자로 기획, 제작, 유통, 판매까지 모두 직접적으로 관리하는 브랜드를 말한다. 직매장을 운영하기 때문에 재고 관리 및 유통의 비용을 줄일 수 있고, 이로 인해 제품의 가격 또한 저렴하다. 뿐만 아니라 상품의 회전율이 빠르기 때문에 소비자의 욕구 및 트렌드를 정확하고 신속하게 반영할 수 있어 소비자의 만족도 또한 높다.

13 특허괴물(Patent Troll)

실질적인 제품의 생산 · 판매는 하지 않고 특허소송을 통해 수익을 거두는 회사이다. 개인이나 기업에서 보유하고 있는 특허기술을 사들여 특허권을 확보한 뒤, 특허를 침해했다고 판단되는 기업을 상대로 소송을 제기함으로써 보상금이나 로열티 등의 수입으로 막대한 이익을 창출한다. 이러한 특허괴물은 지식재산권의 가치가 커짐에 따라 전 세계적으로 증가하는 추세이다. 최근에는 직접 상품을 생산하는 IT기업들이 자체 기술 및 특허권을 가지고 특허괴물로 활동하기도 한다.

23

14 타이틀 스폰서(Title Sponsor)

프로축구, 프로야구, 프로농구 등의 대회에서 마케팅을 목적으로 대회의 경비 전액을 제공하고 경기대회의 명칭이나 기념품에 회사 로고 또는 브랜드명을 넣는 것을 말한다. 타이틀 스폰서십이라고도 부른다. 경기장에 회사의 로고나 브랜드명이 들어간 시설물을 설치함으로써 경기를 보는 관람객에게 노출됨과 동시에 경기 중계 시에는 미디어에 노출되는 마케팅 효과도 얻을 수 있다.

15 선물(Futures)

선물거래는 불확실한 미래를 확실한 것으로 만들고 싶은 인간의 욕구에서 발생된 일종의 예약거래로 계약과 동시에 결제하는 현물거래와는 차이가 있다. 선물거래에는 주식, 주가지수, 금리 등을 거래하는 금융선물뿐만 아니라 금, 은, 구리, 아연 등을 교환하는 상품선물까지 다양하다.

Step 4 │ 사회 · 노동 · 환경

16 지구촌 전등 끄기 캠페인(Earth Hour)

기후변화에 대한 경각심을 불러일으키기 위해 기획된 국제 환경캠페인이다. 2007년 세계자연기금(WWF) 주최로 기후변화 대응의 중요성을 알리고 자연을 보전하자는 취지에서 호주 시드니에서 시작됐다. 전 세계 190여 개국의 개인, 기업, 공공기관과 랜드마크가 동참하고 있다. 이 캠페인은 전 세계에서 가장 많은 사람이 참여하는 환경운동 중 하나로 성장했다.

17 더기빙플레지(The Giving Pledge)

세계적 부호들이 자발적인 기부 운동을 펼치는 클럽을 말한다. 기부를 약속한다는 뜻으로 생전 또는 사후에 재산을 절반 이상 기부하겠다고 서약하면 클럽의 회원이 된다. 2010년 당시 빌 게이츠 마이크로소프트 회장 부부와 워렌 버핏 버크셔 해서웨이 회장 등이 기부를 약속했고, 한국인으로는 최초로 배달의민족 창업자 김봉진 우아한형제들 의장이 재산의 절반을 기부하겠다는 뜻을 밝히면서 2021년 2월 공식 서약자로 인정받았다.

18 대체에너지(Alternative Energy)

석유 등 화석연료를 대체할 수 있는 새로운 청정에너지를 말한다. 대체에너지 이용이 지구촌 에너지의 생산량에서 차지하는 정도는 아직 미미한 수준이지만 현재 풍력과 태양광기술이 급속한 성장을 보이고 있으며 다른 대체에너지의 현실적인 이용가능성도 커지고 있다. 대체에너지는 탄소중립적인 성질을 가지고 있어 대기 중 탄소배출량이 전무하다는 이점이 있다. 또한 연료가 필요 없기 때문에 최저수준의 유지비에 머무르며 기존의 에너지원과 비교할 때 테러 공격에 덜 취약하다는 장점이 있다.

> **♥ 상식 더하기 〈 탄소중립**
>
> 배출된 이산화탄소를 다시 흡수해 실질적으로 배출되는 탄소량이 전혀 없는 상태가 되는 것을 의미한다.

19 런던 협약(London Convention)

선박이나 항공기, 해양시설로부터의 폐기물 해양 투기나 해상 소각을 규제하고자 하는 협약이다. 3면이 바다로 둘러싸인 우리나라는 해양환경의 중요성을 인식하여 1992년에 가입했다.

23

20 국정교과서(國定敎科書)

교과서는 검정 여부에 따라 국정교과서, 검 · 인정교과서, 자유발행교과서로 나눌 수 있다. 우리나라에서는 국정교과서와 검 · 인정교과서를 혼용하고 있지만 호주 · 스웨덴 · 네덜란드 등 유럽국가의 대부분은 자유발행교과서를 채택하고 있다. 국정교과서는 국가(교육부)에서 저작권을 가지며 국가적으로 통일성을 가져야 하는 교과목을 위주로 만들어진다. 국내 학교에서는 국정교과서가 있는 교과목의 경우 의무적으로 국정교과서를 사용해야 하고, 국정교과서가 없는 교과목의 경우 검 · 인정교과서 중에서 선택해 사용할 수 있다.

21 유대교(Judaism)

야훼(여호와)가 아브라함을 통해 이스라엘의 백성과 계약을 체결하고 예언자 모세에게 부여한 토라(율법)의 계시를 근본교의로 하는 일신교로 유대인들의 종교이자 철학이며 삶의 방식이다. 〈타나크(Tanakh)〉를 성경으로, 〈탈무드〉를 교훈서로 삼는다. 모세가 신으로부터 얻은 십계명과 그가 기록했다고 전해지는 〈토라(Torah, 모세오경)〉는 유대교의 종교적 토대이다. 신약성경이나 예수를 인정하지 않으며, 전 세계 유대인(Jew)은 1,600만명 정도로 추산된다.

> **♡상식 더하기** 탈무드(Talmud)
>
> 유대교의 율법, 윤리, 철학, 관습, 역사 등에 대한 랍비의 토론을 담은 문헌

22 템플턴상(Templeton Prize)

영국계 미국인 실업가인 J. M. 템플턴이 노벨상에 종교 부문이 없는 것을 아쉬워해 1972년 제정했으며, 매년 전 세계 범종교인 중에서 최고의 지도자를 선정하여 시상한다. 템플턴 재단에서 운영하며 본부는 뉴욕에 있다. 제1회에는 인도의 살아있는 성자로 불렸던 테레사 수녀가 노벨평화상에 이어 수상하여 화제를 모았고, 한국에서는 1992년 한경직 목사가 이 상을 받은 바 있다.

23 불교(Buddhism)

기원전 5세기경 인도 석가모니(고타마 싯다르타)에 의해 발생한 종교다. 전통적인 인도의 카스트 계급사회에서 브라만 계급의 횡포에 반대하고 만민의 평등과 자비의 실천을 목적으로 진리를 깨달아 부처가 될 것을 가르친다. 소승불교, 대승불교, 라마교로 분류되고, 중국 · 일본 · 한국 · 티베트 등에 분포하며, 특히 동양의 문화에 절대적인 영향을 미쳤다.

> **상식 더하기** 사성제(四聖諦)
>
> 불교 교리의 핵심인 네 가지 성스러운 진리
> - 고성제(苦聖諦)
> - 집성제(集聖諦)
> - 멸성제(滅聖諦)
> - 도성제(道聖諦)

24 청교도(Puritan)

신대륙으로 건너가 미국의 기초를 닦은 16~17세기 영국의 칼뱅주의 신교도를 말한다. 가톨릭적인 성격이 강한 영국의 국교회에 반대하여 순결한 신앙과 철저한 신교주의를 취하며, 검소와 근면을 생활신조로 삼아 맡은 바 일을 하나님이 정해주신 천직으로 생각하고 신명을 다 바쳐야 한다고 본다. 17세기 영국에서 종교박해를 피해 메이플라워호를 타고 신대륙으로 건너가기도 하였으며, 1642년 청교도 혁명의 주도적인 역할을 담당했다.

23

25 월드컵(FIFA World Cup)

FIFA(국제축구연맹)에 가맹한 축구 협회의 남자 축구 국가대표팀이 참가하는 국제축구대회이다. 클럽이나 소속에 상관없이 오직 선수의 국적에 따른 구분으로 하며, 4년마다 개최된다.

[역대 월드컵 개최국과 우승국]

회	연도	개최국	우승국	준우승국
25회	2034	사우디아라비아	–	–
24회	2030	스페인 · 포르투갈 · 모로코	–	–
23회	2026	미국 · 캐나다 · 멕시코	–	–
22회	2022	카타르*	아르헨티나	프랑스
21회	2018	러시아*	프랑스	크로아티아
20회	2014	브라질*	독일	아르헨티나
19회	2010	남아프리카공화국*	스페인	네덜란드
18회	2006	독일*	이탈리아	프랑스
17회	2002	한국 · 일본*	브라질	독일
16회	1998	프랑스*	프랑스	브라질
15회	1994	미국*	브라질	이탈리아
14회	1990	이탈리아*	서독	아르헨티나
13회	1986	멕시코*	아르헨티나	서독
12회	1982	스페인	이탈리아	서독
11회	1978	아르헨티나	아르헨티나	네덜란드
10회	1974	서독	서독	네덜란드
9회	1970	멕시코	브라질	이탈리아
8회	1966	잉글랜드	잉글랜드	서독
7회	1962	칠레	브라질	체코
6회	1958	스웨덴	브라질	스웨덴
5회	1954	스위스*	서독	헝가리
4회	1950	브라질	우루과이	브라질

3회	1938	프랑스	이탈리아	헝가리
2회	1934	이탈리아	이탈리아	체코
1회	1930	우루과이	우루과이	아르헨티나

* 대한민국 본선 진출 대회

26 마르팡 증후군(Marfan Syndrome)

큰 키에 팔 · 다리가 비정상적으로 긴 질환을 말한다. '말판 증후군'으로도 불리는 이 증후군은 미국의 제16대 대통령인 에이브러햄 링컨이 앓은 질환으로 잘 알려져 있다. 유전자 돌연변이에 의한 선천성 발육 이상으로 팔이 무릎까지 내려갈 정도로 길어지는 게 특징이다. 좁고 긴 얼굴, 거미처럼 매우 가늘고 긴 손가락과 발가락, 척추측만증 등도 흔히 볼 수 있는 증상이다.

27 로타 바이러스(Rota Virus)

장염을 일으키는 바이러스의 일종이다. 전 세계의 영유아 위장관염의 가장 흔한 원인으로 알려졌다. 감염된 환자의 분변이나 구토물에 오염된 손이나 환경, 물을 통해 감염되며 면역력이 약한 생후 3~35개월 사이 영 · 유아에게 주로 나타난다. 감염되면 구토와 발열, 묽은 설사, 탈수증 등을 일으키지만 대부분 회복한다.

23

28 QLED(Quantum dot Light Emitting Diodes)

양자점발광다이오드이다. QLED에서 'Q'는 '퀀텀닷'을 의미한다. 퀀텀닷은 양자점이라고도 하는데, 크기가 10~15나노미터(nm)인 초미세 반도체 결정체를 말한다. 작은 크기의 퀀텀닷은 밝기를 더욱 세밀하게 표현하는 장점을 가지고 있다. 즉, QLED는 퀀텀닷 입자 하나하나가 스스로 빛과 색을 내도록 함으로써 큰 폭으로 화질개선 효과를 나타낼 수 있는 기술이다. 삼성전자는 2017년 세계 최대 가전제품 전시회인 미국 CES에서 TV 신제품에 'QLED TV'라는 이름을 붙여 공개했다.

29 혈소판(Blood Platelet)

혈액의 응고작용과 관련이 깊은 혈액 속의 세포이다. 혈관이 손상되어 피부 바깥으로 드러나게 될 때 출혈이 생긴다. 이때 혈소판은 공기 중에 닿으면서 혈액을 응고시키는 역할을 한다. 혈소판은 골수의 큰 세포로부터 갈라져 나온 세포로 특정한 형태는 없고, 수명은 10일 정도이다. 혈소판이 부족하면 혈액이 잘 응고되지 않기 때문에 멍이 잘 들고 코피가 자주 난다.

30 NFC(Near Field Communication)

약 10cm 이내의 근거리에서 데이터를 교환할 수 있는 비접촉식 무선통신으로 13.56MHz 대역의 주파수를 사용한다. 스마트폰에 교통카드, 신용카드, 멤버십카드, 쿠폰 등으로 탑재되어 일상생활에 널리 쓰이고 있다. 통신거리가 짧다는 단점이 있으나 기존 RFID 기술보다 보안성이 높다는 장점이 있다. 또한 기존 근거리 무선데이터 교환 기술은 '읽기'만 가능했던 반면, NFC는 '읽기'뿐만 아니라 '쓰기'도 가능하다.

Day 24

01 오픈프라이머리(Open Primary)

미국에서는 본 선거를 치르기 전에 선거구별로 후보자를 선정하는 예비선거(Primary)를 치르는데, 이때 투표 자격을 당원으로 제한하지 않고 무소속 유권자나 다른 정당원에게도 개방한다. 이러한 방식을 오픈프라이머리라고 한다. 단, 유권자는 한 정당의 예비선거에만 투표할 수 있다. 우리나라에서도 기존의 하향식 공천제도가 안고 있는 문제점을 해소해줄 수 있다는 기대에 따라 2015년 7월 이후 지속적으로 오픈프라이머리가 논의되고 있다.

02 직권상정

국회의장 직권으로 법안을 본회의에 상정해 처리하는 것을 말한다. 여야가 상정 및 협의하지 못하는 법안에 대해 국회의장이 기일을 정한 뒤 직접 해당 법안을 본회의에 상정해 처리하는 것이다. 국회에서 법안은 상임위원회에서 심의를 마친 후에 법제사법위원회를 거쳐 본회의 의결 절차를 밟아야 한다. 그러나 심의기간 안에 법안이 처리되지 못할 때에는 국회의장이 직권(직무를 수행하기 위해 갖고 있는 권한)으로 곧바로 본회의에 법안을 올려 표결에 부칠 수 있다.

24

03 유언(遺言)

자기의 사후에 효력을 발생시킬 목적으로 일정한 법률관계를 정하려는 단독의 의사이다. 우리 민법에서는 유언방식으로 자필증서, 녹음, 공증, 비밀증서, 구수증서 중 하나를 택하도록 하고 있다. 또한 민법에서 '유언은 본 법이 정한 방식에 의하지 아니하면 효력이 생기지 아니한다'고 규정하여 법률적으로 유효한 유언이 되기 위해서는 우선 법률이 정하는 방식을 갖추고 있어야 할 것을 요구한다.

> **♡ 상식 더하기 ◀ 구수증서**
>
> 유언자가 2인 이상의 증인이 참여한 가운데 1인에게 유언의 취지를 구수하고 그 구수를 받은 자가 이를 필서 · 낭독하여 증인이 정확함을 승인한 후 각자가 서명 · 날인하는 방식의 유언이다.

04 채권(債權)

물권이 일정한 물건을 직접 지배하여 배타적으로 이익을 향수(享受)하는 권리인 반면, 채권은 어떤 사람에 대하여 특정의 행위를 하게 할 수 있는 권리이다. 즉 채권의 본질은 채무자의 행위를 매개로 함으로써 비로소 권리 내용의 실현이 기대된다는 것이다.

05 캐스팅보트(Casting Vote)

합의체의 의결에서 가부동수인 경우에 의장이 가지는 결정권이다. 우리나라 국회에서는 가부동수인 경우 헌법 제49조에 따라 부결된 것으로 본다. 또 양대 당파의 세력이 거의 비슷하여 제3당이 비록 소수일지라도 의결의 가부를 좌우할 경우 "제3당이 캐스팅보트를 쥐고 있다"고 말하기도 한다.

06 먼로주의(Monroe Doctrine)

자국의 이익이나 안보에 직접적인 관련이 없는 경우 타국과 동맹관계를 맺지 않고 개입을 꺼리는 미국의 외교정책을 말한다. 일종의 외교적 고립주의라고 할 수 있는데, 1823년 미국의 제5대 대통령인 먼로가 의회에 제출한 연두교서에 유럽의 문제에 개입하지 않겠다는 외교방침을 밝힌 것에서 유래한다. 이후 미국의 이러한 외교정책 외에, 자국의 이익에 관계없는 일에 어떠한 간섭을 하지 않거나 독자적인 노선을 걷는 행보를 '먼로주의'라고 부르게 되었다.

07 인티파다(Intifada)

'봉기'를 뜻하는 아랍어로, 이스라엘에 맞선 팔레스타인인들의 독립투쟁을 의미한다. 제2차 세계대전 후 국제연합이 이스라엘만을 국가로 인정하자 요르단강 서안, 가자지구, 동예루살렘 등 이스라엘 통치 지역에 거주하는 팔레스타인인들은 이스라엘의 통치에 저항해왔다. 계속되는 이스라엘의 팔레스타인인에 대한 차별 정책 등으로 불만이 커진 팔레스타인인들의 인티파다가 확산되었다.

08 IFA(Internationale Funkausstellung)

매년 독일 베를린에서 열리는 세계 최대 가전제품 박람회다. 미국 라스베이거스에서 열리는 CES(The International Consumer Electronics Show : 국제 전자제품 박람회), 스페인 바르셀로나의 MWC(Mobile World Congress)와 함께 전 세계의 가전제품 동향을 살펴볼 수 있는 전시회로 평가받고 있다. 매년 우리나라의 삼성전자와 LG전자를 비롯한 글로벌시장의 주요 가전 · IT · 자동차 · 주방용품 업체들이 참석해 차세대 가전시장의 패권을 놓고 첨단기술의 향연을 펼친다.

24

09 소프트 타깃(Soft Target)

군사기관, 정부기관, 공공기관 등을 가리키는 '하드 타깃(Hard Target)'의 상대 개념으로 테러 공격에 대응하기 어려운 병원·학교·공연장·식당 등의 장소나 민간인을 말한다. 2016년 프랑스의 파리와 니스에서 일어난 테러는 모두 민간인을 대상으로 한 소프트 타깃 테러였다. 이러한 소프트 타깃 테러는 갑작스럽게 일어나고 많은 사람들이 위험에 빠지며 사전에 대비가 불가능하기 때문에 문제가 심각하다.

10 컨센서스(Consensus)

국제무역기구(WTO)에서 사용되는 의사결정방식으로 별도의 투표 절차 없이 반대의사를 표명하는 나라가 없는 경우 합의된 것으로 간주하는 것이다. WTO협정에는 투표에 대한 규정이 존재하기는 하나 대부분 컨센서스방식에 따라 결정이 내려진다.

Step 3 경제·경영

11 사외이사

전문적인 지식이나 풍부한 경험을 바탕으로 기업경영 전반에 걸쳐 폭넓은 조언과 전문지식을 구하기 위해 선임되는 기업 외부의 비상근이사를 말한다. 회사 내에서 어느 정도 독립성이 필요한 일을 맡게 되며 일반적으로 대학교수, 변호사, 공인회계사, 언론인, 퇴직관료나 기업인 등 일정 요건을 갖춘 전문가들이 사외이사가 되어 대주주의 독단 경영과 전횡을 차단하는 역할을 한다.

12 머니마켓펀드(MMF ; Money Market Fund)

금리가 높은 양도성 예금증서와 기업어음 등 단기금융상품에 집중적으로 투자해 수익을 돌려주는 실적배당상품이다. 고수익 상품에 운용하기 때문에 돌아오는 수익이 높은 것이 특징이다. 미국 최대 증권사인 메릴린치가 개발(1971년)해 1980년대부터 선풍적인 인기를 끌었고, 우리나라에서는 1996년 10월부터 투자신탁회사에서 발매하기 시작했다. 가입과 환매가 청구 당일 즉시 이뤄지기 때문에 자금 마련에 불편함이 없고, 시장금리 변동과 무관하게 안정적인 수익률을 기대할 수 있다는 것이 최대 장점이다.

13 벌처펀드(Vulture Fund)

사냥해서 먹이를 얻지 않고 동물의 사체를 먹는 대머리수리(Vulture)에서 유래한 표현으로, 거의 회생가능성이 없는 파산위기의 기업이나 부실채권에 투자해 수익을 내는 자금을 말한다. 싼 값에 매수하여 정상화시킨 후 비싼 값에 팔아 고수익을 노린다는 전략인데, 그만큼 위험성도 크다.

> **♡ 상식 더하기 ◀ 제일은행에 투자한 뉴브리지캐피탈**
>
> 1997년 정부는 부실화돼 공적자금을 투입한 제일은행을 매각하려고 하자 뉴브리지캐피탈이 5,000억원에 인수했다. 이후 제일은행이 정상화됐고, 뉴브리지캐피탈은 제일은행을 영국 스탠다드차타드은행에 약 1조 6,500억원에 매각해 고수익을 챙겼다.

14 수쿠크(Sukuk)

이슬람 국가들이 발행하는 채권이다. 코란의 '샤리아(이슬람교의 율법)'는 이자를 받는 것을 금지하기 때문에 투자자들에게 이자를 주는 대신 그 투자금으로 벌인 사업에서 나온 수익을 배당금의 형식으로 지급하는 것이다.

24

15 한국거래소(KRX)

유가증권시장, 코스닥, 파생상품시장 등 국내 증권 관련 거래를 총괄하는 거래소이다. 증권거래소, 선물거래소, 코스닥위원회, 코스닥증권시장 기존 4개 기관이 통합되어 설립되었으며 2009년 2월 한국거래소로 명칭이 변경되었다. 영어로는 'KRX(Korea Exchange)'라고 표기한다.

> **♡️ 상식 더하기** ◁ 한국거래소의 경제적 기능
>
> • 자본전환
> • 공정가격 형성
> • 가격 안정화 · 평준화
> • 시장정보 제공

Step 4 사회 · 노동 · 환경

16 노로 바이러스(Norovirus Infection)

급성 위장염을 일으키는 전염성 바이러스이다. 바이러스에 오염된 음식이나 물을 섭취 또는 접촉함으로 인해 바이러스가 체내에 들어와 감염을 일으키는데, 전염성이 강하나 1~2일이 지나면 자연치유된다. 노로 바이러스에 감염되면 보통 24~48시간의 잠복기를 거쳐 구토, 설사, 복통 등의 증상과 함께 두통이나 발열, 근육통이 나타난다. 굴을 먹고 바이러스에 감염되는 사람이 많은데, 주요 원인이 사람이나 동물의 분뇨 등의 오염원이라 하여 남해안에 뗏목 형태로 된 2톤 규모의 공중화장실을 설치하기도 했다.

17 옐로카펫(Yellow Carpet)

어린이 보행안전을 위한 시설물을 말한다. 횡단보도 앞 보도를 노란색 카펫을 깔아놓은 것처럼 만들어서 아이들이 안전한 곳에서 횡단보도 신호를 기다릴 수 있도록 한 것이다. 눈에 잘 띄는 노란색을 이용해 운전자들에게도 아이들이 잘 보일 수 있도록 했다. 우리나라 아동 사망사고의 44%가 교통사고이고, 아동 교통사고의 10건 중 8건이 횡단보도 관련 사고인 것으로 집계되면서 시작된 사업이다.

18 탄소발자국(Carbon Footprint)

우리가 일상생활을 하면서 탄소를 얼마나 배출해내는지 그 양을 한눈에 볼 수 있도록 표시한 것이다. 우리가 일어나서 씻고, 먹고, 출근하고 또 퇴근하여 TV를 보는 일련의 과정들 속에서 이산화탄소가 얼마나 많이 배출되고 있는지 간단하게 알아볼 수 있다. 지구온난화의 가장 큰 원인 중의 하나인 탄소 발생에 대해 경각심을 갖고 정화를 위한 노력을 하자는 취지에서 만들어졌다.

♡상식 더하기 ◁ 생태발자국(Ecological Footprint)

인간이 의·식·주와 같은 기본적인 생활을 하는 데 있어서 필요한 자원의 생산과 폐기에 드는 비용을 토지로 환산한 지수이다. 생태발자국을 줄이기 위해서는 자원의 낭비를 최소화하고 대체에너지를 개발해 환경오염의 가속화와 자원의 고갈을 막아야 한다. 지구가 감당할 수 있는 생태발자국 면적 기준은 1인당 1.8ha이고 면적이 넓으면 넓을수록 환경 문제가 심각하다는 것을 의미한다. 선진국으로 갈수록 이 면적이 넓게 나타나며 선진국에 살고 있는 사람들 가운데 20%가 세계자원의 86%를 소비하고 있다.

24

19 서머타임(Summer Time)제도

여름철에 표준시보다 1시간 앞당겨놓는 제도다. 그만큼 일찍 일을 시작하고 일찍 잠듦으로써 등화를 절약하고, 낮에는 신선한 공기와 햇볕을 쬐면서 건강을 증진할 수 있다는 주장과 함께 시작되었다. 제일 처음 서머타임제도를 채택한 국가는 독일이며, 이후 유럽연합(EU)이 서머타임제도를 이용하기 시작했다. EU의 경우 매년 3월 마지막 주 일요일에 시작해 10월 마지막 주 일요일에 끝내며, 미국과 캐나다 등은 4월 첫째 주 일요일에 시작해 10월 마지막 주 일요일에 끝낸다.

20 구텐베르크 다이어그램(Gutenberg Diagram)

균등하게 분할된 정보를 보게 될 때 시선이 왼쪽 위 → 오른쪽 위 → 왼쪽 아래 → 오른쪽 아래 순서로 움직이는 것을 말한다. 효과적인 레이아웃을 제시하는 것으로 보통 대각선 균형이라고 하는데, 담뱃갑 경고 그림의 위치를 정하는 과정에서 결정적인 역할을 했다.

Step 5 문화 · 미디어

21 스쿼시(Squash)

테니스와 월핸드볼(Wall Handball)을 혼합한 운동이다. 공식적으로는 스쿼시 라켓(Squash Rackets)이라 부르는데 이는 라켓과 다르게 딱딱한 공을 사용하지 않고 '찌그러지는(Squashable)' 소프트볼을 사용한다는 의미이다. 게임은 4면이 벽인 코트에서 두 명이(복식은 네 명) 하며 랠리는 한 선수가 상대방의 공을 받아치지 못하거나 실수를 할 때까지 계속된다.

22 문학의 시대별 주요 작가와 대표작품

작가	시대	작품
김동인	1920년대	〈감자〉〈배따라기〉〈운현궁의 봄〉〈약한 자의 슬픔〉〈발가락이 닮았다〉〈광염소나타〉〈광화사〉
염상섭	1920년대	〈표본실의 청개구리〉〈만세전〉〈삼대〉〈두 파산〉
현진건	1920년대	〈운수 좋은 날〉〈빈처〉〈무영탑〉〈술 권하는 사회〉
주요섭	1920년대	〈사랑 손님과 어머니〉〈아네모네 마담〉〈인력거꾼〉
이 상	1930년대	〈날개〉〈오감도〉〈봉별기〉〈종생기〉〈권태〉
채만식	1930년대	〈치숙〉〈탁류〉〈태평천하〉〈레디 메이드 인생〉
김유정	1930년대	〈봄봄〉〈동백꽃〉〈금 따는 콩밭〉
김동리	1930년대	〈무녀도〉〈등신불〉〈사반의 십자가〉〈바위〉
황순원	1930년대	〈독짓는 늙은이〉〈카인의 후예〉〈학〉〈소나기〉
이효석	1930년대	〈메밀꽃 필 무렵〉〈분녀〉〈산〉〈돈〉〈들〉
최인훈	1960년대	〈광장〉〈회색인〉〈서유기〉
이청준	1960년대	〈서편제〉〈병신과 머저리〉〈축제〉〈매잡이〉
김승옥	1960년대	〈서울, 1964년 겨울〉〈무진기행〉
박경리	1960년대	〈토지〉〈김약국의 딸들〉〈불신시대〉
신경림	1970년대	〈농무〉〈목계장터〉〈가난한 사랑 노래〉
황석영	1970년대	〈삼포가는 길〉〈장길산〉〈객지〉〈개밥바라기별〉
조세희	1970년대	〈난장이가 쏘아올린 작은 공〉
박완서	1980년대	〈엄마의 말뚝〉〈나목〉〈그 많던 싱아는 누가 다 먹었을까〉
조정래	1980년대	〈태백산맥〉〈아리랑〉
신경숙	1980년대	〈외딴방〉〈엄마를 부탁해〉〈풍금이 있던 자리〉
공지영	1980년대	〈고등어〉〈봉순이 언니〉〈무소의 뿔처럼 혼자서 가라〉

24

23 올림픽(Olympic)

각 대륙에서 모인 선수들이 여름과 겨울 스포츠 경기를 하는 국제 스포츠 대회이다. 2년마다 하계올림픽과 동계올림픽이 번갈아 열리며, 국제올림픽위원회(IOC)가 감독한다. 1894년에 IOC가 창설되어, 1896년에 그리스 아테네에서 제1회 올림픽이 열렸다. 거의 모든 국가가 참여할 정도로 그 규모 면에서 세계 최고의 대회이다.

하계올림픽			동계올림픽		
회	연도	개최지	회	연도	개최지
35회	2032	호주 브리즈번			
34회	2028	미국 LA			
33회	2024	프랑스 파리			
32회	2021	일본 도쿄(연기)			
31회	2016	브라질 리우데자네이루			
30회	2012	영국 런던			
29회	2008	중국 베이징			
28회	2004	그리스 아테네			
27회	2000	호주 시드니	25회	2026	이탈리아 밀라노, 코르티나담페초
26회	1996	미국 애틀랜타	24회	2022	중국 베이징
25회	1992	스페인 바르셀로나	23회	2018	대한민국 평창
24회	1988	대한민국 서울	22회	2014	러시아 소치
23회	1984	미국 LA	21회	2010	캐나다 밴쿠버
22회	1980	소련 모스크바	20회	2006	이탈리아 토리노
21회	1976	캐나다 몬트리올	19회	2002	미국 솔트레이크시티
20회	1972	독일 뮌헨	18회	1998	일본 나가노
19회	1968	멕시코 멕시코시티	17회	1994	노르웨이 릴레함메르
18회	1964	일본 도쿄	16회	1992	프랑스 알베르빌
17회	1960	이탈리아 로마	15회	1988	캐나다 캘거리
16회	1956	호주 맬버른	14회	1984	유고슬라비아 사라예보
15회	1952	핀란드 헬싱키	13회	1980	미국 레이크플래시드
14회	1948	영국 런던	12회	1976	오스트리아 인스부르크
13회	1944	2차 세계대전으로 무산	11회	1972	일본 삿포로
12회	1940		10회	1968	프랑스 그르노블

11회	1936	독일 베를린	9회	1964	오스트리아 인스부르크	
10회	1932	미국 LA	8회	1960	미국 스쿼밸리	
9회	1928	네덜란드 암스테르담	7회	1956	이탈리아 코르티나담페	
8회	1924	프랑스 파리	6회	1952	노르웨이 오슬로	
7회	1920	벨기에 앤트워프	5회	1948	스위스 생모리츠	
6회	1916	1차 세계대전으로 무산	–	1944	2차 세계대전으로 무산	
5회	1912	스웨덴 스톡홀름	–	1940		
4회	1908	영국 런던	4회	1936	독일 가르미슈파르텐키르헨	
3회	1904	미국 세인트루이스	3회	1932	미국 레이크플래시드	
2회	1900	프랑스 파리	2회	1928	스위스 생모리츠	
1회	1896	그리스 아테네	1회	1924	프랑스 샤모니	

24 세계기록유산과 인류무형문화유산

인류의 소중한 기록유산을 보존·활용하기 위해 1997년부터 2년마다 국제자문위원회의 심의를 통해 유네스코 사무총장이 선정한다. 무형문화재 가운데 선정되는 세계무형유산과는 구별되며 별도로 관리된다.

구분	등록현황
한국 세계기록유산	훈민정음(1997), 조선왕조실록(1997), 직지심체요절(2001), 승정원일기(2001), 해인사 대장경판 및 제경판(2007), 조선왕조의궤(2007), 동의보감(2009), 일성록(2011), 5·18 민주화운동 기록물(2011), 난중일기(2013), 새마을운동 기록물(2013), KBS 특별생방송 '이산가족을 찾습니다' 기록물(2015), 한국의 유교책판(2015), 조선왕실 어보와 어책(2017), 국채보상운동 기록물(2017), 조선통신사 기록물(2017), 4·19 혁명 기록물(2023), 동학농민혁명 기록물(2023)
한국 인류무형 문화유산	종묘제례 및 종묘제례악(2001), 판소리(2003), 강릉단오제(2005), 강강술래(2009), 남사당놀이(2009), 영산재(2009), 처용무(2009), 제주칠머리당영등굿(2009), 가곡(2010), 대목장(2010), 매사냥(2010), 택견(2011), 줄타기(2011), 한산모시짜기(2011), 아리랑(2012), 김장문화(2013), 농악(2014), 줄다리기(2015), 제주해녀문화(2016), 씨름(2018), 연등회(2020), 한국의 탈춤(2022)

24

25 해트트릭(Hat Trick)

축구나 아이스하키 등의 경기에서 한 선수가 한 게임에서 3득점을 달성하거나 한 팀이 3년 또는 3번의 대회 연속으로 대회 타이틀을 석권했을 때를 칭한다. 20세기 초 영국 크리켓 게임에서 3명의 타자를 연속 아웃시킨 투수에게 새 모자를 주어 명예를 칭송하던 것에서 유래했다.

Step 6 **과학 · IT**

26 콜탄

스마트폰 제조시 사용되는 광물이다. 전 세계 콜탄의 70~80%가 아프리카 콩고에 매장돼 있다. 콜탄을 가공하면 탄탈륨이라는 금속을 얻을 수 있는데, 탄탈륨은 높은 온도와 부식에 강한 특징 때문에 스마트폰, 노트북 등의 기기에 꼭 필요한 소재다. 한편 콜탄은 범죄, 전쟁과 같은 분쟁에 얽힌 대표적 분쟁광물 중 하나이기도 하다. 분쟁광물의 판매자금이 반군에 유입돼 전쟁이나 환경 · 자연 파괴, 아동노동 착취 등의 문제가 발생하고 있어 대책마련이 필요한 실정이다.

27 케플러 우주망원경(Kepler Space Observatory)

지구와 유사한 행성을 찾기 위해 미국항공우주국(NASA)이 제작한 것으로, 2009년 3월 미국 플로리다 주 케네디 우주센터에서 델타 II 로켓에 실려 발사됐다. 먼 항성에서 온 빛이 주기적으로 어두워지는 현상을 관측함으로써 이 항성 주변을 지나는 행성의 존재를 발견하고 그 크기, 자전주기, 공전궤도 등을 알아내며 데이터를 수집했다. 본래 예상을 뛰어넘는 과학적 성과를 거두고 2018년 퇴역했다.

28 활성단층(Active Fault)

단층이란 외부의 힘을 받아 지층이 어긋나면서 생겨난 지질구조를 말한다. 이 단층이 큰 힘을 받아 움직이면서 지진이 발생하는 것인데, 활성단층(활단층이라고도 함)은 현재도 계속 움직이고 있고 앞으로도 움직일 가능성이 충분한 단층을 말한다. 단층은 간헐적으로 움직이는 것이 대부분이지만 활성단층이 존재하는 지각에서는 다른 지각보다 지각변형의 진행률이 매우 크게 나타나는 것으로 알려져 있다.

29 여진(餘震, Aftershock)

본진 뒤에 발생하는 지진을 말한다. 특정 지역, 특정한 기간에 발생하는 지진들 중에 상대적으로 규모가 큰 지진을 본진(本震, Mainshock)이라 하고 그 이후에 본진보다 작은 규모로 발생하는 지진을 여진이라고 한다. 본진과 여진의 진앙지는 일치하지 않으며 본진이 일어난 후에는 대부분 여진도 따라 발생한다. 또한 본진이 클수록 여진의 지속기간도 길어진다. 2017년 포항에서 5.4 규모의 본진이 일어난 후 100여 차례의 여진이 계속되면서 그동안 방심하고 있었던 우리나라 지진 피해 대책 마련이 시급해졌다.

30 머신 러닝(Machine Learning)

컴퓨터가 주어진 데이터를 분석하는 등 스스로 학습하는 것을 말한다. 인공지능의 한 분야인 머신 러닝은 사람이 공부하는 것처럼 컴퓨터도 주어진 데이터를 분석하는 등 스스로 학습하도록 함으로써 새로운 정보를 도출해내도록 하는 것이다. 주로 머신 러닝을 통해 미래를 예측하는 작업이 이루어진다. 이 머신 러닝을 이용하는 사람들이 많아질수록 데이터의 양이 많아지면서 컴퓨터가 더욱 똑똑해지므로 미래 예측의 정확도가 높아질 것이라는 분석이다.

24

정치 · 법률

01 키친캐비닛(Kitchen Cabinet)

미국의 7대 대통령인 앤드류 잭슨(Andrew Jackson)이 참모진과의 불화로 자문이 필요할 때 자신의 지인들을 식사에 초대해 국정을 논의한 것에서 유래한 단어로, 대통령과 함께 식사를 하거나 식사에 초대될 정도로 가까운 지인이나 친구들을 말한다. 이들은 대통령과 어떠한 사적인 이해관계나 정치적 관계를 떠나 수평적인 관계에서 대화를 나누므로 여론을 전달하는 통로 역할을 할 수 있고 대통령은 국정운영의 충고를 들을 수 있다는 장점이 있다.

02 코뮌(Commune)

서로 평화를 서약한 주민의 공동체이다. 사회의 혼란이나 영주권의 남용에 대해서 사회질서의 안정을 도모하기 위해 주민이 상호부조를 합의하고 단결하여 왕 또는 영주로부터 특별히 사회단체로 인정을 받은 것으로 12세기에 북프랑스를 중심으로 급속하게 성장했다. 보통 시장(市長), 기타의 임원을 선출하여 자치행정을 행하고 재판권도 보유했다. 중세 말기 왕권이 강해지자 도시는 쇠퇴해갔으나 자치체라는 개념은 그 후에도 존속하였다.

03 미국의 대통령 선거 절차

미국의 대통령 선거는 4년마다 실시하며 우리나라와는 다른 방식으로 진행된다.

- **프라이머리(Primary)와 코커스(Caucas)** : 대통령 후보를 지명할 대의원 선출
- **전당대회** : 프라이머리와 코커스에서 뽑힌 대의원들이 차기 대통령과 부통령 후보 선출
- **대통령 선거인단 선거** : 11월 첫째 월요일이 속한 주의 화요일에 총 538명의 선거인단이 투표, 승자독식시스템(주별 투표에서 득표수가 많은 후보가 그 주의 선거인단 전체의 표를 획득), 선거인단 과반수인 270명을 얻으면 당선
- **선거** : 12월의 둘째 수요일 이후 첫 월요일에 실시

04 이원집정부제(이원집정제)

행정부의 권한을 대통령과 내각수반이 나누어 행사하는 정치제도로 전통적으로 대통령은 국민의 직접선거로 선출된다. 평상시에는 국무총리(수상)가 행정권을 주도하지만 비상사태가 발생하면 대통령이 행정권을 장악하여 단순한 국가원수로서의 지위뿐 아니라 실질적인 행정을 담당하게 된다. 독일의 바이마르 헌법은 이원집정부제의 전형이다.

> **❤️ 상식 더하기 ◀ 바이마르 헌법**
>
> 1919년 8월 11일 제정된 독일공화국 헌법으로, 국민주권주의에 입각하여 보통 · 평등 · 직접 · 비밀 · 비례대표의 원리에 의거한 선거에 따른 의원내각제를 채택하면서 동시에 약간의 직접민주제도를 인정하였다. 1933년 히틀러 정권에 의하여 폐지되었으나 20세기 현대 헌법의 전형이 되었다.

25

05 코커스(Caucus)

미국의 특수한 형태의 정당집회를 말한다. 제한된 수의 정당 간부나 선거인단이 모여 공직선거에 나설 후보자를 선출하거나 전당대회에 참석할 대의원을 선출하는 모임이다. 미국 대통령 선거에서는 각 정당의 대통령 후보를 지명하는 전당대회에 내보낼 대의원을 뽑는 당원(黨員)대회를 의미한다. 코커스에는 정당에 등록된 당원들만이 참가하여 자신이 선호하는 후보를 지지하는 대의원을 선출하고, 여기서 선출된 대의원들이 전당대회에서 투표하여 대통령 후보를 정하는 것이다.

Step 2 국제 · 외교

06 TRIPs(agreement on Trade-Related aspects of Intellectual Property rights)

특허권, 의장권, 상표권, 저작권 등 무역관련 지적재산권에 관한 다자 간 협정이다. 지적재산권에 대한 국가 간 보호는 세계지적재산권기구(WIPO)를 중심으로 파리 협약, 베른 협약, 로마 협약 등 개별적인 국제협약에 의해 시행되어 왔으나 보호수준이 미약하고 관세무역일반협정(GATT)체제의 다자 간 규범 내에 있지 않아 무역마찰이 빈번했다. 이렇게 국제적인 지적재산권 보호 강화 문제가 대두됨에 따라 지적재산권이 1986년부터 시작된 우루과이라운드(UR) 다자 간 협상의 한 가지 의제로 채택되었으며, 1994년 출범한 WTO의 부속협정으로 채택되었다.

07 리스본 조약(Treaty of Lisbon)

유럽연합(EU) 27개 회원국 정상들이 2007년 10월 포르투갈의 수도 리스본에서 열린 정상회담에서 최종 합의한 뒤 같은 해 12월 공식 서명한 조약으로, 정식 명칭은 EU 개정조약(EU Reform Treaty)이다. EU의 내부 통합을 공고히 다지고 정치공동체로 나아가기 위한 규범을 제시한다. EU 회원국이 번갈아 맡던 순회의장국제도 대신 임기 2년 6개월에 1차례 연임할 수 있는 EU 대통령직(상임의장)을 신설하고, 외무장관에 해당하는 임기 5년의 외교정책 대표직도 신설하였다. 또 의사결정방식도 종전의 만장일치제에서 이중다수결제도로 변경했다.

> **♥ 상식 더하기** 이중다수결제도
>
> 어떤 정책을 결정할 때 EU 전체 인구의 65% 이상, 27개 회원국 중 15개국 이상이 찬성하면 가결되는 제도로서 2014년부터 단계적으로 도입했다.

08 상설중재재판소(Permanent Court of Arbitration)

100여 개국 이상으로 구성된 정부 간 기구로서 국가 간의 중재 혹은 기타의 평화적 분쟁 해결을 위해 1899년에 설립되었다. 설립협약이 있는 독립적인 정부 간 기구로서 국제연합(UN)과 긴밀하고 항구적인 관계를 맺고 있으나 UN 내의 조직은 아니다. 분쟁 해결을 위한 중재기관인 동시에 국제법과 분쟁 해결에 관한 현재의 주제들에 대한 학문적 작업들을 수집 · 편집하는 역할도 수행하고 있다.

09 솅겐 조약(Schengen Agreement)

1985년 6월 14일 유럽연합(EU) 회원국 가운데 독일 · 프랑스 · 베네룩스 3국 등 5개국이 국경을 개방하고 정보를 공유하기로 한 국제조약이다. 룩셈부르크 솅겐에서 선언한 데에서 유래한 것으로 국경에서의 검문검색 폐지 및 여권검사 면제 등 인적 교류를 위해 국경철폐를 선언한 국경개방조약이다. 조약이 발효됨으로써 유럽영역 내에서 조약에 가입된 29개국(불가리아 · 루마니아 부분 합류)을 여권의 제시 없이 자유로이 통행할 수 있게 되었다.

10 세계보건기구(WHO ; World Health Organization)

국제연합(UN) 전문기관의 하나로 1948년에 비준되어 발족했다. '모든 인민이 가능한 최고수준의 건강에 도달한다'는 것을 목적으로 하여 각종 전염병의 예방, 환경 위생, 방사선 위생 등에 대해 정보 교환, 연구 촉진, 기술원조 등 국제적으로 광범위한 활동을 하고 있다.

Step 3 경제 · 경영

11 증자(增資)

주식회사나 유한회사가 사업 확장과 운전자금의 보충을 위하여 자본금을 늘리는 것을 말한다. 납입금을 받아 신주를 발행하는 유상증자와 잉여금을 자본전입하여 무상으로 신주를 발행하는 무상증자가 있다. 한편 합병이나 주식배당 등으로 인하여 자본금이 증액되는 경우도 있으나 이와 같은 경우는 증자라고 하지 않는다.

12 인터넷전문은행

점포 없이 인터넷과 콜센터에서 예금 수신이나 대출 등의 업무를 하는 은행을 말한다. 소규모 조직만 가지고 지점망 없이 운영되는 저비용구조에 따른 보다 높은 예금금리, 낮은 대출금리, 저렴한 수수료 등이 장점이다. 미국과 유럽에선 이미 1990년대부터 인터넷은행이 등장했고, 일본에서도 2000년대에 등장하여 운영 중이다. 국내에서는 2014년 정부가 발표한 경제정책 방향에 따라 인터넷전문은행 설립 논의가 본격화됐다. 2016년 금융위원회가 케이뱅크에 본인가 승인을 하여 2017년 4월부터 국내 최초의 인터넷전문은행인 케이뱅크가 영업을 시작했고, 같은 해 7월에는 카카오뱅크가 합류했다. 토스뱅크는 2021년 6월 은행업 본인가를 받아 국내 3번째 인터넷전문은행으로 이름 올렸다. 이러한 인터넷전문은행의 출범은 금융권의 메기 효과를 가져왔다고 평가되지만 인터넷이나 모바일 서비스 사용이 익숙하지 않은 노년층의 '금융소외'라는 문제가 나타나기도 했다.

13 모기지론(Mortgage Loan)

부동산을 담보로 주택저당증권을 발행하여 장기주택자금을 대출해주는 제도를 말한다. 주택자금 수요자가 은행을 비롯한 금융기관에서 장기주택자금을 빌리면 은행은 주택을 담보로 주택저당증권을 발행하여 이를 중개기관에 팔아 대출자금을 회수한다. 이때 중개기관은 주택저당증권을 다시 투자자에게 판매하고 그 대금을 금융기관에 지급한다.

> **상식 더하기** 주택저당증권(MBS)
>
> 금융기관이 주택을 담보로 만기 20~30년의 장기대출을 해준 주택저당채권을 대상자산으로 하여 발행한 증권

25

14 병행수입(Parallel Importation)

독점수입권자에 의해 외국상품이 수입되는 경우 제3자가 다른 유통경로를 통하여 같은 정품을 독점수입권자의 허락 없이 수입하는 것을 허용하는 제도이다. 따라서 국내 독점판매권자나 수입상표의 전용상용권자는 정품이 아닌 위조품에 대해서만 그 권리를 보호받게 된다. '무역 관련 지식재산권에 관한 협정(TRIPs)' 제6조는 권리 소진의 문제를 분쟁 해결 대상으로 하지 않을 것을 명시함으로써 간접적으로 각국의 병행수입제도 채택 자유를 인정하고 있다.

15 리보금리(LIBOR)

'London Inter-Bank Offered Rates'의 줄임말로, 영국(런던) 대형 은행들이 제시한 금리를 기초로 산정된 평균 금리를 뜻한다. 금융산업이 발달한 영국 은행들의 신용도가 한때 세계 최고 수준을 자랑했기 때문에 리보금리는 국제 금융거래의 기준이 돼왔다. 그러나 2012년 일부 대형 은행이 허위 자료를 제출해 이를 조작한 사실이 드러나면서 국제사회가 지표금리의 신뢰성과 투명성 제고를 위해 리보금리를 대체하는 지표금리를 개발하고 있다. 국내에서도 리보금리가 2023년부터 산출이 전면 중단돼 대체금리로 전환됐다.

16 　캥거루족(Kangaroo族)

취직할 나이가 되었는데도 취직을 하지 않는 사람들, 취직을 했음에도 경제적으로 독립하지 못하고 부모에게 의존하는 젊은 세대를 말한다. 2000년을 전후해 젊은이들의 취업난이 심각한 사회문제가 되고 그에 따라 젊은이들이 부모에게 의지하는 모습이 마치 '캥거루 같다'하여 생긴 단어이다.

17 　프렌디(Friendy)

'프렌드(Friend)'와 '대디(Daddy)'의 혼성어로 친구 같은 아빠를 표현하는 말이다. 사회복지제도가 잘 갖춰진 북유럽에서 나타난 것으로 우리나라에서도 2011년 무렵부터 주5일제 시행 및 여성의 활발한 사회활동으로 아빠의 집안일과 육아 담당 비중이 커지면서 나타났다. 아이의 양육에 있어 사회성이나 성 역할의 인지에 아빠로부터 교육받았을 때의 효과가 크다는 연구 결과가 발표되면서 더욱 증가하는 추세이다.

18 　리우 선언

공식명칭은 '환경과 개발에 관한 리우데자네이루 선언'으로 국제사회가 환경과 개발의 조화를 추구해나가는 데 필요한 정치적·철학적 지침이라 할 수 있다. 법적 구속력은 없다. 리우 선언 작성을 위한 협상교섭은 국제연합 환경개발회의 제2차 준비위원회에서 지구환경보호와 개발에 관한 일반적인 원칙을 작성하도록 한 결정에 따라 개시되었다. 선진국과 개도국의 상반된 입장을 절충하여 작성되었기에 전체적으로는 균형적인 형태라고 평가된다.

19 광화학 스모그(Photochemical Smog)

질소산화물과 탄화수소가 대기 중에 농축되어 있다가 태양광선 중 자외선과 화학반응을 일으키면서 2차 오염물질인 광산화물을 만들어 대기가 안개 낀 것처럼 뿌옇게 변하는 현상을 말한다. 보통 햇볕이 강하고 바람이 약한 날 발생되며 맑게 갠 하늘인데도 안개가 끼고 대기는 탁한 느낌을 준다. 매연 등의 거무스름한 스모그와 대비시켜 하얀 스모그라 부르기도 한다. 광화학 스모그는 눈과 목의 점막을 자극하여 따가움을 느끼게 하거나 심할 때엔 눈병과 호흡기 질환을 일으키기도 하고, 급성중독때엔 폐수종을 유발해 사망에 이를 수 있다. 또 식물의 잎을 마르게 하거나 열매가 열리지 않게 하는 피해를 주어 산림을 황폐화시킨다.

20 생물다양성협약(Convention on Biological Diversity)

동·식물들은 인간에게 꼭 필요한 의약품, 농산물, 식료품 원료 등을 제공하며 그 잠재적 혜택은 가치로 따질 수 없다. 이러한 생물의 지속가능한 이용을 확보하는 것은 인류의 미래를 위해서 중요하다는 인식에 기초해 생물다양성을 보전하고 그 이용으로부터 나오는 이익을 공정분배하기 위한 목적에 따라 UN 환경계획 주관으로 정부 간 협상회의를 개최하여 1992년 5월 채택한 협약이다. 협약은 당사국에 생물다양성과 그 구성요소의 보전 및 지속가능한 이용을 위한 국가적 전략 수립, 유전자원에 대한 접근, 이용 및 이익 공정분배를 위한 국내적 조치 의무와 기술이전 의무(선진국) 등을 부여하고 있다.

21　칙릿(Chick Lit)

1990년대 미국과 영국에서 나타난 20대~30대의 젊은 커리어 우먼을 주요 독자로 하는 소설 장르이다. '젊은 여성'을 뜻하는 미국 속어 '칙(Chick)'과 문학을 뜻하는 '리터러쳐(Literature)'의 줄임말 '릿(Lit)'을 합성한 단어이다. 내용 역시 20~30대 여성들의 일과 사랑에 대한 이야기를 담고 있다. 영국을 비롯한 유럽 지역과 미국에서 등장하기 시작한 후에 수많은 발행부수를 기록하며 선풍적인 인기를 끌었고, 이를 시나리오로 각색한 영화와 드라마도 다수 제작되었다.

22　팝페라(Popera)

'팝(Pop)'과 '오페라(Opera)'의 합성어로, 오페라를 팝 창법으로 부르는 등 양쪽을 넘나드는 크로스오버 영역이다. 사라 브라이트만, 안드레아 보첼리 등이 대표적인 팝페라 가수이다.

> **상식 더하기**　크로스오버(Cross-over)
>
> 클래식과 팝, 재즈와 록, 블루스와 레게 등 한 장르와 다른 장르의 결합을 시도한 연주 형식으로 퓨전 음악과 비슷한 표현이다.

23　빈티지(Vintage)

원래 '와인의 원료가 되는 포도를 수확하고 와인을 만든 해'를 의미하는 단어이다. 와인의 품질을 예측하고 마시기 적절한 시기 등을 판단하는 데 참고가 되는데 이와 유사한 의미로 쓰인다. 획일화되어 가는 현대사회에서 개성 있는 자아를 찾아 다른 이들과는 차별된 이미지를 옛것으로 재구성해 사람들에게 익숙함에서 편안함을 느끼게 하는 정서적 콘셉트를 표현하고 있는 것이다.

25

24 형이상학(Metaphysics)

감각이나 경험을 초월한 보편적인 원리에 따른 사유로서 세상의 본질을 파악하려는 전통적인 철학이다. 우주론·존재론·신학 등을 다루며, 아리스토텔레스는 이를 '제1철학'이라 지칭했다. 또한, 물리학·생물학 등 과학적 방법에 의한 분야는 '제2철학'으로서 자연철학(자연과학)으로 구분하였다.

25 범패(梵唄)

불교의식인 재를 올릴 때 부처의 공덕을 찬양하며 부르는 노래이다. 범음 또는 어산이라고도 하며 우리나라의 3대 전통성악곡 중 하나로 꼽힌다. 범패는 장단이 없는 짧은 소리로 이루어져 있고 화성이 없는 단선음악이다. 인도에서 발생해 9세기경 당나라를 통해 전해진 것으로 알려져 있다.

Step 6 과학·IT

26 브루셀라(Brucellosis)

소나 돼지에 주로 나타나는 감염병으로 태막 파열이나 고환염 등을 일으키는 일종의 가축 성병이다. 멸균되지 않은 유제품 등을 통해 사람한테도 전염될 수 있는데, 사람이 이 병에 걸리면 발열·피로·관절통 증세를 보이게 된다. 브루셀라에 걸린 가축은 무조건 살처분해야 한다.

27 사이토카인(Cytokine)

'세포(Cyto)'와 '작동한다(Kineto)'의 혼성어로 세포와 세포 사이의 신호 전달을 매개하는 단백질을 말한다. 신체의 방어체계를 제어하고 자극하는 신호물질로 사용되는 당단백질이며 펩타이드 중 하나이다. 물에 약간 녹는 물질로 이루어져 있으며 신경전달물질이나 호르몬과 유사하다. 사이토카인은 증세가 특이한 세포 표면의 수용기에 붙어있으며 분자신호 물질을 강화하여 호르몬과 같이 세포 내의 신호를 다음 단계로 전달하고 세포기능을 바꾼다.

28 인터페론(Interferon)

바이러스에 감염된 동물의 세포에서 생산되는 항(抗)바이러스성 단백질 이다. 세포의 조직 물질로서 바이러스로부터의 세포를 보호하고 조직배 양에서나 골수에서의 세포분열을 억제하며 혈액 면역세포인 T세포의 작용을 조절한다. 또한 자연면역세포(NK세포)의 기능 항진을 유도하여 식균작용을 상승시키고, 특수 암세포의 분열을 억제하기도 한다.

29 커넥티드카(Connected Car)

주변 사물들과 인터넷으로 연결돼 운행에 필요한 각종 교통 정보는 물론 다른 차량의 운행 정보도 실시간으로 확인할 수 있는 스마트자동차를 말한다. 커넥티드카는 자동차 주행에 필요한 신호등이나 CCTV 등으로부터의 각종 교통 정보와 주변의 도로나 차량 등의 운행 정보까지 실시간으로 확인하며 주행한다. 주고받는 데이터의 양이 많다보니 초고속 통신망이 필수적으로 요구된다. 2016년 11월 SK텔레콤과 BMW코리아는 5G 통신망을 이용한 커넥티드카 'T5'를 공개하고 세계 최초로 미래주행기술을 선보였다.

25

30 중력파(Gravitational Wave)

중력장이 파동의 모양을 이루며 빛의 속도로 전파하는 것이다. 아인슈타인은 일반상대성 이론을 통해 질량이 있는 물체가 움직일 때 그 물체를 중심으로 시공간이 뒤틀리며 파동이 생긴다고 주장했다. 물체가 움직일 때, 새로 생성될 때, 파괴될 때 이에 따른 파동이 발생하고 이는 시공간의 일그러짐이라는 형태로 표현되는데, 여기서 파동은 중력파를 의미한다. 물체의 크고 작음에 따라 이 파동의 크기도 커지나 작아지며 물체의 크기가 크다면 파동의 크기도 크기 때문에 관측할 수 있어야 한다는 것이다.

시험에 유용한
필수 상식

하루
상식

시험에 유용한 필수 상식

처음에 관한 모든 것

- 우리나라 최초의 우주인 – 이소연 박사
- 우리나라에서 처음 금메달을 획득한 선수 – 양정모 선수
- 우리나라 최초의 여왕 – 선덕여왕
- 우리나라 최초의 근대적 헌법 – 홍범 14조
- 우리나라가 태극기를 처음 사용한 시점 – 제물포 조약 이후
- 우리나라가 '대한'이란 국호를 처음 사용한 시점 – 아관파천 이후
- 우리나라를 처음으로 유럽에 알린 문헌 – 〈하멜표류기〉
- 우리나라의 독립을 최초로 언급한 것 – 카이로 선언
- 우리나라 최초의 한국형 구축함 – 광개토대왕함
- 우리나라 최초로 실전 배치된 잠수함 – 장보고함
- 우리나라 최초의 국산 자동차 – 시발(始發)자동차
- 우리나라 최초의 순 한글 신문 – 〈독립신문〉
- 우리나라 최초의 국문소설 – 〈홍길동전〉
- 우리나라 최초의 민간 극장 – 원각사(圓覺社)
- 우리나라 최초로 한글이 새겨진 현존 최고의 금석문 – 이윤탁 한글 영비
- 세계 최초 금속활자로 인쇄된 책 – 〈직지심체요절〉
- 세계에서 해가 가장 먼저 뜨는 나라 – 키리바시공화국
- 세계 최초 여성 대통령을 배출한 나라 – 아르헨티나

- 세계 최초의 영화 – 〈기차의 도착〉
- 세계 최초의 해양 문명 – 에게 문명
- 세계 최초의 헌법 – 마그나 카르타
- 세계 최초의 근대적인 조약 – 베스트팔렌 조약
- 최초의 인류 – 오스트랄로피테쿠스
- 최초의 인류 우주인 – 유리 가가린
- 최초로 아시아에서 노벨문학상을 수상한 사람 – 라빈드라나트 타고르
- 최초의 할리우드 블록버스터 – 스티븐 스필버그 〈죠스〉
- 최초로 사회보험제도를 실시한 나라 – 독일
- 최초로 여성에게 참정권을 부여한 나라 – 뉴질랜드

숫자별 정리

- **빛의 3원색** – 빨강, 초록, 파랑
- **색의 3원색** – 빨강, 노랑, 파랑
- **문학의 3대 장르** – 시, 소설, 수필
- **연극의 3요소** – 희곡, 배우, 관객
- **희곡의 3요소** – 대사, 지문, 해설
- **시의 3요소** – 운율, 심상, 주제
- **소설의 3요소** – 주제, 구성, 문체
- **소설 구성의 3요소** – 인물, 사건, 배경
- **조선시대 3사** – 사간원, 사헌부, 홍문관

- 세계 3대 법전 − 함무라비 법전, 로마법대전, 나폴레옹 법전
- 3대 시민혁명 − 영국 명예혁명, 프랑스 대혁명, 미국 독립혁명
- 노동3권 − 단결권, 단체교섭권, 단체행동권
- 당3역 − 사무총장, 원내대표, 정책위의장
- 정부 3부 요인 − 국회의장, 대법원장, 국무총리
- 뉴턴의 3대 법칙 − 관성의 법칙, 작용 · 반작용의 법칙, 가속도의 법칙
- 세계 3대 유종 − 서부 텍사스 중질유(WTI), 브렌트유, 두바이유
- 송도 3절(松都三絶) − 서경덕, 박연폭포, 황진이
- 3대 영양소 − 단백질, 지방, 탄수화물
- 중국의 3대 악녀 − 청나라 서태후, 한나라 여태후, 당나라 측천무후
- 세계 3대 광고제 − 클리오 광고제, 칸 국제광고제, 뉴욕페스티벌
- 임진왜란 3대 대첩 − 한산대첩, 행주대첩, 진주대첩
- 르네상스시대 3대 예술가 − 레오나르도 다빈치, 미켈란젤로, 라파엘로
- 세계 3대 미항(美港) − 호주 시드니, 이탈리아 나폴리, 브라질 리우데자네이루
- 철인 3종 경기(트라이애슬론) − 수영, 사이클, 달리기
- 미국 3관(Triple Crown) 경주 − 켄터키 더비, 프리크니스 스테이크스, 벨몬트 스테이크스
- 세계 3대 오페라 극장 − 이탈리아 밀라노 라 스칼라 극장, 미국 뉴욕 메트로폴리탄 오페라극장, 오스트리아 빈 국립오페라 극장
- 세계 3대 인명사전 − 마르퀴즈 후즈후(Marquis Whos Who), 미국 인명정보기관(ABI), 영국 케임브리지 국제인명센터(IBC)
- 사신도(四神圖) 4신(神) − 청룡, 백호, 주작, 현무
- 세계 4대 문명 − 메소포타미아문명, 인더스문명, 황하문명, 이집트문명
- 세계 4대 종교 − 기독교, 이슬람교, 불교, 힌두교
- 셰익스피어의 4대 비극 − 〈햄릿〉, 〈리어왕〉, 〈오셀로〉, 〈맥베스〉
- 베이컨의 4대 우상 − 종족의 우상, 동굴의 우상, 시장의 우상, 극장의 우상

- 서울의 4대문 – 숭례문, 숙정문, 흥인지문, 돈의문
- 세계 4대 경제블록 – EU, NAFTA, APEC, ASEAN
- 중국의 4대 미인 – 서시, 왕소군, 초선, 양귀비
- 맹자의 4단 – 인(仁), 의(義), 예(禮), 지(知)
- 4대 사화 – 무오사화, 갑자사화, 기묘사화, 을사사화
- 4대 보험 – 국민연금, 고용보험, 국민건강보험, 산업재해보상보험
- 마케팅 4P – Product, Place, Promotion, Price
- 선거 4대 원칙 – 직접선거, 보통선거, 평등선거, 비밀선거
- 중국의 4대 발명품 – 종이, 화약, 나침반, 인쇄술
- 세계 4대 뮤지컬 – 〈캣츠〉, 〈레 미제라블〉, 〈오페라의 유령〉, 〈미스 사이공〉
- 사물놀이 – 북, 장구, 징, 꽹과리
- 사서(四書) – 〈논어〉, 〈맹자〉, 〈중용〉, 〈대학〉
- 오경(五經) – 〈주역〉, 〈서경〉, 〈시경〉, 〈예기〉, 〈춘추〉
- 향약 4대 덕목 – 덕업상권(德業相勸), 과실상규(過失相規), 예속상교(禮俗相交), 환난상휼(患難相恤)
- 세속오계(世俗五戒) – 사군이충(事君以忠), 사친이효(事親以孝), 교우이신(交友以信), 임전무퇴(臨戰無退), 살생유택(殺生有擇)
- 테니스 세계 4대 선수권 – 호주 오픈대회, 프랑스 오픈대회(롤랑 가로스), 미국 US 오픈대회, 영국 오픈대회(윔블던 대회)
- 5대 사회악(베버리지 보고서) – 궁핍, 질병, 나태, 무지, 불결
- 이슬람교도의 5대 의무 – 샤하다(신앙고백), 살라(1일 5회 기도), 자카트(자선), 사움(단식), 하즈(성지순례)
- 판소리 5마당 – 〈춘향가〉, 〈적벽가〉, 〈흥보가〉, 〈심청가〉, 〈수궁가〉
- 오장(五臟) – 간장, 심장, 비장, 폐장, 신장
- 육부(六腑) – 대장, 소장, 쓸개, 위, 삼초, 방광
- 현악 4중주 – 바이올린 1, 바이올린 2, 비올라, 첼로

- 금관 5중주 – 트럼펫 1, 트럼펫 2, 호른, 트럼본, 튜바
- 목관 5중주 – 플루트, 오보에, 클라리넷, 호른, 바순
- 경제 4단체 – 전국경제인연합회, 대한상공회의소, 한국무역협회, 중소기업중앙회
- 경제 5단체 – 경제 4단체 + 한국경영자총협회
- 경제 6단체 – 경제 5단체 + 전국은행연합회
- 십장생(十長生) – 해, 산, 물, 돌, 달(구름), 소나무, 불로초, 거북, 학, 대나무

순우리말

▶ 바람

· 갈마바람	뱃사람들이 서남풍을 이르는 말
· 건들바람	초가을에 선들선들 부는 바람
· 고추바람	살을 에는 듯 매섭게 부는 차가운 바람
· 높새바람	뱃사람들이 동북풍을 이르는 말
· 높하늬바람	뱃사람들이 서북풍을 이르는 말
· 된마파람	뱃사람들이 동남풍을 이르는 말
· 된바람	매섭게 부는 바람, 북풍, 덴바람, 호풍, 삭풍
· 마파람	남풍
· 살바람	좁은 틈으로 새어 들어오는 찬바람, 초봄에 부는 찬바람
· 색바람	이른 가을에 부는 선선한 바람
· 샛바람	동풍, 봄바람
· 소소리바람	이른 봄의 맵고 스산한 바람

• 왜(倭)바람	방향이 없이 이리저리 함부로 부는 바람
• 피죽바람	모낼 무렵 오래 계속해 부는 아침 동풍과 저녁 서북풍을 이르는 말
• 하늬바람	서풍

▶ 비

• 개부심	장마로 큰물이 난 뒤, 한동안 쉬었다가 다시 퍼붓는 비
• 건들장마	초가을에 비가 오다가 금방 개고 또 비가 오다가 다시 개기를 반복하는 것
• 그믐치	그믐 무렵에 오는 비나 눈
• 는개	안개보다 조금 굵고 이슬비보다는 가는 비, 연우(煙雨)
• 먼지잼	겨우 먼지나 날리지 않을 정도로 비가 조금 옴
• 목비	모낼 무렵에 한목 오는 비
• 악수	엄청나게 퍼붓는 비
• 여우비	볕이 나 있는데 잠깐 오다가 그치는 비
• 웃비	한창 내리다가 잠시 그친 비
• 작달비	장대비, 좍좍 퍼붓는 비

▶ 눈

• 길눈	한 길이 될 만큼 많이 쌓인 눈
• 누리	우박
• 도둑눈	밤사이에 사람들이 모르게 내린 눈
• 마른눈	비가 섞이지 않고 내리는 눈
• 숫눈	눈이 와서 쌓인 상태 그대로의 깨끗한 눈
• 자국눈	겨우 발자국이 날 만큼 적게 내린 눈
• 진눈깨비	비가 섞여 내리는 눈

▶ 안개, 서리

- 무서리   늦가을에 처음 내리는 묽은 서리
- 상고대   나무나 풀에 내려 눈처럼 된 서리
- 서리꽃   유리창 따위에 서린 김이 얼어서 꽃처럼 엉긴 무늬
- 성에가시   성에의 뾰족뾰족한 것을 가시에 비유하여 이르는 말
- 해미   바다 위에 낀 아주 짙은 안개

▶ 길

- 고샅길   시골 마을의 좁은 골목길 또는 골목 사이
- 길섶   길의 가장자리, 흔히 풀이 나 있는 곳을 표현
- 낭길   낭떠러지를 끼고 난 길
- 모롱이   산모퉁이의 휘어 둘린 곳
- 자드락길   나지막한 산기슭의 비탈진 땅에 난 좁은 길
- 조롱목   조롱 모양처럼 된 길목

우리말의 단위 표현

- 갓   조기 · 굴비 따위 해산물은 10마리, 나물 종류는 10모숨을 한 줄로 엮은 것
- 강다리   장작 100개비
- 고리   소주 10사발
- 거리   오이나 가지 따위의 50개
- 님   바느질에 쓰는 토막 친 실을 세는 단위

- 닢   납작한 물건(돈 · 가마니 · 명석)을 세는 단위

- 단   짚, 땔나무, 채소 따위의 묶음을 세는 단위

- 달포   한 달쯤, 삭여(朔餘)

- 두름   조기 · 청어 따위를 10마리씩 두 줄로 묶은 20마리. 산나물 10모숨

- 마장   오 리나 십 리(4km)가 못 되는 거리의 단위

- 매   종이나 널빤지 따위를 세는 단위. 열매를 세는 단위, 젓가락 한 쌍

- 모숨   한 줌 안에 들어올 만한 분량의 길고 가느다란 물건

- 뭇   채소, 짚, 잎나무, 장작의 작은 묶음. 생선 10마리, 미역 10장, 자반 10개

- 발   두 팔을 양옆으로 펴서 벌렸을 때 한쪽 손끝에서 다른 쪽 손끝까지의 길이

- 사리   국수, 새끼, 실 따위의 뭉치를 세는 단위

- 섬   곡식, 가루, 액체 따위의 부피를 잴 때 쓰는 단위(한 섬=약 180리터).

- 손   큰 놈 뱃속에 작은 놈 한 마리를 끼워 넣어 파는 자반고등어 2마리

- 쌈   바늘을 세는 단위, 1쌈은 바늘 24개

- 연   종이 500장

- 접   사과, 배 등 과일이나 무, 배추 등의 채소 100개

- 제(劑)   한약의 분량을 나타내는 단위, 스무 첩

- 죽   옷, 신, 그릇 따위의 10개

- 축   오징어 20마리

- 쾌   북어 20마리

- 토리   실을 감은 뭉치 또는 그 단위

- 필(匹)   말이나 소를 세는 단위

- 한겻   하루의 4분의 1(6시간)

- 해포   1년쯤

가가호호(家家戶戶)	각 집과 각 호(戶)마다, 집집마다
가담항설(街談巷說)	길거리에 떠도는 소문 세상의 풍문(風聞)
가렴주구(苛斂誅求)	세금을 가혹하게 거둬들여 국민을 괴롭힘
가인박명(佳人薄命)	아름다운 여자는 기박(奇薄)한 운명(運命)을 타고남
가정맹어호(苛政猛於虎)	가혹한 정치는 호랑이보다 더 무섭다는 뜻으로, 가혹하게 세금을 뜯어가는 정치는 호랑이에게 잡혀 먹히는 고통보다 더 무섭다는 말
각골난망(刻骨難忘)	뼛속에 새겨 두고 잊지 않는다는 뜻으로, 남에게 입은 은혜가 마음 깊이 새겨져 잊히지 아니함을 말함
각주구검(刻舟求劍)	초(楚)나라 사람이 배를 타고 가다가 강물에 칼을 빠뜨리자 배에 칼이 떨어진 곳을 새기고 나루에 이르러 칼을 찾았다는 고사로서, 어리석고 융통성이 없음을 비유함
간담상조(肝膽相照)	마음과 마음을 서로 비춰볼 정도로 서로 마음을 터놓고 사귀는 것을 말함[간담(肝膽)은 간과 쓸개로 마음을 의미]
감불생심(敢不生心)	감히 생각도 못함 = 감불생의(敢不生意)
감언이설(甘言利說)	남의 비위에 맞도록 꾸민 달콤한 말
감탄고토(甘呑苦吐)	달면 삼키고 쓰면 뱉는다는 뜻으로, 사리(事理)의 옳고 그름을 따지지 않고 자기 비위에 맞으면 좋아하고, 맞지 않으면 싫어한다는 말
갑남을녀(甲男乙女)	갑(甲)이란 남자와 을(乙)이란 여자의 뜻으로, 평범한 사람을 말함
갑론을박(甲論乙駁)	서로 논박(論駁)함
강구연월(康衢煙月)	번화한 거리의 안개 낀 흐릿한 달이란 뜻으로, 태평한 시대의 평화로운 풍경을 말함 = 태평연월(太平烟月), 함포고복(含哺鼓腹), 고복격양(鼓腹擊壤)

개과천선(改過遷善)	허물을 고치고 착하게 됨
개세지재(蓋世之才)	세상을 뒤덮을 만한 재주, 또는 그러한 재주를 가진 사람
객반위주(客反爲主)	손이 도리어 주인이 됨 = 주객전도(主客顚倒)
거두절미(去頭截尾)	머리와 꼬리를 자르듯, 원인과 결과를 빼고 요점만 말함
거안사위(居安思危)	편안히 살 때 위태로움을 생각함
건곤일척(乾坤一擲)	운명과 흥망을 걸고 단판으로 승부나 성패를 겨룸. 또는 오직 한 번에 흥망성쇠가 걸려 있는 일
격물치지(格物致知)	사물의 이치(理致)를 연구하여 자기의 지식을 확고하게 함
격세지감(隔世之感)	세대(世代)를 거른 듯이 몹시 달라진 느낌
격화소양(隔靴搔痒)	신을 신고 발바닥을 긁는다는 뜻으로, 일이 성에 차지 않는 것, 또는 일이 철저하지 못한 것을 가리킴
견강부회(牽强附會)	이치에 닿지 않는 것을 억지로 끌어다 붙임
견마지로(犬馬之勞)	'견마'는 '자기'의 겸칭(謙稱)이며, 자기의 수고를 겸손하게 이르는 말
견문발검(見蚊拔劍)	모기를 보고 칼을 뺀다는 뜻으로, 조그만 일에 허둥지둥 덤빔
결자해지(結者解之)	맺은 사람이 풀어야 한다는 뜻으로, 저지른 일은 스스로 해결해야 함
결초보은(結草報恩)	죽어서라도 은혜를 갚는다는 뜻으로, 춘추전국시대에 진(晉)나라 위무자(魏武子)가 아들 위과(魏顆)에게 자기의 첩을 순장(殉葬)하라고 유언하였는데 위과는 이를 어기고 서모(庶母)를 개가시켰더니, 그 뒤에 위과가 진(秦)나라의 두회(杜回)와 싸울 때 서모 아버지의 혼령이 나타나 풀을 매어 놓아 두회가 걸려 넘어져 위과의 포로가 되었다는 고사에서 유래함
겸양지덕(謙讓之德)	겸손(謙遜)하고 사양(辭讓)하는 미덕

경거망동(輕擧妄動)	경솔하고 망령된 행동
경국지색(傾國之色)	위정자의 마음을 사로잡아 한 나라의 형세를 기울게 할 만큼 뛰어나게 아름다운 미인
경천동지(驚天動地)	하늘을 놀라게 하고 땅을 뒤흔든다는 뜻으로, 세상을 몹시 놀라게 함을 의미
계명구도(鷄鳴狗盜)	작은 재주가 뜻밖에 큰 구실을 한다는 뜻으로 사대부가 취하지 아니하는 천한 기예(技藝)를 가진 사람을 비유함. 전국시대 제(齊)나라의 맹상군(孟嘗君)이 개 흉내를 내는 식객의 도움으로 여우 가죽옷을 훔쳐서 위기를 모면하고, 닭 우는 소리를 흉내 내는 식객의 도움으로 관문(關門)을 무사히 통과한 고사에서 유래한 말
고군분투(孤軍奮鬪)	외로운 군력(軍力)으로 분발하여 싸운다는 뜻으로, 홀로 여럿을 상대로 하여 싸우는 것을 말함
고립무원(孤立無援)	고립되어 구원받을 데가 없음 = 孤立無依(고립무의)
고식지계(姑息之計)	고식(姑息)은 아내와 자기 자식을 뜻하며, 당장의 편안함만을 꾀하는 임시적인 방편을 말함
고육지책(苦肉之策)	적을 속이는 수단의 일종으로, 제 몸을 괴롭히는 것을 돌보지 않고 쓰는 계책
곡학아세(曲學阿世)	학문을 왜곡하여 세속(世俗)에 아부(阿附)함
골육상쟁(骨肉相爭)	뼈와 살이 서로 싸운다는 뜻으로, 동족이나 친족끼리 싸우는 것을 비유함 = 골육상잔(骨肉相殘), 골육상전(骨肉相戰)
과유불급(過猶不及)	정도가 지나친 것은 오히려 모자란 것만 못하다는 뜻으로, 중용(中庸)을 강조한 말
과전이하(瓜田李下)	과전불납리 이하부정관(瓜田不納履李下不整冠·오이밭에서는 신을 고쳐 신지 않고, 자두나무 밑에서는 갓을 고쳐 쓰지 않는다)의 준말로서, 의심받을 일은 하지 말라는 뜻

관포지교(管鮑之交)	춘추시대 제(齊)나라의 관중(管仲)과 포숙(鮑叔)이 매우 사이좋게 교제하였다는 고사에서 유래한 말로서, 매우 다정하고 허물없는 교제를 말함
괄목상대(刮目相對)	눈을 비비고 서로 대한다는 뜻으로, 남의 학식이나 재주가 급성장한 것을 보고 그에 대한 인식을 새롭게 함을 비유함
교각살우(矯角殺牛)	소의 뿔을 바로잡으려다 소를 죽인다는 뜻으로, 사소한 일을 바로잡으려다가 오히려 큰일을 그르침을 말함
교언영색(巧言令色)	남의 환심을 사려고 아첨하는 교묘한 말과 보기 좋게 꾸미는 얼굴빛
구관명관(舊官名官)	먼저 있었던 관리가 더 훌륭하다는 말
구밀복검(口蜜腹劍)	입으로는 달콤한 말을 하지만 마음속으로는 칼을 품는다는 뜻으로, 겉으로는 친절한 듯 하나 해칠 생각을 품는 것
구사일생(九死一生)	여러 번의 죽을 고비를 넘겨 겨우 살아남
구상유취(口尙乳臭)	입에서 아직 젖내가 난다는 뜻으로, 언행이 매우 유치함
구우일모(九牛一毛)	아홉 마리 소의 털 가운데서 한 가닥의 털, 즉 아주 큰 사물의 극히 작은 부분을 뜻함
구절양장(九折羊腸)	아홉 번 꺾인 양의 창자란 뜻으로, 꼬불꼬불하고 험한 산길
군계일학(群鷄一鶴)	많은 닭 가운데의 한 마리의 학이라는 뜻으로, 평범한 사람들 가운데 뛰어난 한 인물을 말함
군맹무상(群盲撫象)	여러 소경이 코끼리를 어루만진다는 뜻으로 모든 사물을 자기 주관대로 그릇되게 판단하거나 그 일부밖에 파악하지 못하여 일을 망친다는 말
군신유의(君臣有義)	오륜(五倫)의 하나로, 임금과 신하에게는 의(義)가 있어야 한다는 말

군위신강(君爲臣綱)	삼강(三綱)의 하나로, 임금은 신하의 모범(벼리)이 되어야 한다는 말
궁여지책(窮餘之策)	매우 궁한 나머지 짜낸 계책
권모술수(權謀術數)	목적 달성을 위해서 인정(人情)이나 도덕을 가리지 않고 권세와 모략, 중상 등 갖은 방법과 수단을 쓰는 술책
권불십년(權不十年)	아무리 높은 권세도 십 년을 가지 못한다는 말
권토중래(捲土重來)	흙먼지를 날리며 다시 온다는 뜻으로, 한 번 패한 세력을 회복해 전력을 다하여 다시 쳐들어옴을 말함
근묵자흑(近墨者黑)	먹을 가까이하는 사람은 검게 된다는 뜻으로, 나쁜 사람을 가까이하면 그 버릇에 물들기 쉬움 = 근주자적(近朱者赤)
금과옥조(金科玉條)	금옥(金玉)과 같이 몹시 귀중한 법칙이나 규정, 교훈
금란지계(金蘭之契)	다정한 친구 사이의 정의(情誼)를 뜻하며, 금란(金蘭)은 주역(周易)의 '二人同心·其利斷金同心·之言其臭如蘭(두 사람이 마음이 같으면 그 예리함이 쇠를 끊고, 마음이 같은 말은 그 향기가 난초와 같다)'에서 유래한 말
금상첨화(錦上添花)	비단 위에다 꽃을 얹는다는 뜻으로, 좋은 일이 겹침 ↔ 설상가상(雪上加霜)
금석맹약(金石盟約)	쇠나 돌 같은 굳은 약속 = 금석지계(金石之契)
금의환향(錦衣還鄉)	비단옷을 입고 고향으로 돌아온다는 뜻으로, 출세를 하여 고향에 돌아옴
기호지세(騎虎之勢)	범을 타고 달리듯이 중도에 그만둘 수 없는 형세를 말함
낙화유수(落花流水)	떨어지는 꽃과 물 흐르는 봄의 경치, 또는 영락(零落)한 상황을 말함(남녀 사이에 서로 그리는 정이 있다는 비유로도 쓰임)
난공불락(難攻不落)	공격하기가 어려워 함락되지 않음

난형난제(難兄難弟)	누가 형이고 아우인지 분간하기 어렵다는 뜻으로, 사물 사이의 우열을 가리기 어려움
남가일몽(南柯一夢)	한 사람이 홰나무 밑에서 낮잠을 자다가 꿈에 대괴안국(大槐安國) 왕의 사위가 되어 남가군(南柯郡)을 20년 동안 다스리면서 부귀영화를 누리다가 꿈을 깨었다는 내용을 담고 있는 당(唐)나라의 소설 〈남가기(南柯記)〉에서 유래한 말로서, 인생의 부귀영화가 모두 헛된 것임을 비유하여 이르는 말
남부여대(男負女戴)	남자는 등에 지고 여자는 머리에 인다는 뜻으로, 가난한 사람들이 떠돌아다니면서 사는 것을 말함
낭중지추(囊中之錐)	주머니 속에 든 송곳은 끝이 뾰족하여 밖으로 나온다는 뜻으로, 뛰어난 재주를 가진 사람은 숨기려 해도 저절로 드러난다는 것을 말함
내우외환(內憂外患)	나라 안팎의 근심 걱정
내유외강(內柔外剛)	겉으로는 강하게 보이나 속은 부드러움
노기충천(怒氣衝天)	성난 기색이 하늘을 찌를 정도라는 뜻으로, 잔뜩 화가 나 있음을 말함
노심초사(勞心焦思)	마음으로 애를 쓰며 속을 태움
녹의홍상(綠衣紅裳)	연두저고리에 다홍치마, 즉 젊은 여자가 곱게 치장한 복색(服色)
논공행상(論功行賞)	공의 있고 없음, 작고 큼을 논해 그에 걸맞은 상을 줌
누란지세(累卵之勢)	달걀을 포개어 놓은 것과 같은 몹시 위태로운 형세를 말함
다기망양(多岐亡羊)	학문의 길이 여러 갈래여서 진리를 찾기 어려움
다다익선(多多益善)	많을수록 더욱 좋음
단도직입(單刀直入)	칼 한 자루를 들고 혼자서 적진으로 쳐들어간다는 뜻으로, 문장 언론 등에서 요점을 바로 말하여 들어감을 말함

대기만성(大器晩成)	큰 솥이나 큰 종 같은 것을 주조(鑄造)하는 데는 시간이 오래 걸리듯이, 크게 될 사람은 늦게 이루어진다는 말
대동소이(大同小異)	거의 같고 조금 다름. 즉, 다른 점보다는 같은 점이 많음
도불습유(道不拾遺)	법 집행이 엄하거나 민심이 순후하여 백성이 길에 떨어진 물건을 주워 가지지 아니함
도원결의(桃園結義)	유비, 관우, 장비가 도원에서 의형제를 맺은 고사에서 유래한 말로서, 의형제를 맺거나 사욕을 버리고 공동의 목적을 위하여 합심함을 뜻함
독서삼매(讀書三昧)	오직 책 읽기에만 골몰하는 일
독야청청(獨也靑靑)	홀로 푸르다는 뜻으로, 혼탁한 세상에서 홀로 높은 절개를 지킴
동고동락(同苦同樂)	괴로움과 즐거움을 함께함
동문서답(東問西答)	동쪽을 묻는데 서쪽을 대답한다는 뜻으로, 묻는 말에 대하여 아주 딴판의 소리로 대답함
동병상련(同病相憐)	같은 병을 앓는 사람끼리 서로 가엾게 여긴다는 뜻으로, 처지가 비슷한 사람끼리 서로 동정함을 말함
동분서주(東奔西走)	사방으로 이리저리 바삐 돌아다님
동상이몽(同床異夢)	같은 잠자리에서 다른 꿈을 꾼다는 뜻으로, 같은 처지에 있으면서도 목표가 저마다 다름
동족방뇨(凍足放尿)	언 발에 오줌을 누어서 녹인다는 뜻으로, 다급한 처지를 일시적으로 모면하는 방법은 되나 그 효과는 곧 없어질 뿐만 아니라 도리어 더 악화시킨다는 말
두문불출(杜門不出)	세상과의 인연을 끊고 은거함
마이동풍(馬耳東風)	동풍(봄바람)이 말의 귀에 스쳐도 아무 감각이 없듯이, 남의 말을 귀담아 듣지 아니하고 지나쳐 흘려버림을 말함

막역지우(莫逆之友)	서로의 뜻을 거스르지 않는 친한 벗 = 죽마고우(竹馬故友)
만경창파(萬頃蒼波)	만 이랑의 푸른 물결, 한없이 넓고 푸른 바다를 말함
만시지탄(晚時之歎)	때늦은 한탄(恨歎)
망년지교(忘年之交)	나이를 잊고 사귄다는 뜻으로, 나이를 따지지 않고 교제하는 것
망양지탄(亡羊之歎)	여러 갈래 길에서 양을 잃고 탄식한다는 뜻으로, 학문의 길이 여러 갈래라 방향을 잡기 어려움(자신의 학문의 폭이 좁음을 탄식하는 말로도 쓰임)
망운지정(望雲之情)	타향에서 부모가 계신 쪽의 구름을 바라보고 부모를 그리워함
맥수지탄(麥秀之嘆)	무성하게 자라는 보리를 보고 하는 탄식이라는 뜻으로, 고국의 멸망에 대한 탄식을 이르는 말
면종복배(面從腹背)	얼굴 앞에서는 복종하고 마음속으로는 배반한다는 뜻 = 양봉음위(陽奉陰違)
명경지수(明鏡止水)	맑은 거울과 조용히 멈춰 있는 물처럼 고요하고 잔잔한 마음
명약관화(明若觀火)	밝기가 불을 보는 것과 같이 매우 명백하게 알 수 있음
목불인견(目不忍見)	눈으로 차마 보지 못할 광경이나 참상
무릉도원(武陵桃源)	속세를 떠난 별천지(別天地)
무소불위(無所不爲)	못하는 것이 없음, 권세를 마음대로 부리는 사람이나 그런 경우를 말함
문경지교(刎頸之交)	목이 달아나는 한이 있어도 마음이 변치 않을 만큼 친한 사이
문일지십(聞一知十)	하나를 들으면 열을 앎
문전성시(門前成市)	대문 앞이 시장을 이룬다는 뜻으로, 세도가나 부잣집 문 앞이 방문객으로 시장을 이루다시피 함을 이르는 말 = 문정약시(門庭若市)

반골(反骨)	'골(骨)'은 기질·성품·강직함 등을 뜻하며, 쉽게 사람을 따르지 않는 기질 또는 권력에 저항하는 사람을 말함
발본색원(拔本塞源)	근본을 뽑고 근원을 막아 버린다는 뜻으로, 근본적인 차원에서 그 폐단을 없애버림
방약무인(傍若無人)	곁에 사람이 없는 것 같이 여긴다는 뜻으로, 주위의 다른 사람을 전혀 의식하지 않은 채 제멋대로 마구 행동함을 이르는 말
배수지진(背水之陣)	물러설 수 없도록 물을 등지고 적을 치는 전법의 하나로서, 목숨을 걸고 싸우는 경우의 비유
백면서생(白面書生)	방 안에 앉아 오로지 글만 읽어 얼굴이 희다는 뜻으로, 세상일에 경험이 적은 사람을 이르는 말
백문불여일견(百聞不如一見)	백 번 듣는 것이 한 번 보는 것만 못하다는 뜻으로, 무엇이든지 경험해야 확실히 알 수 있다는 말
백미(白眉)	여럿 중에 가장 뛰어난 사람이나 사물
백아절현(伯牙絕鉉)	백아(伯牙)가 친구의 죽음을 슬퍼하여 거문고 줄을 끊었다는 고사에서 유래한 말로서, 참다운 벗의 죽음을 이르는 말
백중지세(伯仲之勢)	우열의 차이가 없이 엇비슷함을 이르는 말
부화뇌동(附和雷同)	우레(천둥) 소리에 맞춰 함께한다는 뜻으로, 자신의 소신 없이 남이 하는 대로 따라함
분서갱유(焚書坑儒)	중국 진시황이 학자들의 정치 비평을 금하기 위하여 책을 불사르고 유생을 구덩이에 묻어 죽인 일
불구대천(不俱戴天)	세상에서 같이 살 수 없을 만큼 큰 원한
비육지탄(髀肉之歎)	장수가 전쟁에 나가지 못하여 넓적다리에 살이 찌는 것을 한탄한다는 뜻으로, 뜻을 펴보지 못하고 허송세월을 보냄

사고무친(四顧無親)	사방을 둘러보아도 친척이 없다는 뜻으로, 의지할 사람이 없음
사면초가(四面楚歌)	사방에서 들리는 초(楚)나라의 노래라는 뜻으로, 적에게 둘러싸인 상태이나 누구의 도움도 받을 수 없는 처지를 당함
사상누각(沙上樓閣)	모래 위의 누각이라는 뜻으로, 오래 유지되지 못할 일이나 실현 불가능한 일을 말함
산해진미(山海珍味)	산과 바다의 산물(産物)을 다 갖추어 아주 잘 차린 진귀한 음식이란 뜻으로, 온갖 귀한 재료로 만든 맛좋은 음식
살신성인(殺身成仁)	자신을 희생해 인(仁)을 이루거나 옳은 도리를 행함
삼고초려(三顧草廬)	중국의 삼국시대에 촉한(蜀漢)의 유비(劉備)가 남양(南陽) 융중(隆中) 땅에 있는 제갈량(諸葛亮)의 초려를 세 번이나 찾아가 자신의 큰 뜻을 말하고 그를 초빙하여 군사로 삼은 고사에서 유래한 말로서, 인재를 얻기 위해 참을성 있게 힘쓰는 것을 말함
삼인성호(三人成虎)	세 사람이 범을 만들어 낸다는 뜻으로, 근거가 없는 말이라도 여러 사람이 말하면 그렇다고 믿게 된다는 말
상전벽해(桑田碧海)	뽕나무 밭이 변하여 푸른 바다가 된다는 뜻으로, 세상의 일이 덧없이 빠르게 변하는 것을 말함
새옹지마(塞翁之馬)	변방에 사는 한 노인이 기르는 말이 도망가고 준마(駿馬)를 데리고 돌아왔는데, 그 아들이 말을 타다가 떨어져 절름발이가 되었고 그로 말미암아 징병(徵兵)을 면하여, 다른 사람처럼 전사(戰死)하지 않고 살아남았다는 고사에서 유래한 말로서, 인생의 길흉화복(吉凶禍福)은 예측할 수 없다는 말 = 새옹득실(塞翁得失)
생자필멸(生者必滅)	불교 용어로, 생명이 있는 것은 반드시 죽는다는 말
설상가상(雪上加霜)	눈 위에 서리가 내린다는 뜻으로, 불행한 일이 거듭하여 겹침

소탐대실(小貪大失)	욕심을 부려 작은 것을 탐하다가 큰 것을 잃음
속수무책(束手無策)	손을 묶어 놓아 방책(方策)이 없다는 뜻으로, 손을 묶은 듯이 꼼짝할 수 없음을 말함
송구영신(送舊迎新)	묵은해를 보내고 새해를 맞이함
수구초심(首丘初心)	여우가 죽을 때 머리를 자기가 살던 굴로 향한다는 뜻으로, 고향을 그리워하는 마음을 일컬음 = 호사수구(狐死首丘)
수불석권(手不釋卷)	손에서 책을 놓지 않는다는 뜻으로, 늘 공부하는 사람
수어지교(水魚之交)	물과 고기의 사이처럼 떨어질 수 없는 특별한 친분 = 수어지친(水魚之親)
수주대토(守株待兎)	송(宋)나라의 한 농부가 나무 그루터기에 토끼가 부딪쳐 죽는 것을 보고 그루터기를 지키면서 토끼를 기다렸다는 고사에서 유래한 말로, 구습(舊習)을 고수한 채 변통할 줄 모르는 것을 비유함
순망치한(脣亡齒寒)	입술을 잃으면 이가 시리다는 뜻으로, 가까운 사이의 한쪽이 망하면 다른 한쪽도 그 영향을 받아 온전하기 어려움, 또는 서로 도우며 떨어질 수 없는 밀접한 관계, 서로 도움으로써 성립되는 관계 등을 비유하여 이르는 말 = 순치지세(脣齒之勢)
시시비비(是是非非)	옳은 것을 옳다고 하고, 그른 것을 그르다고 함. 옳고 그름을 가리어 밝힘(잘잘못이란 뜻도 있음)
식자우환(識字憂患)	글자를 아는 것이 도리어 근심을 사게 된다는 뜻으로, 똑바로 잘 알고 있지 못하기 때문에 그 지식이 오히려 걱정거리가 됨. 도리를 알고 있는 까닭으로 도리어 불리하게 되었거나 차라리 모르는 편이 나을 때 등을 말함
신상필벌(信賞必罰)	상을 받을 만한 사람에게는 반드시 상을 주고, 벌을 받을 만한 사람에게는 반드시 벌을 줌. 상벌(賞罰)을 공정하고 엄중히 하는 일

실사구시(實事求是)	실제의 일에서 진리를 추구한다는 뜻으로, 사실에 의거하여 진리를 탐구하는 것을 말함
십시일반(十匙一飯)	열 사람이 한 술씩 보태면 한 사람 먹을 분량이 된다는 뜻으로, 여러 사람이 힘을 합하면 한 사람을 구제하기 쉽다는 말
십중팔구(十中八九)	열이면 그중 여덟이나 아홉은 그러함 = 십상팔구(十常八九)
아비규환(阿鼻叫喚)	불교에서 말하는 아비지옥과 규환지옥으로, 뜻하지 않은 사고가 발생하여 많은 사람이 괴로움을 당하여 울부짖는 참상을 말함
아전인수(我田引水)	내 논에 물을 끌어들인다는 뜻으로, 자기의 이익만을 추구함
악전고투(惡戰苦鬪)	어려운 싸움과 괴로운 다툼이라는 뜻으로, 죽을 힘을 다하여 고되게 싸움
안거위사(安居危思)	편안한 때에도 위험이 닥칠 것을 잊지 말고 대비하라는 말
안중지정(眼中之釘)	눈에 박힌 못이라는 뜻으로, 나에게 해를 끼치는 사람, 미워서 항상 눈에 거슬리는 사람(눈엣가시)을 말함
안하무인(眼下無人)	눈 아래 사람이 없다는 뜻으로, 교만하여 남을 업신여긴다는 뜻
암중모색(暗中摸索)	어둠 속에서 손으로 더듬어 찾는다는 뜻으로, 어림짐작으로 추측함
양두구육(羊頭狗肉)	양 머리를 걸어놓고 개고기를 판다는 뜻으로, 겉으로는 훌륭하다고 내세우나 속은 변변찮음
양상군자(梁上君子)	대들보 위의 군자라는 뜻으로, 도둑이나 천장 위의 쥐를 비유함
양약고구(良藥苦口)	좋은 약은 입에 씀, 충언은 귀에는 거슬리나 자신에게 이로움

어부지리(漁父之利)	두 사람이 이해관계로 다투는 사이에 제3자가 이득을 얻음
어불성설(語不成說)	말이 사리에 맞지 않음
언어도단(言語道斷)	말문이 막혔다는 뜻(너무 어이없어서 말하려고 해도 말할 수 없음)
언중유골(言中有骨)	보통 예사로운 말 속에 단단한 속뜻이 들어 있다는 말
엄동설한(嚴冬雪寒)	눈이 오고 몹시 추운 한겨울
역지사지(易地思之)	처지를 바꿔놓고 생각함
연목구어(緣木求魚)	나무에 올라 고기를 구하듯 불가능한 일을 하려고 한다는 뜻으로, 목적이나 수단이 일치하지 않아 성공이 불가능하다는 말, 또는 허술한 계책으로 큰일을 도모함
오리무중(五里霧中)	짙은 안개가 5리나 끼어 있어 방향을 알 수 없음과 같이, 무슨 일에 대해 알 길이 없음
오월동주(吳越同舟)	오나라 사람과 월나라 사람이 한 배를 탄다는 뜻으로, 어려운 상황에서는 원수라도 협력하게 된다는 뜻. 또는 사이가 나쁜 사람끼리 같은 장소와 처지에 놓인다는 뜻
온고지신(溫故之新)	옛것을 익히고 그것으로 미루어 새것을 안다는 뜻
와신상담(臥薪嘗膽)	섶 위에 누워 쓸개를 맛본다는 뜻으로, 원수를 갚으려고 괴로움을 견딤
요산요수(樂山樂水)	지혜로운 사람은 물을 좋아하고, 어진 사람은 산을 좋아한다는 뜻
용두사미(龍頭蛇尾)	용의 머리에 뱀의 꼬리라는 말로, 시작은 거창했지만 결국엔 보잘것없이 흐지부지 끝남
우공이산(愚公移山)	우공이 산을 옮긴다는 뜻으로, 남들은 어리석게 여기나 한 가지 일을 꾸준히 하면 목적을 달성할 수 있음

우도할계(牛刀割鷄)	소 잡는 칼로 닭을 잡는다는 뜻으로, 큰일을 처리할 기능을 작은 일을 처리하는 데 씀
우후죽순(雨後竹筍)	비 온 뒤에 솟는 죽순같이 어떤 일이 한때에 많이 일어남
원앙지계(鴛鴦之契)	금슬이 좋은 부부를 원앙새에 비유하여 이르는 말
유비무환(有備無患)	미리 준비하면 근심할 일이 없음
유유상종(類類相從)	비슷한 무리끼리 서로 내왕하며 사귐
은인자중(隱忍自重)	마음속으로 참으며 몸가짐을 자중함
읍참마속(泣斬馬謖)	울면서 마속(瑪謖)의 목을 벤다는 뜻으로 큰 뜻을 이루기 위해 사사로운 정을 버림
이전투구(泥田鬪狗)	진흙탕에서 싸우는 개라는 뜻으로, 명분이 서지 않는 일로 몰골사납게 싸움
인면수심(人面獸心)	얼굴은 사람이나 마음은 짐승 같은 사람(흉폭하고 잔인한 사람)
인산인해(人山人海)	사람이 헤아릴 수 없이 많이 모임
일거양득(一擧兩得)	한 가지 일을 하여 두 가지 이익을 거둠
일구이언(一口二言)	한 입으로 두 가지 말을 한다는 뜻
일망타진(一網打盡)	그물을 한 번 쳐서 물고기를 모두 잡음
일사천리(一瀉千里)	강물이 단번에 천 리를 간다는 뜻으로, 문장이나 일이 거침없이 명쾌하게 진행됨을 말함
일석이조(一石二鳥)	돌멩이 하나를 던져 두 마리의 새를 잡는다는 뜻으로, 한 가지 일로 두 가지 이익을 얻는다는 말
일장춘몽(一場春夢)	한바탕의 봄꿈처럼 헛된 부귀영화
일취월장(日就月將)	학문이나 실력이 날로 달로 발전함
일필휘지(一筆揮之)	단숨에 줄기차게 글씨나 그림을 훌륭하게 그려냄
일확천금(一攫千金)	단번에 거액의 돈을 얻음
임기응변(臨機應變)	뜻밖의 일을 당했을 때 재빨리 그에 맞게 대처하는 일

입신양명(立身揚名)	출세하여 (부모의) 이름을 세상에 널리 드날림
자가당착(自家撞着)	문장이나 언행이 앞뒤가 어긋나 일치하지 않음
자격지심(自激之心)	자기가 한 일에 대하여 자기 스스로 미흡하게 여기는 마음
자업자득(自業自得)	자기가 저지른 일의 과오를 자기가 받음
자중지란(自中之亂)	같은 패 안에서 일어나는 싸움
자화자찬(自畵自讚)	자기가 그린 그림을 스스로 칭찬한다는 뜻으로, 제 일을 제가 자랑함
전광석화(電光石火)	극히 짧은 순간(아주 신속한 동작)
전전긍긍(戰戰兢兢)	매우 두려워 벌벌 떨며 두려워함
전화위복(轉禍爲福)	화(禍)를 바꾸어 오히려 복(福)이 되게 함
절차탁마(切磋琢磨)	옥돌을 자르고 줄로 쓸고 끌로 쪼고 갈아 빛을 낸다는 뜻으로, 학문이나 인격을 갈고 닦음
절치부심(切齒腐心)	몹시 분하여 이를 갈고 속을 썩임
점입가경(漸入佳境)	경치나 문장, 사건이 갈수록 재미있게 전개됨
조령모개(朝令暮改)	아침에 명령을 내리고 저녁에 고친다는 뜻으로, 일관성 없는 정책을 빗대어 이르는 말
조삼모사(朝三暮四)	도토리를 아침에는 세 개 주고 저녁에는 네 개 준다는 뜻으로, 간사한 꾀로 남을 속여 희롱함 또는 얕은꾀에 속는 어리석음을 이르는 말
조족지혈(鳥足之血)	새 발의 피라는 뜻으로, 그 양이 적거나 거의 쓸모가 없음
좌불안석(坐不安席)	불안·공포 때문에 한 자리에 편하게 앉아 있지 못함
주객전도(主客顚倒)	손님이 도리어 주인이 된다는 뜻으로, 대소·선후·경중이 바뀐 상태
주마가편(走馬加鞭)	달리는 말에 채찍질한다는 뜻으로, 부지런하고 성실한 사람을 더 격려함
주마간산(走馬看山)	말을 타고 달리면서 산을 본다는 뜻으로, 사물을 자세히 보지 못하고 겉만 대강 보고 지나감

주지육림(酒池肉林)	술로 연못을 이루고 고기로 숲을 이룬다는 뜻으로, 극히 호사스럽고 방탕한 술잔치를 이르는 말
죽마고우(竹馬故友)	대나무로 만든 목마를 같이 타고 놀았던 친구라는 뜻으로, 어렸을 때부터 친하게 사귄 친구
중과부적(衆寡不敵)	적은 수로는 많은 수에 대적하기 어려움
중구난방(衆口難防)	여러 사람의 말을 다 막기가 어렵다는 뜻으로, 많은 사람이 마구 떠들어대는 소리는 감당하기 어려우니 행동을 조심해야 한다는 뜻
지록위마(指鹿爲馬)	사슴을 가리켜 말이라고 한다는 뜻으로, 사실이 아닌 것을 사실로 만들어 강압적으로 인정하게 함, 또는 윗사람을 농락하여 권세를 마음대로 부림을 비유함
진퇴양난(進退兩難)	나아가지도 물러서지도 못 하는 난처한 입장에 처함
창해상전(滄海桑田)	푸른 바다가 변하여 뽕밭이 되는 것 같은 덧없는 세상의 변천
천고마비(天高馬肥)	하늘이 높고 말은 살이 찌듯, 가을은 살기 좋은 계절이라는 말
천의무봉(天衣無縫)	선녀의 옷에는 바느질한 자리가 없다는 뜻으로, 글이 자연스럽고 완벽함
천재일우(千載一遇)	천 년에 한 번 만난다는 뜻으로, 매우 좋은 기회를 말함
천진난만(天眞爛漫)	천진함이 넘친다는 뜻으로, 꾸밈이 없이 아주 순진함
천편일률(千篇一律)	여러 사물이 변화가 없이 비슷비슷함
청산유수(靑山流水)	막힘이 없이 말을 잘함
청천벽력(靑天霹靂)	맑게 갠 하늘의 벼락(날벼락)이란 뜻으로, 필세(筆勢)가 매우 힘참 또는 갑자기 일어난 큰 사건이나 이변
청출어람(靑出於藍)	쪽에서 나온 물감이 쪽보다 푸르다는 뜻으로, 제자(후배)가 스승(선배)보다 나음
초미지급(焦眉之急)	눈썹에 불이 붙었다는 뜻으로, 매우 위급한 상태를 말함

초지일관(初志一貫)	처음 계획한 뜻을 이루려고 끝까지 밀고 나감
촌철살인(寸鐵殺人)	한 치의 쇠로 사람을 죽인다는 뜻으로, 간단한 짧은 말로 핵심을 찔러 사람을 감동시킴
칠종칠금(七縱七擒)	일곱 번 놓아주고 일곱 번 사로잡음, 즉 자유자재의 전술
쾌도난마(快刀亂麻)	어지럽게 뒤얽힌 삼의 가닥을 잘 드는 칼로 베어 버린다는 뜻으로, 무질서한 상황을 통쾌하게 풀어 놓는 것을 말함
타산지석(他山之石)	다른 산에서 난 나쁜 돌도 자기의 구슬을 가는 데에 소용이 된다는 뜻으로, 남의 하찮은 언행(言行)일지라도 교훈이 되는 점이 있음
탁상공론(卓上空論)	실천성이 없이 탁자 위에서만 펼치는 헛된 논설이라는 뜻
토사구팽(兎死狗烹)	토끼를 잡으면 사냥개를 삶아 먹는다는 뜻으로, 필요할 때는 이용하고 이용 가치가 없을 때는 홀대하거나 제거함
파란만장(波瀾萬丈)	파도의 물결치는 것이 만장(萬丈)의 길이나 된다는 뜻으로, 일의 진행에 변화가 심함을 비유하는 말
파렴치(破廉恥)	염치가 없어 도무지 부끄러움을 모름
파죽지세(破竹之勢)	대나무를 쪼개는 기세라는 뜻으로, 세력이 강대하여 대적(大敵)을 거침없이 물리치고 쳐들어가는 기세를 말함
파천황(破天荒)	천지개벽 이전의 혼돈한 상태를 깨뜨려 연다는 뜻으로, 이제까지 아무도 하지 않은 일을 행함을 이르는 말
풍수지탄(風樹之嘆)	바람에 흔들리는 나무의 탄식, 즉 효도를 못한 자식의 슬픔
한단지몽(邯鄲之夢)	한단에서 꾼 꿈이라는 뜻으로, 인생과 영화의 덧없음을 말함

한우충동(汗牛充棟)	수레에 실으면 소가 땀을 흘릴 정도이고 방 안에 쌓으면 들보에 닿을 정도란 뜻으로, 읽은 책이 매우 많음
함흥차사(咸興差使)	함흥으로 보낸 차사, 즉 사람이 돌아오지 않거나 소식이 없음
형설지공(螢雪之功)	갖은 고생을 하며 부지런히 학문을 닦은 공
호가호위(狐假虎威)	여우가 호랑이의 위엄을 빌림, 즉 남의 권세를 빌려 위세를 부림
호사다마(好事多魔)	좋은 일에는 방해되는 것이 많다는 뜻
호시탐탐(虎視眈眈)	호랑이가 눈을 부릅뜨고 노려본다는 뜻으로, 날카로운 눈빛으로 형세를 바라보며 기회를 노린다는 말
호연지기(浩然之氣)	하늘과 땅 사이에 넘치게 가득 찬 넓고도 큰 원기(元氣), 자유롭고 유쾌한 마음, 공명정대하여 조금도 부끄러운 바 없는 용기 등을 뜻함
호접지몽(胡蝶之夢)	장자가 나비가 된 꿈이란 뜻으로, 만물일체(萬物一體)의 심정, 또는 인생의 덧없음을 비유하여 이르는 말
혹세무민(惑世誣民)	세상 사람을 속여 미혹시키고 어지럽힘
화룡점정(畵龍點睛)	용을 그릴 때 마지막으로 눈을 그려 넣음, 즉 가장 긴요한 부분을 끝내어 일을 완성함
화무십일홍(花無十日紅)	열흘 붉은 꽃이 없다는 뜻, 권세나 영화는 영원할 수 없음
화중지병(畵中之餠)	그림의 떡, 즉 실제로 이용할 수 없거나 차지할 수 없는 것
환골탈태(換骨奪胎)	옛 사람이나 남의 글에서 그 형식이나 내용을 모방하여 자기의 작품으로 꾸미는 것, 또는 용모가 환하고 아름다워져 다른 사람처럼 됨
활달대도(豁達大度)	도량이 넓고 커서 작은 일에 신경 쓰지 않음
회자정리(會者定離)	만나면 언젠가는 헤어짐

황당무계(荒唐無稽)	말이나 행동 또는 어떤 상황이 터무니없고, 근거가 없음
횡설수설(橫說竪說)	말을 함에 있어 두서없이 아무렇게나 떠드는 것
효제충신(孝悌忠信)	부모에 대한 효도, 형제간의 우애, 임금에 대한 충성과 친구 사이의 믿음을 통틀어 이르는 말
후안무치(厚顔無恥)	뻔뻔하여 부끄러운 줄을 모름
후회막급(後悔莫及)	어떤 행동이나 말로 인한 잘못을 아무리 뉘우쳐도 어찌할 수 없음
휘황찬란(輝煌燦爛)	눈부시게 빛이 날 정도로 화려함을 뜻하는 말, 행동이 바르지 못하고 과장과 거짓이 많아 믿을 수 없음
흉악무도(凶惡無道)	성질이 거칠고 사나우며 도의심이 없음
흥망성쇠(興亡盛衰)	잘되고 망함과 이루고 쇠함을 의미
흥진비래(興盡悲來)	즐거운 일이 다하면 슬픈 일이 오기 마련임
희로애락(喜怒哀樂)	기쁨과 분노, 슬픔과 즐거움이라는 뜻으로 사람의 여러 가지 감정을 의미

마케팅의 종류

OSMU 마케팅(One Source Multi Use Marketing)

하나의 콘텐츠를 다양한 범위에서 사용하는 것을 말한다. 예를 들면, 인기 있는 웹툰이 영화나 드라마로 제작되기도 하고 이렇게 만들어진 제작물이 다시 제조업과 결합해 캐릭터 상품으로 탄생하는 것 등이다. 연극, 뮤지컬, 게임과 테마파크 등 새로운 놀이문화까지 만들어내며 다른 산업에서도 적극적으로 활용되는데 이를 OSMU 마케팅이라 한다.

레트로 마케팅(Retro Marketing)

과거를 활용하는 마케팅 기법으로 과거로 회귀한다는 의미에서 '레트로'라고 한다. 분명 과거의 향수와 추억을 이용하는 것이지만 그것에 그치는 것이 아니라 현대적인 감각에 맞추어 상품을 부각시킨다.

O2O 마케팅(Online To Offline Marketing)

오프라인을 위한 온라인 마케팅으로 모바일 서비스를 기반으로 한 오프라인 매장의 마케팅 기법이다. 스마트 기기가 없어서는 안 될 필수품으로 자리 잡으면서 새로운 융합 산업인 'O2O 마케팅' 시장 선점을 위한 주요 기업들의 소리 없는 전쟁이 진행 중이다.

그린 마케팅(Green Marketing)

환경적 역기능을 최소화하면서 소비자가 만족할 만한 수준의 성능과 가격으로 제품을 개발하여 환경적으로 우수한 제품 및 기업이미지를 창출함으로써 기업의 이익 실현에 기여하는 마케팅이다.

앰부시 마케팅(Ambush Marketing)

앰부시(Ambush)는 '매복'을 뜻하는 말로, 교묘히 규제를 피해가는 마케팅 기법이다. 기업은 대개 행사 중계방송의 텔레비전 광고를 구입하거나 공식 스폰서인 듯 보이기 위해 기업이 개별 선수나 팀의 스폰서가 되는 방식으로 앰부시 마케팅을 활용한다.

퍼플카우 마케팅(Purple Cow Marketing)

'퍼플카우'는 보는 순간 사람들의 시선을 확 잡아끄는 추천할 만한 제품이나 서비스를 가리키는 말이다. 이렇듯 인상적이고 계속 화제가 되는 제품을 개발하여 보는 순간 사람들의 시선을 확 잡아끌며 초기 소비자를 장악하는 마케팅 기법을 말한다.

세그먼트 마케팅(Segment Marketing)

고객층의 성향에 맞게 제품이나 서비스, 판매방법 등을 다양화 · 세분화하는 마케팅 기법이다.

데카르트 마케팅(Techart Marketing)

유명 디자이너의 손길을 제품 생산에 반영해 소비자의 감성까지 만족시키는 마케팅 기법의 하나로 기술(Technology)과 예술(Art)의 합성어이다. 냉장고, 에어컨 같은 가전제품에 접목됐으나 최근에는 화장품, 가방 등에 이르기까지 유명 디자이너의 작품을 반영하여 눈길을 끌고 있다.

디 마케팅(De Marketing)

기업들이 자사 상품에 대한 고객의 구매를 의도적으로 줄임으로써 적절한 수요를 창출하는 마케팅 기법이다. 즉, 기업들이 상품을 많이 판매하기보다는 오히려 고객들의 구매를 줄임으로써 적절한 수요를 창출하고 장기적으로는 수익의 극대화를 꾀하는 것이다. 맥주회사가 고급브랜드를 일정한 업소에만 선택적으로 공급하는 경우가 그 예이다.

스텔스 마케팅(Stealth Marketing)

소비자가 상술이라는 것을 전혀 인식하지 못하게 전개하는 브랜드 커뮤니케이션 전략으로 언더커버 마케팅(Undercover Marketing)이라고 한다. 광고, PR의 홍수 속에서 일명 콘크리트 소비자라 불리는 현대인들에게 도전하는 기업은 더욱 새롭고 독특한 커뮤니케이션 방법을 모색해야 하는데, 이 방어막을 무력화시키고 마케팅 효과를 극대화하려는 노력의 수단이 스텔스 마케팅이다.

니치 마케팅(Niche Marketing)

니치는 '빈틈' 또는 '틈새'를 뜻하며, 남이 아직 모르는 좋은 낚시터라는 은유적 의미를 담고 있다. 니치 마케팅은 특정한 성격을 가진 소규모의 소비자를 대상으로 판매목표를 설정하는 것으로 남이 아직 모르고 있는 좋은 곳, 빈틈을 찾아 그곳을 공략하는 마케팅 기법이다.

플래그십 마케팅(Flagship Marketing)

대기업과의 정면대결을 피하고, 자사의 특정 상품 브랜드를 중심으로 마케팅 활동을 펼치면서 브랜드의 긍정적 이미지를 극대화하는 기법이다. 토털 브랜드 (Total Brand) 전략과 반대되는 개념으로 기업인지도를 앞세워 매출신장을 도모하는 것이 아니라 특정 브랜드의 매출신장에 힘입어 기업이미지를 제고시켜 나가는 것이다.

콤플렉스 관련 용어

카인 콤플렉스(Cain Complex)

부모의 사랑을 독차지하기 위해 형제 간에 나타나는 심리적 갈등이나 적대감, 경쟁심을 말한다. 창세기에 등장하는 아담과 하와의 아들인 카인이 그의 동생 아벨을 시기하여 죽인 데서 유래하였다.

나폴레옹 콤플렉스(Napoleon Complex)

키가 작은 사람들의 보상심리로 공격적이고 과장된 행동을 하는 콤플렉스이다. 나폴레옹 1세가 키가 작았다는 데서 유래했다. 외모, 가문, 학력 등이 보잘 것 없었던 나폴레옹은 자신의 콤플렉스를 보상하려는 심리 때문에 황제가 될 수 있었다. 부족한 것을 채우고 해소하려는 끝없는 욕구가 바로 도약을 위한 분발을 하게 만든다는 것으로, 이처럼 자신의 콤플렉스에 대한 보상심리로 인해 공격적이고 과장된 행동을 하는 것을 가리킨다.

오이디푸스 콤플렉스(Oedipus Complex)

아들이 어머니에 대해 애정의 감정을 느끼면서 아버지에 대해서는 질투와 혐오를 지니는 경향이다. 정신분석학자 프로이트는 3~6세 사이의 남자아이가 이성인 어머니의 사랑을 독차지하기 위해 동성의 아버지를 경쟁자로 적대시하는 심리현상을 오이디푸스 콤플렉스라고 하였다. 그리스 신화에서 오이디푸스는 테베의 왕 라이오스와 이오카스테의 아들인데 숙명적으로 아버지를 살해하고 스핑크스의 수수께끼를 풀어 테베의 왕이 되었다. 모자관계인 줄 모르고 결혼한 그들은 그 사실을 알자 이오카스테는 자살하고 오이디푸스는 자신의 눈을 뽑았다.

엘렉트라 콤플렉스(Electra Complex)

딸이 아버지에게 애정을 품고 어머니를 경쟁자로 인식하여 반감을 갖는 경향이다. 정신분석학에서 오이디푸스 콤플렉스와 대비되는 개념으로 프로이트가 이론을 세우고 융이 이름을 붙였다. 그리스 신화에서 아가멤논의 딸 엘렉트라가 보여준 아버지에 대한 집념과 어머니에 대한 증오에서 유래하였다.

프로크루스테스 콤플렉스(Procrustes Complex)

모든 일을 자신의 잣대로 해석하고 안주하는 현상이다. 아테네의 영웅 테세우스가 괴물들을 물리치는 여행을 하던 중 침대를 가지고 여행객을 괴롭히는 프로크루스테스를 만났는데, 그는 나그네들을 자신의 침대에 눕혀서 침대보다 키가 크면 다리를 자르고, 작으면 늘여서 고통을 주었다고 한다.

메두사 콤플렉스(Medusa Complex)

환경 변화를 외면하다가 나락의 길을 걷는 경우를 일컫는다. 원래 메두사는 매우 아름다운 소녀였으나 자신의 미모에 자만해 아테네 여신보다 예쁘다고 자랑하다가 벌을 받아 모든 남성이 혐오하는 괴물이 되었다. 메두사 콤플렉스란 지나친 자부심으로 인해 위험에 빠지는 것을 의미한다.

인피어리오리티 콤플렉스(Inferiority Complex)

아들러의 이론체계인 개인심리학에서의 기본개념이다. 인간은 자기 안에 존재하는 열등한 요소를 인정하지 않으려는 경향이 있으며, 그것이 억압되어 일종의 콤플렉스로서 작용한다고 하였다. 이 콤플렉스가 강하면 침착하지 못하고 성급해지며, 격정에 빠지기 쉽고 남의 일을 생각하지 못하게 된다.

롤리타 콤플렉스(Lolita Complex)

미성숙한 소녀에 대해 정서적 동경이나 성적 집착을 보이는 현상으로 블라디미르 나보코프의 소설 〈롤리타〉에서 유래했다. 이 소설에서 묘사된 어린 소녀에 대한 중년 남자의 성적 집착 혹은 성도착을 롤리타 콤플렉스 또는 롤리타 신드롬이라고 한다.

쇼타로 콤플렉스(Shotaro Complex)

소년을 대상으로 가지는 애정, 집착을 가리키는 말이다. 또는 그러한 애정, 집착을 가진 자들을 가리킬 때 사용되기도 한다. 이 말을 줄인 쇼타콘(Shotacon) 또는 쇼타라는 명칭이 일반적으로 널리 알려져 있다. 1980년대 초반부터 사용되었는데, 일본의 애니메이션 〈철인28호〉의 카네다 쇼타로라는 캐릭터의 이름에서 유래했다.

증후군(신드롬) 관련 용어

램프 증후군(Lamp Syndrome)

실제로 일어나지 않은 미래의 일, 특히 일어날 가능성이 없는 일에 대해 소설 〈알라딘〉에서 알라딘이 요술램프의 '지니'를 부르는 것처럼 수시로 쓸데없는 걱정을 하는 현상을 말한다.

손목터널 증후군(Carpal Tunnel Syndrome)

마우스, 키보드 등 컴퓨터의 잦은 사용과 스마트폰의 지나친 사용으로 손목의 신경과 혈관, 인대가 지나가는 수근관이 신경을 압박하는 증상을 말한다.

TATT 증후군(Tired All The Time Syndrome)

질병 등 신체적인 문제가 없음에도 불구하고 항상 피곤함을 느끼는 증상으로 스트레스로 인한 무기력함이나 초조함이 주된 원인이다.

뮌하우젠 증후군(Munchausen Syndrome)

병적으로 거짓말을 일삼고, 그럴듯하게 이야기를 지어내며, 결국 이 거짓말에 도취해버리는 증후군을 말한다.

스톡홀름 증후군(Stockholm Syndrome)

인질이 인질범에게 동화되어 그들에게 동조하는 비이성적 현상을 가리키는 범죄심리학 용어이다. 목숨을 잃을 수 있다는 극도의 스트레스에 적응함으로써 스스로를 보호하려는 심리가 반영된 것이다.

리마 증후군(Lima Syndrome)

인질범들이 인질들에게 정신적으로 동화되어 자신을 인질과 동일시함으로써 공격적인 태도가 완화되는 현상을 가리키는 범죄심리학 용어이다.

VDT 증후군(Visual Display Terminal Syndrome)

컴퓨터 단말기를 오랜 시간 사용함으로써 발생하는 질병을 의미하는 것으로 VDT(Visual Display Terminal)란 주로 컴퓨터 모니터를 말한다. VDT 증후군의 증상으로 가장 많은 것은 눈의 피로와 시력 저하이다.

아인슈타인 증후군(Einstein Syndrome)

지능이 일찍 발달한 어린이들이 말하는 능력이 늦게 발달하는 현상을 말한다.

피터팬 증후군(PeterPan Syndrome)

성년이 되어도 어른들의 사회에 적응할 수 없는 '어린아이'와 같은 남성들에게 나타나는 심리증세를 말한다.

리플리 증후군(Ripley Syndrome)

남들을 속이는 데 도가 지나쳐 거짓말이 늘고 결국에는 자기 자신도 그 거짓이 진실인 양 믿게 되는 증후군이다.

서번트 증후군(Savant Syndrome)

자폐증 등의 뇌기능 장애가 있는 사람들이 이와 대조되는 천재성을 동시에 갖게 되는 현상을 말한다.

아키바 증후군(Akiva Syndrome)

집중력이 천재를 만든다는 학설이다. 1세기경 유대인 목동 아키바가 실의(失意) 속에서 바위에 떨어지는 물방울이 구멍을 뚫는 것을 보고 대학자로 대성한 역사적 사례를 의학용어로 원용한 것이다. 아인슈타인의 뇌 또한 천재는 타고나는 것이 아니라 후천적인 것임을 의미한다.

파랑새 증후군(Bluebird Syndrome)

장래의 행복만을 꿈꾸면서 자기 주변에 만족하지 못하는 사람을 의미한다. 즉, 몽상가처럼 지금 시점에 만족하지 못하고 새로운 이상만을 추구하며 사는 것을 파랑새 증후군이라고 한다.

LID 증후군(Loss Isolation Depression Syndrome)

핵가족화에 기인한 노인들의 고독증세를 말한다. 자녀들은 분가해서 떠나고 주위에 의지할 사람들이 하나둘 세상을 떠나면서 그 손실에 따른 고독감을 느끼고, 자녀와 떨어져 대화할 상대를 잃은 채 소외되기도 하는데 이런 상태가 지속되면 우울증에 빠지게 된다.

리셋 증후군(Reset Syndrome)

컴퓨터가 느려지거나 제대로 작동하지 않을 때, 리셋(Reset) 버튼만 누르면 처음부터 다시 시작할 수 있는 것처럼 현실 세계에서도 '리셋'이 가능하다고 착각하는 현상을 말한다.

샹그릴라 증후군(Shangrila Syndrome)

시간적인 여유와 경제적인 풍요를 가진 시니어 계층을 중심으로 단조롭고 무색무취한 삶의 틀을 깨고, 젊게 살아가고자 하는 노력을 통틀어 말한다.

NIH 증후군(Not Invented Here Syndrome)

집단 내부의 단결이 공고해지면서 외부의 새로운 시각이나 아이디어를 배척하게 되는 현상을 말한다.

슈퍼노바 증후군(Supernova Syndrome)

슈퍼노바(초신성)란 항성 진화의 마지막 단계에 이른 별이 폭발하면서 엄청난 에너지를 순간적으로 방출, 그 밝기가 평소의 수억배에 이르렀다가 서서히 사그라지는 현상으로 심리학에서는 열심히 인생을 산 사람들이 성공 뒤 갑작스럽게 허탈감을 느끼는 것을 말한다. 주로 정상의 자리에 오른 CEO들에게 찾아온다.

므두셀라 증후군(Methuselah Syndrome)

과거는 항상 좋고 아름다운 것으로 생각하려는 현상을 말한다.

번아웃 증후군(Burnout Syndrome)

오직 한 가지 일에만 몰두하던 사람이 신체적 · 정서적인 극도의 피로감으로 인해 무기력증이나 자기혐오, 직무거부 등에 빠지는 현상이다.

스탕달 증후군(Stendhal Syndrome)

뛰어난 미술품이나 예술작품을 보았을 때 순간적으로 느끼는 각종 정신적 충동이나 분열증상으로, 이 현상을 겪고 처음으로 기록한 스탕달의 이름을 따서 명칭을 붙였다.

제노비스 신드롬(Genovese Syndrome)

'방관자 효과'라고도 부르는 이 현상은 미국 뉴욕에서 발생한 '키티 제노비스 살해사건'에서 유래됐다. 범죄현장에서는 주위에 사람이 많을수록 책임감이 약해져 '내가 아니어도 누군가 돕겠지'라는 생각을 하는 경향이 강해진다고 한다. 결국 제노비스 신드롬은 개인의 이기심에서 생겨난 타인에 대한 무관심이다.

가면 증후군(Imposter Syndrome)

스스로 이뤄낸 업적을 받아들이지 못하거나 자신의 성공이 노력이 아니라 순전히 운으로 얻어졌다고 생각하며 불안해하는 현상을 말한다. 원래 자격이 없는데 마치 자신이 가면을 쓰고 다른 사람들을 속여서 관심이나 부러움의 대상이 됐다고 믿는 심리에서 비롯된 증상이다. 가면 증후군에 빠지면 언제 자신의 가면이 벗겨질지 모른다는 긴장과 불안 속에서 제 실력을 발휘하지 못하고 위축되는 모습을 보이기도 한다. 심할 경우 자신의 실체가 드러날 것이라는 위기감에 빠져 자살과 같은 극단적 선택을 하기도 한다.

하루 30개, 한 달 PLAN 하루상식

개정19판1쇄 발행	2024년 08월 05일 (인쇄 2024년 06월 18일)
초 판 발 행	2010년 09월 05일 (인쇄 2010년 07월 05일)
발 행 인	박영일
책 임 편 집	이해욱
저 자	시사상식연구소
편 집 진 행	김준일 · 이보영 · 김유진
표지디자인	하연주
편집디자인	윤아영 · 남수영
발 행 처	(주)시대고시기획
출 판 등 록	제10-1521호
주 소	서울시 마포구 큰우물로 75 [도화동 538 성지 B/D] 9F
전 화	1600-3600
팩 스	02-701-8823
홈 페 이 지	www.sdedu.co.kr
I S B N	979-11-383-7380-7 (13030)
정 가	18,000원

※ 이 책은 저작권법의 보호를 받는 저작물이므로 동영상 제작 및 무단전재와 배포를 금합니다.
※ 잘못된 책은 구입하신 서점에서 바꾸어 드립니다.